글쓰기의 원리와 방법

김종성(金鍾星, Jongseong, Kim). 소설가. 문학박사.

고려대학교 문과대학 국어국문학과 졸업.

경희대학교 대학원 국어국문학과 석사과정 졸업.

고려대학교 대학원 국어국문학과 박사과정 졸업.

1986년 월간 『동서문학』 제1회 신인문학상에 중편소설 「검은 땅 비탈 위」가
당선되어 문단 데뷔.

2006년 제19회 경희문학상 소설 부문 수상.

연작소설집 『마을』(실천문학사, 2009), 『탄(炭)』(미래사, 1988) 출간.

중단편집 『연리지가 있는 풍경』(문이당, 2005), 『말없는 놀이꾼들』(풀빛, 1996),
『금지된 문』(풀빛, 1993) 등 출간.

논저 『한국환경생태소설연구』(서정시학, 2012)

『한국어 어휘와 표현 1, 2, 3, 4』(서정시학, 2012~2016)

『글쓰기와 서사의 방법』(서정시학, 2016) 등 출간.

전 고려대학교 문화창의학부 교수.

현 경기대학교 문예창작학과 강사.

서연비람 신서 1

글쓰기의 원리와 방법

초판 1쇄 2018년 10월 30일
지은이 김종성
펴낸이 윤진성
펴낸곳 서연비람
등록 2016년 6월 29일 제 2016-000147호
주소 서울시 강남구 도곡로 422 5층
전화 02-569-2168
팩스 02-563-2148
전자주소 birambooks@daum.net

ISBN 979-11-89171-08-7 (세트)
    979-11-89171-09-4 94700

값 27,000원

「이 도서의 국립중앙도서관 출판예정도서목록(CIP)은 서지정보유통지원시스템 홈페이지(http://seoji.nl.go.kr)와 국가자료공동목록시스템(http://www.nl.go.kr/kolisnet)에서 이용하실 수 있습니다.(CIP제어번호: CIP2018032760)」

서연비람 신서 1

글쓰기의 원리와 방법

김종성 지음

서연비람

머리말

소설가나 시인 같은 예술가를 양성하는 도구로써 글쓰기가 아니라, 삶의 도구로써 글쓰기가 필요하다는 것을 모르는 사람은 없을 것이다. 대학과 기업에서는 기계적이고 천편일률적인 글을 쓰는 사람보다 비판적 사고력과 창의적 사고력을 갖춘 글을 쓸 수 있는 사람을 찾고 있다. 중고등학교와 대학에서 좀 더 체계적인 글쓰기 교육이 필요한 시점에 온 것이다.

고려대학교를 비롯한 몇몇 대학에서 학생들에게 글쓰기를 지도해온 저자는 글쓰기의 원리와 방법을 정립하고자 국내외의 자료를 수집하고 분석해왔다. 그동안 축적해온 글쓰기 이론에 관한 글을 수정하고 보완해 『글쓰기의 원리와 방법』이라고 이름 붙여 세상에 내놓는다.

모두 5장으로 구성된 본서에서 저자는 글쓰기를 학술적으로 정립하고자 많은 노력을 기울였다. 이론 따로, 예문 따로가 아니라, 이론에 알맞은 예문을 한국 고전에서부터 최근의 신문 사설에 이르기까지 한국어로 쓰인 각종 인쇄물에서 찾았다. 비록 글쓰기 이론의 예문에 알맞은 문장이라 하더라도 '잘 지은 글'이라고 판단이 서지 않으면 빼버리고, '잘 지은 글'이라고 판단되는 글을 예문으로 채택했다.

근래에 이르러 '언어에 바탕을 둔 글쓰기'를 대수롭지 않게 보는 경향이 있는 것 같다. 내용도 중요하지만 그 내용을 담는 그릇인 언어도 중요하다. 내용을 담는 그릇인 언어를 대수롭지 않게 보는 글쓰기는 사상누각에 불과할 뿐이다.

　끝으로 '언어에 바탕을 둔 글쓰기'에 공감하고 『글쓰기의 원리와 방법』의 출간을 맡아준 윤진성 대표와 황미숙 편집장에게 감사의 말씀을 전한다.

2018년 10월
용인 호수마을에서
저자 김종성

차 례

제 I 장 문장과 표현

제Ⅲ장 묘사와 서사

제IV장 설명과 논증

제V장 글쓰기와 한글 맞춤법

제I장 문장과 표현

1. 주제

1) 주제의 의미

주제(主題, theme)란 글쓴이가 쓰고자 하는 내용, 즉 글쓴이가 제재(題材, subject matter)를 일반화, 추상화한 것을 주제라고 한다. "이 글은 황순원 소설에 나타난 생명의식 대하여 썼다." · "이 글은 우리나라의 고등교육에 대하여 썼다." 할 경우 '황순원 소설에 나타난 생명의식'이나 '우리나라의 고등교육'이 주제가 되는 것이다.

우리는 글을 쓸 때 주제를 어떻게 잡을 것인가 하는 문제에 부딪치게 된다. 좋은 문장을 쓰기 위해서는 우선 확실한 주제를 잡아야 한다.

(1) 주제의 설정

'좋은 글'은 명료성(明瞭性, precision)을 지니고 있어야 한다. 명료성은 모호성(模糊性, vagueness)의 반대 개념으로 무엇을 진술할 때 의미를 확실하게 이해하는 데 필요한 세부사항을 제공하고 있어 '뚜렷하고 분명한 성질'을 지니고 있다는 것을 뜻한다. 주로 설명문, 논설문 같은 지적인 글에서 더욱 요청되는 명료성을 위해 주제를 작고 쉽게, 그리고 가급적 한정하는 것이 좋다.

한편 우리가 주제를 효과적으로 설정하기 위해서는 다음과 같은 사고(思考)의 과정을 거치는 것이 좋다.

가주제 설정 ⇒ 문제점 정리 ⇒ 범위 한정 ⇒ 참주제 결정 ⇒ 주제문 작성

여기서 가주제(假主題, pseudo subject)란 범위가 막연한 잠정적 주제를 말하고, 참주제(true subject)란 한정하여 보다 명료하게 만든 주제를 말한다. 한정된 주제라고도 말하는 참주제는 글에서의 중심 사상(中心思想, main idea) 또는 근본이 되는 진술(陳述, parent statement)이라고도 말한다. 그냥 막연히 '아름다움'을 주제로 하는 경우와 '불국사의 예술적 아름다움'을 주제로 하는 경우를 비교해 보자. 앞의 것을 그냥 잠정적인 가주제라고 한다면, 뒤의 것은 주제의 주제인 참주제라고 할 수 있다.

7월 12일 아침 첫차로 경주를 떠나 불국사로 향했다. 떠날 임시에[1] 봉황대(鳳凰臺)에 올랐건만 잔뜩 찌푸린 일기에 짙은 안개는 나의 눈까지 흐리고 말았다. 시포(屍布)[2]를 널어 놓은 듯한 희미한 강 줄기, 몽롱한 무덤의 봉우리, 쓰러지는 듯한 초가집 추녀가 도무지 눈물겹다. 어젯밤에 나를 부여잡고 울던 옛 서울은 오늘 아침에도 눈물을 거두지 않은 듯. 그렇지 않아도 구슬픈 내 가슴이어든 심란한 이 정경에 어찌 견디랴. 지금 떠나면 1년, 10년, 혹은 20년 후에나 다시 만날지 말지! 기약 없는 이 작별을 앞두고 눈물에 젖은 님의 얼굴! 내 옷소매가 촉촉이 젖음은 안개가 녹아 내린 탓만 아니리라.
장난감 기차는 반 시간이 못 되어 불국사역까지 실어다 주고 역에서 등대(等待)[3]했던 자동차는 십릿길을 단숨에 껑청껑청 뛰어서 불국사에 대었다. 뒤로 토함산(吐含山)을 등지고 원편으로 울창한 송림을 끌며 앞으로 광활한 평야를 내다보는 절의 위치부터 풍수쟁이 아

---

1) 임시에 : 무렵에.
2) 시포(屍布) : 시신을 싸매는 베.
3) 등대(等待) : 미리 갖추어 두고 기다림. 등후(等候).

글쓰기의 원리와 방법

닌 나의 눈에도 벌써 범상치 아니했다. 더구나 돌 층층대를 쳐다볼 때에 그 굉장한 규모와 섬세한 솜씨에 눈이 어렸다.

초창(初創)[4] 당시엔 낭떠러지로 있던 곳을 돌로 쌓아 올리고, 그리고 이 돌 층층대를 지었음이리라. 동쪽과 서쪽으로 갈리어 위아래로 각각 둘씩이니 전부는 네 개인데, 한 개의 층층대가 대개 열일곱 여덟 계단이요, 길이는 57~8척으로 양 가에 놓인 것과 가운데에 뻗친 놈은 돌 한 개로 되었으니, 얼마나 끔찍한 인력을 들인 것인가를 짐작할 것이요, 오늘날 돌로 지은 대건축물에도 이렇듯이 대팻 민 듯한 돌은 못 보았다 하면, 얼마나 그 때 사람이 돌을 곱게 다루었는가를 깨달을 것이다.

돌 층층대의 이름은, 동쪽 아래의 것은 청운교(靑雲橋), 위의 것은 백운교(白雲橋)요, 서쪽 아래의 것은 연화교(蓮花橋), 위의 것은 칠보교(七寶橋)라 한다. 층층대라 하였지만 아래와 위가 연락되는 곳마다 요새 말로 네모난 발코니가 되고 그 밑은 아치가 되었는데, 인도자의 설명을 들으면 옛날에는 오늘날의 잔디밭 자리에 깊은 연못을 팠고 아치 밑은 맑은 물이 흐르며 그림배(畵船)가 드나들었다 하니 돌 층층대를 다리라 한 옛 이름의 유래를 터득할 것이다.

층층대 상하에는 손잡이 돌이 우뚝우뚝 서고 쇠사슬인지 은사슬인지 둘러꿴 흔적이 아직도 남았다. 귀인이 이 절을 찾을 때엔 저편 못 가에 내려 그림배를 타고 들어와 다시 보교(輔轎)[5]를 타고 이 돌 층층대를 지나 절 안으로 들어가기도 하였단다. 너른 못에 연꽃이 만발한데 다리 밑으로 돌아드는 맑은 흐름엔 으리으리한 누각(樓閣)과 석불의 그림자가 용의 모양을 그리고 그 위로 소리 없이 떠나가는 그림배! 나는 당년(當年)[6]의 광경을 머릿속에 그리며 스스로 황홀하였

---

4) 초창(初創) : 절을 처음 세움.
5) 보교(輔轎) : 정자 지붕 비슷하고 가운데가 솟고 네 귀가 내밀고 바닥과 기둥·뚜껑은 각각 뜨게 되어 있는 가마의 하나.

다. 활동 사진에서 본 물의 도시 베니스의 달 비낀[7] 바닷가에 그림 배를 저어 가는 청춘 남녀의 광경이 선하게 나타난다.

이 돌 층층대를 거치어[8] 문루(門樓)를 지나서니 유명한 다보탑(多寶塔)과 석가탑(釋迦塔)이 눈 앞에 나타난다. 이 두 탑은 물론 돌로 된 것이다. 그렇다! 그것은 만져 보아도 돌이요, 두들겨 보아도 돌임에 틀림이 없다. 그러나 석가탑은 오히려 그만둘지라도 다보탑이 돌로 되었다는 것은 아무리 하여도 눈을 의심치 않을 수 없었다. 연한 나무가 아니요, 물씬물씬한 밀가루 반죽이 아니고 육중하고 단단한 돌을 가지고야 저다지도 곱고 어여쁘고 의젓하고 아름답고 빼어나고 공교롭게 잔솔질을 할 수 있으랴. 만일, 그 탑을 만든 원료가 정말 돌이라면 신라 사람은 돌을 돌같이 쓰지 않고 마치 콩고물이나 팥고물처럼 마음대로 뜻대로 손가락 끝에 휘젓고 주무르고 하는 신통력을 가지었던 것이다. 귀신조차 놀래고 울리는 재주란 것은 이런 솜씨를 두고 이름이리라.

탑의 네 면엔 자그마한 어여쁜 층층대가 있고 그 층층대를 올라서니 가운데는 위층을 떠받치는 중심 기둥이 있고 네 귀에도 병풍을 겹쳐 놓은 듯한 돌기둥이 또한 섰는데, 그 기둥과 두 층대의 석반(石盤)[9]을 받은 어름[10]에는 나무로도 오히려 깎아내기가 어려울 만한 소로(小櫨)[11]가 튼튼하게 아름답게 손바닥을 벌리었다. 지붕 위에 이중의 네모난 돌 난간이 둘러 쟁반 같은 이층 지붕을 받들었고, 그 위엔 8모난 돌 난간과 세상에도 진기한 꽃잎 모양을 수놓는 듯한 돌쟁반이 탑의 8모 난간을 받들었다. 석공이 기절했던 것은 물론이어니와

---

6) 당년(當年) : 일이 있는 바로 그해. 또는 올해. 이 글에서는 신라 시대.
7) 비끼다 : (햇빛이나 달빛 따위가 어떤 곳에) 비스듬하게 비치다.
8) 거치어 : 올라서.
9) 석반(石盤) : 석판석을 얇게 깎아 만든 판.
10) 어름 : 두 사물의 끝이 맞닿은 자리.
11) 소로(小櫨) : 접시받침.

이런 기상 천외(奇想天外)의 의장(意匠)[12]은 또 어디서 온 것인고, 바람과 비에 시달린 지 천여 년을 지낸 오늘날에도 조금도 기울어지지 않고 이지러지지 않고 옛 모양이 변하지 않았으니 당대의 건축술로 또한 놀랄 것이 아니냐.

들으매 이 탑의 네 귀에는 돌 사자가 있었는데 두 마리는 동경 모 요리점의 손에 들어갔다 하나, 숨기고 내어놓지 않아 사실 진상을 알 길이 없고, 한 마리는 지금 영국 런던에 있는데 다시 찾아오려면 5백만 원을 주어야 내어놓겠다 한다든가. 소중한 물건을 소중한 줄도 모르고 함부로 굴리며 어느 틈에 도둑이 맞았는지도 모르니 이런 기막힌 일이 또 있느냐. 이 탑을 이룩하고 그 사자를 새긴 이의 영(靈)이 만일 있다 하면 지하에서 목을 놓아 울 것이다.

석가탑은 다보탑 서쪽에 있는데 다보탑의 혼란한 잔솔질과는 딴판으로 수법이 매우 간결하나마 또한 정중한 자태를 잃지 않았다. 다보탑을 능라(綾羅)[13]와 주옥으로 꾸밀 대로 꾸민 성장 미인(盛裝美人)에 견준다면 석가탑은 수수하게 차린 담장 미인(淡粧美人)이라 할까. 높이 27척, 층은 역시 3층으로 한 층마다 수려한 돌 병풍을 두르고 병풍 네 귀에 병풍과 한데 어려놓은 기둥이 있는데 설명자의 말을 들으면 이 탑은 한 층마다 돌 하나로 되었다 하니 그 웅장하고 거창한 규모에 놀랄 만하다.

제35 대 경덕왕(景德王) 시절, 당시 재상 김대성(金大城)은 왕의 명을 받들어 토함산 아래에 불국사를 이룩할 새 나라의 힘을 기울이고 천하의 명공을 모아들이었는데 그 명공 가운데는 멀리 당나라로부터 불러내 온 젊은 석수 하나가 있었다. 이 절의 중심으로 말하면 두 개의 석탑으로 이 두 탑의 역사가 가장 거창하고 까다로웠던 것은 물

---

12) 의장(意匠) : 물품에 외관상의 미감(美感)을 주기 위해, 그 형상·맵시·색채 또는 그들의 결합 등을 연구하여 거기에 응용한 특수 고안. 미장. 디자인.
13) 능라(綾羅) : 두꺼운 비단과 얇은 비단. 능단.

론이다. 젊은 당나라 석수는 그 두 탑 중의 하나인 석가탑을 맡아 짓기로 되었다. 예술의 감격에 뛰는 젊은 가슴의 피는 수륙 수천 리 고국에 남기어 두고 온 사랑하는 아내도 잊어버리고 오직 맡은 석가탑을 완성하기에 끙고 말았다. 침식도 잊고 세월 가는 것도 잊어버리고 그는 온 마음을 오직 이 역사(役事)14)에 바치었다.

덧없는 세월은 어느덧 몇 해가 흘러가고 흘러 왔다. 수만 리 타국에 남편을 보내고 외로이 공규(空閨)15)를 지키던 그의 아내 아사녀(阿斯女)는 동으로 흐르는 구름에 안타까운 회로를 붙이다 못하여 필경 남편을 찾아 신라로 건너오게 되었다. 머나먼 길에 피곤한 다리를 끌고 불국사 문 앞까지 찾아왔으나 큰 공역을 마치기도 전이요, 더러운 여인의 몸으로 신성한 절 문 안에 들어서지 못한다 하여 차디찬 거절을 당하고 말았다. 절 문을 지키던 사람도 거절을 하기는 하였으되 그 정상에 동정하였음이리라. 아사녀에게 이르기를,

"여기서 얼마 아니 가면 큰 못이 있는데 그 맑은 물 속에는 시방 짓는 절의 그림자가 뚜렷이 비칠지니, 그대 남편이 맡아 짓는 석가탑의 그림자도 응당 거기 비치리라. 그림자를 보아 역사가 끝나거든 다시 찾아오라."하였다.

아사녀는 그 말대로 그 못 가에 가서 전심 전력으로 비치는 절 모양을 들여다 보며 하루바삐, 아니, 한시바삐 석가탑의 그림자가 나타나기를 기다리었다. 달빛에 흐르는 구름 조각에도 그는 몇 번이나 석가탑의 그림자로 속았으랴. 하루 이틀, 한 달 두 달, 1년 이태, 지리하고도 조마조마한 찰나, 찰나를 지내는 동안 절 모양이 뚜렷이 비치고 다보탑이 비치고 가고 오는 사람의 그림자도 비치건마는 오직 자기 남편이 맡은 석가탑의 그림자는 찾으려야 찾을 길이 없었다.

사랑하는 아내가 멀리멀리 찾아왔다는 소식을 뒤늦게야 들은 당나

---

14) 역사(役事) : 토목 · 건축 등의 공사.
15) 공규(空閨) : 오랫동안 남편 없이 아내 혼자서 사는 방. 공방(空房).

글쓰기의 원리와 방법

라 석수는 밤을 낮에 이어 마침내 역사를 마치고 창황히 못가로 뛰어 왔건마는 아내의 양자(樣姿)16)는 보이지 않았다. 그도 그럴 일. 아무리 못 속을 들여다보아도 석가탑의 그림자는 끝끝내 나타나지 않는 데, 실망한 그의 아내는 남편의 이름을 부르며 그만 못 가운데 몸을 던진 까닭이다. 그는 망연히 물 속을 바라보며 몇 번이나 아내의 이름을 불렀으랴. 그러나 찰랑찰랑하는 물소리만 귓가를 스칠 뿐, 비가 오거나 바람이 불거나 이슬 내리는 새벽, 달빛 솟는 저녁에도 그는 못가를 돌고 또 돌며 사랑하는 아내를 그리며 찾았다. 오늘도 못 가를 돌 때에 그는 문득 못 옆 물가에 사람의 그림자가 아련히 나타났다.

"아 저기 있구나!"

하며 그는 이 그림자를 향해 뛰어 들었다. 그러나 벌린 그의 팔 안에 안긴 것은 아내가 아니요, 사람이 아니요, 사람만한 바위덩이다. 그는 바위를 잡은 찰나에 문득 제 눈앞에 나타난 아내의 모양을 길이길이 잊지 않으려고 그 바위를 새기기 시작하였다. 제 환상(幻想)에 떠오른 사랑하는 아내의 모양은 다시금 거룩한 부처님의 모양으로 변하였다. 그는 제 예술로 죽은 아내를 살리고 아울러 부처님에까지 천도(薦度)17)하려 한 것이다. 이 조각이 완성되면서 자기 역시 못 가운데 몸을 던지어 아내의 뒤를 따랐다. — 현진건, 「불국사 기행」

현진건의 「불국사 기행」은 문학성이 돋보이는 기행 수필로 주관적이고 감상적인 성격을 띠고 있다. 경주 시내의 아침 정경과 감회와 불국사의 첫인상을 묘사한 다음 다보탑의 정교함, 석가탑의 담백함, 불국사의 유래와 석공의 이야기, 그리고 석가탑에 어린 예술혼에 대하여 이야기하고 있

---

16) 양자(樣姿) : 모습. 자태.
17) 천도(薦度) : 죽은 사람의 혼령이 극락세계로 가도록 기원하는 일.

다. 현진건의 「불국사 기행」의 주제는 '불국사와 석굴암의 예술적 아름다움'이라고 할 수 있다.

주제를 선택할 때 명심해야 할 것은 평소에 많은 관심을 가지고 있는 것과 흥미가 있는 것을 주제로 선택해야 한다. 또한 충분한 지식을 가지고 있거나 자신의 능력에 맞는 주제를 택하는 것이 좋다. 다른 사람들이 그리스에 관한 글을 쓴다 하니까, 그리스에 가 본 적도 없고, 그리스에 대해서 잘 알지도 못하는 사람이 그리스에 관한 글을 쓴다면, 그 글은 독자들에게 공감을 주기 어렵다.

문제는 관심이 많고 흥미로운 주제라 할지라도 그것이 관념적인 주제일 경우 주제를 구체화시키기가 쉽지 않다. 관념적인 주제를 택했을 경우에는 그 주제를 뒷받침할 수 있는 실례 · 예화 · 통계 자료 등을 제시해야 독자에게 공감을 불러일으킬 수 있다.

일이 잘못된 경우에 우리는 흔히 '낭패'란 말을 쓴다.

"이건 낭팬걸."

"그 사람 실직을 해서 낭패야. 낭패."

이 낭패란 말의 어원은 무엇일까? 세상에는 낭패란 짐승이 있다. 그런데 낭(狼)이란 짐승은 앞발 둘만 있고, 패(狽)란 짐승은 뒷발만 둘이 있어서, 낭패는 둘이 꼭 달라붙어서 떨어지지 말아야 비로소 훌륭한 한 놈의 몫의 활동을 할 수 있다 한다. 일설에는 낭과 패는 좌반(左牛) 우반(右牛)의 반쪽 몸뚱이밖에 없어서, 앞 뒷발 하나씩만 가지고 있는 짐승이라고도 한다.

어쨌든 이 둘은 항상 붙어 있어야만 한다. 만일 어쩌다가 떨어지는 날이면 그야말로 낭패요, 큰일이다. 이만저만한 낭패가 아니요, 치명적 대낭패다.

우리나라의 현재 상태는 이 낭패와 같다. 남북의 어느 것이 낭이요, 어느 것이 패인 것은 물을 필요도 없다. 어쨌든 붙으면 살고, 떨어지면 낭패다. 대낭패다. 생명을 잃어버리는 낭패다.   - 이희승, 「낭패」

이희승의 「낭패(狼狽)」는 '남북통일의 필요성'이라는 관념적인 주제를 가지고 있다. 통일의 필요성을 관념적으로 토론한 것이 아니라, '낭패'라는 고사(古事)를 예시로 들어 주제를 구체화하고 있다.

한편 글을 쓸 때는 독자에게도 흥미와 관심을 불러일으킬 수 있고, 재미있는 주제를 선택하여 글을 써야 한다. 독자들에게 관심을 끌지 못하는 주제는 이미 죽은 주제다.

21세기를 바로 앞둔 지금 시점에서 독자들은 어떠한 주제의 글을 찾을 것인가를 한 번쯤 생각해 보는 것도 좋은 글을 쓰는데 필요한 것이다.

　　환경을 병들게 하는 데 있어서 살충제는 어떤 영향을 미치는가? 우리가 지금까지 본 바와 같이 토질과 물과 음식물을 오염시켰고, 물고기 없는 강을, 새도 없고 침묵만이 흐르는 정원과 숲을 만들어버리는 힘을 가지고 있다. 인간이 아무리 자연계의 동물과는 다르다고 할지라도 결국은 인간도 자연의 일부에 지나지 않는다. 우리들이 사는 세계에 철저하게 깊숙이 파고드는 오염을 어떻게 피할 수 있는가?

　　단 한 번만이라도 화학약품에 접촉되면 급성중독에 걸리게 되는 것을 우리는 알고 있다. 농부, 약품 살포자, 비행사 등이 대량의 살충제에 접촉되어 갑작스런 발병이나 죽음을 당하고 있기도 하다. 이런 일이 일어나서는 안 된다. 전반적인 면에서 볼 때 눈에 보이지 않게 우리 주변을 오염시키고 있는 소량의 살충제를 우리가 흡수함으로써 서서히 발생하는 그 결과에 대해서 우리는 더욱 깊은 관심을 가져야 한다. 　　　　　　　　　　　　- 레이첼 카슨, 정대수 옮김, 『봄의 침묵』

금세기에 들어서서 최대의 화두로 떠오른 것이 환경문제(環境問題, environmental problem)임을 부정할 사람은 거의 없다.

레이첼 카슨(Rachel Carson)이 살충제 살포가 몰고 올 죽음의 세계에 대해 쓴 『봄의 침묵(Silent Spring)』의 제재는 살충제이다. 레이첼 카슨은 『봄의 침묵』을 통해 살충제 살포로 인한 환경오염(環境汚染)의 위험을 전 세계에 일깨워주었다.

(2) 주제문

참주제가 완성되면 거기에 맞는 주제문(主題文)을 작성해 보아야 한다. 주제문을 효과적으로 작성하려면 우선 무엇보다도 표현이 정확하고 구체적이어야 하며, 너무 넓은 범위를 다루지 않도록 하고, 정확한 근거에 의해 증명될 수 있는 내용으로 해야 한다. 초점을 하나의 주제에 한정되어 맞추어야 하고 명료하게 표현한다. 서술이 일관성이 없거나 모순되어서는 안 되며, 막연한 추측성 표현이나 불필요한 구절을 포함해서는 안 된다. 그리고 주어, 서술어를 갖춘 완전한 문장이어야 한다. 평서문이 좋으며, 의문문은 안 된다. 또한 글쓴이의 의견이나 태도가 분명하게 드러나야 하며, 누구나 다 알고 있는 상식적인 것이어서는 안 된다. 뿐만 아니라 주제문은 글의 분량과 성격이나 글을 읽을 사람의 성격을 염두에 두고 작성해야 한다.

이러한 주제문은 문학작품 등에서는 문장의 표면에 잘 드러나 있지 않으나, 논설문, 보고문, 설명문 같은 문장에서는 겉으로 잘 드러나 있다.

구두 수선(修繕)을 주었더니, 뒤축에다가 어지간히는 큰 징을 한 개씩 박아 놓았다. 보기가 흉해서 빼어 버리라고 하였더니, 그런 징이래야 한동안 신게 되구, 무엇이 어쩌구 하며 수다를 피는 소리가 듣기 싫어 그대로 신기는 신었으나, 점잖지 못하게 저벅저벅, 그 징이 땅바닥에 부딪치는 금속성 소리가 심히 귓맛[18]에 역(逆)했다.[19] 더욱이, 시멘트 포도(鋪道)의 딴딴한 바닥에 부딪쳐 낼 때의 그 음향(音

---

18) 귓맛 : 소리가 귀에 주는 느낌.
19) 역(逆)했다 : 생각이나 마음에 거슬리다.

響)이란 정말 질색이었다. 또그닥 또그닥, 이건 흡사 사람은 아닌 말 발굽 소리다.

어느 날 초으스름이었다. 좀 바쁜 일이 있어 창경원(昌慶苑)[20] 곁담을 끼고 걸어 내려오노라니끼, 앞에서 걸어가던 이십 내외의 어떤 한 젊은 여자가 이 이상히 또그닥거리는 구두 소리에 안심이 되지 않는 모양으로, 슬쩍 고개를 돌려 또그닥 소리의 주인공을 물색하고 나더니, 별안간 걸음이 빨라진다.

그러는 걸 나는 그저 그러는가 보다 하고, 내가 걸어야 할 길만 그대로 걷고 있었더니, 얼마큼 가다가 이 여자는 또 뒤를 한 번 힐끗 돌아다본다. 그리고 자기와 나와의 거리가 불과 지척(咫尺) 사이임을 알고는 빨라지는 걸음이 보통이 아니었다. 뛰다 싶은 걸음으로 치맛 귀가 옹이하게[21] 내닫는다. 나의 그 또그락거리는 구두 소리는 분명 자기를 위협하느라고 일부러 그렇게 따악딱 땅바닥을 박아 내며 걷는 줄로만 아는 모양이다.

그러나 이 여자더러, 내 구두 소리는 그건 자연(自然)이요, 인위(人爲)가 아니니 안심하라고 일러 드릴 수도 없는 일이고, 그렇다고 어서 가야 할 길을 아니 갈 수도 없는 일이고 해서, 나는 그 순간 좀더 걸음을 빨리하여 이 여자를 뒤로 떨어뜨림으로 공포(恐怖)에의 안심을 주려고 한층 더 걸음에 박차를 가했더니, 그럴 게 아니었다. 도리어, 이것이 이 여자로 하여금 위협이 되는 것이었다.

내 구두 소리가 또그닥 또그닥, 좀더 재어지자[22] 이에 호응하여 또 각또각, 굽 높은 뒤축이 어쩔 바를 모르고 걸음과 싸우며 유난히도 몸을 일어내는 그 분주함이란, 있는 마력(馬力)[23]은 다 내 보는 동작

---

20) 창경원(昌慶苑) : 지금의 창경궁.
21) 옹이하게 : '바람 소리를 일으킬 정도로'라는 뜻을 가진 방언으로 보인다.
22) 재어지자 : 몹시 빨라지자.
23) 마력(馬力) : 속도를 내는 힘

에 틀림없었다. 그리하여 또그닥 또그닥, 또각 또각 한참 석양 놀이 내려퍼지기 시작하는 인적 드문 포도(鋪道) 위에서 이 두 음향의 속 모르는 싸움은 자못 그 절정에 달하고 있었다. 나는 이 여자의 뒤를 거의 다 따랐던 것이다. 2~3보(步)만 더 내어 디디면 앞으로 나서게 될 그럴 계제(階梯)24)였다. 그러나 이 여자 역시 힘을 다하는 걸음이었다. 그 2~3보라는 것도 그리 용이히 따라지지 않았다. 한참 내 발 부리에도 풍진(風塵)25)이 일었는데, 거기서 이 여자는 뚫어진 옆 골목으로 살짝 빠져 들어선다. 다행한 일이었다. 한숨이 나간다. 이 여자도 한숨이 나갔을 것이다. 기웃해 보니, 기다랗게 내뚫린 골목으로 이 여자는 휑하니 내닫는다. 이 골목 안이 저의 집인지, 혹은 나를 피하느라고 빠져 들어갔는지, 그것은 알 바 없으나, 나로서 이 여자가 나를 불량배로 영원히 알고 있을 것임이 서글픈 일이다.

여자는 왜 그리 남자를 믿지 못하는 것일까. 여자를 대하자면 남자는 구두 소리에까지도 세심한 주의를 가져야 점잖다는 대우를 받게 되는 것이라면, 이건 이성(異性)에 대한 모욕이 아닐까 생각을 하며, 나는 그 다음으로 그 구두징을 뽑아 버렸거니와 살아가노라면 별(別)한 데다가 다 신경을 써 가며 살아야 되는 것이 사람임을 알았다.

- 계용묵,「구두」

구두 소리를 제재로 한 계용묵의 수필이다. '기' - '서' - '결'의 3단 구성의 짜임으로 된 「구두」는 의성어를 적절하게 구사해 인물의 심리와 긴장감을 잘 나타냈다.

「구두」의 주제문은 겉으로 잘 드러나 있지는 않지마는 마지막 단락에 묘사된 "여자를 대하자면 남자는 구두 소리에까지도 세심한 주의를 가져

---

24) 계제(階梯) : 어떤 일을 할 수 있게 된 형편이나 기회. 계단과 사닥다리라는 뜻으로, 일이 진행되는 순서나 절차를 비유적으로 이르는 말.
25) 풍진(風塵) : 비바람에 날리는 티끌.

야 점잖다는 대우를 받게 되는 것이라면, 이건 이성(異性)에 대한 모욕이 아닐까 생각하며, 나는 그 다음으로 그 구두징을 뽑아 버렸거니와 살아가노라면 별(別)한데다가 다 신경을 써 가며 살아야 되는 것이 사람임을 알았다."에서 찾아봐야 할 것이나.

「구두」의 주제는 인간관계가 왜곡된 현대 사회에 대한 비판이라고 정리할 수 있다.

(3) 주제와 핵심어

문장에서 주제를 파악하기 위해서는 무엇보다 핵심어(核心語, Key Word)를 찾아내야 한다. 핵심어란 문장에서 가장 중심이 되고, 가장 핵심이 되는 단어다. 다시 말해 핵심어란 주제에 밀착되어 있고, 긴밀한 관계를 가지고 있는 단어다.

노르웨이령 그린란드는 **붕괴**해서 사라진 과거의 많은 사회 중 하나일 뿐이다. 셸리(Percy Bysshe Shelly)가 자신의 시 「오지만디아스」에서 상상했던 기념물만을 남겨놓고 폐허로 변했다. 여기에서 나는 **붕괴**(collapse)를 "상당히 넓은 지역에서 오랜 시간 동안 일어난 인구 규모, 정치 · 사회 · 경제 현상의 급격한 감소"라는 뜻으로 사용하려 한다. 따라서 **붕괴** 현상은 일반적인 쇠락의 극단적인 형태로, 한 사회의 쇠락이 얼마나 철저해야 **붕괴**라 할 수 있느냐의 판단 기준은 자의적일 수밖에 없다. 국운의 정상적인 흥망성쇠, 즉 한 사회의 정치 · 경제 · 사회적 변화는 일반적인 쇠락의 한 형태이다. 예컨대 이웃 민족에게 정복당하면 이웃 민족이 흥하게 마련이다. 하지만 전체 지역에서 인구의 변화와 지리적 변화는 없이 기존의 지배계급이 전복되고 교체되는 것에 불과하다. 이런 기준에서 본다면 미국의 아나사지와 카호키아, 중앙아메리카 마야의 도시들, 남아메리카의 모체와 티아우아나코, 그리스의 미케네와 크레타의 미노스, 아프리카의 그레이트짐바브웨, 아시아의 앙코르와트와 인더스 계곡의 하라파, 그리고 남태평양의 이스터 섬에서 번영했던 사회들은 단순한 쇠락이 아니라 **붕괴**를 맞은 사회들이라 할 수 있다.

－ 재레드 다이아몬드 지음, 강주헌 옮김, 『문명의 붕괴』

위의 예문은 재레드 다이아몬드(Jared Diamond)의 『문명의 붕괴(Collapse)』에서 인용한 구절이다. 재레드 다이아몬드는 "우리 세계는 어떻게 해야 자멸의 길을 피할 수 있을까"라는 질문을 던지며 '붕괴'에 대해 기술하고 있다. '붕괴'는 위의 예문에서 가장 중심이 되고 핵심이 되는 단어이다. 즉, 핵심어인 것이다.

2) 제재와 매재

(1) 제재

글쓴이가 제재(題材)를 일반화, 추상화 한 것을 주제라고 한다. 소재(素材)는 글쓴이의 안목에 비친 넓은 대상, 즉 글의 바탕이 되는 재료와 원료를 가리킨다. 그리고 예술 작품이나 학술 논문의 제목이나 주제를 표현하는 대상으로 선택한 소재를 제재라고 한다.

"글쎄올시다."
도장방 주인은 인면을 들여다보며 오준의 묻는 말에 이렇게 대답할 뿐이다.
"값이 나가는 것이오?"

"누가 새긴 것입니까?"

"수하인이란 사람이 새겼다나 봅디다……"

주인도 그것이 수하인의 솜씨임을 모르고 물은 말은 아니다. 무슨 까닭에 이 도장이 한 길에 나오게 뇌었는질 일고 싶이 묻는 말이다.

"수하인 같은 분이 새겼다면 값을 말하기가 힘들지요."

"건 무슨 말씀이오?"

"우리 영업하는 사람이야 석재와 치수에 따라 값을 정하지만, 수하인 같은 분이야 원래 장사가 아니시니까 헐값에 그냥도 줄 수 있는 반면, 부르는 것이 값이 되는 경우도 있지요."

"글쎄, 선살 하려면 좋은 석재를 써서 하지, 영 어울려야죠…… 그 좋은 재료를 좀 구경 합시다."

주인도 그 재료가 무슨 재료인지는 감별할 능력이 없었다. 밀화같이 말끔한 돌이라는 것으로, 혹시나 수하인이 늘 말하던 전황석이 아닌가 하는 생각이 들었지만, 그렇다고 아무것도 모르는 손님에게 설명할 필요 없었다.

주인이 먼지를 훅 불어 내놓는 갑 속엔 각종 석재가 그득히 들어 있었다.

"골라 보시우."

이렇게 뒤섞어져 있는 데선 어느 것을 골라야 할지 망설이게 되었다.

"이게 어떻습니까?"

"그야 손님 의향이시죠."

"대리석이죠?"

"대리석에다 대겠습니까? 계혈석이란 특수한 돌입니다."

"결재 도장이니까 무늬도 좀 이렇게 울긋불긋한 것이 위엄이 있어 뵈지 않습니까?"

"그야, 쓰시는 분 마음이지만…… 그렇게 말씀하시니 그런 것 같기

두 합니다."

장사치란 손님의 비위에 오르내리는 존재들이지만 오준은 적이 만족했다.

자체(字體)를 고르고 값을 흥정했다. 어차피 새겨 갈 도장이란 것을 눈치챈 주인은 값을 듬뿍이 불렀다.

"한 자에 삼천 환씩 치고, 재료값까지 합쳐 만 오천 환이면 비싼 값이 아닙니다. 그러구 이런 어른의 도장을 새기면 널리 선전도 되고 해서 처음부터 싼 값으로 부른 것입니다."

석운 앞에서 오준이 만 환 정도면 될 것이라고 장담한 것은 값을 알고 한 말이 아니라, 엄청나게 불러 본 것이지만, 실지 그 이상이고 보니 입이 딱 벌어질 지경이다.

"비싼 값이 아닙니다. 서울 장안 다 돌아다니셔도 더 싼값을 부르는 사람은 없습니다. 이 결을 보십시오. 품이 곱이나 더 듭니다. 수정과 상아 말씀을 하시지만, 그런 것이라면 제가 이 재료를 사는 셈치고 그냥 새겨 드리지요."

오준은 그 말엔 귀가 솔깃했다. 이 하치않은 돌 대신 수정이나 상아 도장을 그냥 새겨 준다니 흥정은 된 흥정인 것 같았다.

"그러실 것 없이, 이 재료를 맡으시고 상아 도장 하나 더 끼워 만 환으로 합시다."

주인은 못 이기는 척하고 받아들였다.

좀 싼값이긴 해도 그 도장을 수하인에게 돌려주고 싶었던 까닭이다.

서법(書法)과 도법(刀法)은 물론, 돌을 다루는 것까지 이 주인은 수하인에게 배우다시피 한 사람이다.

주인은 수하인을 찾을 생각으로 일찌감치 가게문을 닫았다.

동소문 집에 비하면 말할 수 없이 좁은 방이지만, 알뜰스레 꾸며놓은 건넌방에 수하인은 등불 밑에 단좌하고 있었다.

"오래간만입니다."

"오, 웬일인고? 가게를 일찍 닫았구만……."

"네…… 오늘 좀 이상스러운 물건이 들어왔기에 일찍 문을 닫고 선생님을 뵈러 왔습니다."

젊은 친구가 내 놓은 도장갑을 보고 수하인은 깜짝 놀랐다.

"어떻게 된 연고인고?"

젊은 친구는 오준이라는 작자가 그 도장을 갖고 와서 결재 도장으로선 어울리진 않는다고 하던 말에서부터 낱낱이 일러바쳤다.

"자네 복일세…… 술을 좀 하련가?"

조용히 묻고 난 수하인은 술상을 청했다.

술을 들면서도 아무런 말이 없는 것이 마음의 동요를 누르려고 애쓰는 것같이 보여, 젊은 주인은 오히려 미안스러웠다.

"그것이 전황석일세, 자네 처음이지?"

"네?"

젊은 주인은 전황석이라는 말에 주기가 훅 위로 오르는 것 같았다.

"원정 민영익 씨가 쓰던 인장이지…… 그것이 어쩌다 거부 이모(某)가 갖고 있던 것을 우연스레 구했기에, 석운이 벼슬을 했어도 선사할 것이 있어야지. 그래 보냈더니 마음에 들지 않았던 모양이구만. 자네 손에 갔으니 이제야 제값을 불러 줄 사람을 찾은 셈일세."

수하인이 갖고 가라곤 하지만 젊은 주인은 들고 나올 수가 없었다.

자기 솜씨라면 뻑뻑 갈아 버릴 수도 있었지만, 아무리 그 재료가 귀중한 것이라 해도 마음대로 갈아 버릴 수 없는 물건인즉, 들고 나올 필요가 없었다.

"전황석을 알고 쓸 사람이 몇 사람 있겠습니까? 그럴 바에야 선생님이 보존하시는 것이 좋을 것 같습니다."

수하인은 몇 번 사양했지만 젊은 친구의 고집도 어지간했다. 계혈석 도장을 새겨 주기로 하고 수하인은 그것을 받아 두었다. 버릴 수 없는 친구에게 버림을 받은 듯싶어 한없이 섭섭했다.

"산홍이, 술을 한 잔 따라 주우."

산홍은 수하인 하라는 대로 술을 따라 권했다.

밖엔 또 눈이 내리기 시작했다.

이번엔 잔을 산홍에게 권했다.

산홍은 옛날과 다름없이 두 손으로 받은 잔을 소반 위에 놓았다.

산전수전 다 겪은 산홍이었지만, 오십을 바라보는 얼굴이면서도 잔 주름이 없었다.

수하인은 가라앉은 마음의 흥을 돋구려고 대금(大笒)을 들었다. 귀에 익은 가락이다.

한 잔 술에 얼굴이 붉어진 산홍은 살포시 눈을 감았다.

지나온 한평생이 대금의 가락 모양 산홍에겐 쓸쓸하고 외로웠다.

가락을 짚는 수하인의 손끝은 허무한 인정에 떨었고, 지그시 감은 긴 살 눈썹이 축축이 젖어 들었다.   - 정한숙, 「전황당인보기」

정신적 가치를 잃어버리고 물질적 이익만을 좇는 현대인을 비판한 「전황당인보기」(「한국일보」, 1955)는 제재가 인감 재료 중 최고로 꼽히는 돌인 전황석인 것이 독특하다. 석운의 언행을 통해 형상화 한 물질적인 가치와 수하인의 언행을 통해 형상화 한 정신적인 가치의 대립을 전지적 작가 시점으로 그린 「전황당인보기」의 서사 구조의 중심에 제재인 전황석이 있다.

(2) 매재

예술 작품을 형상화(形象化)하는 데 사용한 언어는 예술을 표현하려는 수단, 즉 매개하는 추상적인 재료인 매재(媒材)이다.

그리고는 손으로 몇 번이나 하늘을 가리켰다. 그리하여 낭이가 알아들은 말이라고는 겨우 한마디 '하나님'이었다.

"우리 사람을 만든 것은 하나님이다. 하나님은 우리 사람뿐 아니라 천지 만물을 다 만들어 내셨다. 우리가 죽어서 돌아가는 것도 하나님 전이다."

이러한 욱이의 '하나님'은 며칠 지나지 않아, 곧 모화의 의혹과 반발을 불러 일으켰다. 욱이가 온 지 사흘째 되던 날, 아침밥을 받아놓고 그가 기도를 드리려니까, 모화는,

"너, 불도에도 그런 법이 있나?"

이렇게 물었다. 모화는 욱이가 그 동안 절간에 가 있다 온 줄만 믿고 있으므로 그가 하는 짓은 모두 불도(佛道)에 관한 일인 줄 생각하는 모양이었다.

"아니오, 오마니. 난 불도가 아닙내다."

"불도가 아니고 그럼 무슨 도가 있어?"

"오마니, 난 절간에서 불도가 보기 싫어 달아났댔쇠다."

"불도가 보기 싫다니, 불도야 큰 도지……. 그럼 넌 뭐 신선도야?"

"아니오, 오마니. 난 예수도올시다."

"예수도?"

"북선 지방에서는 예수교라고 합데다. 새로 난 교지요."

"그럼 너 동학당이로군!"

"아니오, 오마니. 나는 동학당이 아닙내다. 나는 예수교올시다."

"그래, 예수도온가 하는 데서는 밥 먹을 때마다 눈을 감고 주문을 외우나?"

"오마니, 그건 주문이 아니외다. 하나님 앞에 기도 드리는 것이외다."

"하나님 앞에?"

모화는 눈을 둥그렇게 떴다.

"네, 하나님께서 우리 사람을 내셨으니깐요."

"야아, 너 잡귀가 들렸구나!"

모화의 얼굴빛은 순간 퍼렇게 질리었다. 그리고는 더 묻지 않았다.

다음날 모화가 그 마을에 객귀 들린 사람이 있어 "물밥"을 내주고 돌아오려니까, 욱이가,

"오마니, 어디 갔다 오시나요?"

하고 물었다.

"저 박급창 댁에 객귀를 물려주고 온다."

욱이는 한참 동안 무엇을 생각하는 모양이더니,

"그럼 오마니가 물리면 귀신이 물러 나갑데까?"

한다.

"물러 나갔기 사람이 살아났지."

모화는 별소리를 다 묻는다는 듯이 대답했다. 그는 지금까지 이 경주 고을 일원을 중심으로 수백 번의 푸닥거리와 굿을 하고, 수백 수천 명의 병을 고쳐 왔지만 아직 한 번도 자기의 하는 굿이나 푸닥거리에 "신령님"의 감응을 의심한다든가, 걱정해 본 적은 없었다. 더구나 누구의 객귀에 물밥을 내주는 것쯤은 목마른 사람에게 물 한 그릇을 떠 주는 것만큼이나 당연하고 손쉬운 일로만 여겨 왔다. 모화 자신만이 그렇게 생각할 뿐 아니라 굿을 청하는 사람, 객귀가 들린 사람쪽에서도 그와 같이 믿고 있는 편이기도 했다. 그들은 무슨 병이 나면 먼저 의원에게 보이려는 생각보다 으레 모화에게 찾아갈 것으로 생각하는 것이었다. 그들의 생각에는 모화의 푸닥거리나 푸념이 의원의 침이나 약보다 훨씬 반응이 빠르고 효험이 확실하고, 준비가 손쉬웠던 것이다.

한참 동안 고개를 수그리고 무엇을 생각하고 있던 욱이는 고개를 들어 그 어미의 얼굴을 똑바로 바라보며,

"오마니, 그런 것은 하나님께 죄가 됩네다. 오마니, 이것 보시오. 마태복음 제9 장 35절이올시다. 저희가 나갈 때에 사귀들려 벙어리 된 자를 예수께 다려오매, 사귀가 쫓겨나니 벙어리가 말하거늘……."

                                    - 김동리, 「무녀도(巫女圖)」

김동리가 1936년 『중앙』에 발표한 「무녀도(巫女圖)」는 무당인 모화로 대변되는 토속적(土俗的)인 신앙(무교)과 기독교 교역자가 된 아들 욱이로 대변되고 있는 기독교 신앙의 갈등과 대결을 그리고 있다. 이러한 갈등과 대결은 아들 욱이와 어머니 모화의 죽음이라는 비극적 결괴를 기져온다. 모화의 죽음은 무교(巫敎)로 상징되는 전통문화의 몰락을 의미하고 있다. 그러나 「무녀도」의 플롯은 욱이가 죽음에 이르게 짜여 있어, 기독교로 상징되는 서구문화의 일방적인 승리를 뜻하지는 않는다. 소멸해 가는 무교에 매달려 그것을 지키려는 모화의 비극적인 모습을 형상화한 「무녀도」는 언어를 매재로 하여 예술로 승화시킨 언어예술 작품이다.

2. 단락

1) 단락의 개념

(1) 단락의 어원과 개념

 문장이 모여서 통일된 한 가지 생각을 이루는 글의 덩어리를 단락(段落, paragraph)이라고 한다. 'paragraph'의 어원(語源)은 고대 그리스어의 'para'와 'graphein'의 합성어이다. 'para'는 '바꾼다'는 의미를, 'graphein'은 '쓴다'는 의미를 갖고 있다. "줄을 바꾸어 쓴다."는 의미를 가지고 있는 단락은 그 내용의 전개상 몇 개의 단위로 나눈다. 정확하게는 '문장의 단락'이라 하나, 줄여서 '문단', '단락', '단'이라고도 한다. 단락은 행(行)을 달리하여 표시되며, 하나 이상의 문장으로 구성된다. 단락은 문장보다는 길고 복잡한 한 단위의 생각이다.

(2) 줄갈이

 단락을 구분할 때 첫 칸을 비우는 것을 줄갈이(改行, indention)라고 한다. 대화문은 첫 칸을 비우고, 인용단락은 첫 두 칸을 비운다.
 글에서 단락을 특별히 강조하는 이유는 단락은 곧 글의 논리를 표상하기 때문이다. 논리가 어떻게 연결되면서 한 편의 글이 되는가를, 글을 읽는 사람은 단락을 통해서 이해할 수 있다.

2) 단락의 원리

단락은 그 자체가 하나의 독립된 글이라고 할 수 있다. 그러므로 각 단락을 이루는 재료들은 반드시 필요한 것만 선택되어야 한다.

일반적으로 단락의 기본 원리라 하면 통일성(統一性, unity), 연결성(連結性, coherence), 강조성(强調性, emphasis), 그리고 완결성(完結性, completeness)을 일컫는다.

(1) 통일성(unity)

한 단락 내에서 다루어지는 화제는 하나여야 한다. 구체적으로 말하면, 한 단락의 중심개념을 전개시켜 나가는 데 사용되는 세부 사항들은 그 단락의 소주제문의 내용을 중심으로 하여 의미가 전개되어야 한다. 단락의 중심개념과 관계가 없는 사항들을 단락에 등장시킨다면 그 단락은 통일성을 상실한 것으로, 읽는 사람을 혼란에 빠뜨린다. 따라서, 소주제와 상관이 없는 새로운 내용을 끌어들이거나, 자기가 알고 있는 사실을 과시하기 위해 소주제와 관계없는 내용을 기술해서는 안 된다. 개요를 작성하지 않거나 개요 작성이 부실하면 통일성의 원리에서 벗어나기 쉽다.

『삼국유사』는 현실의 세계와 불교신앙의 세계, 국가정치와 서민의 생활, 그리고 이들을 중심으로 하는 천지자연의 혼연일체의 조화 속에서 자국의 역사가 전개되어 오고 있었다는 사실을 역설하여 전한다. 또한 그 역사 전통의 유구성과 신성함에 대한 새로운 인식을 통하여 시대적인 난파(難破)의 현실을 극복할 수 있는 새로운 힘을 찾아내고자 한다. 그래서 권력의 독선과 야만인 이민족의 횡포에 저항하는 전통적인 자주와 인간의 회복을 역설하고 있는 것이다.

        - 김태영, 「'삼국유사'에 보이는 일연의 역사인식에 대하여」

위의 예문에서 모든 문장이 '삼국유사에 보이는 일연의 역사인식에 대하여'에 집중되어 있다. 통일성이 잘 드러나 있는 단락이다.

(2) 연결성(coherence)

하나의 단락은 그것의 중심개념과 그것을 설명해 주는 종속개념들이 일정한 순서를 가지고 논리적으로 명료하게 상호 연관되어 있을 때 연결성(coherence)을 가졌다고 할 수 있다. 즉 단락 내의 각 문장들이 중심개념을 전개시키는 과정에서 앞의 문장으로부터 무리 없이 순서대로 자연스럽게 이어지는 일정한 체계를 가져야 한다. 일정한 체계란 '시간적 순서', '공간적 순서', '논리적 순서'를 가키는 말이다. 또한 글의 맥락이 자연스럽게 잘 통해야 한다. 이를 위해서는 적절한 접속어와 지시어를 사용하여 문장들이 자연스럽게 연결될 수 있게 해야 한다. 접속어를 거의 사용하지 않거나, 같은 말을 반복적으로 사용하였을 경우에는 논리 전개가 자연스럽지 못하다는 느낌을 주게 된다.

단락 내의 각각의 문장들이 그 단락의 중심개념과 관련되어 있으면 그 단락은 통일성을 가지고 있다고 말할 수 있으나, 그 문장들이 순서 없이 비논리적으로 나열되어 있다면 그 단락은 질서, 즉 연결성이 결여된 것이다. 연결성은 긴밀성이라고도 한다.

나는 생각하였다. 상감께서 나를 죄인으로 알지 아니하심은 내 사형을 정지하라신 친칙으로 보아 분명하고, 동포들이 내가 살기를 원하는 것도 김주경을 비롯하여 인천항의 물상 객주들이 돈을 모아서 내

목숨을 사려고 한 것으로 알 수 있지 아니하나, 상하가 다 내가 살기를 원하나 나를 놓아주지 못하는 것은 오직 재능뿐이다. 내가 옥중에서 죽어 버린다면 왜놈을 기쁘게 할 뿐인즉 내가 탈옥을 하더라도 의리에 어그러질 것이 없다고, 이리하여 나는 탈옥할 결심을 하였다.

- 김구, 『백범일지』

위의 예문은 문장끼리 연결성을 잘 유지하고 있다. 김구를 살리기 위해 인천항의 물상 객주를 비롯한 동포들의 구명 운동과 김구가 탈옥할 결심을 하기까지의 김구의 생각이 긴밀하게 인과 관계로 연결되어 있다.

(3) 강조성(emphasis)

문장에서 소주제 또는 이와 밀접한 관련이 있는 내용을 중시하여 두드러지게 진술하는 것을 강조성이라 한다. 어떤 대목을 강조했는지가 잘 도드라져 보이지 않는 단락은 전달면에서 실패한다.

강조의 방법은 강조, 분립, 반복, 위치의 변화 등이 있으나 논문이나 논술문 같은 논리적인 글에서는 강조하고자 하는 부분을 분명히 제시해야 한다. 즉 '가장 중요한 것은', '여기서 강조하고 싶은 것은' 등으로 지적하여 강조하기도 하고 쉽게 기억할 수 있도록 첫째, 둘째, 셋째 등으로 구획짓도록 한다.

'본 대로 느낀 대로, 있는 그대로'라는 말은 어느 컬러텔레비전 광고의 선전 용어지만, 공해에 찌든 산업 사회에 사는 전 인류에게, 특히 가치 체계의 혼돈으로 제 정신을 못 차리고 있는 우리 한국인에게 가장 적절한 경고요, 교훈이라고 나는 믿는다.

우리 시대의 최대의 문제가 무엇인가? 허위라는 것이다. 영국 철인 토마스 칼라일은 '사람은 나면서부터 허위에 대하여 원수'라고 하였지만, 오늘날처럼 개인과 개인, 집단과 집단, 나라와 나라 사이가 허위로 얼룩진 이런 시대는 일찍이 있었던가?

- 김동길, 「서로 사랑하는 그 길밖에 없다」

위의 예문에서 두 번째 단락은 첫 번째 단락을 강조하는 기능을 하고 있다. 부연하면 두 번째 단락 전체가 강조성이 충분하게 구사되어 있는 단락인 것이다. 번연히 알 수 있는 것을 의문으로 두어 듣는 사람이 원하는 답을 스스로 찾아내게 하는 표현방법인 설의법을 사용하여 강조하고 있다. 뿐만 아니라, '우리 시대를 살아가는 한국인'에게 허위가 아닌 진실이 요청된다는 것을 강조하고 있다.

(4) 완결성(completeness)

하나의 단락이 완성되기 위해서는 '화제의 진술 - 화제의 상세화 - 화제의 정리'의 구조를 갖추어야 한다는 것이다. 한 단락이 이루어지기 위해서는 그 단락의 중심을 이루는 소주제문과 뒷받침해 주는 근거가 포함되어야 한다. 즉, 하나의 단락을 통해 중심이 되는 이야기를 전달하고자 할 때 소주제문을 뒷받침할 수 있는 문장들이 충분히 제시되어야 한다. 이를 위해 특수하고 구체적이며 알기 쉬운 내용의 뒷받침 문장으로 구체화, 상세화 한다. 그리고 예시나 인용, 비교, 대조, 이유, 제시 등의 다양한 방법을 사용한다. 논문이나 논술문에서 자주 지적되는 사항인 "주장만 있고 근거가 없다."는 말은 결국 소주제문만 있고 뒷받침 문장이 충분히 제시되어 있지 않다는 것을 비판하는 것이다.

윤리학이란 본래 실천적인 관심에서 시작된 것 같다. 그것은 우주의 수수께끼를 풀고자 원하는 저 단순한 호기심의 산물이 아니라, 인생을 보다 값지고 빛나는 것으로 만들고 싶어 하는 정열에 찬 포부의 소산이다. 이 사정을 가장 여실히 전하는 것으로서, 국가와 시민의 생활을 올바른 길로 돌리려 한 소크라테스의 실천적인 정열을 계기로 제법 '윤리학적'이라고 부를 수 있는 사상이 서양철학사 위에 비로소 나탔다는 사실이다.　　　　　－ 김태길, 「윤리와 가치의식」

위의 예문은 그것 자체로 완결된 주제와 구조를 가지고 있다. "윤리학이란 본래 실천적인 관심에서 시작된 것 같다."는 추상적인 내용의 소주제를 구체적인 내용의 뒷받침문장들로 잘 뒷받침하고 있다. 짧은 문장이지만 완결성을 갖추고 있는 단락이다.

3) 단락의 구성

(1) 단락의 구성 요소

대체로 한 편의 글은 세 개 이상의 단락으로 구성되어 있다. 단락은 글 전체의 일부를 이루는 요소가 되며 단락의 중심 과제인 소주제문(小主題文, topic sentence)과 소주제 혹은 소주제문을 구체적으로 펼쳐나가는 뒷받침문장(supporting sentences)으로 구성되어 있다.

(2) 소주제문과 주제문

단락의 중심문을 소주제문이라고 하고, 한 편의 글에서 핵심이 되는 중심문을 주제문(theme sentence)이라고 한다. 단락에서 그 단락의 중심이 되는 문장을 그 단락의 소주제문이라고 한다. "대부분의 학술적 글쓰기에서 각 단락의 첫 번째 문장은 소주제문"이며, "소주제문은 단락에서 가장 일반적이며 가장 중요한 문장"26)이다.

한 편의 글을 몇 개의 단락으로 나누어 놓고, 각 단락의 소주제문을 살펴보면, 그 한 편의 글 전체의 중심이 되는 단락이 있다는 것을 알게 된다. 이 단락을 주제문 단락이라고 하고, 주제문 단락의 소주제문이 바로 주제문이다. 이 주제문은 한 편의 글 전체의 중심문이며, 결론에 해당된다.

단락의 소주제를 명확히 한 뒤, 소주제문을 정리한다. 소주제는 추상적인 내용으로 이루어져 있고, 그것을 명제화한 것이 소주제문이다. 그리고 뒷받침문장은 단락을 펼치는 데에나 그 요지를 이해하는 데 길잡이가 되는 소주제문을 보충하거나 보강하고 설명과 논증을 덧붙이는 형태로 논리를 전개시켜 나간다. 소주제문과 밀접하게 관련을 맺지 않은 뒷받침문장은 뒷받침문장으로서 자격이 없다.

　

지금까지 독립된 장르사로서 현대 시사가 통시적 전망을 가지고 서술된 예는 아주 드물다. 한국사의 한 분야로서의 한국문학사에서 다시 갈래를 뻗어 기술되는 시사는 그동안 현대시에 대한 상당량의 연구 축적에도 불구하고, 그 전체상이 체계적으로 드러난 예는 별로 찾아보기 힘들다. 식민지 시대까지 기술되거나, 그 하한선을 때로는 1960년대까지 내려 잡는 경우가 있기는 하지만 대부분 1920년대까지의 시사 서술에 머문 것이 현재까지 우리 학계가 가지고 있는 현대 시사이다. 부분적으로 1970년대나 1980년대의 시사가 개략적으로 기술된 예가 있기는 하다. 또는 1930년대나 해방기, 1940년대 등의 시사에 대한 논문이 쓰이기도 했지만, 20세기에 들어와서 한국 시사가 보여 준 그 다양성과 역동성을 처음부터 끝까지 체계적으로 기술한 예는 찾기 어렵다는 것이다. 　　　　　 - 최동호, 『한국현대시사의 감각』

---

26) Joy M. Reid, *The Process of Paragraph Writing*, Prentice Hall Regents, 1994, p.36.

글쓰기의 원리와 방법

위의 예문에서 글쓴이의 주장을 집약시키고 있는 소주제문은 "지금까지 독립된 장르사로서 현대 시사가 통시적 전망을 가지고 서술된 예는 아주 드물다."이다. 나머지 문장들은 소주제문을 뒷받침하는 뒷받침문장들이다.

(3) 단락 가르기

단락은 대체로 다음과 같은 경우에 가른다.

① 단락은 한 가지 생각이 끝날 때 가른다. 대체로 소단락(小段落)이 되기 쉽다.
② 단락을 가를 때 전체 문장의 통일과 정돈을 생각해서 가른다. 대체로 대단락(大段落)이 되기 쉽다.
③ 시점(視點, point of view)을 새롭게 바꿀 때 단락을 새롭게 설정한다.
④ 별도의 생각을 말하고자 할 때 단락을 새롭게 설정한다.
⑤ 색다른 논점(論點)으로 이야기를 옮기려 할 때 단락을 새롭게 설정한다.
⑥ 구체적인 예시와 자료를 덧붙일 때 단락을 새롭게 설정한다.
⑦ 시간과 장소가 바뀔 때 단락을 새롭게 설정한다.
⑧ 등장인물이나 행동이 바뀔 때 단락을 새롭게 설정한다.
⑨ 내용이 바뀔 때 단락을 새롭게 설정한다.

한편 행(行)을 자주 바꿔 단락을 많이 만들면 독자에게 읽기에 편리하고, 지루한 감을 주지 않는 장점이 있으며, 소설 작품 같은 경우는 분위기를 서정적(抒情的)으로 만들어주는 효과도 있다.

채약(採藥)27)을 업으로 하는 어떤 두 형제가 이곳 은냇골을 내려다 보는 바위 벼랑까지 왔다.

벼랑 위에서 밑 골짜기를 내려다 본 두 형제는 서로 눈만 마주 보고 말없이 놀랐다. 골짜기에 삼밭이 있었기 때문이었다. 그러나 감히 엄두를 낼 수가 없었다. 그야말로 그림의 떡처럼 두 형제는 눈독만 들이고 돌아갔다.

나뭇가지를 꺾어 표적을 해 가면서 돌아온 두 형제는 혈육 간에도 발설 않을 것을 굳게 약속하고 궁리를 했다.

며칠을 두고 궁리를 한 끝에 두 형제는 날을 받아 목욕 제계를 하고 다시 집을 떠났다.

표적을 따라 바위 벼랑 위에 닿았을 때는 한 나절이 조금 넘었다.

삼밭은 여전했다.

두 형제는 칡으로 바구니를 얽고 밧줄을 꼬았다.

밧줄에다 바구니를 달아놓고, 형이 내려갈 겐가, 동생이 내려갈 겐가 ―하다가 결국 몸집이 작은 동생이 바구니를 타고 골짜기에 내렸다.

삼을 캐기 시작했다.

한 바구니를 캐 올렸다.

다음 바구니는 동생이 타고 올라갈 참이었다. 그러나 형은 한 바구니를 더 캐라고 했다.

한 바구니를 더 캐 올렸다. 그런데도 형은 또 한 바구니만 더 캐라고 했다.

그러나 이때는 벌써 해도 기울고 짙은 안개가 피기 시작했다.

동생은 그만 바구니를 타고 줄을 흔들었다.

바구니가 벼랑 반쯤 올라갔을 때였다. 별안간 바위 틈에서 가마솥만 한 왕거미가 기어 나와 밧줄을 끊기 시작했다.

---

27) 채약(採藥) : 약초나 약재를 캐거나 뜯어서 거둠.

동생은 위를 향해 밧줄을 흔들고 고함을 질렀다. 그러나 그로부터 한 발도 더 올라가기 전에 줄은 끊어지고 말았다.

벼랑 위의 형도 골짜기에 떨어진 동생도 짙은 안개 속에 묻혀버렸다. 그로부터 형도 동생도 돌아오지 않았다는 .

-오영수, 「은냇골 이야기」

단편소설 「은냇골 이야기」를 비롯하여 오영수의 대부분의 작품이 서정적(抒情的)이라고 평가받고 있는 이유는 배경의 서정성(抒情性)과 주제의 서정성에 크게 기인하지만, 빈번하게 행(行)을 바꾸어 주는 문체상의 특징에도 그 원인이 있다고 할 수[28] 있다.

4) 단락의 연계

(1) 접속어를 사용하는 방법

단어와 단어, 구절과 구절, 문장과 문장을 이어 주는 구실을 하는 문장 성분을 접속어(接續語)라고 하는데 주로 접속부사(接續副詞)가 이 역할을 한다. 단락을 새로 시작할 때 쓰이는 접속어는 문장 구조를 밝혀주는 좋은 열쇠이다. 논술문이나 설명문에서 접속어는 문장 구조를 파악하는 실마리를 제공한다. 문장과 문장 사이의 관계를 파악할 수도 있고 단락 사이의 관계도 접속어를 통해 파악할 수 있다. 한편 '그리고, 또는, 그러나' 같은 접속어는 문장이나 단어들을 연결할 때 자주 사용하기 때문에 단락을 연결하는 데는 사용하지 않는 편이라는 것을 알아둘 필요가 있다.

---

28) 정한숙, 『소설문장론』, 고려대 출판부, 1973, p.57 참조.

① 순접관계(順接關係): 앞뒤의 관계가 엇갈리거나 상반되지 않고 순순히 이어지도록 쓴다. 앞의 내용과 뒤의 내용을 원인과 결과로 연결한다.

'그러므로', '따라서', '그래서', '그런즉', '그러니까', '왜냐하면'

② 역접관계(逆接關係): 반대 관계로 연계한다. 앞의 내용과 상반된 내용을 서술하거나, 부정하는 경우에 사용한다.

'그러나', '그렇지만', '하지만', '다만', '그래도', '반면의'

③ 예시관계(例示關係): 앞의 내용을 구체적으로 설명하기 위해 예를 들어 사용한다.

'이를테면', '예를 들면', '예컨대', '가령'

④ 첨가관계(添加關係): 앞의 내용에 대하여 강조하거나 보충한다.

'그리고', '뿐만 아니라', '더욱', '더구나', '또', '또한', '아울러'

⑤ 전환관계(轉換關係): 앞의 내용과 달리 화제가 바뀔 때 사용한다.

'그런데', '그러면', '아무튼', '한편'

⑥ 대등·병렬관계(大等竝列關係): 앞뒤의 내용을 같은 자격으로 나열하면서 이어 주는 구실을 한다.

'및', '대', '겸', '그리고', '또는', '혹은', '그래서', '또한'

⑦ 인과관계(因果關係): 앞뒤 글이 서로 이유(원인). 결과를 이루는 경우에 사용한다.

'그러므로', '따라서', '그렇다면', '그러니까', '그런즉', '그런 까닭에', '그렇기 때문에', '왜냐하면'

⑧ 환언 · 요약관계(換言要約關係): 앞의 글의 내용을 바꾸어 말하거나 정리해서 말할 때 사용한다.

'바꾸어 말하면', '다시 말하면', '말하자면', '이와같이', '이상으로'

⑨ 비유 · 예시관계(譬喩例示關係): 앞의 설명을 다른 것에 비유하거나 또 다른 예를 드는 경우에 사용한다.

'이를테면', '예컨대', '비교하건대'

⑩ 설명 · 선택관계(說明選擇關係): 보충적으로 설명하거나 무엇인가를 선택할 때 사용한다.

'어떤 것은', '그런 것은'

ⓐ 나는 오늘도 나의 문법(文法)이 끝나자 큰 무거운 짐이나 벗어 놓듯이 옷을 훨훨 털며 본관 서쪽 숲 사이에 있는 나의 자리를 찾아 올라간다. 나의 자리래야 솔밭 사이에 있는 겨우 걸터 앉을 만한 조그마한 그루터기에 지나지 못하지마는 오고 가는 여러 동료가 나의 자리라고 명명(命名)하여 주고, 또 나 자신 이 소나무 그루터기에 앉아 솔잎 사이로 흐느끼는 하늘을 우러러볼 때 하루 동

안에도 가장 기쁜 시간을 가질 수 있으므로 시간이 여유 있는 때마다 나는 한 큰 특권이나 차지하는 듯이 이 자리를 찾아 올라와 하염없이 앉아 있기를 좋아한다. 물론 나에게 멀리 군속(群俗)을 떠나 고고(孤高)한 가운데 처(處)하기를 원하는 선골(仙骨)이 있다거나, 또는 나의 성미가 남달리 괴팍하여 사람을 싫어한다거나 하는 것은 아니다. 나는 역시 사람 사이에 처하기를 즐거워하고 사람을 그리워하는 갑남을녀(甲男乙女)의 하나요, 또 사람이란 모든 결점(缺點)에도 불구하고 역시 가장 아름다운 존재의 하나라고 생각한다. 그리고 또 사람으로서도 아름다운 사람이 되려면 반드시 사람 사이에 살고, 사람 사이에서 울고 웃고 부대껴야 한다고 생각한다.

ⓑ 그러나 이러한 때 푸른 하늘과 찬란한 태양이 있고 황홀(恍惚)한 신록(新綠)이 모든 산 모든 언덕을 덮은 이 때 기쁨의 속삭임이 하늘과 땅, 나무와 나무, 풀잎과 풀잎 사이에 은밀히 수수(授受)되고, 그들의 기쁨의 노래가 금시라도 우렁차게 터져 나와 산과 들을 흔들 듯한 이러한 때를 당하면 나는 곁에 비록 친한 동무가 있고 그의 아름다운 이야기가 있다 할지라도 이러한 자연에 곁눈을 팔지 아니할 수 없으며, 그의 기쁨의 노래에 귀를 기울이지 아니할 수 없게 된다.

ⓒ 그리고 또 어떻게 생각하면 우리 사람이란 세속에 얽매여 머리 위에 푸른 하늘이 있는 것을 알지 못하고, 주머니의 돈을 세고 지위를 생각하고 명예를 생각하는 데 여념이 없거나, 또는 오욕 칠정(五欲七情)에 사로잡혀 서로 미워하고 시기하고 질투하고 싸우는 데 마음의 영일(寧日)을 갖지 못하는 우리 사람이란 어떻게 비소(卑小)하고 어떻게 저속한 것인지, 결국은 이 대자연의 거룩하고 아름답고 영광스러운 조화를 깨뜨리는 한 오점(汚點) 또는 한 잡음(雜音)밖에 되어 보이지 아니하여, 될 수 있으면 이러한 때를 타

잠깐 동안이나마 사람을 떠나 사람의 일을 잊고 풀과 나무와 하늘과 바람과 한가지로 숨쉬고 느끼고 노래하고 싶은 마음을 억제할 수가 없다.   - 이양하, 「신록 예찬(新綠禮讚)」

위에서 예문으로 든 이양하의 「신록 예찬」은 3단 구성으로 짜여진 서정 수필로 서두를 역접으로 전개하여 귀결점으로 이끌어간 미괄식의 글이다. 두 번째 단락의 '그러나'는 앞의 내용과 상반된 내용을 서술하거나, 부정하는 경우에 사용하는 접속어로 역접관계(逆接關係)를 나타낸다. 세 번째 단락의 '그리고'는 앞뒤의 내용을 같은 자격으로 나열하면서 이어 주는 구실을 하는 접속어로 대등·병렬관계(大等竝列關係)를 나타낸다. 요약하면 ⓐ단락과 ⓑ단락은 역접관계로 접속되고, ⓑ단락과 ⓒ단락은 병렬 관계로 접속된 것이다.

(2) 지시어를 사용하는 방법

이, 그, 저, 이것, 저것, 그것 같은 지시어(指示語)로 앞문장과 뒷문장 혹은, 앞 단락과 뒤 단락을 연결시키는 방법이다. '지시어'는 어떤 대상을 지시하는 구실을 하는 품사다. 특정한 대상을 한정하여 가리키는 지시 관형사와, 어떤 사물이나 장소 등을 가리키는 지시 대명사로 나누어진다.

'박동혁'이라고 불린 학생은 연단에 올라서기를 사양하고 앞줄에 가 두 다리를 떡 버티고 섰다. 빗질도 아니 한 듯한 올백으로 넘긴 머리며 숱하게 난 눈썹 밑에 부리부리한 두 눈동자에는 여러 사람을 누르는 위엄이 떠돈다.

그는 박수 소리가 그치기를 기다려 두툼한 입술을 열었다.

"여러분!"

청중이 숨소리를 죽이게 하는 저력 있는 목소리다.

"오늘 저녁에 항상 그리워하던 여러분 동지와 한자리에 모여서 흉금을 터놓고 서로 얘기할 기회를 얻은 것을 무한히 기뻐합니다."

목구멍에서 나오는 음성이 아니요. 땀에 절은 교복이 팽팽하게 켕기도록 떡 벌어진 가슴 한복판을 울리며 나오는 바리톤(남자의 저음)이다.　　　　　　　　　　　　　　　　　　　　　　　　－ 심훈, 『상록수』

앞 단락과 뒤 단락이 '그' 라는 지시어로 연결되어 있다.

(3) 주요 어구를 반복적으로 사용하는 방법

이 방법은 접속어를 사용하는 것보다 훨씬 자연스럽게 앞 단락과 연관시킬 수 있는 장점이 있다.

헐린다, 헐린다 하던 **광화문**은 마침내 헐리기 시작한다. '총독부' 청사 까닭으로 헐리고 '총독부' 정책 덕택으로 다시 짓게 된다.

원래 **광화문**은 물건이다. 울 줄도 알고, 웃을 줄도 알며, 노할 줄도 알고, 기뻐할 줄도 아는 사람이 아니다. 밟히면 꾸물거리고, 죽이면 소리치는 생물이 아니라, 돌과 나무로 만들어진 건물이다.

의식 없는 물건이요, 말 못하는 물건이라, 헐고 부수고 끌고 옮기고 하되, 반항도 회피(回避)도 기뻐도 설워도 아니한다. 다만 조선의 하늘과 조선의 땅을 같이한 조선의 백성들이 그를 위하여 아까워하고 못 잊어할 뿐이다. 오 백 년 동안 풍우를 같이 겪은 조선의 자손들이 그를 위하여 울어도 보고 설워도 할 뿐이다.

석공(石工)의 망치가 네 가슴을 두드려도 너는 알음[知]이 없으리라마는, 뚝딱 소리를 듣는 사람이 가슴 아파하며, 역군(役軍)의 연장이 네 허리를 들출 때에 너는 괴로움이 없으리라마는, 우지끈 하는 소리를 듣는 사람이 허리 저려할 것을 네가 과연 아느냐, 모르느냐.

팔도강산의 석재와 목재와 인재의 정수(精粹)를 뽑아 지은 **광화문**아! 돌덩이 하나 옮기기에 억만 방울의 피가 흐르고, 기왓장 한 개 덮기에 억만 줄기의 눈물이 흘렀던 우리의 **광화문**아! 청태(靑苔)끼인 돌 틈에 이 흔적이 남아 있고 풍우 맞은 기둥에 그 자취가 어렸다하면, 너는 옛 모양 그대로 있어야 네 생명이 있으며, 너는 그 신세 그대로 무너져야 네 일생을 마친 것이다.

풍우 오백 년 동안에 충신도 드나들고 역적도 드나들며, 수구당도 드나들고 개화당도 드나들던 **광화문**아! 평화의 사자(使者)도 지나고 살벌(殺伐)의 총검도 지나며, 일로(日露)의 사절도 지나고 원청(元淸)의 국빈도 지나던 우리의 **광화문**아! 그들을 맞고 그들을 보냄이 너의 타고난 천직이며 그 길을 인도하고 그 길을 가리킴이 너의 타고난 천명이라 하면 너는 그 자리 그곳을 떠나지 말아야 네 생명이 있으며, 그 방향 그 터전을 옮기지 말아야 네 일생을 마친 것이다.

너의 천명과 너의 천직은 이미 없어진 지가 오래였거니와, 너의 생명과 너의 일생은 지금 헐리는 순간에, 옮기는 찰나에 마지막으로 없어지려고 하는구나! 오오, 가엾어라! 너의 마지막 운명을 우리는 알되 너는 모르니, 모르는 너는 모르고 지내려니와 아는 우리는 어떻게 지내라느냐.

총독부에서 헐기는 헐되, 총독부에서 다시 지어 놓는다 한다. 그러나 다시 짓는 그 사람은 상투 짠 옛날의 그 사람이 아니며, 다시 짓는 그 솜씨는 피묻은 옛날의 그 솜씨가 아니다. 하물며 이때 이 사람의 감정과 기분과 이상(理想)이야 말하여 무엇하랴?

다시 옮기는 그곳은 북악을 등진 옛날의 그곳이 아니며, 다시 옮기는 그 방향은 구궁(九宮)을 정면으로 한 옛날의 그 방향이 아니다. 서로 보지도 못한 지가 벌써 수년이나 된 경복궁 옛 대궐에는 장림(長霖)[29]에 남은 궂은비가 오락가락한다. **광화문** 지붕에서 뚝딱하는

---

29) 장림(長霖) : 오래 계속되는 장마.

망치 소리는 장안(長安)을 거쳐 북악(北嶽)에 부딪친다. 남산에도 부
딪친다. 그리고 애달파하는 백의인(白衣人)의 가슴에도 부딪친다.
- 설의식, 「헐려 짓는 광화문」

 앞 단락의 '광화문'이라는 어휘를 뒷 단락에서 반복해서 사용함으로써
앞 단락과의 연관성을 자연스럽게 나타내고 있다.

(4) 연결단락을 두어 앞 단락과 뒷 단락을 연결하는 방법

 앞 단락과 뒷 단락 사이에 연결 단락을 두어 단락을 연결하는 방법이다.
앞 단락과 뒷 단락의 내용이 매끄럽게 연결되지 않을 때 주로 사용하는
방법이다.

Ⓟ 공자의 말을 모은 『논어』 첫머리에도 "말을 잘 하는 사람은 어짊
  이 모자라다."고 쐐기를 박아 놓고 있다. 홍문관 부제학으로 있었
  던 이율곡이 선조 8년에 편찬한 『성학집요(聖學輯要)』를 보더라도
  거기에는 말에 관하여 다음과 같은 선현의 타이름이 엮어져 있다.
  "너의 말하는 것을 삼가고 너의 엄숙한 용모를 공경하여 유하고
  가하게 하라. 흰 옥의 점은 갈면 되지마는 이 말의 점은 어찌할
  수도 없는 것이다. 생각없이 경솔히 말하지 말고 구차하게 이렇다
  고 이르지 말라."   - 시
  "대개 구슬이 이지러진 것은 갈아서 다시 반반하게 할 수 있지마
  는 말은 한 번 실수하면 구제할 수 없고, 나를 위하여 그 혀를 잡
  아 줄 이가 없는 것이다. 그러므로 말은 실수하기가 쉽기 때문에
  항상 잡아서 놓지 않아야 한다는 것이니 그 훈계가 깊고 간절한
  것이다."   - 주자

ⓑ 혀를 잡아주기를 아쉬워하고 말을 잡아서 놓지 않아야 된다는 곳에 말의 문화가 꽃 필 수 없는 노릇이다. 그렇다면 거기에는 어떤 문화가 꽃 피었던 것일까? '글의 문화'다.

ⓒ 중국을 포함해서 한자를 사용한 동양 문화권은 말의 값어치보다 글의 값어치를 높이 쳐 주고, 말의 문화가 아니라 글의 문화가 꽃 피었던 고장이었다. 다시 한 번 무잡한 단순화의 위험을 무릅쓰고 유형화해 보기 위해 서양 문화에는 "처음에는 말이 있었다."고 한다면 동양 문화에는 "처음에 글이 있었다."고 해도 괜찮은 줄 안다. 물론 서양 사람들이 처음에 있었다고 믿는 '말'이 여느 단순한 말이 아님과 마찬가지로 동양에 처음에 있었던 '글'도 여느 단순한 글은 아니었다. 마치 『성경』의 처음에 있었던 말이 하느님의 뜻을 담은 글씨였다. 한문의 기원이라고 하는 갑골문자는 지금으로부터 삼천 삼백 년 전쯤에 하늘의 초월자인 상제의 뜻을 묻기 위해 거북이 등 껍데기나 짐승의 뜻을 풀이한데서 비롯된 것으로 알려지고 있다. 말하자면 갑골문자의 글은 하늘의 뜻을 물어 알리는 기록으로 출발하였으며 그것이 다시 사람의 뜻을 전달하는 문자로 발달하였던 것이다.　　　　　- 최정호, 「글의 문화와 말의 문화」

위의 예문 ⓐ단락에서는 동양 문화권에서는 『논어』에서 "말을 잘 하는 사람은 어짊이 모자라다."고 쐐기를 박아 놓음을 예를 들어, 말의 문화가 성장할 수 없었다는 사실이 진술되어 있고, ⓒ단락에서는 동양 문화권은 글의 값어치를 높이 쳐, 글의 문화가 꽃 피었던 고장이었음을 진술하고 있다. ⓑ단락에서는 "혀를 잡아주기를 아쉬워하고 말을 잡아서 놓지 않아야 된다는 곳에 말의 문화가 꽃 필 수 없는 노릇이다."면서 ⓐ단락을 요약하고 나서 "그렇다면 거기에는 어떤 문화가 꽃 피었던 것일까? '글의 문화'다."라고 진술하고 있다. ⓒ단락과 연결 고리를 만든 것이다. 요약하면 ⓑ단락은 ⓐ단락과 ⓒ단락의 연결단락의 구실을 하고 있는 것이다.

5) 소주제문과 뒷받침문장의 위치

단락 내부에 있어서 소주제문과 뒷받침문장의 위치 관계는 5가지로 나누어 볼 수 있다.

(1) 소주제문이 단락의 앞부분에 있을 때(두괄식 단락)

 소주제문이 단락의 앞부분에 있고 그 뒷부분에 소주제문을 뒷받침하는 뒷받침문장을 배치하는 방식이다.

　저널리즘은 근대 사회의 가장 중요한 산물의 하나요, 또 근대 문화의 형성에 불가결(不可缺)한 조건이 되고 있다. 저널리즘은 현대에 있어서 소위 매스 커뮤니케이션의 중요한 수단 방법이요, 이 매스 커뮤니케이션이란 현대에 있어서 대중의 사회 태도(social attitude)라든지, 이데올로기를 직접 간접으로 규정하는 가장 중요한 커뮤니케이션의 형태이다. 커뮤니케이션이란 사회적 태도의 교환이다. 일정한 사회적 태도를 타인에게 전달함으로써, 그 사람들의 사회적 태도를 변용하고 이로써, 그들을 어떠한 행동으로, 일정한 방향으로 이끌려고 하게 되면 그것을 선전이라고 한다. 저널리즘이 반드시 선전을 목적으로 한다고 단언하기는 어렵지만 저널리즘이 현대사회에 생활하

는 우리들의 사회적 태도를 결정하고 충동하고 또는 변용하는 데 가
장 중요한 요소가 되고 있는 것은 확실하다.

- 이상백, 「저널리즘과 아카데미즘」

위의 예문에서 소주제문은 "저널리즘은 근대 사회의 가장 중요한 산물
의 하나요, 또 근대 문화의 형성에 불가결(不可缺)한 조건이 되고 있다."
이다. 소주제문을 단락의 앞 부분에 배치하면 독자의 관심을 집중시키는
효과가 있다.

(2) 소주제문이 단락의 뒷부분에 있을 때(미괄식 단락)

소주제문이 단락의 뒷부분에 있고, 소주제문의 앞부분에 소주제문을 뒷
받침하는 뒷받침문장을 배치하는 방식이다. 주제(主題)를 강조하고자 할
때 많이 사용하는 방식이다.

뒷받침문장 + 뒷받침문장 + 소주제문
─────   ─────
─────   ─────   +   □
─────   ─────

필자는 초등학교에서부터 한자를 배우고, 중학교에서부터 일본말로
한문을 배우는 한편, 우리 음으로 한문을 배워 왔다. 그리고 중학교
때부터 남달리 한문에 매력을 느끼고 공부를 하노라 했다. 그러나 지
금 필자는 우리나라 고전을 자유롭게 읽지 못한다. 그러니 우리나라
고전을 읽어야 한다는 이유로 모든 국민에게 한자, 한문을 가르쳐 봤
자 그것은 헛수고에 지나지 않는다. 길은 오직 하나 있을 뿐이다. 소

수의 전공 학생을 위해 한문을 집중적으로 가르쳐야 한다는 것이다.

– 허웅, 「우리말과 글에 쏟아진 사랑」

소주제문이 단락의 끝 부분에 있는 미괄식의 단락으로 소주제문은 "소수의 전공 학생을 위해 한문을 집중적으로 가르쳐야 한다는 것이다."이다.

(3) 소주제문이 단락의 앞부분과 뒷부분에 있을 때(쌍괄식 단락)

앞부분에 소주제문을 배치하고, 뒷받침문장을 전개하고, 끝부분에 가서 다시 한번 소주제문을 배치하는 방식이다. 양괄식의 단락이라고도 한다.

선비 정신은 의리 정신으로 표현되는 데서 그 강인성이 드러난다. 신라의 진평왕 때 눌최는 백제군의 공격을 받았을 때 병졸들에게, "봄날 온화한 기운에는 초목이 모두 번성하지만 겨울의 추위가 닥쳐오면 소나무와 잣나무는 늦도록 잎이 지지 않는다. 이제 외로운 성은 원군도 없고 날로 더욱 위태로우니, 이것은 진실로 지사·의부가 절개를 다하고 이름을 드러낼 때이다."라고 훈시하였으며 분전하다가 죽었다. 죽죽(竹竹)도 대야성에서 백제 군사에 의하여 성이 함락될 때까지 항전하다가 항복을 권유받자, "나의 아버지가 나에게 죽죽이라 이름지어 준 것은 내가 추운 겨울에도 잎이 지지 않으며 부러질지언정 굽힐 수 없도록 하려는 것이다. 어찌 죽음을 두려워하며 살아서 항복할 수 있겠는가."라고 결의를 밝혔다. 이처럼 선비 정신은 강인한 의리 정신이 되어 살아 숨쉬는 것이다.   - 금장태,「선비」

위의 예문의 첫 부분의 문장, "선비 정신은 의리 정신으로 표현되는 데서 그 강인성이 드러난다."와 예문 끝부분의 문장, "이처럼 선비 정신은 강인한 의리 정신이 되어 살아 숨쉬는 것이다."가 각각 소주제문이다. 소주제문들 사이에서 눌최와 죽죽의 예를 가져 와 선비 정신이 의리 정신임을 설명하고 있는 문장들은 뒷받침문장들인 것이다.

(4) 소주제문이 단락의 가운데 있을 때(중괄식 단락)

단락의 앞부분에 뒷받침문장을 배치하여 약간의 유도과정을 거쳐 단락의 중간 부분에서 소주제문을 배치하여 논리를 전개한다. 그리고 다시 단락의 뒷부분에 뒷받침문장을 배치하여 소주제문을 뒷받침하는 형식이다. 소주제문이 단락의 중간에 배치되어 있어 잘 드러나지 않는 단점이 있다.

뒷받침문장   +   소주제문   +   뒷받침문장
─────   ─────
─────   +   □   +   ─────
─────   ─────

대학은 초등학교가 아니다. 호각을 불면 왼편으로도 오른편으로도 가는 것이어서는 안 된다. 목자의 막대기에 따라 우르르 몰려다니는 유순한 양떼를 사육하는 곳도 아니며 '말 잘 듣고 공부 잘 하는 착한 학생'만 만드는 곳도 아니다. 대학은 학생이 '어른'으로 성장하도록 도와주는 곳이다. 그들이 스스로 판단하며 선택하며 비판하며 반성하

며 자기의 행동에 책임을 지는 개성과 주체성을 지닌 인간이 되도록
그 능력을 길러주는 곳이다. 그들이 마음껏 배우며 마음껏 놀고 마음
껏 생각하며 마음껏 토론하며 마음껏 일할 수 있도록 진리에의 열정
이 병들지 않게 보살펴 줄 때 그들은 가장 건전한 사상의 소유자가
될 것이다.   - 이부영, 「대학」

 위의 예문은 소주제문 "대학은 학생이 '어른'으로 성장하도록 도와주는
곳이다."가 단락의 한 가운데 놓여 있는 중괄식 단락이다. 소주제문 "대
학은 학생이 '어른'으로 성장하도록 도와주는 곳이다."를 중심으로 앞뒤
에 있는 문장들이 모두 뒷받침문장들이다.

(5) 소주제문이 겉으로 드러나지 않을 때(무괄식 단락)

 소주제문이 표면화 되지 않고, 뒷받침문장들만 나열되어 있는 형식이다.
이 형식은 소주제문이 내재화 되어 있다. 소주제문이 은성적(隱性的)으로
숨어 있다는 것이지 전혀 존재하지 않는다는 말은 아니다. 나열형 문장이
이에 속한다.

뒷받침문장	+	뒷받침문장	+	뒷받침문장	+	뒷받침문장
———		———		———		———
———	+	———	+	———	+	———
———		———		———		———

 음산한 검은 구름이 하늘에 뭉게뭉게 모여드는 것이 금시라도 비
한 줄기 할 듯하면서도 여전히 짓궂은 햇발은 겹겹 산 속에 묻힌 외
진 마을을 통째로 자실 듯이 달구고 있었다. 이따금 생각나는 듯 살

매 들린 바람은 논밭간의 나무들을 뒤흔들며 미쳐 날뛰었다. 산 밖으로 농군들을 멀리 품앗이로 내보낸 안말의 공기는 쓸쓸하였다. 다만 맷맷한 미루나무숲에서 거칠어 가는 농촌을 읊는 듯 매미의 애끓는 노래. 매옹! 매매옹! 추호는 자기 집- 올봄에 9 원을 주고 사서 들은 묵삭은 오막살이집- 방문턱에 걸터앉아서 바른 주먹으로 턱을 괴고는 봉당에서 저녁으로 때울 감자를 씻고 있는 아내를 묵묵히 노려보고 있었다. 그는 사날 밤이나 눈을 안 붙이고 성화를 하는 바람에 농사에 고리삭은 그의 얼굴은 더욱 해쓱하였다. - 김유정, 「소나기」

6) 단락의 종류

 단락의 종류는 대체로 다음과 같이 나눈다.
 담화(談話)의 단위에 따라, 형식단락(形式段落)과 내용단락(內容段落)으로 구분하고, 목적과 구실에 따라 주요단락(主要段落)과 보조단락(補助段落)으로 구분할 수 있다. 그리고 진술방식에 따라 설명단락(說明段落), 논증단락(論證段落) 등으로 구분한다.

(1) 담화의 단위에 따른 구분

 ① 형식단락
    오늘날 문장에서 관례상 행이 바뀌면서 한 자(字)를 안으로 넣어서 쓰는 들여쓰기(indention)를 해서 구분하는 단락으로 대체로 소문단(小文段) 형태를 취한다.
 ② 내용단락
    한 개 또는 몇 개의 형식단락을 의미상 관련 있는 것끼리 뭉뚱그려 통일성 있는 내용을 나타내는 단락으로, 대단락(大段落)· 의미단락(意

味段落)이라고도 한다. 다시 말해 내용단락은 형식단락과 형식단락이 모여 된 하나의 큰 덩어리 글을 말하는 것이다.

이것을 일목요연하게 정리해 보면 다음과 같다.

단어	+	단어	+	단어	=	문
문	+	문	+	문	=	형식단락
형식단락	+	형식단락	+	형식단락	=	내용단락
내용단락	+	내용단락	+	내용단락	=	문장(1편의 글)

문학은 인간 체험의 표현이다. 그러나 그것이 누구나 다 체험할 수 있는 것이라면, 사람들은 구태여 문학을 찾아가지는 않을 것이다. 그러니까 문학은 단지 인간 체험일 뿐 아니라, 가치 있는 인간 체험의 표현이다. 가치는 희귀성으로서 평가된다. 희귀한 것이 아니고선 가치가 될 수 없는 것은 자명한 일이다. 정신세계에 있어 희귀성은 특이성으로 나타난다. 문학에 있어서 특이성을 개성(individuality)이라 한다. 개성은 문학의 본질이며 생명이다. 문학은 체험의 표현일 뿐만 아니라 전달이다.

전달을 예상하지 않은 표현은 있을 수 없다. 작가가 목전(目前)의 독자를 단념하고 원고를 사장(死藏)하는 경우가 있다 할지라도, 그것은 소위 후세의 지기(知己) 속에서 좀 더 완전한 전달 대상자를 구한다는 것을 의미할 뿐이다. 전달은 인간들의 공통한 기반에서만 성립한다. 표현이 사회의 공유물인 언어를 매체로 삼는다는 사실만으로도 그것은 충분히 설명될 것이다. 체험 자체가 또 그러하다. 뒤에서 설명하는 바처럼 체험은 환경과 유기체의 상호 작용으로써 이루어지는 생명과정이다. 철학은 그것을 객관과 주관으로 설명한다. 객관적인 환경은 인류에 공통한 것이다. 그러한 공통적인 요소들은 문학에서 보편성(universality)으로서 나타난다. 따라서 개성과 보편성은 서로 분리할 수 없는 문학의 성질들이다.

문학은 체험의 표현일 뿐만 아니라, 또한 기록이다. 일단 기록된 문학은 책으로서 남는다. 단지 남을 뿐만 아니라 보편성과 결합된 개성을 내포함으로써 언제나 체험으로써 전달될 수 있다. 사람들은 이러한 현상을 가리켜 문학이 살아 있다고 한다. 그것은 문학의 항구성(permanence)을 의미한다.

개성을 문학의 생명이라고 하면 보편성은 그 육체이며 생명과 육체가 결합하여 문학으로서의 기능을 발휘하는 항구성은 그 생리라 말할 수 있다. 이 세 성질을 삼위일체로 종합할 때에 문학의 속성은 파악될 것이다.　　　　　　　　 - 최재서, 「문학의 특수성과 보편성」

최재서의 평론 「문학의 특수성과 보편성」의 전반부다. 이 글은 모두 4개의 형식단락으로 나눌 수 있다. 각 단락마다 단락의 첫머리에 소주제문이 제시되어 있다. 그리고 이 소주제문에 대한 설명이 잇달아 기술되어 하나의 형식단락을 형성하고 있다. 1단락, 2단락, 3단락의 내용이 모두 4단락에 종속되어 있다. 결국 이 글의 결론은 4단락에 뭉쳐져 있다. 이 글 전체가 1개의 내용단락이다. 그리고 이 글의 구성은 미괄식 구성(尾括式構成)이다.

(2) 목적과 구실에 따른 구분

① 주요단락(主要段落)

문장의 주제 전개에 직접 관여하는 단락으로 주제가 집약적으로 진술되어 있는 단락이다. 중심사상이 진술된 단락으로 기본단락(基本段落) 또는 핵심단락(核心段落)이라고도 한다.

ⓐ 도입단락(導入段落)

　문장 전체의 목적이나 주제를 미리 소개하거나 집필 동기와 방법, 논점의 윤곽 및 서술 방법과 자료 등이 제시되는 단락이다.

ⓑ 중심단락(中心段落)

　대체로 본론이 되는 단락이다.

ⓒ 결말단락(結末段落)

　주제에 대한 논의의 결말을 짓는 단락으로 글을 마무리짓는 단락이다.

② 보조단락(補助段落)

　주요 단락의 내용을 도와주는 단락으로 주요단락의 내용을 보조하여 담화를 완결짓는 단락이다.

ⓐ 연결단락(連結段落)

　한 단락이 다른 단락으로 옮겨 갈 때 원활하게 접속되도록 다리 구실을 하는 단락이다.

ⓑ 첨가·부연단락(添加敷衍段落)

　앞에 진술한 내용가운데 빠트린 내용을 보충하거나 자료를 첨가하기 위한 단락이다.

ⓒ 예시단락(例示段落)

　서술 내용을 증명할 실례로 설명하는 단락이다.

ⓓ 강조단락(强調段落)

　화제를 특히 강조하여 전달 효과를 높이는 단락이다.

ⓔ 상술단락(詳述段落)

　앞 단락의 내용을 보다 자세히 풀어 말하는 단락이다.

(3) 진술방식에 따른 구분

　단락 자체가 지닌 성격을 기준으로 분류한다면, 설명단락과 논증단락 등으로 나누어 볼 수 있다.

① 설명단락(說明段落)

기술에 있어서 설명을 주로 사용하는 단락을 말한다.

② 논증단락(論證段落)

논증을 중심으로 단락이 전개되는 단락을 말한다.

③ 서사단락(敍事段落)

이야기를 플롯 구조를 중심으로 기술한 단락을 말한다.

④ 묘사단락(描寫段落)

묘사로써 대상의 느낌과 인상이 도드라지게 기술한 단락을 말한다.

Ⅰ. ⓐ 근대 산업 문명은 사람들의 정신을 병들게 하고, 끊임없이 이기심을 자극하며, 금전과 물건의 노예로 타락시킬 뿐만 아니라 내면적인 평화와 명상의 생활을 불가능하게 만든다.

ⓑ 그로 인하여 유럽의 노동 계급과 빈민에게 사회는 지옥이 되고, 비서구 지역의 수많은 민중은 제국주의의 침탈 밑에서 허덕이게 되었다.

ⓒ 여기에서 간디 사상에서 물레의 상징이 갖는 의미가 드러난다. 간디는 모든 인도 사람들이 매일 한두 시간만이라도 물레질을 할 것을 권유하였다. 물레질의 가치는 경제적 필요 이상의 것이라고 생각한 것이다.

ⓓ 물레는 무엇보다 인간의 노역에 도움을 주면서 결코 인간을 소외시키지 않는 인간적 규모의 기계의 전형이다. 간디는 기계 자체에 대해 반대한 적은 없지만, 거대 기계에는 필연적으로 복잡하고 위계적인 사회 조직, 지배와 피지배의 구조, 도시화, 낭비적 소비가 수반된다는 것을 주목했다. 생산 수단이 민중 자신의 손에 있을 때 비로소 착취 구조가 종식된다고 할 때, 복잡하고 거대한 기계는 그 자체 비인간화와 억압의 구조를 강화하기 쉬운 것이다.

ⓔ 간디는 산업화의 확대, 혹은 경제성장이 참다운 인간의 행복에 기여한다고는 결코 생각할 수 없었다.

ⓕ 간디가 구상했던 이상적인 사회는 자기충족적인 소농촌공동체를 기본단위로 하면서 궁극적으로는 중앙집권적인 국가기구의 소멸과 더불어 마을민주주의에 의한 자치가 실현되는 공간이다.

ⓖ 거기에서는 인간을 도외시한 이윤을 위한 이윤추구도, 물건과 권력에 대한 맹목적인 탐욕도 있을 수가 없다. 이것은 비폭력과 사랑과 유대 속에 어울려 살 때 사람은 가장 행복하고, 자기 완성이 가능하다고 믿는 사상에 매우 적합한 정치공동체라 할 수 있다.

Ⅱ. ⓗ 간디에게 있어서, 물레는 그러한 공동체의 건설에 필요한 인간심성의 교육에 알 맞는 수단이기도 했다. 물레질과 같은 단순하지만 생산적인 작업의 경험은 정신노동과 육체노동의 분리 위에 기초하는 모든 불평등사상의 문화적 심리적 토대의 소멸에 기여할 것이다. 뿐만 아니라 '자기 먹을 빵을 손수 마련해 먹는 창조적 노동'에의 참여와 거기서 얻는 기쁨은 소박한 삶의 가치를 진정으로 긍정할 있게 하는 토대를 제공해줄 것이다라고 간디는 생각하였다.

ⓘ 결국 간디의 사상은 욕망을 억지로 참아야 하는 금욕주의를 말하는 것이 아니라, 우리가 진정한 행복에 이르기 위해서 지금까지와는 근본적으로 다른 것을 욕망할 줄 알아야 된다는 것이었다.

Ⅲ. ⓙ 간디의 메시지는 경제성장의 논리에 대한 무비판적인 순종과 편의주의적 생활의 안이성에 깊숙이 젖어있는 우리들에게 헛소리처럼 들릴지도 모른다. 그러나 온갖 생명에 위해를 가해 온 산업문명이 인간 생존의 자연적 생물학적 기초 자체를 파괴하는 데까지 도달한 지금 그것이 정말 헛소리로 남는다면 우리의 장래는 어떻게 될 것인가?　　　　　　　　　 - 김종철, 「간디의 물레」

글쓰기의 원리와 방법

위의 예문은 10개의 형식단락으로 구성되어 있고, 3개의 내용단락으로 구성되어 있다. 내용단락 I 에서는 간디의 비폭력주의와 물레의 관계를 밝히기 위해 서양 산업 문명의 폭력성을 논술하면서 그것의 극복 방법으로 물레질을 대안으로 제시하고 있다. 내용단락 II 에서는 물레질이 불평등 사상의 문화적·심리적 토대의 소멸에 기여하며, '자기 먹을 빵을 손수 마련해 먹는 창조적 노동'에의 참여와 거기서 얻는 기쁨은 소박한 삶의 가치를 진정으로 긍정할 수 있게 하는 토대를 제공해줄 것이라는 간디의 생각을 예시하면서 이들을 통해 간디의 사상을 규명하고 있다. 필자는 ⓐ, ⓑ, ⓒ, ⓓ, ⓔ, ⓕ, ⓖ, ⓗ, ⓘ, ⓙ단락의 논술을 통해 내용 단락 III [형식단락 (ⓙ)] '간디 사상이 지닌 현대적 의의'를 이끌어 내고 있다. 형식단락 ⓙ가 주요단락이라고 한다면 ⓐ, ⓑ, ⓒ, ⓓ, ⓔ, ⓕ, ⓖ, ⓗ, ⓘ는 모두 보조단락이라고 볼 수 있다.

3. 구성

구성이란 제재를 배치하여 줄거리를 짜는 것을 말한다. 다시 말해 글에 통일적인 맥락을 부여하는 일을 말한다.

일반적으로 구성의 방법은 다음과 같이 나눌 수 있다.

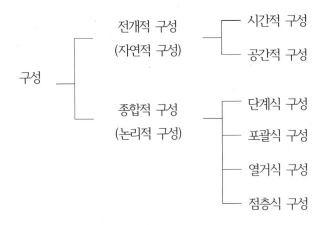

1) 시간적 구성

어떤 사건이나 일의 시간적 순서에 따라 제재를 배열하고 그것으로서 문장의 구조를 삼는 것을 말한다. 직접 체험이나 기억을 재생하는 데 매우 적합한 방법이다. 소설, 역사 기록, 체험기, 회의록. 여행기 등과 같은 서사문에도 좋고 '~을 하는 방법'이나 '~의 제작법' 등의 설명문에도 효과적이다.

3일간 계속되는 중간고사 첫날이었다. 기표와 대각으로 앉게 된 정수가 자리의 이점을 이용해서 답안지를 바른쪽 허리께로 내리밀어 기차표가 보기 좋게 해주었다. 첫 시간에 기표가 정수의 그러한 호의를 어떻게 받아들였는지는 알 수 없었다. 다만 그는 퇴장할 수 있는 30분이 되자 제일 먼저 답안지를 놓고 나갔을 뿐이다. 시간이 끝나고 답안지를 거둔 아이의 말에 의하면 기표의 답안지는 거의 백지에 가까웠다는 것만 알았을 뿐이다. 둘째 시간 중간쯤에 문제번호와 답을 쓴 커닝페이퍼를 몇 사람의 손을 거쳐 기표에게 전달했다. 그러나 그것이 문제였다. 기표가 벌떡 일어나 감독 선생 앞으로 걸어나갔다. "어떤 새끼가 이걸 나한테 전해 왔습니다."

- 전상국, 「우상의 눈물」

위의 예문은 시간적 구성의 글이다. 서사문에서 시간은 매우 중요하다. 특히 소설은 시간적 구성과 밀접한 관련을 갖고 있다. 위의 예문은 어느 고등학교에서 중간고사를 보는 날 일어난 일을 서술한 것이다. 정확하게 말하면 불과 두 시간 동안에 일어난 긴박한 일을 이 예문에 담고 있다. 작가는 이 짧은 시간에 일어난 일을 시간의 순서에 따라 간략하게 기술하였다. 무슨 이유에서인지 몇 명의 학생들은 어떤 한 학생을 도와 주기 위해 금지된 일을 하고 있으며, 한 학생은 그 도움을 거부하며 문제적인 행동을 하고 있다. 이와 같은 문제적인 상황은 앞과 뒤로 충분히 우리의 호기심을 자극하는 원인과 결과를 가지고 있으리라 짐작된다.

2) 공간적 구성

시간의 움직임과 관계없이 하나의 사물이 지닌 공간성을 기술하는 방법이다. 일정한 공간을 동적(動的)인 관점에서 보아 전개하는 방법이다. 지세(地勢), 생물의 형태, 기계의 구조, 단체의 조직 등을 설명하고 기술하는 경우에 이 방법이 효과적이다.

정암사는 좁은 절마당을 최대한 활용하기 위하여 모든 전각과 탑까지 산자락을 타고 앉아 있다. 마치 제비새끼들이 둥지 주변으로 바짝 붙어 한쪽을 비워두는 것처럼.

절 앞의 일주문에 서면 정면으로 반듯한 진입로가 낮은 돌기와담과 직각으로 만나는데 돌기와담 안으로 적멸궁(寂滅宮)이 보이고 또 그 너머로 낮은 돌기와담이 보인다. 두어 그루 잘생긴 주목과 담장에 바짝 붙은 은행나무들이 이 인공축조물들의 직선을 군데군데 끊어준다. 그리하여 적멸궁까지의 공간은 얼마 되지 않건만 넓이는 넓어 보이면서도 아늑한 분위기를 동시에 느끼게끔 해준다.

일주문으로 들어서 절 안으로 들어가는 길은 왼편으로 육중한 축대 위에 길게 뻗은 선불도량(選佛道場)과 평행선을 긋는다. 그로 인하여 정암사는 들어서는 순간 만만치 않은 절집이라는 인상을 갖게 되는데, 이런 공간배치가 아니었다면 정암사의 장중한 분위기, 절집의 무게는 나오지 않았을 것이다.

선불도량을 끼고 돌면 관음전과 요사채가 어깨를 맞대고 길게 뻗어 있어 우리는 또다시 이 절집의 스케일이 제법 크다는 생각을 갖게 되는데, 관음전 위로는 삼성각과 자장각의 작은 전각이 머리를 내밀고 있어서 뒤가 깊어 보인다. 그러나 정암사의 전각은 이것이 전부이다.

절마당을 가로질러 산자락으로 난 돌계단을 따라 오르면 정암사가 자랑하는 유일한 유물인 수마노탑(水瑪瑙塔: 보물 410호)에 오르게 된다. 수마노탑까지는 적당한 산보길이지만 탑에 올라 일주문 쪽을 내려다보면 무뚝뚝한 강원도 산자락들이 겹겹이 펼쳐진다. 자못 호쾌한 기분이 든다.   - 유홍준, 『나의 문화유산답사기 2』

위의 예문은 강원도 정선군 고한읍 고한리에 있는 정암사를 답사, 관찰한 것을 공간적인 순서로 배열한 문화유산답사기다. 정암사의 전경 → 일주문 → 선불도량 → 관음전과 요사채 → 수마노탑 순서로 공간을 옮겨 가며 묘사하고 있다.

3) 단계식 구성

일찍부터 널리 쓰여 온 방법으로 3단 구성, 4단 구성, 5단 구성으로 나눌 수 있다. 단계식 구성의 원리를 설명하면 다음과 같다.

(1) 3단 구성

Ⅰ. 도입
Ⅱ. 전개
Ⅲ. 정리

구성의 가장 기본적인 형식으로 논설이나 평론에 적합한 방식이다. 이 3단 구성은 주제를 명료하게 전달하기 위한 가장 좋은 방법이며, 문장 전체를 긴밀하게 통제할 수 있다. 그러나 논술이 단조로워질 가능성이 있다는 사실을 항상 염두에 두고 글을 써야 한다.

서론   ─   본론   ─   결론 (논설문에서)
제시   ─   예증   ─   종결 (논설문에서)
도입부   ─   전개부   ─   정리부 (논술문에서)
발단   ─   발전   ─   파국 (희곡에서)

Ⅰ. "시란 무엇인가?"라는 질문과 더불어 많은 사람들이 흔히 던지는 또 하나의 물음은 "시에는 대체 어떤 쓸모가 있는가?"라는 것이다. 실제적인 효용(效用)을 존중하며 성질이 급한 어떤 사람들은 시라는 것이 별로 요긴한 쓸모가 없는 사치스런 물건이라는 결론을 내리고 싶어 한다. 그들에 의하면 시는 쌀이나 연탄을 만들어 내지 못하며, 그렇다고 과학적인 지식을 가르치거나 영화, 통속소설 같은 짜릿한 자극을 전달해 주지도 않는다. 그러고 보면 시라는 것은 돈과 시간에 여유가 있고 고상한 체하는 사람들이 한가한 시간에 가끔 들추어 보는, "있어도 좋고 없어도 그만인" 이상스러운 글인 것 같기도 하다.

이러한 과격한 공격에 대해서 시를 옹호하고자 하는 사람들 중의 일부는 그들 나름으로 또 하나의 극단적 주장을 편다. 즉, 시가 아무런 실제적 쓸모를 가지지 않는 것은 당연하고도 옳은 일이며, 시는 시 그 자체가 목적이지 다른 어떤 가치에도 의존하지 않는 다는 것이다. 이 주장을 극단적으로 밀고 나아가면, 시는 오직 아름다움만을 추구할 뿐 현실의 문제나 진실, 선(善) 등의 가치는 이와 전혀 관계가 없다는, 이른바 '예술을 위한 예술'의 예술지상주의론까지 성립하게 된다.

Ⅱ. 그러나, 이 두 극단론은 모두 그릇된 것이다. 시는 다른 예술도 마찬가지지만, 실제적인 효용이 없는 듯이 보인다 해서 전혀 아무런 쓸모를 가지지 않는다고는 말할 수 없다. 또, 시가 그 나름의 특별한 존재 가치를 띠는 것은 사실이지만, 그렇다고 해서 시가 인간 생활의 모든 영역에서 뚝 떨어진 독립적 가치를 지닌다고 우기는 것도 올바른 생각이라고는 하기 어렵다.

인류가 인종(人種)과 문화의 차이에도 불구하고 지금껏 한결같이 시를 지녀온 것은 그것이 사람의 생활에 필요한 어떤 쓸모를 가졌기 때문이다. 따라서, 먹고 사는 데 직접 도움되는 것만이 가치 있다고 생각하여 무턱대고 시를 배척하는 일이 옳지 않음은 말할 것도 없지만, 사람의 생활이 필요로 하는 모든 가치를 넘어서 따로 시의 쓸모가 있다는 주장도 지나친 억설이다. 시가 아무리 값이 있다 해도 우리 자신· 가족 ·이웃, 그리고 이 세계 속에서 이루어지는 사람다운 삶 전체와 무관한 가치를 가질 수야 있겠는가? 시는 그 쓸모가 어떤 종류이든 궁극적으로 이러한 삶의 전체를 지키며 넓히는 데에 도움이 되기 때문에 소중한 것이라고 보아야 옳다.

Ⅲ. 그러면, 실용적 가치와는 다르면서도 사람의 삶에 절실한 시의 쓸모란 대체 어떠한 것인가?

첫째, 시는 우리의 마음속에 있는 생각, 느낌을 표현함으로써 사람들로 하여금 표출되지 않은 답답한 감정에 얽매인 상태로부터 벗어나게 한다. 이 점은 시를 쓰는 사람만이 아니라 읽는 사람의 경우에도 그러하다. 왜 그럴까? 쉽게 풀이하자면 음악의 예를 들어 보는 것이 좋을 듯하다.

여러분은 아마도 어떤 슬픔이나 우울함에 잠겨 있을 때 나직하고 어두운 선율의 음악을 들어본 적이 있을 것이다. 누구나 경험하는 터이지만 이 때 우리의 마음은 걷잡을 수 없던 슬픔이나 우울함으로부터 벗어나 이상하게도 평온함을 향해 나아가게 된다. 심리학자들은 이 현상을 여러 가지로 설명하지만 쉬운 말로 이야기한다면 그것은 우리 마음속에 괴어 있는 느낌, 생각의 연못에 시 또는 음악이라는 물줄기를 터서 흐르게 하는 효과를 일으키는 것과 비슷하다.

둘째, 시는 그 간결한 말과 가락을 통해 사람들이 서로 마음을 통하고 어울리어 하나가 되게 한다. 이 점에서 특히 대표적인 것은 민요일 것이다. 사람들은 모내기를 한다든가 무거운 짐을 함께 운반하는 일을 할 때, 혹은 한 마을이 모여 어떤 공동체의 행사를 벌일 때 이에 알맞은 노래를 부른다. 노래를 부르기에 그 리듬으로 일하는 손과 발걸음을 맞추어 피곤함을 잊으며, 목소리를 합하기에 그 어울림 속에서 흥겨운 마음으로 한 덩어리가 되는 것이다. 인쇄술이 발명되고 시를 혼자 눈으로 읽는 시대가 되면서 이러한 관습은 사라졌다. 그러나 그 바탕에 있는 뜻까지 없어진 것은 아니다. 시집을 대하고 있을 때 우리는 쓰인 작품을 통해 그 시인과 함께 있는 것이며, 더 나아가서는 어디선가 같은 작품을 대하고 있을 수많은 독자들과 함께 있는 것이기 때문이다. 우리는 한 편의 시, 한 권의 시집을 읽음으로써 이 모든 사람들과 경험을 나누고 서로의 마음을 여는 이웃이 된다. 마음이 통하는 이웃을 가진다는 것은 얼마나 중요한 일인가?

셋째, 시는 우리가 일상생활 속에서 살아가는 동안 자주 잊어버리곤 하는 사물들의 모습과 의미를 다시금 발견하게 해준다. 일상생활 속에서 우리는 너무나도 현실적 효용에 매달리는 경향이 있다. 길을 걸을 때에는 목적지까지 빨리 갈 것을 생각하고, 탐스런 과일을 보면 먹고 싶어 하며, 아름다운 고려자기를 보고는 값이 얼마나 될까를 짚어보는 등등의 일이 그것이다. 그렇지만 이런 것들이 삶의 전부일까? 그렇다고 대답할 사람은 없을 것이다. 그런데도 살아가는 동안 우리는 세상과 자연을 보는 맑은 눈을 조금씩 잃고 모든 것을 눈앞의 효용과 값으로 따지는 버릇이 든다. 좋은 시는 이런 삶 속에 얽매인 이들에게 세상의 여러 사물과 일들을 새롭게 바라보도록 해 준다.

- 김흥규, 「시에는 어떤 쓸모가 있는가」

위의 예문은 모두 9개의 형식단락으로 이루어진 비평문이다. 김흥규의 「시에는 어떤 쓸모가 있는가」는 군더더기가 없는 글로 마지막 단락에서 글의 주제가 잘 드러나 있고 문장이 정확한 것이 장점이다. I 단락에서는 시에 관한 통념에 대해, Ⅱ단락에서는 시에 관한 온당한 이해에 대해, Ⅲ단락에서는 시의 효용성에 대해 이야기하고 있다. 김흥규의 「시에는 어떤 쓸모가 있는가」는 Ⅰ · Ⅱ · Ⅲ 단락 등 3개의 내용단락으로 구성된 3단 구성의 글이다

(2) 4단 구성

1. 도입
2. 전개
3. 발전
4. 정리

3단 구성의 본론(전개 부분)이 2분화 된다. 전체 논설이나 평론 같은 글에 적용된다. '그러나', '그렇다고 하지만', '한편으로'는 등의 말로 시작되는 부분이 발전 부분이라고 말할 수 있다. 변화와 더불어 의미가 고조되는 부분이다. 논설과 평론을 쓸 때 '기(起) ― 승(承) ― 전(轉) ― 결(結)'에서 '승(承)'과 '전(轉)'에서 단정해야 하고, 또 그 단정을 증명해야 한다.

도입   ― 전개   ― 발전   ― 정리 (논설문에서)
기(起)   ― 승(承)   ― 전(轉)   ― 결(結) (한시 · 현대시 · 평론문에서)
서론   ― 설명   ― 증명   ― 결론(논술문에서)
발단   ― 전개   ― 결정   ― 대단원 (소설에서)

비 개인 긴 둑에는 풀빛도 하 많아라
그대 보내는 남포에는 슬픈 노래 울리나니.
이 대동강 물은 언제나 다할는고
해마다 이별 눈물이 물결을 더하는 것을.

雨歇長堤草色多(우헐장제초색다)
送君南浦動悲歌(송군남포동비가)
大同江水何時盡(대동강수하시진)
別淚年年添綠波(별루년년첨록파)
                    - 정지상, 김달진 옮김, 「대동강」

고려 시대 인종 때 정지상이 지은 「대동강」은 칠언절구로 '기(起) - 승
(承) - 전(轉) - 결(結)'의 4단 구성으로 짜여 있다. "비 개인 긴 둑에는
풀빛도 하 많아라"는 기(起)에, "그대 보내는 남포에는 슬픈 노래 울리나
니."는 승(承)에, "이 대동강 물은 언제나 다할는고"는 전(轉)에, "해마다
이별 눈물이 물결을 더하는 것을"은 결(結)에 해당한다. 『대동시선(大東詩
選)』에는 「대동강」이라는 제목으로 실려 있고, 『동문선(東文選)』에는 「송
인(送人)」이라는 제목으로 실려 있다.

  ⓐ 비평이 해야 할 구실은 작자 혹은 작품과 독자 사이에서 매개(媒
介)가 되어 의사 전달과 이해를 북돋우는 데 있는 것이리라. 그렇지
만 이 나라의 비평은 이보다 훨씬 무거운 짐을 지니고 있는 것이 사
실인 성싶다. 우리가 주체적으로 비판해서 정리할 겨를도 없이 밀물
처럼 밀려 오는 여러 가지 외래 사조(外來思潮)는 우리 문화의 통일
성과 조화와 안전성을 깨뜨리기 쉽다. 새로운 사조 중에서 우리가 역
사를 따라 발전하기 위해서는 받아들이지 않을 수 없는 것이 많으리
라. 이러한 것을 우리에게 도움이 되도록 한국 사람의 입장에서 비판
을 하면서 흡수하고 동화하는 양식(樣式)을 결정하는 데 이바지하는
것이야말로 이 나라의 비평이 해야 할 기능인 것이다.
  ⓑ 그러므로, 한국 문화는 외국 문화의 영향을 받아서 새로운 통일
성을 갖출 수 있는 탄력을 가진 것에 틀림없을 것이며, 외국 문화는
외국 문화대로 어떤 변함 없는 절대적 규범(規範)이 아니라, 이 나라

글쓰기의 원리와 방법

에 들어오면 우리에게 새로운 관점(觀點)과 줄기찬 활동을 약속할 수 있도록 변화하고 조정되어야 하는 것으로 보아야 마땅하다. 외국 문화를 어떤 고정된 것으로 생각하여 받아들이는 것은 결코 우리 문화를 기름지게 하는 태도가 아닐 뿐더러 우리의 주체성과 비평 의식을 송두리째 부정해 버리는 비참한 결과가 될지도 모른다. 문학 비평에서도 가장 어렵고 가장 해결하기 곤란한 문제는 이 나라의 특수한 문학 상황 안에서 한편으로는 외래 사조를 우리 입장에서 과감하게 그리고 주동적(主動的)으로 소화하여, 한편으로는 우리의 자신의 문학을 건설하는 방법을 찾아내는 일이다.

ⓒ 한국 문화와 외국 문화가 맺고 있는 위와 같은 변증법적(辨證法的) 관계를 우리가 주동적으로 또한 의식적(意識的)으로 추구하는 노력을 게을리하는 경우에는, 이 두 가지 문화가 상극(相剋)인 것으로 보이기 쉽고, 따라서 이자(二者) 택일(擇一)을 해야 한다는 생각을 강박관념(强迫觀念)처럼 지니게 되고 만다. 바로 이러한 강박관념은 우리의 비평 의식(批評意識)이 성장하는 것을 막았으며, 아울러 새로운 창조에 대한 의욕을 시들게 하였다. 그리고 우리의 역사적 환경이 이러한 강박관념을 싹트게 하는 데 안성맞춤으로 되어 있는 사실을 생각할 때, 이 괴물을 분석하고 지양(止揚)하는 것이야말로 우리 비평 의식의 사활(死活)의 문제임을 깨우칠 수 있는 것이다.

ⓓ 지금 우리 안에는 여러 가지 '매우 해묵은' 우리 전통과 '아주 새로운' 외래 사조가 야릇하게 혼합되어 같이 살고 있다. 시 비평(詩批評)도 우선 이와 같은 난처한 우리 발판을 비추고 드러내는 일부터 시작해야 할 것이다. 나는 공자(孔子)의 시관(詩觀)인 '사무사(思無邪)'30)와 발레리가 주장하는 순수의식(純粹意識) 혹은 완고(頑固)한

---

30) 사무사(思無邪): 언행(言行)에 모두 사특함이 없음. 출전은 『논어』 「위정편(爲政篇)」이다. 공자께서 말씀하셨다(子曰). "『시경』삼백 편을 한마디로 능히 그 전체의 뜻을 다 말하면, '생각에 간사함이 없다'고 말할 수 있다(詩三百 一言以蔽之曰 思無邪)."

엄밀성(嚴密性)을 바탕으로 한 시관을 비교해 보았다. 이에 대한 동기나 근거를 지금 잠시 반성하고 되씹어보고자 한다. 그것은 우리가 전통적으로 지녀온 시관이 '사무사'와 가까운 것에 틀림없는데, 이러한 바탕에 발레리 시학(詩學)이 들어와서 대립할 수 있는 가능성이야말로 현재 우리 문학 상황이 당면(當面)한 문제의 어떤 표지(標識)가 될 수 있다고 생각한 까닭이다. 그러므로, 공자의 시관을 아리스토텔레스의 시학과 비교하는 것보다는 그것을 발레리의 시학과 견주어 보는 것이 우리 시문학(詩文學)의 전망을 위해서는 더욱 절실한 일이라고 생각한 셈이다.

ⓔ 이 나라의 문학 비평이 우리 문학의 새로운 통일성과 조화에 이바지하는 중대한 책임을 갖고 있다는 말은, 한 개인의 문학적 인격이 성장하는 과정에 대해서도 그대로 적용될 수 있다. 우리 문학에 불만을 품고 문학을 시작하는 젊은이에게 외국 문학은 빛나는 희망을 줄 수도 있다. 그는 내심(內心)이 지닌 요구를 상당히 만족시켜 주는 내용을 지닌 동시에 우리말로 훌륭한 작품을 쓰는 데 도움이 될 수 있는 규범(規範)을 외국 문학에서 상당히 많이 얻어 볼 수 있는 것처럼 보인다. 그러나 결국 그는 아마도 30세를 고비로 하여 외국 문학이 우리에게 도움이 될 수 있는 한계를 알아차리게 되리라. 그는 당황하고 고민하다가 한국의 문화 전통을 의식하게 되고 전통과 외래 사조의 상호작용을 살펴 가면서 작품을 쓰게 될 것이다. 즉 그는 점차 비평 의식을 간직하게 되고 전통의 변화와 외래 사조의 조정을 꾀함으로써 분열되었던 문학적 인격을 다시 통일시킬 수 있다.

- 송욱, 『시학평전』

위의 예문은 송욱이 지은 『시학평전』의 '서문'의 일부로 한국의 전통 문화와 외래 문화의 융화라고 하는 당면한 과제를 제시하여, 한국 문학 비평이 감당해야 할 기능과 책임을 논하고 있다. '기(起) - 승(承) - 전(轉)

— 결(結)'의 4단 구성으로 짜인 평론문이다.

제1 단락 ⓐ는 '기(起)'에 해당하는데, 한국 비평의 기능에 대하여 이야기하고 있고, 제2 단락 ⓑ는 '승(承)'에 해당하는데, 한국 비평의 당면 과제를 이야기하고 있다. 제3 단락 ⓒ는 '전(轉)'에 해당하는데, 시 비평의 방향에 대해 말하고 있으며, 그리고 제4 단락 ⓓ는 '결(結)'에 해당하는데 비평의 사명에 대해 말하고 있다.

(3) 5단 구성

서론(주의 환기) : 화제에 주의를 모으는 단계.

본론1(과제 제기) : 문제를 제기하는 단계.

본론2(과제 해명) : 문제의 해결법을 제시하는 단계.

본론3(구체화) : 해결법을 구체화 하고 그 유효성을 증명하는 단계.

결론(요약) : 전체의 내용을 마무리하는 단계.

3단 구성의 본론이 삼분화 된다. 3단 구성을 보다 자세하게 구체화시킨 것이다. 3단 구성의 단점인 논리적인 단조로움을 지양하여 설득력을 높이는데 효과가 있다.

ⓐ 최근 우리는 인간 경시의 슬픈 경향을 뼈저리게 느끼고 있다. 인간이 마치 자기 분노와 욕구불만의 담보물인 듯, 인질 소동이 일어나는가 하면, 자식의 생명을 마치 자기 신체의 일개 부속물처럼 느끼는지 집단 자살 또는 동반 자살이라는, 자살 아닌 타살 사건이 빈번히 우리 주위에서 생겨나고 있다. 이뿐이랴, 비록 그 충격에 있어서는 그렇게 큰 것으로 인식되고 있지는 않지만 마치 예술가가 자기의 이미지대로 진흙을 빚듯이 자기 자식을 자기의 욕구 불만의

해소책으로 자기 마음대로 빚고 있는 부모들이 얼마나 많은가. 맹렬 엄마들의 심성이 바로 이 같은 비인격적 자녀관을 잘 지시해 주고 있다.

ⓑ 특히 동반 자살의 충격은 우리를 슬프게 한다. 이것은 분명히 타살이다. 하지만 이 같은 범죄가 자살로 인정되는 이유가 어디에 있는가? 나는 이것이 우리의 사고 구조에서 유래된다고 생각한다.

나와 우리를 명쾌하게 분화시키지 못한 우리의 문화권에서는 이 두 실체가 섞여 있는 채 분리되어 있고 분리되어 있는 채 혼합되어 있다. 나를 우리로부터 합리적으로 분화시키지 못한 사회 문화의 풍토 속에서는 이 같은 미분화가 사회 문제를 일으키는 하나의 저류를 형성하고 있는 것 같다.

우리는 수많은 정실주의의 폐습을 아직도 불식하지 못하고 있다. 또한 족벌주의가 사회 각계 각층에서 아직도 난무하고 있음을 알고 있다. 이 같은 폐습 역시 나와 우리의 미분화에서 일부 유래한다고 해도 과언이 아니다.

ⓒ 동반 자살의 경우, 이 같은 미분화는 하나의 형사적 범죄라고 하기엔 너무나 심각한 문화적 범죄를 일으키고 있음에 주목해야 한다. 신체발부(身體髮膚)[31]를 부모로부터 받은 것으로 중요시하는 우리 문화에서는 자식은 곧 부모의 부분품 또는 부속물로 오인되기 쉽다. 이것은 결혼 제도에서 철저히 본인의 의사가 무시되는 폐습에서도 그 일단을 엿볼 수 있다. 이러한 문화의 분위기 속에서는 인간 생명의 존엄성이 부모의 사회적 권위 속에서만 살아난다. 이것은 구미(歐美)의 인간관과 인간 존엄성의 근거와는 대단히 대조적이다. 구미의 기독교 문화권에서는 자식을 낳게 되면 "이 아기는 부모에 의해서가

---

31) 신체발부(身體髮膚) : 몸과 머리털과 피부. 출전은 『효경(孝經)』이다. 몸과 머리털과 피부는 부모님에게서 받은 것이니 감히 이것들을 훼손하지 않음이 효의 시작이다.(身體髮膚, 受之父母, 不敢毁傷, 孝之始也)

아니라 하느님에 의해서 부모를 통해 세상에 태어났다."고 하는 관념을 가지고 있다. 즉 자기가 낳은 자식은 자기의 작품이 아니라 하느님의 작품이지만 하느님께서 부모라고 하는 대리인을 통해서 생산한 존재로 본다. 그렇기 때문에 자기 자식의 생명에 대하여 부모는 결코 절대권을 행사할 수 없게 되는 것이다.

여기에 나와 우리는 합리적으로 분화될 수 있다. 내 자식도 내가 마음대로 못한다고 하는 판단이 생기고 아무리 어린 자식에게라도 자율성을 보장하려는 보다 인간적인 문화가 싹트게 되는 것이다. 이렇게 될 때 자식에 대해서 일방적으로 강압하기 보다는 대화하려는 태도가 생기고 일방적으로 명령하기보다는 상호 이해하려는 태도가 생긴다. 이것이 바로 민주주의의 문화가 아닌가? 이런 분위기 속에서는 동반 자살이란 생각조차 하기 힘들다. 만일 가족 자살이 이런 분위기에서 생긴다면 그것은 합의에 의해 이룩된 것이 아니면, 분명히 타살이란 의식 속에서 이루어진 것일 게다.

ⓓ 우리 문화에서는 이같이 동반 자살이 명백히 타살이라는 자각이 부족하다. 독일인이 자기들 종족과 문화의 거짓 우위성으로 인해 수백만 유태인의 학살을 거침없이 해치운 범죄를 일종의 무지한 문화적 범죄라고 부른다면, 비록 그 규모에 있어서는 적다 하더라도 최근에 우리가 보게 되는 가족 동반 자살은 분명히 무지한 문화적 범죄이다.

인간은 그의 나이와 성, 계층과 종교를 불문하고 독자적이고, 자율적이고 존엄한 존재이다. 이 같은 인간관에서만이 인간을 수단으로 보아 천시하는 폐풍(弊風)이 근본적으로 불식될 수 있는 것이다. 비록 우리의 토착적 종교가 이 같은 인간관을 산출시키지 못했다 하더라도 우리는 구미의 인간관의 합리적 토착화를 통해 우리의 것으로 만들 수 있으리라 생각한다.

동반 자살은 분명히 타살이다. 헌데 이것은 가공할 무지로 인한 타살이다. 이것이 인간을 물품화하는 우리의 사고에서 그 일부 유래되었다는 점에서 문화적 범죄이고, 이것이 당사자인 자식들에게 동의도 구하지 않고(나이가 어리다는 핑계로) 행해진 행위라는 점에서 비민주적 범죄인 것이다. 우리는 이 같은 불행을 우리 땅에서 추방시키기 위해 무엇보다 올바른 인간관을 확립해야 할 것이다. 자기 자식은 부모에 의해서가 아니라 단지 부모를 통해서 태어났다고 하는 새로운 자녀관이 깊이 그리고 철저히 인식되어야 할 것이다.

지금부터 약 70년 전 프랑스의 유명한 사회학자인 뒤르켐(Émile Durkheim)은 자살을 이기적 자살, 이타적 자살 및 아노미적 자살로 나누어서 하나하나를 깊이 분석하였다. 만약 그가 오늘 한국에서 빈번히 일어나는 동반 자살을 보면 이 한국적 현상을 무지에 찬 문화적 자살, 아니 문화적 타살로 볼 것이다.

ⓔ 이러한 사회 문제에 대한 보다 깊은 사회학적 고구가 필요하며 동시에 국민 각자가 인간을 존중하고 특히 인간의 자율성과 독자성을 깊이 이해하되 자기 자식을 자기 것으로 무의식적으로도 오인하지 않아야 할 것이다. 인간에 대한 새로운 가치관이 아쉽다. 이런 가치관은 다른 모든 정치·사회·경제의 가치관에 앞서야 할 것이다. 인간 부재 위에 세워지는 경제적 번영·정치적 안정·사회적 유대가 무슨 의미가 있겠는가?

- 한완상, 「동반자살과 문화적 범죄」

한완상의 「동반자살과 문화적 범죄」는 5개의 내용단락으로 이루어진 5단 구성의 글이다. 내용단락ⓐ가 서론에 해당하며, 내용단락 ⓑ, ⓒ, ⓓ는 본론에 해당하며, 내용단락ⓔ는 결론에 해당한다. 그리고 내용단락 ⓑ는 3개의 형식단락으로, 내용단락ⓒ는 2개의 형식단락으로, 내용단락 ⓓ는 4개의 형식단락으로 각각 이루어져 있다.

4) 포괄식 구성

3단 구성의 한 변형으로 문장의 요지나 결론이 앞에 오느냐 혹은 뒤에 오느냐, 혹은 앞뒤에 오느냐에 따라 두괄식 · 미괄식 · 양괄식 · 중괄식 · 열거식 · 점층식으로 나눈다. 포괄식 구성은 일반적인 것을 개별적인 것으로 구체화 하여 논지를 전개하기도 하고, 개별적인 것을 일반화 하여 논지를 전개하기도 한다. 논리적인 글에서 가장 중요한 논리 전개 방식은 두괄식(연역식)과 미괄식(귀납식)이다. 논리적인 글을 쓸 때 논지의 전개 방식으로 두괄식(연역식)과 미괄식(귀납식)을 기본적으로 쓴다.

(1) 두괄식(연역식) 구성

일반적인 것에서 개별적인 것으로, 원리적인 것에서 구체적인 것으로 서술을 전개하는 방식으로. 문장의 첫 머리에 그 문장 전체를 통괄하는 주제문단이 있는 문장을 두괄식(頭括式) 구성의 문장 또는 연역식(演繹式) 구성의 문장이라고 한다.

> 시는 '말하고자 하는 내용'을 직접 드러내지 않고 의도적으로 우회하여 드러내는 언어양식이라고 할 수 있다. 어떤 사물이나 체험을 구체적으로 환기시키기 위하여 시인은 단순명료한 해설을 준비하는 것이 아니라 오히려 애매모호한 언어의 집합을 마련한다. 시인은 좀처럼 정곡을 찔러 말하려 하지 않고 이리저리 말을 돌리거나 아예 어떤 말은 생략해버리거나 일상적 어법에 벗어난 엉뚱한 표현을 써서 독자들의 즉각적인 이해를 지연시킨다. 그러나 이러한 시인의 심술스런 조작은 사물이나 체험의 구체적인 질감을 보다 선명하게 전달하기 위한 노력이다.

우리말에 '시치미떼다'라는 말이 있다. 알고도 모르는 체할 때 사용되는 말이다. 시치미란 원래 사냥매의 꼬리에 다는 표식으로 그 매의 소유주의 이름이 적힌 꼬리표이다. 사냥매는 귀하고 비싼 것이었기 때문에 만약 잃어버렸을 때 쉽게 찾을 수 있도록 하는 것이 꼬리표의 첫째 목적이다. 그런데 다른 사람이 그 매를 주워서 꼬리표를 떼고 자기 것으로 우기는 경우가 종종 있었다 한다. '시치미떼다'라는 말은 여기서 나왔다.

시를 쓰는 행위도 어떻게 보면 시치미를 떼는 행위와 유사하다. 어떤 사람이 다른 사람의 사냥매를 잡아서 자기 것이라고 우길 경우, 그 사냥매의 주인은 사냥매를 자세히 살펴볼 필요도 없이 시치미만 확인하면 자기 것이 증명된다. 그러나 다른 사람이 매를 잡아서 시치미를 떼어버리고 자기 것이라 우길 경우, 혹은 다른 시치미를 달아 놓았을 경우, 주인은 그 사냥매가 자기 것임을 알아보기 위해서는 매의 모습을 주의 깊게, 요모조모 따져보아야 한다. 즉, 그 매에 대한 구체적인 지각이 있은 후에라야 그 매의 소유권을 확신할 수 있게 된다. 시인도 말하고자 하는 내용의 구체적인 실상을 독자에게 전달하기 위하여 시치미를 떼거나 혹은 다른 시치미를 붙여놓는다. 일상적인 명명법으로 사물이나 체험을 표현할 경우 독자들은 그 이름만으로 내용을 지레 짐작해 버리고 만다. 그러나 그 이름을 떼어버리거나 다른 이름을 붙여 놓을 경우, 독자들은 그 이름의 뒤에 있는 내용에 대하여 세심한 주의를 기울인다. 그럼으로 해서 시인은 독자들에게 말하고자 하는 내용을 구체적으로 전달할 수가 있다.

시인이 시치미를 떼는 것은 독자들의 세심한 주의를 환기시키기 위함도 있지만, 말하고자 하는 내용을 단숨에 정곡을 찔러 전달하는 것보다 이리저리 돌려 말하는 것이 보다 효과적이기 때문이기도 하다. 우리말에는 '변죽을 치면 복판이 운다'라는 속담이 있다. 그릇의 가운데를 치면 둔탁한 소리가 조금 나다가 말 뿐이지만 가장자리를 치면 그릇 전체가 가볍게 울리면서 아름다운 소리가 난다. 어떤 사물이나 현상의 핵심이라는 것도 그 자체만으로는 선명한 노출이 어렵고 가장자리를 잘 파악했을 때 그 핵심은 의외로 선명하게 노출되는 경우가 많다. 시인은 시치미를 가지고 매의 소유권을 주장하는 것이 아니라 그것을 떼어버리고, 매의 부리, 눈, 깃털, 다리의 생채기 등등을 상기시킴으로써 그 매의 소유권을 주장한다. 시인은 생략·우회 등을 통하여 의도적으로 시의 즉각적인 이해를 지연시킨다(이해를 지연시킨다고 해서 전달이 지연되는 것은 아니다. 엘리엇의 말처럼 시는 이해되기 이전에 전달이 된다. 쉬운 시라는 것은 이해되기 쉬운 시라기보다는 전달되기 쉬운 시라고 해야 할 것이다. 물론 이해를 통해서만 전달이 가능한 시도 있을 것이고 이해와 전달이 동시에 이루어지는 시도 있을 것이지만 그것은 예외적 사실이다).

- 이남호, 「시와 시치미」

주제문 단락 +	뒷받침 단락 (논의부) +	뒷받침 단락 (논의부) +	뒷받침 단락 (논의부)

주제문 단락 ——— 소주제문 ⇒ 주제문
(1단락)　　　　(Topic Sentence)　　(Theme Sentence)

뒷받침 단락 ——— 소주제문
(2단락)　　　　(Topic Sentence)

뒷받침 단락 ——— 소주제문
(3단락)　　　　(Topic Sentence)

뒷받침 단락 ——— 소주제문
(4단락)　　　　(Topic Sentence)

위의 예문은 연역식(두괄식) 구성의 글이다. 1단락이 결론단락인 주제단락이다. 1단락의 소주제문은 "시는 말하고자 하는 내용을 직접 드러내지 않고 의도적으로 우회하여 드러내는 언어형식이라고 할 수 있다."이다.

이 소주제문은 이 글 전체로 놓고 보면 글쓴이의 말하고자 하는 주제가 담겨있는 주제문이다. 주제문 단락인 1단락을 제외한 2단락, 3단락, 4단락은 주제문단락을 뒷받침해주는 뒷받침단락들이다. 부연하면 2단락은 주제문단락인 1단락이 구체적으로 이야기를 끌어들이는 것을 뒷받침하는 도입단락이라고 할 수 있다. 3단락은 끌어들인 이야기가 주제문과 연관될 수 있는 사항을 설명하고 있는 연결단락이다. 4단락은 주제문의 합리성을 증명하고 정리하는 뒷받침단락이다.

(2) 미괄식(귀납식) 구성

미괄식(尾括式) 구성의 문장은 개별적인 것에서 일반적인 것으로, 구체적인 것에서 원리적인 것으로 서술을 전개하는 방식이 된다. 문장의 끝머리에 주제문이 있다. 문장의 첫머리에서 구체적 사례를 열거하고, 이 설명에서 얻어진 것을 결론으로 하고 있다. 두괄식 방식과 정반대되는 형식이다.

ⓐ "사람은 생각하는 갈대"라는 말이 있다. 여기서 '갈대'라고 한 것은 아마 약하다는 뜻을 나타낸 것이 아닌가 한다. 갈대는 웬만한 바람일지라도, 그 앞에서 이리 흔들리고 저리 흔들리고 있다.

ⓑ 그러나, 사람은 이와 같이 약한 존재이면서도, 생각하는 작용을 한다. 이 생각하는 일, 사람을 다른 동물과 구별하는 중요한 조건 중의 한 가지가 되는 것이 아닌가 한다. 사람을 만물의 영장이라고 이르는 것도 이 생각하는 작용을 가졌기 때문일 것이다.

ⓒ 생각은 그만큼 놀랍고 무섭고 위대한 것이다. 인간이 다른 동물과는 달리, 문화를 창조하여 내려왔고, 또 그것을 흐뭇하게 누리고 있는 것은, 온전히 사고작용의 덕분이라고 할 수 있으며, 오늘날 월세계나 다른 유성에 가 보려고 엉뚱한 계획을 하는 것도 사람이 생각을 하는 힘을 가졌기 때문이다.

ⓓ 벌써 수십 년 전의 일이다. 극장에 구경을 갔더니, 막간에 배우한 사람이 나와서 재담(才談)을 하는데, "이 세상에서 제일 큰 방울이 무엇이냐"하는 수수께끼를 내고서, 제 스스로 해답하는 것을 본일이 있다. 그 해답이란 별다른 것이 아니라, 이 세상의 제일 큰 방울은 빗방울·물방울·은방울·말방울·통방울·왕방울·죽방울 등 어떠한 방울도 아니요, 곧 사람의 눈방울이라는 것이었다.

ⓔ 왜냐하면, 사람의 눈방울 속에는 안 들어오는 것이 없다는 것이다. 주위에 있는 인간·동물 주택·산천·초목 등의 모든 풍경이 동공을 통하여 사람의 눈 속으로 들어온다. 만일 높은 산에라도 올라서면 더욱 넓은 세계가 눈 속으로 들어오게 되고, 천문대 망원경이라도 빌게 된다면, 수억의 별을 볼 수 있는 큰 우주가 사람의 조그만한 눈 속으로 들어오게 되니, 눈방울이 과연 크지 않으냐는 것이었다.

ⓕ 이와 비슷한 이야기는 사람의 사고작용에 대해서도 할 수 있지 않을까. 우주의 이 끝에서 저 끝까지도(즉 공간을) 생각하여 볼 수 있고, 태양계 생성의 초기로부터 지구 냉각의 말기까지도(즉 시간을) 생각하여 보려 하고 또 할 수도 있으니, 인간의 생각이란 참으로 굉장한 작용이라고 아니할 수 없다.

ⓖ 그런데 사람이 이와 같은 생각의 범위를 어떻게 넓히고 높이고 깊게 하겠느냐 하면, 별 수 없이 남의 지식을 빌어 오는 도리밖에 없다. 빌어 오되, 한 사람의 지식뿐만 아니라, 될 수 있는 대로 여러 사람의 지식을 대량으로 거두어 들여야 할 것이다. 현대인의 지식뿐만 아니라, 옛 사람의 지식도, 신변 가까이 있는 사람들의 지식뿐만 아니라, 먼 거리에 떨어져 있는 사람들의 지식도 빌어 와야 할 것이다. 이와 같이 하지 않고서는, 우리의 사고 작용의 도를 넓히고 높이고 하여 그 활동을 활발하고 왕성하게 할 수 없다. 여기서 우리는 서적의 필요를 느끼게 된다.

ⓗ 사고 작용을 활발하고 왕성하게 하기 위하여 서적이 필요한 이유는 무엇일까.

ⓘ 우리는 피차간의 가진 생각을 서로 교환하는 수단으로 언어라는 것을 사용한다. 그런데 언어는 이것을 이용하기에 힘이 안 들어 용이하고, 또 돈이 안 들어 경제적으로도 유리하지마는 그것을 표출하는 순간에 사라지고 말아서, 보전하여 두고 되풀이하여 들을 수가 없고, 또 사람의 성량(聲量)은 한도가 있어서, 먼 곳에까지 들릴 수가 없다. 따라서 아무리 목소리가 큰 웅변가라 할지라도 그의 이야기를 듣는 사람의 수효는 무한정 많을 수가 없다. 이러한 것을 언어는 시간적으로 공간적으로 제한을 받는다고 이른다.

ⓙ 이 제한을 어떻게 제거할 수 있느냐 하면, 그것은 곧 자기의 하고 싶은 말을 글자로 기록하여 바꾸어 놓은 일이다. 그러면 이 기록을 두고 볼 수도 있으며, 또 먼 거리에 보낼 수도 있게 된다. 그리고 여러 사람이 돌려 볼 수도 있다. 사람이 기록을 만들 필요를 이런 일에서 절실히 느끼었고, 따라서 문학을 발명하여 낸 이유도 여기에 있는 것이다. 그뿐 아니라, 사람끼리 서로 만나서 회화를 교환하게 되면, 서로 전달하고 싶은 생각을 곡진하게 철저하게 할 수 있는 편리가 있는 반면에, 그 말로서의 표현은 처음부터 끝까지 질서가 잡히고 조리가 밝을 수는 없다. 대개는 그 표현이 산만하고 중복이 있고, 군더더기가 붙어서 간결하고 세련된 표현이 되기 어렵다. 이러한 폐단을 제거할 수 있는 방법이, 곧 자기의 생각을 정돈하여 기록에 옮기는 일이다.

ⓚ 이러한 정돈된 생각을 조리를 따져 가며 체계를 이루어 기록하여 가면, 그것이 곧 책으로 되는 것이다. 그러므로 대개의 경우에 있어서는 무용무해(無用無害)한 생각을 서적의 형태를 빌어서 만들어 내는 일은 없고, 반드시 다른 사람에게까지 필요하리라 생각되는 바를 질서 있게 체계 있게, 그리고 조리가 밝게 기록하게 된다.

ⓛ 그렇기 때문에 서적은 사색의 결과요, 지식의 창고인 동시에, 사색의 기연(機緣)이 되며 지식의 원천이 된다고 할 수 있다.

ⓜ 사람은 빵으로만 살 수 없다는 말과 같이, 의식주의 생활을 충족시키면 인간의 할 노릇을 다하였느냐 하면 그런 것은 결코 아니다.

ⓝ 의식주는 자신의 생명을 유지하는 데는 불가결한 필수조건이지마는 사람은 그만 못지 않게 정신생활의 신장을 욕구하고 있다. 그리고 이 정신생활의 신장이란 이상을 추구하고 있다. 사람은 어쨌든지 당면한 상태에서만 만족하지 않고, 인간의 생활을 좀 더 고도화·심화·미화 하려 한다. 이것이 곧 이상을 추구하는 정열이다. 그리고 이 정신생활의 고도화를 실현하려면, 각 개인의 인격수양이라는 것이 절대로 필요하게 된다.

ⓞ 이와 같은 이상의 추구뿐만 아니라, 당면한 현실생활을 질서 있게 평화스럽게 영위하려 하는 데도 각 개인의 인격수양이라는 것이 절대로 필요하다. 왜냐하면 이러한 수양 없이는, 사람은 자기본위로만 생각하기 쉽고, 따라서 사회악을 지어 내게도 된다. 그러므로 인격이나 덕행의 뒷받침이 없는 지식은, 인류생활의 이익이나 행복을 가져 오기는 커녕 해독과 불행을 지어내기 쉬운 위험성을 내포하고 있다. 그러므로 수양에 관한 서적은 사람인 이상 누구에게나 필요한 등불이라고 할 수 있다.   - 이희승, 「독서와 학문」

위의 예문은 총 15개의 형식단락으로 이루어져 있다. 이것을 다시 내용단락 중심으로 나누어 보면 형식단락 ⓐ, ⓑ, ⓒ단락이 내용단락1(서론)에 해당하고, 형식단락 ⓓ, ⓔ, ⓕ, ⓖ단락이 내용단락2(본론1)에 해당하고, 형식단락 ⓗ, ⓘ, ⓙ, ⓚ, ⓛ단락이 내용단락3(본론2)에 해당하고, 형식단락 ⓜ, ⓝ, ⓞ단락이 내용단락4(결론)에 해당한다고 볼 수 있다.

주제문 단락 +	뒷받침 단락 (논의부)	+	뒷받침 단락 (논의부)	+	뒷받침 단락 (논의부)

뒷받침 단락 (내용단락1)	———	소주제문 (Topic Sentence)		
뒷받침 단락 (내용단락2)	———	소주제문 (Topic Sentence)		
주제문 단락 (내용단락3)	———	소주제문 (Topic Sentence)		
뒷받침 단락 (내용단락4)	———	소주제문 (Topic Sentence)	⇒	주제문 (Theme Sentence)

의식주 못지않게 욕구되는 이상실현을 위해 독서가 불가피하다는 것을 서술한 예문의 주제단락은 내용단락4(결론)에 있다. 주제문은 이상실현의 바탕이 되는 인격수양을 위해 사람은 누구나 독서를 해야 한다로 요약할 수 있다. 예문의 서술 전개 형식은 미괄식(귀납형)인 것이다.

(3) 양괄식 구성

양괄식 구성(兩括式 構成)은 두괄식과 미괄식이 혼합된 구성이다. 문장의 맨 앞과 맨 뒤에 주제 단락이 있다. 주로 논문에서 많이 사용한다.

ⓐ 우리는 사람에게서만 배우는 것이 아니라, 대자연에서 배우며 또 연구한다. 인간 자신도 대상화될 때는 다른 자연과 다름없는 존재자로서 다룰 수 있다. 실험 장치를 통하여 측정되는 기이한 물리 현상, 현미경 밑에 나타나는 미묘한 세포 조직, 그 하나하나가 다할 수 없는 진리 연구의 기틀을 우리에게 제공하고 있는 것이다. 글로 쓴 책도 읽을 줄 알아야 하겠지만 그보다도 대자연이라는 책은 한없이 깊은 뜻을 가진 것이요, 연구하면 연구할수록 새로운 신비의 문을 열어

주는 진리의 보고인 것이다.   (주제단락 1)

ⓑ 우리는 과학이라면 현대의 기계 문명을 연상하리 만큼 우리의 일상 생활을 보다 편리하고 효과적이게 하는 힘을 가진 것으로 생각한다. 과학의 응용으로 여러 가지 기술이 급속도로 발달한 덕택이라고 하겠다. "아는 것은 힘이다(Scientia est potentia)."라고 한 프란시스 베이컨의 말은 오늘의 과학이 스스로 증명하고도 남음이 있다. 현대에 있어서 세계의 패권을 장악하고 있는 나라는 무엇보다도 과학이 발달한 나라다. 현대전(現代戰)은 과학전(科學戰)이라는 말도 있거니와, 전시(戰時) 아닌 평시에 있어서도 과학에 있어서의 경쟁이 얼마나 치열해 가고 있는가를 우리는 목도하고 있다. 현대인이 마치 우주인인 양 우쭐대며 월세계로 가느니, 화성으로 가느니 하며 장차 전개될 어머어마한 전환을 꿈꾸게 된 것이 모두 이 새로운 학문의 힘인 것을 생각한다면, 과학 특히 자연 과학이 인간의 현실 생활에 미치는 바 영향이 엄청나게 큰 것임을 짐작할 수 있다. 인간이 다름 아닌 자연을 대상으로 그에게서 잘 배울 줄 알기 때문이라고 하겠다.

ⓒ 사람이란 본래 유한한 존재자다. 더구나 그 지혜란 모든 것을 다 알았다고 할 수는 도저히 없는 법이다. 위대한 과학일수록 스스로 궁극적인 진리를 다 알았노라고 하는 사람은 없을 것이다. 오히려 인간의 지혜의 한계를 누구보다도 잘 아는 사람들이다. 우리는 알면 알수록 경건하여지지 않을 수 없다.

ⓓ 그리하여, 사람은 자연을 과학적으로만 보는데 그치지 않고, 태도를 바꾸어 그에서 도덕적인 교훈을 찾으려 하기도 하고 심미적(審美的)인 감상을 즐기려 하기도 한다. 키에르케고르는 허공에 매달린 거미에게서 중간적(中間的) 존재자(存在者)로서의 인생의 고민과 모험을 보았거니와, 동양 사람은 사자분신(獅子奮迅)[32]이라 하여 사자

---

32) 사자분신(獅子奮迅) : 사자가 성낸 듯 그 기세가 거세고 날랜.

의 용왕매진(勇往邁進)33)하는 기상을 본뜨기도 하고, 황소걸음이라 하여, 느린 듯하면서도 끊임없이 지속하는 노력과 정진의 모습을 황소걸음에 비유하기도 한다. 고의의 결단성 없음을 비웃는가 하면, 탈토(脫兎)34)의 날쌤을 신통하게 여기기도 한다. 송죽(松竹)에서 변함 없는 절개(節槪)를 보았고, 백로(白鷺)에서 티없는 순결을 읊었다. 맹로(猛鷺)35)가 감투(敢鬪)의 정신을 표현하는 것이라면, 비둘기는 평화를 상징한다고 하겠다. 어찌 그 뿐이랴. 솔로몬의 지극(至極)한 영광으로도 그의 입은 옷이 들에 핀 백합만 못하다고 하지 않았던가.

ⓔ 인자(仁者)는 산을 좋아하고 지자(知者)는 물을 좋아한다고 하거니와 묵묵히 선 채로 움직임이 없는 산 봉우리가 높을수록 골짜기는 깊어, 그 품 속에 찾아 들수록 숭엄한 영기(靈氣)에 숙연(肅然)하지 않을 수 없다. 주야불식(晝夜不息)36), 달리고 있는 냇물은 오직 전진이 있을 뿐이요, 밀려오는 파도에 쉴 새 없이 뒤치고 있고 대양(大洋)은 천변만화(千變萬化)37)의 다할 줄 모르는 힘을 간직하고 있다. 깨끗한 마음씨를 맑은 호수와 같다고 하거니와 노자(老子)는 겸허의 미덕(美德)을 언제나 장애물을 감싸고 아래로 흐르는 물에서 배우려 하였다.

ⓕ 좀더 시야를 넓혀 그리스의 피타고라스는 우주의 천체(天體)들이 일대 오케스트라를 연주하여 운행한다고 하여 모든 이법을 대자연의 질서 정연한 조화에서 찾았다. 동양 사상도 마찬가지다. 하늘이나 자연을 스승으로 하여 그로부터 미루어 인간에 관한 이법까지도 알려고 하였다. 그러기에 『주역(周易)』에 "천체의 운행은 굳건한 법이다. 그러므로 군자는 자강불식(自强不息)38)한다.(天行健 君子以自彊不

---

33) 용왕매진(勇往邁進) : 거리낌없이 용감하게 앞으로 나아감.
34) 탈토(脫兎) : 우리를 빠져 도망하는 토끼. 동작이 매우 재빠른 것을 가리키는 말.
35) 맹로(猛鷺) : 사나운 해오라기. 감투의 정신을 표현한 것임.
36) 주야불식(晝夜不息) : 밤낮으로 쉬지 않음.
37) 천변만화(千變萬化) : 변화가 매우 다양(多樣)함.

息)"고 하였다. 공자(孔子)도 "나는 말이 없고자 한다(余慾無言). 하늘이 무엇을 말하리요. 사시(四時)가 행하며 백물(百物)이 생하나니 하늘이 무엇을 말하리요(天何言哉, 四時行, 百物生, 天何言哉)."라고 하였다. 대자연은 그대로 말 없는 스승인 것이다.　　　(주제단락 2)
- 박종홍, 「학문의 길」

위의 예문은 박종홍의 「학문의 길」의 일부분이다. 위 예문은 모두 6개의 형식단락으로 이루어져 있다. 도입 단락인 ⓐ단락과 결말 단락인 ⓕ단락은 주제문 단락으로 각각 문장의 첫머리와 끝머리에 자리 잡고 있다. 그리고 ⓑ단락, ⓓ단락, ⓔ단락은 모두 서술 단락이며, ⓒ단락은 연결 단락이다. 즉 앞의 내용을 이어 받고, 뒷내용을 일으키는 단락인 '승전기후 단락(承前起後段落)'이다.

ⓐ단락 ⇒ 주제문(Theme Sentence)(도입단락) ——— 주제문 단락
ⓑ단락 ——— 서술 단락
ⓒ단락 ——— 승전기후 단락 ——— 연결 단락
ⓓ단락 ——— 서술 단락
ⓔ단락 ——— 서술 단락
ⓕ단락 ⇒ 주제문(Theme Sentence)(결말 단락) ——— 주제문 단락

이 글의 주제문은 도입 단락인 첫 부분의 "우리는 사람에게서만 배우는 것이 아니라, 대자연에서 배우며 또 연구한다."와 결말 단락인 끝부분의 "대자연은 그대로 말 없는 스승인 것이다."의 둘이다. 양괄식(쌍괄식) 구성인 것이다.

---

38) 자강불식(自強不息) : 스스로 힘써 몸과 마음을 가다듬고 쉬지 않음.

(4) 열거식(병렬식) 구성

구성 사항을 병렬해 가는 방식을 말한다. 열서식 구성이라고도 한다. 분산되어 있다고도 할 수 있고 전체로서 하나의 큰 주제가 부각된다고도 할 수 있다. 문맥의 상호 관계가 반드시 긴밀하게 유지될 필요성이 상대적으로 낮으며, 논리적인 연관성을 강조할 필요도 없다. 이론이 정연한 장문(長文)의 글에서는 쓰기 어렵다는 단점이 있다. 조약문, 선언문, 일기, 기행문, 연대기(年代記), 수상록(隨想錄) 등에서 많이 사용하고 칼럼 같은 논리적인 글에서도 종종 사용한다.

하수(河水)[39]는 두 산 틈에서 나와 돌과 부딪혀, 싸우며 그 놀란 파도와 성난 물머리와 우는 여울과 노한 물결과 슬픈 곡조와 원망하는 소리가 굽이쳐 돌면서, 우는 듯, 소리치는 듯, 바쁘게 호령하는 듯 항상 장성(長城)[40]을 깨뜨릴 형세가 있어, 전차 만 승(乘)[41]과 전기(戰騎)[42] 만 대(萬隊), 전포(戰砲) 만가(萬架)와 전고(戰鼓) 만좌(萬座)로서는 그 무너뜨리고 내뿜는 소리를 족히 형용할 수 없을 것이다.

모래 위에 큰 돌은 홀연(忽然)히 떨어져 섰고, 강 언덕에 버드나무는 어둡고 컴컴하여 물지킴과 하수 귀신이 다투어 나와서 사람을 놀리는 듯한데 좌우의 교리(蛟螭)[43]가 붙들려고 애쓰는 듯싶었다. 혹은 말하기를,

"여기는 옛 전쟁터이므로 강물이 저같이 우는 거야."

---

39) 하수(河水) : 강이나 시내에 흐르는 물.
40) 장성(長城) : 중국의 만리장성(萬里長城) . 길게 둘러 쌓은 성.
41) 전차 만 승(戰車萬乘) : 전쟁에 쓰이는 일만 대의 차(수레).
42) 전기(戰騎) : 전투 기병.
43) 교리(蛟螭) : 이무기. 용이 되려다 못 되고 물속에 산다는 여러 해 묵은 큰 구렁이.

하지만 이는 그런 것이 아니니, 강물 소리는 듣기 여하에 달렸을 것이다.

산 중의 내 집 문 앞에는 큰 시내가 있어 매양 여름철이 되어 큰 비가 한 번 지나가면, 시냇물이 갑자기 불어서 항상 거기(車騎)44)와 포고(砲鼓)45)의 소리를 듣게 되어 드디어 귀에 젖어 버렸다.

내가 일찍이 문을 닫고 누워서 소리 종류를 비교해 보니, 깊은 소나무가 퉁소소리를 내는 것은 듣는 이가 청아한 탓이요, 산이 찢어지고 언덕이 무너지는 듯한 것은 듣는 이가 분노한 탓이요, 뭇 개구리가 다투어 우는 것은 듣는 이가 교만한 탓이요, 대피리가 수없이 우는 것은 듣는 이가 노한 탓이요, 천둥과 우레가 급한 것은 듣는 이가 놀란 탓이요, 찻물이 끓는 듯이 문무(文武)46)가 겸한 것은 듣는 이가 취미로운 탓이요, 거문고가 궁우(宮羽)47)에 맞는 것은 듣는 이가 슬픈 탓이요, 종이 창에 바람이 우는 것은 듣는 이가 의심나는 탓이니, 모두 바르게 듣지 못하고 특히 흉중(胸中)에 품은 뜻을 가지고 귀에 들리는 대로 소리를 만든 것이다.

지금 나는 밤중에 한 강을 아홉 번 건넜다. 강은 새외(塞外)48)로부터 나와서 장성(長城)을 뚫고 유하(楡河), 조하(潮河), 황하(黃河), 진천(鎭川) 등 모든 물과 밀운성(密雲城) 밑을 거쳐 백하(白河)가 되었다.

나는 어제 두 번째 배로 백하를 건넜는데, 이것은 하류(下流)였다. 내가 아직 요동에 들어오지 못했을 때 바야흐로 한여름이라, 뜨거운 볕 밑을 가노라니 홀연 큰 강이 앞에 당하는데 붉은 물결이 산같이

---

44) 거기(車騎) : 전차와 기마.
45) 포고(砲鼓) : 대포와 북.
46) 문무(文武) : 문무화(文武火)에서 온 말로, 문화(文火)는 약하게 타는 불, 무화(武火)는 활활 타는 불을 뜻함.
47) 궁우(宮羽) : 옛날의 음계명. 궁상각치우 중에서 궁음과 우음.
48) 새외(塞外) : 요새의 바깥. 만리장성 바깥.

일어나 끝을 볼 수 없으니, 이것은 대개 천 리 밖에서 폭우(暴雨)가
온 것이다.

물을 건널 때에는 사람들이 머리를 들고 쳐다보는 것은 하늘에 묵
도(默禱)하는 것인 줄 알았더니 나중에 알고 보니, 물을 건너는 사람
들이 물이 돌아 탕탕히 흐르는 것을 보면 자기 몸을 물이 거슬러 올
라가는 것 같고, 눈은 강물과 함께 따라 내려가는 것 같아 갑자기 현
기가 나면서 물에 빠지는 것이기 때문에 그들이 머리를 우러러 보는
것은 하늘에 비는 것이 아니라, 물을 피하여 보지 않으려 함이다. 또
한 어느 겨를에 잠깐 동안의 목숨을 위하여 기도할 수 있었으랴. 그
위험함이 이와 같으니, 물소리도 듣지 못하고 모두 말하기를,

"요동 들은 평평하고 넓기 때문에 물소리가 크게 울지 않는 거야."

하지만 이것은 물을 알지 못하는 것이다. 요하(遼河)가 일찍이 울지
않는 것이 아니라 특히 밤에 건너보지 않은 때문이니, 낮에는 눈으로
물을 볼 수 있으므로 눈이 오로지 위험한 데만 보느라고 도리어 눈이
있는 있는 것을 걱정하는 판인데, 다시 들리는 소리가 있을 것인가.

지금 나는 밤중에 물을 건너는지라 눈으로는 위험한 것을 볼 수 없
으니 위험은 오로지 듣는 데만 있어 바야흐로 귀가 무서워하여 걱정
을 이기지 못하는 것이다. 나는 이제야 도(道)를 알았도다. 마음이 어
두운 자는 이목(耳目)이 누(累)가 되지 않고, 이목만을 믿는 자는 보
고 듣는 것이 더욱 밝아져서 병이 되는 것이다.

이제 내 마부(馬夫)가 발을 말굽에 밟혀서 뒷 차에 실리었으므로,
나는 드디어 혼자 고삐를 늦추어 강에 띄우고 무릎을 구부려 발을
모으고 안장 위에 앉았으니, 한 번 떨어지면 강이나 물로 땅을 삼고,
물로 옷을 삼으며, 물로 몸을 삼고, 물로 성정(性情)49)을 삼으니, 이
제야 내 마음은 한 번 떨어질 것을 판단한 터이므로 내 귓속에 강물

---

49) 성정(性情) : 성질과 심정. 또는 타고난 본성. 성품.

소리가 없어지고 무릇 아홉 번 강을 건넜는데도 걱정이 없어 의자 위에서 좌와(坐臥)[50]하고 기거(起居)[51]하는 것 같았다.

옛날 우(禹)[52]는 강을 건너는데, 황룡(黃龍)이 배를 등으로 저어 지극히 위험했으나 사생(死生)의 판단이 먼저 마음 속에 밝고 보니, 용이거나 지렁이거나, 크거나 작거나나가 족히 관계될 바 없었다. 소리와 빛은 모두 외물(外物)[53]이니 외물이 항상 이목(耳目)에 누(累)가 되어 사람으로 하여금 똑바로 보고 듣는 것을 잃게 하는 것이 이 같거든, 하물며 인생이 세상을 지나는데 그 험하고 위태로운 것이 강물보다 심하고, 보고 듣는 것이 문득 병이 되는 것임에랴. 나는 또 우리 산중으로 돌아가 다시 앞 시냇물 소리를 들으면서 이것을 증험(證驗)해[54] 보고 몸 가지는 데 교묘(巧妙)하고 스스로 총명한 것을 자신하는 자에게 경고하는 바이다.

-박지원, 이가원 옮김, 「일야구도하기」

「일야구도하기(一夜九渡河記)」는 몇 개의 대등한 화제(topics)가 병렬되어 있는 글의 짜임새를 보여주고 있다. 전형적인 열거식(병렬식) 구성의 문장이다. 「일야구도하기」는 박지원의 『열하일기(熱河日記)』 중 '심세편(審勢篇)'에 실려 있는 한문수필로 하룻밤에 강을 아홉 번 건넌 체험을 통해 깨달은 바를 기록한 기행 수필이다. 예리한 관찰력으로 사물의 본질을 꿰뚫어 본 글이다.

---

50) 좌와(坐臥) : 앉는 것과 눕는 것.
51) 기거(起居) : 먹고 자고 하는 따위의 일상적인 생활을 함. 또는 그 생활.
52) 우(禹) : 중국 하(夏)왕조의 시조로 전설상의 인물. 곤(鯀)의 아들로 치수(治水)에 공적이 있어서 순(舜)으로부터 왕위를 물려받아 하(夏)나라를 세웠다고 함.
53) 외물(外物) : 바깥 세계의 사물. 또는 마음에 접촉되는 객관적 세계의 모든 대상.
54) 증험(證驗)하다 : 실지로 사실을 경험하다. 또는 증거로 삼을 만한 경험을 하다.

(5) 점층식 구성

점층식 구성(climatic method)은 중요성이 덜 한 것에서부터 더한 것에로 점차 고조시켜 전개하는 방법이다. 서사 구조가 대단원을 향해 고조되는 방식으로 짜여 있다. 뒤로 갈수록 가장 중시되거나 강조되는 내용이 배치된다. 문예문이 아닌 일반 이론문에도 점층식 구성을 사용하기도 하나, 대체로 시 · 소설 · 희곡 같은 문학 작품에서 이 방법을 많이 쓴다.

싸움, 간통, 살인, 도둑, 구걸, 징역, 이 세상의 모든 비극과 활극의 근원지인 칠성문 밖 빈민굴로 오기 전까지는, 복녀의 부처는(사농공상의 제2 위에 드는) 농민이었었다.

복녀는 원래 가난은 하나마 정직한 농가에서 규칙 있게 자라난 처녀였었다. 이전 선비의 엄한 규율은 농민으로 떨어지자부터 없어졌다 하나, 그러나 어딘지는 모르지만 딴 농민보다는 좀 똑똑하고 엄한 가율이 그의 집에 남아 있었다. 그 가운데서 자라난 복녀는 물론 다른 집 처녀들같이 여름에는 벌거벗고 개울에서 멱 감고, 바짓바람으로 동네를 돌아다니는 것을 예사로 알기는 알았지만, 그러나 그의 마음속에는 막연하나마 도덕이라는 것에 대한 기품을 가지고 있었다.

그는 열다섯 살 나는 해에 동네 홀아비에게 팔십 원에 팔려서 시집이라는 것을 갔다. 그의 새서방(영감이라는 편이 적당할까)이라는 사람은 그보다 이십 년이나 위로서, 원래 아버지의 시대에는 상당한 농민으로서 밭도 몇 마지기가 있었으나, 그의 대로 내려오면서는 하나둘 줄기 시작하여서, 마지막에 복녀를 산 팔십 원이 그의 마지막 재산이었었다. 그는 극도로 게으른 사람이었었다. 동네 노인의 주선으로 소작 밭깨나 얻어주면, 종자만 뿌려둔 뒤에는 후치질55)도 안 하

---

55) 후치질 : 쟁기나 삽으로 땅을 갈아 흙을 일으키는 일.

고 김도 안 매고 그냥 버려두었다가는 가을에 가서는 되는 대로 거두어 "금년은 흉년이네."하고 전주집에는 가져도 안 가고 자기 혼자 먹어버리고 하였다. 그러니까 그는 한 밭을 이태를 연하여 붙여본 일이 없었다. 이리하여 몇 해를 지나는 동안, 그는 그 동네에서는 밭을 못 얻을 만큼 인심과 신용을 잃고 말았다.

복녀가 시집을 온 뒤, 한 삼사 년은 장인의 덕으로 이렁저렁 지내갔으나, 이전 선비의 꼬리인 장인도 차차 사위를 밉게 보기 시작하였다. 그들은 처가에까지 신용을 잃게 되었다.

그들 부처는 여러 가지로 의논하다가 하릴없이 평양성 안으로 막벌이로 들어왔다. 그러나 게으른 그에게는 막벌이나마 역시 되지 않았다. 하루 종일 지게를 지고 연광정에 가서 대동강만 내려다보고 있으니 어찌 막벌이인들 될까. 한 서너 달 막벌이를 하다가 그들은 요행 어떤 집 막간(행랑)살이로 들어가게 되었다.

그러나 그 집에서도 얼마 안 하여 쫓겨나왔다. 복녀는 부지런히 주인집 일을 보았지만, 남편의 게으름은 어찌할 수가 없었다. 매일 복녀는 눈에 칼을 세워가지고 남편을 채근하였지만, 그의 게으른 버릇은 개를 줄 수는 없었다.

"벳섬 좀 치워달라우요."

"남 졸음 오는데 남자 치우시관."

"내가 치우나요?"

"이십 년이나 밥 처먹구 그걸 못 치워?"

"에이구, 칵 죽구나 말디."

"이년, 뭘!"

이러한 싸움이 그치지 않다가, 마침내 그 집에서도 쫓겨나왔다.

이젠 어디로 가나? 그들은 하릴없이 칠성문 밖 빈민굴로 밀리어 오게 되었다.

칠성문 밖을 한 부락으로 삼고 그곳에 모여 있는 모든 사람들의 정업[56])은 거지요. 부업으로는 도둑질과(자기네끼리의) 매음, 그 밖의 이 세상의 모든 무섭고 더러운 죄악이었었다. 복녀도 그 정업으로 나섰다.

　그러나 열아홉 살의 한창 좋은 나이의 여편네에게 밥인들 잘 줄까. "젊은 거이 거랑은 왜?"

　그런 소리를 들을 때마다 그는 여러 가지 말로, 남편이 병으로 죽어 가거니 어쩌거니 핑계는 대었지만, 그런 핑계에는 단련된 평양 시민의 동정은 역시 살 수가 없었다. 그들은 이 칠성문 밖에서도 가장 가난한 사람 가운데 드는 편이었었다. 그 가운데서 잘 수입되는 사람은 하루에 오리 짜리 돈뿐으로 일 원 칠팔십 전의 현금을 쥐고 돌아오는 사람까지 있었다. 극단으로 나가서는 밤에 돈벌이 나갔던 사람이 그날 밤 사백여 원을 벌어가지고 와서 그 근처에서 담배 장사를 시작한 사람까지 있었다.

　복녀는 열아홉 살이었었다. 얼굴도 그만하면 반반하였다. 그 동네 여인들의 보통 하는 일을 본받아서 그도 돈벌이 좀 잘하는 사람의 집에라도 간간 찾아가면 매일 오륙십 전은 벌 수가 있었지만 선비의 집안에서 자라난 그는 그런 일을 할 수가 없었다.

　그들 부처는 역시 가난하게 지냈다. 굶는 일도 흔히 있었다.

　기자묘 솔밭에 송충이가 끓었다. 그때 평양(부)에서는 그 송충이를 잡는 데(은혜를 베푸는 뜻으로) 칠성문 밖 빈민굴의 여인들을 인부로 쓰게 되었다.

　빈민굴 여인들은 모두 지원을 하였다. 그러나 뽑힌 것은 겨우 오십 명쯤이었었다. 복녀도 그 뽑힌 사람 가운데 한 사람이었었다.

---

56) 정업 : 정당한 직업이나 생업.

복녀는 열심으로 송충이를 잡았다. 소나무에 사닥다리를 놓고 올라가서는, 송충이를 집게로 집어서 약물에 잡아넣고 또 그렇게 하고, 그의 통은 잠깐 사이에 차고 하였다. 하루에 삼십이 전씩의 품삯이 그의 손에 들어왔다.

그러나 대엿새 하는 동안에 그는 이상한 현상을 하나 발견하였다. 그것은 다른 것이 아니라, 젊은 여인부 한 여남은 사람은 언제나 송충이는 안 잡고, 아래서 지절거리며 웃고 날뛰기만 하고 있는 것이었다. 뿐만 아니라, 그 놀고 있는 인부의 품삯은 일하는 사람의 삯전보다 더 많이 내어주는 것이었다.

감독은 한 사람뿐이었는데 감독도 그들의 놀고 있는 것을 묵인할 뿐 아니라, 때때로는 자기까지 섞여서 놀고 있었다.

어떤 날 송충이를 잡다가 점심때가 되어, 나무에서 내려와 점심을 먹고 나서 올라가려 할 때에 감독이 그를 찾았다.

"복네! 얘, 복네!"

"왜 그릅네까?"

그는 약통과 집게를 놓고 뒤로 돌아섰다.

"좀 오나라."

그는 말없이 감독 앞에 갔다.

"얘, 너, 음……데 뒤 좀 가보자."

"뭘 하례요?"

"글쎄, 가자……"

"가디요. 형님."

그는 돌아서면서 인부들 모여 있는 데로 고함쳤다.

"형님두 갑세다."

"싫다 얘, 둘이서 재미나게 가는데 내가 무슨 맛에 가갔니?"

복녀는 얼굴이 새빨갛게 되면서 감독에게로 돌아섰다.

"가보자."

감독은 저편으로 갔다. 복녀는 머리를 수그리고 따라갔다.

"복네 돈갔구나."

뒤에서 이러한 조롱 소리가 들렸다. 복녀의 숙인 얼굴은 더욱 발갛게 되었다.

그날부터 복녀도 '일 안 하고 품삯 많이 받는 인부"의 한 사람이 되었다.

복녀의 도덕관 내지 인생관은 그때부터 변하였다.

그는 아직껏 딴 사내와 관계를 한다는 것을 생각하여 본 일도 없었다. 그것은 사람의 일이 아니요, 짐승의 하는 짓쯤으로만 알고 있었다. 혹은 그런 일을 하면 탁 죽어지는지도 모를 일로 알았다.

그러나 이런 이상한 일이 어디 다시 있을까. 사람인 자기도 그런 일을 한 것을 보면, 그것은 결코 사람으로 못 할 일이 아니었다. 게다가 일 안 하고도 돈 더 받고, 긴장된 유쾌가 있고, 빌어먹는 것보다 점잖고……. 일본말로 하자면 '삼박자(拍子)'같은 좋은 일은 이것뿐이었었다. 이것이야말로 삶의 비결이 아닐까. 뿐만 아니라, 이 일이 있은 뒤부터 처음으로 한 개 사람이 된 것 같은 자신까지 얻었다.

그 뒤부터는 그의 얼굴에는 조금씩 분도 바르게 되었다.

일 년이 지났다.

그의 처세의 비결은 더욱더 순탄히 진척되었다. 그의 부처는 이제는 궁하게 지내지는 않게 되었다.

그의 남편은, 이것이 결국 좋은 일이라는 듯이 아랫목에 누워서 벌신벌신 웃고 있었다.

복녀의 얼굴은 더욱 이뻐졌다.

"여보, 아즈바니. 오늘은 얼마나 벌었소?"

복녀는 돈 좀 많이 번 듯한 거지를 보면 이렇게 찾는다.

"오늘은 많이 못 벌었쉐다."

"얼마?"

"도무지 열서너 냥."

"많이 벌었쉐다가레. 한 댓 냥 꿰주소고레."

"오늘은 내가……."

어쩌고 어쩌고 하면, 복녀는 곧 뛰어가서 그의 팔에 늘어진다.

"나한테 들킨 댐에는 꾀구야 말아요."

"나 원, 이 아즈마니 만나믄 야단이더라. 자, 꿰주디. 그 대신 응? 알아 있디?"

"난 몰라요. 해해해해."

"모르믄, 안 줄 테야."

"글쎄, 알았대두 그른다."

── 그의 성격은 이만큼까지 진보되었다.

가을이 되었다.

칠성문 밖 빈민굴의 여인들은 가을이 되면 칠성문 밖에 있는 중국인의 채마밭에 감자(고구마)며 배추를 도둑질하러 밤에 바구니를 가지고 간다. 복녀도 감자깨나 잘 도둑질해 왔다.

어떤 날 밤, 그는 고구마를 한 바구니 잘 도둑하여 가지고 이젠 돌아오려고 일어설 때에, 그의 뒤에 시꺼먼 그림자가 서서 그를 꽉 붙들었다. 보니 그것은 그 밭의 주인인 중국인 왕 서방이었었다. 복녀는 말도 못하고 멀찐멀찐57) 발 아래에만 내려다보고 있었다.

"우리 집에 가."

왕 서방은 이렇게 말하였다.

"가재믄 가디. 원, 것두 못 갈까."

복녀는 엉덩이를 한 번 홱 두른 뒤에 머리를 젖히고 바구니를 저으

---

57) 멀찐멀찐 : '멀뚱멀뚱'의 평안도 방언.

면서 왕 서방을 따라갔다.

 한 시간쯤 뒤에 그는 왕 서방의 집에서 나왔다. 그가 밭고랑에서 길
로 들어서려고 할 때에 문득 뒤에서 누가 그를 찾았다.
 "복네 아니야?"
 복녀는 홱 돌아서 보았다. 거기는 자기 곁집 여편네가 바구니를 끼
고 어두운 밭고랑을 더듬더듬 나오고 있었다.
 "형님이댔쉐까?"
 "님자두 들어갔댔나?"
 "형님은 뉘 집에?"
 "나 눅 서방네 집에. 님자는?"
 "난 왕 서방네……형님 얼마 받았소?"
 "눅 서방네…… 그 깍쟁이 놈, 배추 세 폐기……"
 "난 삼 원 받았디."
 복녀는 자랑스러운 듯이 대답하였다.
 십 분쯤 뒤에 그는 자기 남편과, 그 앞에 돈 삼 원을 내어놓은 뒤
에, 아까 그 왕 서방의 이야기를 하면서 웃고 있었다.

 그 뒤부터 왕 서방은 무시로 복녀를 찾아왔다.
 한참 왕 서방이 눈만 멀찐멀찐 앉아 있으면, 복녀의 남편은 눈치를
채고 밖으로 나간다. 왕 서방이 돌아간 뒤에는 그들 부처는 일 원 혹
은 이 원을 가운데 놓고 기뻐하곤 하였다.
 복녀는 차차 동네 거지들한테 애교를 파는 것을 중지하였다. 왕 서
방이 분주하여 못 올 때가 있으면 복녀는 스스로 왕 서방의 집까지
찾아갈 때도 있었다.
 복녀의 부처는 이제 이 빈민굴의 한 부자였다
 그 겨울도 가고 봄이 이르렀다.

글쓰기의 원리와 방법

그때 왕 서방은 돈 백 원으로 어떤 처녀를 하나 마누라로 사오게 되었다.

"흥!"

복녀는 다만 코웃음만 쳤다.

"복녀, 강짜하갔구만."

동네 여편네들이 이런 말을 하면 복녀는 흥 하고 코웃음을 웃고 하였다.

내가 강짜를 해? 그는 늘 힘 있게 부인하고 하였다. 그러나 그의 마음에 생기는 검은 그림자는 어찌할 수가 없었다.

"이놈 왕 서방. 네 두고 보자."

왕 서방이 색시를 데려오는 날이 가까웠다. 왕 서방은 아직껏 자랑하던 기다란 머리를 깎았다. 동시에 그것은 새색시의 의견이라는 소문이 퍼졌다.

"흥!"

복녀는 역시 코웃음만 쳤다.

마침내 색시가 오는 날이 이르렀다. 칠보 단장에 사인교를 탄 색시가 칠성문 밖 채마밭 가운데 있는 왕 서방의 집에 이르렀다.

밤이 깊도록 왕 서방의 집에는 중국인들이 모여서 별난 악기를 뜯으며, 별난 곡조로 노래하며 야단하였다. 복녀는 집모퉁이에 숨어 서서 눈에 살기를 띠고 방안의 동정을 듣고 있었다.

다른 중국인들은 새벽 두 시쯤 하여 돌아가는 것을 보면서 복녀는 왕 서방의 집 안에 들어갔다. 복녀의 얼굴에는 분이 하얗게 발리어 있었다.

신랑 신부는 놀라서 그를 쳐다보았다. 그것을 무서운 눈으로 흘겨보면서 그는 왕 서방에게 가서 팔을 잡고 늘어졌다. 그의 입에서는 이상한 웃음이 흘렀다.

"자, 우리 집으로 가요."

왕 서방은 아무 말도 못 하였다. 눈만 정처 없이 두룩두룩 하였다.
복녀는 다시 한 번 왕 서방을 흔들었다.

"자, 어서."

"우리 오늘 밤 일이 있어 못 가."

"일은 밤중에 무슨 일?"

"그래두, 우리 일이……."

복녀의 입에 아직껏 떠돌던 이상한 웃음은 문득 없어졌다.

"이까짓 것."

그는 발을 들어서 치장한 신부의 머리를 찼다.

"자, 가자우, 가자우."

왕 서방은 와들와들 떨었다. 왕 서방은 복녀의 손을 뿌리쳤다.

복녀는 쓰러졌다. 그러나 곧 다시 일어섰다. 그가 다시 일어설 때는,
그의 손에는 얼른얼른하는 낫이 한 자루 들리어 있었다.

"이 되놈, 죽어라, 이놈, 나 때렸디! 이놈아, 아이구 사람 죽이누나."

그는 목을 놓고 처울면서 낫을 휘둘렀다. 칠성문 밖 외딴 밭 가운데
홀로 서 있는 왕 서방의 집에서는 일장의 활극이 일어났다. 그러나
그 활극도 곧 잠잠하게 되었다. 복녀의 손에 들리어 있던 낫은 어느
덧 왕 서방의 손으로 넘어가고, 복녀는 목으로 피를 쏟으면서 그 자
리에 고꾸라져 있었다.

복녀의 송장은 사흘이 지나도록 무덤을 못 갔다. 왕 서방은 몇 번을
복녀의 남편을 찾아갔다. 복녀의 남편도 때때로 왕 서방을 찾아갔다.
둘의 사이에는 무슨 교섭하는 일이 있었다. 사흘이 지났다.

밤중 복녀의 시체는 왕 서방의 집에서 남편의 집으로 옮겼다. 그리
고 시체에는 세 사람이 둘러앉았다. 한 사람은 복녀의 남편, 한 사람
은 왕 서방, 또 한 사람은 어떤 한방의사──. 왕 서방은 말없이 돈
주머니를 꺼내어 십 원 지폐 석 장을 복녀의 남편에게 주었다. 한방

의사의 손에도 십 원짜리 두 장이 갔다.

이튿날 복녀는 뇌일혈로 죽었다는 한방의의 진단으로 공동묘지로 가져갔다.

- 김동인, 「감자」

일제 강점기에 평양 칠성문 밖 빈민굴을 공간적 배경으로 하여 전지적 작가 시점으로 쓰인 김동인의 「감자」(『조선문단』, 1925.1)는 자연주의적 성향을 보이는 단편소설이다. 발단 - 전개 - 위기 - 절정 - 대단원으로 구성이 되어 소설 구성의 5단계를 잘 보여주고 있다. 간결한 문체를 사용하여 등장 인물의 행위를 중심으로 전개된 「감자」는 주인물 복녀의 비극적인 파멸 과정을 점층식 구성으로 그리고 있다. 독자의 감정을 차츰차츰 고조시켜서, 마침내 감정이 최고 절정에까지 이르게 하고 있는 것이다.

4. 문장의 기본 구조와 정확한 어휘의 사용

1) 문장, 어절, 구, 절

(1) 문장

문장(文章, sentence)이란 일정한 의미에 대한 단어의 연결조직이다. 문장은 "우리 인간의 사고를 완전히 담을 수 있는 문법 단위"[58]이다. 문장은 문법적(文法的, grammatical)이어야 한다. 따라서 문장의 요령(know-how)은 그 내용과 의미를 가장 정확하고 명료하게 표현하는 데 있다.

① 문장의 내용 파악

한 편의 글을 바르게 이해하고 평가하려면 문장의 내용을 잘 파악해야 한다. 문장이 논리적으로 모순이 없는가, 역사적 사실이나, 자연과학적 사실과 다르지 않는가, 문법에 어긋나지 않는가를 잘 살펴보아야 한다.

② 간결한 문장

문장은 내용이 충실하고, 독창적이며 명료하여야 한다. 불필요하거나 장황한 문장을 쓰지 말고 간결한 문장을 써야 한다. 그리고 중문이나 장문보다는 단문을 쓰는 게 좋다. 문장을 길게 늘여 쓰게 되면 문장의

---

58) 이관규, 『개정판 학교 문법론』, 월인, 2005, p.229.

구조가 비문법적으로 될 가능성이 크다. 그리고 한 문장에는 한 가지 내용만 담는 게 좋다.

(2) 어절

문장을 구성하는 기본 문법 단위를 어절(語節)이라고 한다. 문장 성분은 모두 띄어 쓰는데, '띄어 쓴 문장 성분'을 각각 어절이라고 한다.

그 사내가 밥을 잘 먹는다.

'그 사내가'는 전체가 주어로서 하나의 문장 성분이고, '그'와 '사내가'가 어절이다. 또한 '잘 먹는다'도 서술어라는 하나의 문장 성분이고, '잘'과 '먹는다'가 어절이다.

(3) 구와 절

① 구
구(句, phrase)는 두 개 이상의 어절이 모여서 하나의 문장 성분을 이룬 것으로 주어 + 서술어 형식을 갖추지 못한 것을 말한다.

② 절
절(節, clause)은 두 개 이상의 어절이 모여서 하나의 문장 성분을 이룬 것으로 주어 + 서술어 형식을 갖춘 것을 말한다. 다만 독립적으로 사용되지 못한다는 점에서 '문장'과 구별된다는 점이 특징이다.

2) 문장 성분의 호응

(1) 문장의 성분

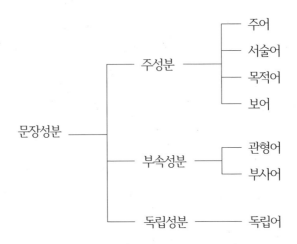

한 편의 문장을 구성하는 데 쓰인 단어를 문장의 구성요소로 볼 때 문장의 성분이라고 한다. 한국어에서 문장의 성분은 주어, 서술어, 목적어, 관형어, 부사어, 보어, 독립어 등으로 나눈다. 글을 쓸 때 머릿속 문맥의 흐름에만 의존하여 글을 쓰다가 문장에서 반드시 써야 할 문장 성분을 빠트리는 경우가 종종 발생한다. 반드시 필요한 문장 성분을 빠트리게 되면 문장의 자연스러운 흐름을 깨트리게 되어 비문(非文)이 되기 쉽다.

글을 쓸 때 많이 나타나는 오류 중의 하나가 문장 성분의 호응 문제이다. 이것은 문장의 기본 구조를 정확히 이해하지 못하고 있기 때문에 생겨나는 현상이다. 주어와 서술어의 관계, 목적어와 서술어의 관계, 보어와 서술어의 관계 등 기본적인 문장의 성분과 구조를 이해하고 있어야 한다.

문장 성분은 문장을 구성하는 필수 성분과 주성분을 꾸며주는 수의적 성분인 부속 성분, 독립어로 이루어진 독립 성분으로 나눈다.

① 주성분

주성분(主成分)은 문장의 **뼈대**를 이루는 필수 성분이다. 주어, 서술어, 목적어, 보어의 4가지가 있다.

㉠ 주어

무엇이(누가) 어찌한다.(작용)
무엇이(누가) 어떠하다.(상태)
무엇이(누가) 무엇이다.(사실 판단.

'무엇이'에 해당하는, 문의 주체가 되는 어절을 주어(主語, subject)라고 한다. 체언이나 용언의 명사형 명사구 명사절 따위에 주조사 '이 · 가(때로는 보조사)'가 붙어서 이루어진다. 문장의 기본 골격에서 '무엇이'에 해당하는 성분이다. 체언 또는 체언 상당어(구, 절) + 주격조사(이, 가, 께서, 에서)로 성립되어 있다. 주어는 서술어에 대하여는 피서술어(被敍述語)가 되고, 관형어에 대하여는 피관형어(被冠形語)가 된다. 주어는 주성분이자 필수 성분이지만 생략할 수 있다. 그러나 글을 쓸 때 주어를 함부로 생략해서는 안 된다. 특히 논리적인 글을 쓸 때는 주어와 서술어의 관계가 매우 중요하므로 주어를 생략하여 논지를 파악하는 데 어려움을 주어서는 안 된다.

체언 + 주격조사 : **현희가** 운다.
명사구 + 주격조사 : **새 자동차가** 나왔다.
명사절 + 주격주사 : **준철이 죄를 지었음이** 분명했다.
문장 + 주격조사 : **그녀가 어떻게 사느냐가** 문제다.
단체 무정 명사 + '에서' : **중앙고등학교에서** 우승을 차지했다.
높임의 명사 + 께서 : **부산에서 어머님께서** 급히 올라오셨다.

ⓛ 서술어

무엇이(누가) **어찌한다.**(작용)
무엇이(누가) **어떠하다.**(상태)
무엇이(누가) **무엇이다.**(사실 판단)

서술어(敍述語, predicate)는 '어찌한다, 어찌하다, 무엇이다'와 같이 주어의 행위, 상태, 성질 등에 관하여 풀이하는 성분을 말한다. 서술어는 목적어를 통솔하며, 부사어에 대하여는 피부사어(被副詞語)가 된다. 특히 한국어는 서술어 중심 언어(predicate prominent language)라는 사실을 잊지 말아야 한다.

서술어 (동사, 형용사, 체언 + 서술격 조사의 종결형)
들개가 **도망간다.** (동사 = 서술격 조사)
지리산이 **푸르다.** (형용사 + 서술격 조사)
그녀는 **대학원생이다.** (체언 + 서술격 조사)

서술절 → 서술어
영수는 **키가 작다.**

용언의 연결형 (어간 + 연결어미)
날씨가 **좋은데,** 호수공원에 갈까?

용언의 전성형 (어간 + 전성어미)
심성이 **착한** 사람을 만났다. (관형사형)
복희가 공장에서 **해고되었음이** 분명하다. (명사형)
고양이가 소리도 **없이** 사라졌다. (부사형)

ⓒ 목적어

무엇이 **무엇을** 어찌한다.

목적어(目的語, object)는 '무엇을'에 해당하는 성분을 말한다. 목적어를 취할 수 있는 것은 서술어가 타동사일 경우이다.

체언 + 목적격 조사(을/를) : 영희는 **팬지꽃을** 꺾었다.
명사 상당어구(명사, 명사절, 문장 등) + 을/를 : 그는 영희가 왜 **우는지를** 몰랐다.
목적격 조사 생략 : 영희는 **밥** 먹는다.
체언 + 보조사(도/은/는) : 서희는 **노래도** 불렀다.
체언 + 보조사 + 목적격 조사 : **당신만을** 사랑했습니다.

ⓓ 보어

무엇이, 무엇이 어떠하다.

동사 '되다'나 형용사 '아니다' 서술어로 쓰이는 문장에서 바로 앞에 오는 '무엇이'에 해당하는 성분을 말한다. 다시 말해 의미가 불완전한 용언 앞에서 뜻을 보충하여 완전한 말이 되게 하는 말이 보어(補語, complement)이다. 체언 또는 체언 상당어구 + 보격 조사(이/가) + 되다 혹은 아니다.

'되다' 앞에서 : 이방원이 **왕이** 되었다.
'아니다' 앞에서 : 연희는 **천재가** 아니다.

② 부속 성분

　주성분을 꾸며주는 수의적 성분이다. 부속 성분으로는 관형어와 부사어가 있다.

　㉠ 관형어 관형사

어떠한 무엇이 어떠하다.
어떠한 무엇이 어찌한다.
어떠한 무엇이 무엇이다.
어떠한 무엇이 어떠한 무엇을 어찌한다.

　위에서 '어떠한'에 해당하는 말이 관형어이다. 관형어(冠形語, terminer)는 체언을 수식하는 문장 성분을 말한다.

　관형어는 아래의 세 가지 경우가 있다.
　ⓐ 관형사
　ⓑ 명사
　ⓒ 동사, 형용사

　관형사 : 관형어로만 쓰인 경우
　진수 네는 **새** 집으로 이사를 갔다.

　체언 + 관형격 조사 '의' : 명사가 관형어로 쓰인 경우
　그가 윤동주**의** 시집 원고를 가지고 있었다.

　용언 어간 + 관형사형 어미 : 동사가 관형어로 쓰인 경우
　형사가 **달아나는** 범인을 붙잡았다.

용언 어간 + 관형사형 어미 : 형용사가 관형어로 쓰인 경우
하얀 찔레꽃이 피었다.

체언 + 접미사 '적(的)'
19세기의 언어 연구는 **역사적** 연구, 즉 **통시적** 연구가 중심이었다.

관형격(冠形格)은 문장에서의 그 체언의 자격이 관형어 구실을 하는 것을 말하는데 '매김자리'라고도 한다. 그리고 관형격 조사(冠形格助詞)는 문장에서 체언의 밑에 붙어, 그 체언을 관형어가 되게 하는 조사로 '의' 하나뿐이다. '매김자리토씨'라고도 한다. 한편 관형사구(冠形詞句)는 관형사나 부사의 수식을 받아 전체가 한 덩어리의 관형어 노릇을 하는 구를 말한다.

ⓒ 부사어

무엇이 **어떻게** 하다.
무엇이 **얼마나** 어떠하다.

부사어(副詞語)는 수식어의 하나로서 용언(서술어)의 의미가 분명히 드러나도록 용언(서술어)를 꾸며주는 성분을 말한다. 위에서 '어떻게', '얼마나'에 해당하는 말이다. 그리고 부사(副詞)는 사물의 움직임, 상태, 정도 등을 한정하는 단어이다. 한편 부사절(副詞節)은 접미사 '-이', 연결어미 '-게, -도록, -듯이, -(으)ㄹ수록, -다시피'가 부사적으로 쓰여 절을 이룰 때 이를 부르는 말이다.
관형어와 함께 문장의 부속성분의 하나를 이루는 부사어는 아래의 세 가지 경우가 있다.

ⓐ 부사

ⓑ 명사

ⓒ 동사, 형용사

부사 단독(지시 · 성정 · 부정 · 잉태 부사 등) : 부사가 부사어로 쓰인 경우

통영의 날씨는 **몹시** 따뜻하다.

체언 + 부사격 조사 : 명사가 부사어로 쓰인 경우

마을 청년들이 강가**에서** 쉬고 있었다. (처소)

어머니는 밀가루**로** 국수를 만들었다. (도구)

그는 부모**로서** 의무를 다하였다. (자격)

계속된 불볕더위**로** 농작물이 타들어 갔다. (원인)

부사어는 부사성 의존명사(채, 체, 줄, 대로, 만큼 등)에 의해서도 성립된다.

마을 처녀들이 옷을 입은 **채** 물놀이를 한다.

나는 수철이가 합격한 **줄로** 알았는데… 시험에 떨어졌다니…

파생부사(용언어간 + '-게') : 형용사가 부사어로 쓰인 경우

해바라기가 **곱게** 피었다.

파생부사(용언어간 + '-도록') : 동사가 부사어로 쓰인 경우

그는 그녀를 **죽도록** 사랑했다.

접속 부사어(문장, 혹은 단어를 이어준다. 모름지기, 그러나, 및 등)

모름지기 학생들은 큰 꿈을 가져야 한다.

그러나 가능성이 아주 사라진 것은 아니다.

가을이 왔다. **그리고** 낙엽이 떨어졌다.

정치, 경제 **및** 문화가 발달한 나라가 영국이다.

③ 독립 성분

  ㉠ 독립어

  독립 성분에는 독립어(獨立語)가 있다. 주어, 서술어, 수식어 같은 그 어느 한 성분과도 별로 밀접한 관계가 없이 독립해서 문장 전체에 작용하는 성분을 말한다. 독립어는 감탄사, 호격 조사(呼格助詞)를 가지거나 그것이 생략된 체언 그리고 제시어와 접속 부사 등으로 이루어진다.

  감탄사 단독

  어머나, 좋아라.

  체언 + 호격조사

  경숙아, 가자.

  제시어

  청춘, 이는 듣기만 하여도 가슴 설레는 말이다.

(2) 수식어와 피수식어

  수식어(修飾語, modifier)는 체언과 용언의 의미를 수식하거나 한정하기 위해 첨가되는 문장 성분으로 관형어와 부사어를 총칭한다. 그리고 수식이나 한정을 받는 체언과 용언을 피수식어(被修飾語, modificand)라고 한다.

수식어와 피수식어의 관계가 명확하지 않을 때 한 문장이 두 개 이상으로 해석될 수 있는 경우가 발생한다. 이러한 일이 발생하지 않도록 글을 쓰려면 수식어와 피수식어의 거리를 너무 멀리 떨어지지 않게 배치해야 한다.

김 노인은 꾸준히 젊은 사람 못지않게 걷기 운동을 한다.

수식어가 되는 '꾸준히'와 피수식어가 되는 '걷기 운동을 한다' 사이가 너무 멀어 의미의 혼란을 일으킬 수도 있다.
이 문장은 다음과 같이 고쳐 써야 의미 혼란을 일으키지 않는다.

김 노인은 젊은 사람 못지않게 꾸준히 걷기 운동을 한다.

3) 문장의 짜임새

(1) 문장의 종류

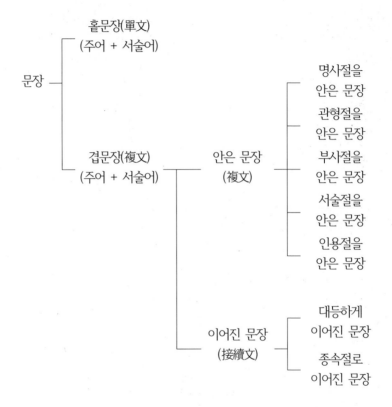

문장은 구문상으로 볼 때 크게 홑문장(單文)과 겹문장((複文)으로 나눌 수 있다. '겹문장'은 '안은 문장(複文)'과 '이어진 문장(接續文)'으로 나눈다. 그리고 '안은 문장(複文)'은 '명사절을 안은 문장('-음/기/것')', '관형절을 안은 문장('-은/는/던/을')', '부사절을 안은 문장('-이' 파생 부사)', '서술절을 안은 문장(이중 주어문)', '인용절을 안은 문장('-고/라고/하고')'으로 나눌 수 있고, '이어진 문장(接續文)'은 대등하게 이어진 문장(주절 + 주절), 종속절로 이어진 문장(종속절 + 주절)으로 나눌 수 있다.

① 홑문장

주어와 서술어의 관계가 한 번만 이루어지는 문장이다. 단문(單文, simple sentence), 또는 단순문이라고도 한다.

정미는 착하고 예쁘다.
도대체 저 할머니는 왜 저럴까?

② 겹문장

한 문장에서 주어와 서술어의 관계가 두 번 이상 성립하는 문장이다. 복문(複文, complex sentence) 또는 복합문(複合文)이라고도 한다. 다시 말해 성분절(成分節)이나 종속절(從屬節)을 가진 문장을 말한다. 문장 구조가 복잡하고 문장의 길이가 늘어난다. 요컨대 문장 속에 다른 홑장이 성분으로 들어가는 '문장 속의 문장'과, 홑문장이 서로 이어져 있는 '이어진 문장'이 있다.

그들은	그제서야	**[그가 진정으로 모국을 사랑했음]**을	깨달았다.
주어1	주어2	서술어2	서술어1

가을이	되자	그가	떠났다.
주어1	서술어1	주어2	서술어2

(2) 문장의 속의 문장

① 안김과 안음

한 문장이 절(節)의 형태로 바뀌어서 전체 문장 속에 안겨 있을 때

'안긴 문장'이라고 하고, 속에 다른 문장을 안고 있는 전체 문장을 '안은 문장'이라고 한다.

　안은 문장은 한 문장에서 주어와 서술어의 관계가 대등관계 없이 두 번 이상 성립하는 문장이다. 문장 안에 성분절이나 종속절을 가진 겹문장의 하나로 내포문(內包文, embedded sentence)이라고도 한다. 문장 구조가 복잡하고 문장의 길이가 늘어난다.

② 명사절로 안긴 문장

　한 문장의 서술어에 명사형 어미 '-(으)ㅁ'이나 '-기'가 붙어서 형성되는 명사절로 안긴 문장(名詞節 內包文)이다. 부연하면 한 문장이 명사절의 형식으로 더 큰 문장 속에 들어가 있는 문장을 말한다. 문장에서 명사, 목적어 등의 구실을 한다.

'-(으)ㅁ' 명사절

마음이 따뜻함이 그의 장점이다.

'-기' 명사절

스키 선수들은 **눈이 오기**를 기다린다.

'-것' 명사절

회장이 돌아온 것이 확실하다.

③ 서술절로 안긴 문장

　서술절(敍述節)이란 술어절(述語節)이라고도 하며, 문장에서 주어의 상태 · 동작 · 성질 등을 서술하는 절(節)을 말한다. 한 문장이 그대로 전체 문장의 서술어 구실을 하는 것으로서, 서술어 부분이 '주어 + 서술어'로 이루어져 있다.

서술절의 주어가 전체 문장의 주어의 일부분인 경우
발해는 **영토가 넓다.**

서술절의 주어가 전체 문장의 주어의 소유물인 경우
그 사람은 **딸이 교수이다.**

서술절이 그 속에 다시 서술절을 지닌 경우
그의 고향집은 **마당이 넓다.**

④ 관형절(冠形節)로 안긴 문장

'주어 + 서술어'로 된 문장 + 관형사형 어미 '-는' 형태(긴 관형절)
소녀는 **그가 착한 아이라는** 생각이 들었다.

용언 어간 + 관형사형 어미 '-은(는), -던, -을' 형태
「밤길의 사람들」은 **박태순이 지은** 중편소설이다.

⑤ 부사절로 안긴 문장
 절 전체가 부사어의 구실을 한다. 용언에서 파생된 부사('없이', '같이', '달리')가 서술어의 역할을 하며, 부사절(副詞節)을 형성한다. 부사절은 접미사 '-이', 연결어미 '-게, -도록, -듯이, -(으)ㄹ수록, -다시피'가 부사적으로 쓰여 절을 이룰 때 이를 부르는 말이다.

당신이 **내 도움 없이** 창공산업을 인수할 수 있겠어? ('없이'가 파생된 부사)
기대했던 것과 같이 아들이 행정고시에 합격했다. ('같이'가 파생된 부사)

동생은 **언니와 달리** 성격이 좋다. ('달리'가 파생된 부사)

회장은 **너도 알다시피** 요즈음 어려운 지경에 이르렀다. ('-다시피'가 부사적 연결어미)

⑥ 인용절로 안긴 문장

인용절(引用節)로 안긴 문장은 인용 부호(" ")를 사용하여 '라고, 하고'에 의한 인용절의 형식으로 다른 문장 속으로 들어가 더 큰 문장을 만드는 직접 인용(直接引用)과 인용 부호 없이 '고'에 의한 인용절의 형식으로 다른 문장 속으로 들어가 더 큰 문장을 만드는 간접 인용(間接引用) 형식으로 나누어 생각해 볼 수 있다.

그는 **"사장이 영국에서 귀국했다."**라고 말했다. (직접 인용)

그는 **사장이 영국에서 귀국했다**고 말했다. (간접 인용)

(3) 이어진 문장

이어진 문장(接續文)은 두 개의 홑문장이 동등한 자격으로 이어지는 '대등하게 이어진 문장'과 앞의 홑문장이 뒤의 홑문장에 종속적으로 연결되는 '종속적으로 이어지는 문장'으로 나누어 볼 수 있다. 접속에서 대등적으로 이어지는 것을 대등 접속(對等接續, coordination), 종속적으로 이어지는 것을 종속 접속(從屬接詞, subordination)이라고 한다. 대등 접속은 등위 접속이라고도 한다.

㉠ 은아가 학교에 가**고** 현숙이가 집에 갔다. (대등 접속 구성)

㉡ 은아가 학교에 가**면** 현숙이가 집에 갔다. (종속 접속 구성)

㉠문에서 '은아가 학교에 가고'는 대등절이고, ㉡문에서 '은아가 학교에 가면'은 종속절이다.

대등 접속과 종속 접속은 연결 어미에 의하여 이루어진다. ㉠문에서는 연결 어미 '-고'가 사용되었고, ㉡문에서는 연결 어미 '-면'이 사용되었다.

① 대등하게 이어진 문장
　　대등하게 이어지는 연결어미로 형성되는 문장이다.

　　나열 : -고, -(으)며, -아서
　　낮은 덥**고**, 밤은 춥다.

　　대조 : -(으)나, -지만, -아도/어도
　　최인훈은 갔**으나** 그의 예술은 살아 있다.

　　선택 : -든지, -거나', -(으)나
　　흑산도로 가**든지** 울릉도로 가**든지** 빨리 결정하자.

② 종속적으로 이어진 문장
　　종속적으로 이어지는 연결어미로 형성되는 문장이다.

　　이유 : -어서, (으)므로, -니까
　　문닫을 시간이 다 되**어서** 그는 자리에서 일어났다.

　　조건 : -(으)면, -거든, -더라면
　　강물이 마르**면** 농사를 짓기가 어렵다.

　　의도 : -려고, -고자
　　나는 출근을 하**려고** 일찍 일어났다.

글쓰기의 원리와 방법

(4) 문장의 골격과 형식

① 동사문(動詞文)
　'무엇이(누가) 어찌한다'는 기본 골격을 가진 문장으로 작용을 나타 낸다.

　　주어 + 서술어 (자동사)
　　민호가 운다

　　주어 + 목적어 + 서술어 (타동사)
　　민호가 밥을 먹는다.

　　주어 + 보어 + 서술어 (불완전 동사)
　　눈이 물이 된다.

② 형용사문(形容詞文)
　'무엇이(누가) 어떠하다'는 기본 골격을 가진 문장으로 상태를 나타 낸다.

　　주어 + 서술어 (형용사)
　　동해 바다가 푸르다.

　　주어 + 보어 + 서술어 (불완전 형용사)
　　민아는 천재가 아니다.

③ 명사문(名詞文)
　'무엇이(누가) 무엇이다'는 기본 골격을 가진 문장으로 사실판단을 나 타낸다.

주어 + 서술어
(명사 + 서술적 조사)
말순이는 여공이다.

4) 중의문

"의미가 여러 개로 해석될 수 있는 문장을 중의문(重義文. ambiguous sentence)[59]"이라고 한다. 중의문은 어휘적 중의성, 비유적 중의성, 구조적 중의성으로 생성된다. 이 가운데 구조적 중의성은 문장 구조의 특성으로 인해 문법적으로 중의적 표현을 갖는다. 중의적 문장은 어떤 상황 맥락에서는 여러 가지 표현의 효과를 드러낼 수 있으나 여러 가지 뜻으로 해석될 수 있어 의미 해석에 혼동을 가져와 의사소통을 방해하는 경우가 있다. 가급적이면 한 가지 뜻으로만 해석 될 수 있도록 문장을 고쳐야 한다.

그는 손이 크다.

위의 예문에서 단어 '손'은 어휘적 중의성 때문에 여러 가지 의미로 이해된다.

→ 그는 손이 크다. (신체의 일부인 손)
→ 그는 손이 크다. (힘, 역량, 능력의 의미)

철민이는 아버지의 그림을 물려받았다.

---

59) 이관규, 『개정판 학교 문법론』, 월인, 2005, p.338.

위의 예문에서 구조적 중의성으로 문제가 되는 구절은 '아버지의 그림'이다. 이것은 아버지를 그린 그림, 아버지가 그린 그림 등으로 해석될 수 있다. 고쳐 써 보면 다음과 같다.

→ 철민이는 아버지를 그린 그림을 물려받았다.
→ 철민이는 아버지가 그린 그림을 물려받았다.

경희는 진수와 명호를 때렸다.
→ (경희 + 진수)가 명호를 때렸다.
→ 경희가 (진수 + 명호)를 때렸다.
→ 경희는 진수와 함께 명호를 때렸다.

5) 장문 쓰기와 단문 쓰기

(1) 장문 쓰기와 난해성

글을 쓸 때 장문(長文)을 구사하면, 그 문장을 이해하기 어려운 문제가 발생한다. 한 문장을 길게 쓰거나, 1문장으로 1단락을 구성할 때 주로 빚어지는 난해성(難解性)의 문제점을 노출한다.

그러나, 정례 부친이 매일 요 구멍가게에서 용돈을 얻어다 쓰는 것도 못할 일이라고 작년 겨울에 들어서 마지막 남은 땅뙈기를, 그야 예전과는 달라서 삼칠제(三七制)인데다가 세금이니 비료니 하고 부담에 얽매이니까 그렇겠지마는 —— 하여간 아버지 전장(田莊)으로 물려받은 것의 마지막으로 남은 것을 팔아 가지고, 전래에 없는 눈[降雪]이라고 하여 서울 시내에서 전차가 사흘을 못 통할 동안에, 택시를 부리면 땅 짚고 기기라 하여, 하이야를 한 대 사들여 놓고 택시를 부려 보았던 것이라서 이것이 사흘돌이로 말썽을 부려 고장이요, 수선이요 하고, 나중에는 이 상점의 돈까지 하루만 돌려라, 이틀만 참아라 하고, 만 원 이만 원 빼내 가고는 시치미를 떼기 시작하니, 점방의 타격은 의외로 큰 것이었다.

- 염상섭, 「두 파산」

『삼대』의 작가 염상섭은 만연체(蔓衍體) 문장을 구사하는 것으로 알려진 작가다. 만연체 문장은 세부묘사를 통해 사건과 인물을 형상화하려는 작가 의식의 반영이라고 볼 수 있다. 하지만 긴 문장은 위의 예문에도 나타나 있듯이 한 번 읽어서는 무슨 말인지 이해하기 쉽지 않다.

문장을 계속하여 이어쓸 때 목적어와 서술어의 호응 문제가 발생한다.

장문 쓰기의 문제점을 해결하려면 주로 안은 문장과 이어진 문장 등을 구사할 때 나타나는 장문을 짓지 않도록 하면 된다. 장문을 짓지 않으려면 글을 쓸 때 다음과 같은 요령이 필요하다.

㉠ 주어와 서술어를 중심으로 1문장에서 어휘를 50자 이내로 사용하도록 한다.

㉡ 1문장에는 1개의 개념을 쓰거나, 1문 1사실을 쓰도록 한다.

㉢ 단문을 구사하도록 한다.

㉣ 병렬 접속된 곳을 분할하여 병렬어미에 의한 대등절의 반복을 피한다.

㉤ 장문의 관형절 등 내포문을 1문장화하여 관형절과 부사절 등 수식절을 피한다.

㉥ 두 개 이상의 문장이 이어져 한 문장이 되는 문장의 접속화를 피한다.

(2) 단문 쓰기의 효과

단문(短文)은 글쓴이의 생각을 독자에게 정확하게 전달할 수 있다. 한국 작가들 가운데 단문(短文)을 즐겨 구사한 작가로 김동인, 황순원, 김동리 등을 들 수 있다. 그들을 이어받아 단문을 능숙하게 구사하는 작가가 조세희이다. 조세희는 「잘못은 신(神)에게도 있다」에서 단문체(短文體)를 구사해 작품을 읽는 독자로 하여금 긴장의 끈을 놓지 못하게 하고 있다.

나는 은강에서 일하는 사람들을 머릿속부터 변혁시키고 싶은 욕망을 가졌다. 나는 그들이 살아가는 사람이 갖는 기쁨·평화·공평·행복에 대한 욕망들을 갖기를 바랐다. 나는 그들이 위협을 받아야할 사람은 자신들이 아니라는 것은 깨닫기를 바랐다. 영희는 많은 시간을 나를 관찰하는 데 보냈다. 나는 날마다 사무실 게시판 앞에 가 섰다. 퇴직·해고·출근 정지 처분자의 명단이 거기 나붙었다. 나는 게시판 앞에 아버지보다 작은 몸이 되어 서 있고는 했다. "난장이가 간다."고 사람들은 말했었다. 아버지가 차도를 건널 때 승용차 안 사람들은 일부러 경적을 울리게 했었다. 그들은 아버지를 보고 웃었다. 영호는 그들이 다니는 길 밑에 지뢰를 만들어 심겠다고 말했었다. "큰오빠." 영희는 말했었다. "아버지를 난장이라고 부르는 악당은 죽여버려." 마음속 큰 증오로 얇은 입술을 떨었다. 영호가 심은 지뢰 터지는 소리를 나는 꿈속에서 듣고는 했다. 그들의 승용차는 불길에 휩싸였다. 불 속에서 그들이 울부짖었다. 꿈속에서 들은 것과 같은 울부짖음 소리를 나는 은강에서 들었다. 알루미늄 전극 제조 공장의 열처리 탱크가 폭발했을 때였다. 주물 공장 용광로에 연결된 탱크가 폭발하는 순간 시뻘건 불기둥이 하늘 높이 솟았다. 쇳물·쇳조각·벽돌·슬레이트 부스러기들이 하늘에서 쏟아져내렸다. 주위의 공장들도 지붕이 날아가고 벽이 무너지는 피해를 입었다. 우리가 달려가보았을 때 공장 부근에는 공원들의 몸이 잘려진 채, 여기저기 널려져 있었다. 작은 공장이었으나 한 순간 은강에서 제일 큰 소리를 냈다. 겨우 살아난 공원들은 동료의 몸 옆에서 울부짖었다.

희생된 공원들을 위한 특별 예배를 북쪽 공업 지역 안에 있는 노동자 교회에서 보았다. 영희도 근로자들 틈에 앉아 기도했다. 목사는 지독한 근시였다. 목사는 오목 렌즈를 통해 아이들을 보았다. 목사는 안경을 벗어들고 눈을 감았다. 나는 기도하는 목사와 아이들을 보았다. 감은 눈에서 흐르는 눈물을 나는 보았다. 어머니가 흘리는 눈물도 보았다. 어머니는 때 묻은 치마 끝을 올려 눈물을 닦았다. 알루미늄 전극 제조 공장에 나가는 젊은이가 어린 신부와 함께 이웃에 세를 들어 살았다. 그는 열처리 탱크가 터질 때 현장에 있었다. 젊은이의 몸은 흔적도 없이 날아가버렸다. 그는 하루에 천삼백 원씩 받고 일했다. 남편을 잃은 어린 신부는 목을 매어 죽었다. 어머니는 신부가 임신중이었다고 말했다. 배 안에 웅크리고 앉아 있던 또 하나의 생명이 어머니를 울렸다. 나는 아버지에게 물려받은 사랑 때문에 괴로워했다. 우리는 사랑이 없는 세계에서 살았다. 배운 사람들이 우리를 괴롭혔다. 그들은 책상 앞에 앉아 싼 임금으로 기계를 돌릴 방법만 생각했다. 필요하다면 우리의 밥에 서슴없이 모래를 섞을 사람들이었다. 폐수 집수장 바닥에 구멍을 뚫어 정수장을 거치지 않은 폐수를 바다로 흘려넣는 사람들이 그들이었다. 영희는 회사 사람들이 노동조합 지부장을 아무도 모르는 곳으로 끌어갔다고 말했다. 아주 심한 날은 삼십여 명의 공원들을 무더기로 해고시켰다.

그들은 우리와 전혀 다른 배를 탄 사람으로 행동했다. 그들은 우리의 열 배 이상의 돈을 받았다. 저녁 때 그들은 공업 지대에서 먼 깨끗한 주택가, 행복한 가정으로 돌아갔다. 그들은 따뜻한 집에서 살았다. 그들은 몰랐다. 사용자는 아이들이 무엇을 급히 원한다든가 시위를 하지 않지만, 전혀 새로운 모습으로 움터간다는 사실을 몰랐다. 아무도 얼굴을 들지 않아 그 변화를 좀처럼 알 수가 없었을 것이다. 꼭 말을 해야 한다면 그것은 어떤 힘이다. 권위에 대해 아주 회의적인 힘이다.   - 조세희, 「잘못은 신(神)에게도 있다」

위의 예문에서 "영호가 심은 지뢰 터지는 소리를 나는 꿈속에서 듣고는 했다. 그들의 승용차는 불길에 휩싸였다. 불 속에서 그들이 울부짖었다."는 환상(幻想)을 묘사한 것이다. '지뢰터지'는 소리는 알루미늄 전극 제조공장의 탱크가 폭발하는 소리와 중첩(重疊)되어 그들의 울부짖는 소리는 "몸이 잘린 채, 여기저기 널려져 있었던" 공원들의 울부짖음으로 바뀐다. 배운 사람들은 난쟁이로 상징되는 가난한 노동자들과 그 가족들을 괴롭혔고, "책상 앞에 앉아 싼 임금으로 기계를 돌릴 방법만 생각했다", 그들은 또한 " '난쟁이들'의 밥에 서슴없이 모래를 섞을 사람들"이었고, "폐수 집수장 바닥에 구멍을 뚫어 정수장(淨水場)을 거치지 않은 폐수(廢水)를 바다로 흘려 넣는 사람들"이었다. 이렇게 조세희는 현실을 리얼리즘적 시각으로 포착하고, 알레고리, 상징, 장르 삽입, 장면 중첩, 시점의 이동(移動), 단문(短文) 문체 구사 등 다양한 낯설게 하기 기법으로 주제의식을 효과적으로 형상화하고 있다. 산업근대화 시대 속의 노동자의 생태와 자연의 생태를 이분법적으로 보지 않고 있는 조세희의 세계관이 단문체를 통해 독자들에게 흡입되고 있다.

조세희가 연작소설 『난장이가 쏘아올린 작은 공』에서 구사한 단문체는 "계속되는 단문체의 배치는 독자들을 긴장 속으로 몰아간다"[60]는 평가를 받고 있다. 이러한 조세희의 문학적 성취에 대해 황순원은 "현실과 환상의 세계를 절묘하게 교차시켜 가며 공감(共感)을 일으키게 하는 솜씨는 가히 발군(拔群)의 경지다"[61]라고 평가했다.

---

60) 조남현, 『소설신론』, 서울대학교 출판부, 2004, p.320.
61) 황순원, 「1979년 동인문학상 심사평」, 조세희, 『난장이 마을의 유리병정』, 동서문 화사, 1979, pp.8~9.

6) 비논리성과 비문성

(1) 비논리성(非論理性)

대등 또는 종속(從屬)·접속(接續) 문장의 호응이 적절하지 않아 문장의 접속화가 제대로 이루어지지 않았을 때 주로 발생하는 비논리성은 사고를 하는 데 통일성을 결여했거나, 표현력이 부족할 때 나타난다.

아버지는 오리의 모이를 주고, 나는 양 먹이러 갔다.
→ 아버지는 오리의 모이를 주러 가고, 나는 양 먹이러 갔다.

'-고'나 '-며'와 같은 대등적 연결어미로 연결되는 문장들은 서로 동질적이어야 한다.

국어를 모국어로 함에도 불구하고 국어에 대한 우리의 관심은 매우 부족한 편이었고, 국어를 제대로 알기 위한 노력 또한 미흡했다. **그러나** 찬란한 문화 유산이라 할 수 있는 국어를 알고 가꾸는 데 우리는 온힘을 기울여야 하리라 본다.
→ 국어를 모국어로 함에도 불구하고 국어에 대한 우리의 관심은 매우 부족한 편이었고, 국어를 제대로 알기 위한 노력 또한 미흡했다. **따라서** 찬란한 문화 유산이라 할 수 있는 국어를 알고 가꾸는 데 우리는 온힘을 기울여야 하리라 본다.

'그러나'라는 접속부사를 중심으로 앞말은 원인, 뒷말은 결과에 해당한다. 따라서 '그러나'가 아닌 인과 관계를 나타내는 접속부사 '따라서'로 바꿔 써야 한다.

(2) 비문성(非文性)

비문성은 성분 생략, 문장 성분의 호응 결여 · 어휘 · 조사 · 어미 등의 부적절한 사용으로 나타난다.

그린란드 사람들은 환경을 지배하기도 하고, 때로는 순응하면서 산다.
→ 그린란드 사람들은 환경을 지배하기도 하고, 때로는 환경에 순응하면서 산다.

'순응하면서'에 호응하는 부사어('환경에')가 빠져 있다.

늦어도 8월 30일까지는 예방 접종을 **맞도록** 당부했다.
→ 늦어도 8월 30일까지는 예방 접종을 **하도록** 당부했다.

'접종'은 '병의 예방, 치료, 진단 또는 실험 등을 위하여 병원균이나 독소 따위를 사람 또는 동물의 몸 안에 집어넣는 일'을 뜻한다. '접종을 맞다'가 아니라 '접종을 하다'로 써야 한다..

'근대화'를 이렇게 조롱하는 사람은 나의 오랜 친구이며, 당시 내 집의 손님이었음에도 불구하고, (   ) 그와 그의 동료들이 코끼리를 맞닥뜨린 장님들과 같다고 말하면서 그를 강하게 몰아붙였다.
→ '근대화'를 이렇게 조롱하는 사람은 나의 오랜 친구이며, 당시 내 집의 손님이었음에도 불구하고, **나는** 그와 그의 동료들이 코끼리를 맞닥뜨린 장님들과 같다고 말하면서 그를 강하게 몰아붙였다.

"몰아붙였다."의 주어('나')가 없다.

7) 사동 표현과 피동 표현의 남용

(1) 사동 표현과 남용

① 사동 표현

사동(使動, causative)은 남에게 어떤 동작을 하도록 시키는 것을 말한다. 동작주(動作主)가 스스로 행하는 동작을 나타내는 동사를 주동사(主動詞)라고 하고, 주체인 주어가 제3의 대상에게 동작을 하도록 시키는 동사를 사동사(使動詞, causative verb)라 한다. 사동사는 주동사에 '-이-, -히-, -리-, -기-, -(이)우-, -구-, -추-' 등과 같은 사동 접사가 붙어서 이루어진다. 예를 들면 '기울다-기울이다, 눕다-눕히다, 놀다-놀리다, 남다-남기다, 끼다-끼우다, 쓰다-씌우다, 달다-달구다, 맞다-맞추다' 등이 있다.

현아가　　　『태평천하』를　　　읽었다.

(주어)　+　(목적어)　+　(타동사)

→　선생님께서　　　현아에게　　　『태평천하』를　　　읽혔다.

(주어)　+　(부사)　+　(목적어)　+　사동사

② 사동 표현의 남용

내가 친구 한 명 **소개시켜** 줄게.
→ 내가 친구 한 명 **소개해** 줄게.

그 대학에서는 양성평등위원회를 **설치시킬** 예정이다.
→ 그 대학에서는 양성평등위원회를 **설치할** 예정이다.

승리제작소에서는 비상 발전기를 하루 종일 **가동시키고** 있습니다.

→ 승리제작소에서는 비상 발전기를 하루 종일 **가동하고** 있습니다.

(2) 피동 표현과 남용

① 피동과 피동문의 정의

'문장의 주어로 나타난 사람이나 사물이 제 힘으로 어떤 행위를 일으키는 것이 아니라 다른 사람이나 다른 사물에 의하여 이루어지는 행동이나 작용'[62]을 피동(被動, passive)이라고 한다. 내용상 목적어일 대상이 주어가 되어 남의 동작이나 행동을 입게 됨을 나타내는 동사를 피동사(被動詞, passive verb)라 하고, 주체가 제 힘으로 행하는 동작을 나타내는 동사를 능동사(能動詞, active verb)라 한다.

피동사는 능동사에 '-이-, -히-, -리-, -기-'와 같은 피동 접사를 첨가함으로써 형성된다. 이것을 도표로 나타내 보면 다음과 같다.

피동사 = 능동사 + 피동 접사

ⓐ 청년이 소매치기를 **잡았다.** (능동문)
　　　　　　　　　　　(능동사)

ⓑ 소매치기가 청년에 **잡혔다.** (피동문)
　　　　　　　　　　　(피동사)

ⓐ는 능동태의 문장, 즉 능동문이고, ⓑ는 피동태의 문장, 즉 피동문이다. 문장의 서술어가 능동사로 된 문장을 능동문이라 하고, 피동이

---

62) 고영근 · 구본관, 『우리말 문법론』, 집문당, 2008, p.344.

표현된 문장, 다시 말해 문장의 서술어가 피동사로 된 문장을 피동문이라 한다. 그런데 '잡다-잡히다'와 같은 예의 '잡히다'는 피동사이기도 하고 사동사이기도 하다는 사실을 유의해야 한다.

② 피동 표현의 남용

한국어는 원래 피동 표현(被動表現)을 잘 쓰지 않으나, 최근에 이르러 영어 등의 번역문의 영향으로 글을 쓸 때, 피동 표현을 쓰는 사람들이 많다. 한국어 문장의 서술어에 '지다'와 같은 불필요한 피동 표현이 자주 쓰인다. 또한 '서술성 명사에 붙어서 그 움직임이나 상태가 스스로 이루어짐을 나타내는 '되다'가 지나치게 사용되고 있어 문제가 된다.

당신이 가리키는 그것은 지리산으로 보여집니다.
→ 당신이 가리키는 그것은 지리산으로 **보입니다.**

이번과 같은 공기업 입사 시험 부정은 반드시 척결되어야 한다.
→ 이번과 같은 공기업 입사 시험 부정을 반드시 **척결해야** 한다.

드디어 우리 집 앞에 주민센터 건물 공사가 시작되어졌다.
→ 드디어 우리 집 앞에 주민센터 건물 공사가 **시작되었다.**

8) 어휘의 사용과 문법 규정

한국어의 어휘는 그 기원에 따라 고유어 · 한자어 · 외래어 등으로 나눌 수 있다. 국어 어휘 수의 과반수를 차지하고 있는 한자어는 한자 제한 내지는 폐지, 또는 한글전용 문제와 관련되어 많은 문제점을 내포하고 있다.

(1) 정확한 어휘의 선택

어휘를 사용할 때는 정확한 어휘를 선택하여 사용해야 한다.

김 형사는 놀라며 대머리가 된 닭벼슬을 지켜보고 있었다.
→ 김 형사는 놀라며 대머리가 된 **닭 볏을** 지켜보고 있었다.

닭이나 새 따위의 이마 위에 세로로 붙은 살 조각을 일컫는 표준어는 '볏'이다. '벼슬'은 '볏'의 사투리이고, '닭'과 '볏'은 각각의 단어이다.

십월 한 달 동안, 대성이는 톨스토이의 『안나카레니나』를 완독했다.
→ **시월** 한 달 동안, 대성이는 톨스토이의 『안나카레니나』를 완독했다.

'시월(十月)'과 '유월(六月)'은 속음(俗音)으로 적은 것이다. '한글 맞춤법' 제52항은 한자어에서 본음으로도 나고 속음으로도 나는 것은 각각 그 소리에 따라 적는다고 규정하고 있다.

오스트레일리아는 섬나라이다.
→ 오스트레일리아는 오세아니아 주에 속한 나라이다.

오스트레일리아는 오스트레일리아 대륙 본토와 태즈메이니아 섬으로 이루어진 나라이다.

12월 29일 대관령의 기후는 춥다.
→ 12월 29일 대관령의 날씨는 춥다.

'기후(氣候)'는 '기온 · 비 · 눈 · 바람 따위의 대기 상태'를 말하고 '날씨'는 '그날의 기상 상태'를 말한다.

아버지가 사업에 실패하는 바람에 우리 집안은 풍지박산이 되었다.

→ 아버지가 사업에 실패하는 바람에 우리 집안은 풍비박산이 되었다.

'사방으로 날아 흩어짐'을 뜻하는 말은 '풍비박산(風飛雹散)'으로 바람이 날리고(風飛) 우박이 흩어지는(雹散) 상황을 나타내는 말이다.

(2) 글의 성격에 맞는 어휘의 사용

논거를 가지고 증명하는 글인 소논문이나, 논설문에 감정적인 느낌을 주는 어휘를 사용하게 되면, 논리성이 생명인 소논문과 논설문을 신변잡기류의 수상문으로 오해하게 한다.

소논문을 쓸 때 특히 다음과 같은 어휘들에 주의해야 한다.[63]

① 시간: 때, 지금, 요즈음, 동안에, 전에, 사이에, 부터, 까지, 마다, 처음에는, 다음에는, 드디어, 마침내

② 공간: 곳, 위, 아래, 속, 겉, 곁, 결, 앞, 뒤, 북쪽, 왼쪽, 꼭대기, 가운데

③ 원인: -면, -니까, -야, -거든, 왜냐하면, 때문에, 까닭에

④ 결과: 그러므로, 그래서, 따라서

⑤ 비교: 같은, 비슷한, 더, 덜

⑥ 대조: 다른, 달리, 한편, 반대로

⑦ 부분: 나누어진다, 분류된다, 구별된다, 가지이다, 갈래이다

⑧ 전체: 보통, 모든, 각각, 결코, 언제나, 일반적으로, 전체적으로

이러한 어휘들을 사용할 때는 적절한지 아닌지를 따져본 다음에 사용해야 한다. 그렇게 하지 않으면 문장이 모호해진다. 소논문을 비롯한 학술

---

63) 김인환, 『언어학과 문학』, 고려대학교 출판부, 1999, p.138.

적 글쓰기의 생명은 정확한 문장에 있으므로 수식어는 사용하지 말아야 하고, 형용사도 적게 사용해야 한다.[64]

　　하지만 나는 제인 구달의 삶을 보며 동물행동학자나 인류학자이기 보다는 고대 부족에서 자연과 인간을 연결해주는 샤먼과 비슷하다는 느낌을 받았다. 또한 가축이나 애완동물과 관계를 맺는 것이 아니라 야생동물과 인간이 관계를 맺었다는 사실만으로 나는 제인 구달의 삶을 샤먼의 관점으로 재조명하면서 우리가 생각하고 있는 과학자들의 삶을 항상 이성적이며 모든 감정을 배제하고 객관화되어 있다는 관점이 편견이라고 알리고 싶었다. 그리고 과학자들도 자연과 사회의 교감을 나누는 사람들이라는 것을 알리고 싶었다.

　위의 예문에 서술된 '느낌을 받았다.'는 소논문에서는 적절하지 않은 표현이다. 이처럼 소논문에는 '목말라하다', '동정을 느꼈다', '이야기해주고 싶었다', '알리고 싶었다'와 같은 감정적인 의미가 강한 어휘는 사용하지 않는 것이 좋다.

　또한 소논문 문장에서는 자기 자신을 표현할 때 객관성을 높이기 위해 3인칭으로 하는 것이 좋다. 위의 예문에서 필자가 자기 자신을 '나'라고 표현했는데, '필자' 또는 '본 연구자'라고 써야 한다. '우리'라고 쓰는 경우도 종종 나타나고 있다.

(3) 비속어 사용 문제

　　초등학교 교실에서 왕따를 당하는 학생들이 늘어가고 있는 것을, 많은 학부모들이 걱정하고 있다.

---

64) 김인환, 앞의 책, p.138.

위의 예문에서 '왕따'라는 말은 '매우 심한'이란 뜻의 접두사 '왕'과 '따돌리다'의 첫 글자 '따'가 결합한 말로 학술논문 문장에 사용하기에는 품위가 떨어지는 어휘다. '왕따'는 '집단 따돌림'으로 바꿔 써야 한다.

(4) 판단을 나타내는 부분을 서술할 때의 어휘 사용

 판단을 나타내는 부분의 서술에는 '~라고 생각한다', ' ~일 수도 있다', '~인 듯하다'와 같은 막연한 표현을 나타내는 어휘는 사용하지 않는다. 그 대신 '~이다', '~임에 틀림없다', '~해야 한다' 같은 단정적이며 명시적인 표현을 사용하도록 한다.

(5) 문법 규정

 ① '로서'와 '로써'
  격조사(格助詞) '로서'는 자격, '로써'는 도구나 수단의 의미로 쓰인다. '로써'에서 '써'는 생략이 가능하다.

  그는 문학가**로서** 일생을 보냈다. (자격)
  나**로서는** 더 이상 할 말이 없다. (자격)
  강길수 씨는 부모**로서** 할 일이 무엇인지 생각했다. (자격)
  교수**로서** 그런 말을 하다니. (자격)
  칼**로써** 연필을 깎는다. (도구)
  눈물**로써** 호소한다. (도구)
  술**로써** 인생을 탕진하다니! (도구)

 ② '~든'과 '~던'
  '든'은 선택의 뜻이 들어 있는 문장에 사용하는 어미(語尾)이고, '던'

은 과거의 사실을 나타내는 어미이다. '던'이 들어 있는 '~던', '~던가', '~던걸', '~던고', '~들' 등도 모두 과거를 나타낸다.

내가 무엇을 하**든지** 상관하지마. (선택)

먹든지 말든지 마음대로 해라. (선택)

있든가 가든가 네 뜻대로 해. (선택)

내가 어릴 적 살**던** 곳은 강릉이었다. (과거)

집이 크던지 작**던지** 생각이 나지 않아. (과거)

은희가 뭐라**던**? (과거)

민규가 집에 있**던가** 어디 갔**던가**? (과거)

③ 사이시옷의 표기

한글맞춤법 제30 항에 사이시옷의 표기에 관한 규정이 있다. 단어와 단어 사이에 사잇소리 현상이 나타날 때, 'ㅅ'을 삽입한다.

사이시옷은 순 우리말로 된 합성어(合成語)나 순 우리말에 한자어가 어울리어 된 합성어로 앞말이 모음으로 끝난 경우에 표기한다. 합성어란 말은 둘 이상의 형태소, 다시 말해 두 개 이상의 단어가 합하여 새로운 단어를 이룬 것을 말한다. 명사와 명사가 결합하는 합성명사에서 사이시옷이 개입될 때 '촛불, 바닷가, 나뭇가지'처럼 'ㅅ'이 표기상 나타나는 경우도 있고, '봄비, 솔방울, 산돼지'처럼 표기상 나타나지 않는 경우도 있다.[65]

나무(고유어)   +   가지(고유어)   =   나뭇-가지 [나무까지]

후(한자어)   +   일(고유어)   =   훗-일(後-) [훈닐]

코(고유어)   +   병(한자어)   =   콧-병(-病)[코뼝]

---

65) 고영근 구본관, 『우리말 문법론』, 집문당, 2008, p.237.

㉠ 뒷말의 첫소리가 된소리로 나는 것

고랫재	귓밥	나룻배	나뭇가지	냇가	댓가지
뒷갈망	맷돌	머릿기름	모깃불	못자리	바닷가
뱃길	볏가리	부싯돌	선짓국	쇳조각	아랫집

㉡ 뒷말의 첫소리 'ㄴ, ㅁ' 앞에서 'ㄴ' 소리가 덧나는 것

멧나물	아랫니	텃마당	아랫마을	뒷머리
잇몸	깻묵	냇물	빗물	잇날
제삿날	훗날	툇마루		

㉢ 뒷말의 첫소리 모음 앞에서 'ㄴㄴ' 소리가 덧나는 것

도리깻열	뒷윷	두렛일	뒷일	댓잎
베갯잇	욧잇	깻잎	나뭇잎	가욋일
사삿일	예삿일	훗일		

㉣ 뒷말의 첫소리가 된 소리(경음)로 나는 것

귓병	머릿방	뱃병	봇둑	사잣밥
샛강	아랫방	자릿세	전셋집	찻잔
찻종	촛국	콧병	탯줄	텃세
핏기	햇수	횟가루	횟배	

㉤ 두 음절로 된 다음 한자어

곳간	셋방	숫자	찻간	툇간	횟수
(庫間)	(貰房)	(數字)	(車間)	(退間)	(回數)

글쓰기의 원리와 방법

ⓐ 연아가 청아 어린이집 햇님반에 들어갔다.
ⓐ' 연아가 청아 어린이집 **해님반**에 들어갔다.

위이 예문 ⓐ에서 '햇님반'이 아니고, '해님반'이라고 써야 하다. 왜냐하면 '해'는 단어이지만 '님'은 단어가 아닌 접미사이기 때문에 '해'와 '님' 사이에는 'ㅅ'을 삽입하면 안 된다.

④ '-오'와 '-요'
한글 맞춤법 15항에서 붙임 규정에 다음과 같이 적혀 있다.

종결형에서 사용되는 어미 '-오'는 '요'로 소리 나는 경우가 있더라도 그 원형을 밝혀 '오'로 적는다. (ㄱ을 취하고 ㄴ을 버림)

ㄱ	ㄴ
이것은 책이오	이것은 책이요.
이리로 오시오	이리로 오시요.
이것은 책이 아니오.	이것은 책이 아니요

'-오'는 설명·의문·명령의 뜻을 나타내는 종결 어미이고, '-요'는 연결 어미다. 종결 어미 '-오'는 문장을 끝마칠 때 사용하고, 연결 어미 '-요'는 어떤 사물이나 사실 따위를 나열할 때 사용한다. 다만 '해요체'의 '-요'와 혼동하면 안 된다. 존대의 의미를 가지는 조사 '-요'는 '-오'처럼 문장을 끝맺을 때 쓴다. 따라서 '하오체에는 '-오'를 쓰고, '해요체'에는 '-요'를 쓰면 된다.

㉠ 너희들은 세상의 빛이오, 소금이다.
㉠' 너희들은 세상의 **빛이요,** 소금이다.

㉠' 문장의 '~빛이요.'가 맞다. 연결 어미 '-요'를 사용해야 한다.

㉡ 새해 복 많이 받으십시요.
㉡' 새해 복 많이 **받으십시오**

㉡' 문장의 '받으십시오'가 맞다. 종결어미 '-오'를 사용해야 한다.

어서 오시오. (하오체)
어서 오세요. (해요체)

⑤ '-하므로'와 '-함으로(써)'
문장의 선행절(先行節)이 후행절(後行節)의 '이유, 원인'이 되는 것은 '하므로'를 써야 하고, '수단, 도구, 재료'가 되는 것은 '-함으로(써)'를 써야 한다.

㉠ 국영이는 부지런함으로 잘 산다.
㉠' 국영이는 **부지런하므로** 잘 산다.

㉠' 문장의 '부지런하므로'가 맞다. '하므로'는 동사 어간 '하-'에 까닭을 나타내는 연결 어미 '-므로'가 첨가된 어형(語形)이다.

㉡ 영숙이는 열심히 공부하므로 후원자의 은혜에 보답한다.
㉡' 영숙이는 열심히 **공부함으로** 후원자의 은혜에 보답한다.

㉡' 문장의 '공부함으로'가 맞다. '함으로'는 '하다'의 명사형 '함'에 조사 '-으로(써)'가 붙은 어형(語形)이다.

글쓰기의 원리와 방법

⑥ 준말

'준말'은 어떤 어형(語形)의 일부를 생략한 형을 말한다. 그리고 다른 어떤 수단으로 본래 어형보다 간략하게 한 형으로서 본래의 의미를 지니고 있는 것을 말한다. 약어(略語)라고도 한다.

㉠ 단어의 끝모음이 줄어지고 자음만 남은 것은 그 앞의 음절에 받침으로 적는다.

어제저녁(본말)	→	엊저녁(준말)
온가지	→	온갖
어제그저께	→	엊그저께

㉡ 어간의 끝음절 '하'의 'ㅏ'가 줄고 'ㅎ'이 다음 음절의 첫소리와 어울려 거센소리로 될 적에는 거센소리로 적는다.

간편하게(본말)	→	간편케(준말)
참고하도록	→	참고토록
흔하다	→	흔타

㉢ 체언과 조사가 어울려 줄어지는 경우에는 준 대로 적는다.

그것은(본말)	→	그건 (준말)
너는	→	넌
그것이	→	그게
너를	→	널
그것은	→	그걸로

㉣ 어간의 끝음절 '하'가 아주 줄 적에는 준 대로 적는다.

생각하건데	→	생각건데

색각하다 못해　　→　　생각다 못해

못하지 않다　　→　　못지않다

⑦ 목적어와 서술어의 호응

서술어는 하나인데 목적어가 2개 이상인 경우에 서술어와 목적어의 호응 문제가 종종 발생한다.

사고 원인 파악과 재발 방지 대책을 조속히 마련하여 이번과 같은 일이 다시는 일어나지 않도록 하겠습니다.

위의 예문에서 서술어인 '마련하다'와 목적어인 '사고 원인 파악'이 제대로 호응하지 못하고 있다. 이 문장은 '사고 원인 파악과~'를 '사고 원인을 파악하고~'로 고쳐 쓰면 문장의 호응에 문제가 없게 된다.

글을 쓸 때 목적어와 서술어가 제대로 호응하는지를 꼼꼼히 살펴보는 게 필요하다.

9) 띄어쓰기

띄어쓰기(spacing words)는 한글 맞춤법 제5 장 띄어쓰기 규정에 기술되어 있는 "낱말은 각각 띄어 쓰되 조사는 윗말과 붙여 쓴다."라고 하는 원칙을 이해해야 한다. 문법 단위 중 최소 자립 단위로 자립성(自立性)과 분리성(分離性)을 특징으로 가지고 있는 단어는 체언 · 수식언 · 감탄사 같은 홀로 자립하는 말, 조사 같은 자립 형태소와 쉽게 분리되는 말, 용언처럼 의존 형태소끼리 어울려 자립하는 말로 나누어 성립될 수 있다.

(1) 조사의 띄어쓰기

① 조사는 그 앞말에 붙여 쓴다.

꽃이   꽃마저   꽃밖에   꽃에서부터   꽃으로만   꽃이나마
꽃이다   꽃입니다   꽃처럼   꽃같이   어디까지

② 체언이나 부사에 붙는 조사는 붙여 쓴다
　　㉠ 체언 다음의 '-대로', '-만큼', '-뿐'은 조사이므로 붙여 쓴다.

　　　선생님의 가르침**대로** 그렇게 되도록 노력하겠습니다.

　　　'-대로'가 조사이므로 앞말과 붙여 썼다.

　　　어린이들은 자기가 느낀 **대로** 생각하고 말을 하곤 한다.

　　　'대로'가 의존명사이므로 앞말과 띄어 썼다.

　　㉡ 체언 다음에 모양이나 행동이 그 정도임을 나타내는 '-같이'는 동
　　　일하다의 의미가 아니라 조사 '-처럼'의 의미가 있으므로 '꽃같이'
　　　는 붙여 쓰고, '-같은'은 활용형으로 '같다'라는 의미가 있으므로
　　　'꽃 같은'은 띄어 쓴다.

　　㉢ 조사는 주로 체언에 연결되지만 때로는 부사나 어미에 붙기도
　　　한다.

　　　멀리는, 잘만, 퍽도, 웃고만, 나면서부터, 간다라고

151
제Ⅰ장 문장과 표현

(2) 명사의 띄어쓰기

① 명사의 띄어쓰기

　㉠ 접두사나 접미사는 붙여 쓴다. '하다'가 붙을 수 있는 명사에 '시
　　키다, 되다'가 붙어한 단어가 될 때, '시키다, 되다'는 접미사이므로
　　윗말에 붙여 쓴다.

　　　결정되다, 발전시키다, 감사드리다, 기도드리다.

　㉡ 명사 아래에 붙어 '입음'을 나타내는 '받다, 당하다'는 접미사이
　　다. 따라서 윗말에 붙여 쓴다.

　　　사기당하다, 오해받다, 양육받다

　㉢ 명사에 '-감', '-거리', '-소리' 등을 쓸 때는 붙여 쓴다.

　　　일감, 근심거리, 새소리

　㉣ 명사 아래에 접미사 '화(化)'가 붙어, 그렇게 만들거나 그렇게 됨
　　을 나타내는 말 아래에 다시 '하다, 시키다, 되다'가 붙을 때에는
　　붙여 쓴다.

　　　상품화하다, 상품화시키다, 상품화되다

② 의존명사의 띄어쓰기

　㉠ 관형어 다음의 '-대로', '-만큼', '-뿐'은 의존 명사이므로 앞말과
　　띄어 쓴다.

먹을 만큼 먹어라.

'-만큼'은 주로 '-을'·'-는'·'-은' 따위 뒤에 쓰여 앞말과 거의 같은 수량이나 정도 또는 '실컷'의 뜻을 나타내는 의존명사이므로 앞말과 띄어 쓴다.

네가 뜻한 대로 해라.

'-대로'는 의존명사이므로 관형어인 '뜻한'과 띄어 쓴다.

그는 울기만 할 뿐 아무 말도 하지 않았다.

'-뿐'은 용언 뒤에 붙어, '다만 어떠하거나 어찌할 따름'의 뜻을 나타내는 의존명사이므로 앞말과 띄어 쓴다.

ⓛ 단위를 나타내는 의존 명사는 그 앞의 수 관형사와 띄어 쓴다.

차 한 대	금 서 돈	한 개
소 한 마리	옷 한 벌	열 살
조기 한 손	연필 한 자루	버섯 한 죽
집 한 채	신 두 켤레	북어 한 쾌

ⓒ 다만, 순서를 나타내는 경우나 숫자와 어울리어 쓰이는 경우에는 붙여 쓸 수 있다.

두시 사십분 오초	제일과	삼학년	육층
1446년 10월 9일	2대대	16동 502호	제1실습실
80원	10개	7미터	

③ 명사 아래에 붙어 '입음'을 나타내는 '받다, 당하다'는 접미사이다. 따라서 윗말에 붙여 쓴다.

　　사기당하다. 오해받다. 양육받다.

④ 단음절로 된 단어가 연이어 나타날 적에는 붙여 쓸 수 있다.

　　그때 그곳　　　좀더 큰것　　　이말 저말　　　한잎 두잎

⑤ 명사 아래에 접미사 '화(化)'가 붙어, 그렇게 만들거나 그렇게 됨을 나타내는 말 아래에 다시 '하다, 시키다, 되다'가 붙을 때에는 붙여 쓴다.

　　상품화하다　　　　상품화시키다　　　　상품화되다

⑥ 수를 적을 때에는 '만(萬)' 단위로 띄어 쓴다.

　　십이억 삼천사백오십육만 칠천팔백구십팔
　　2억 3456만 7898

⑦ 두 말을 이어 주거나 열거할 적에 쓰이는 다음의 말들은 띄어 쓴다.

　　국장 겸 과장　　　　　　열 내지 스물
　　청군 대 백군　　　　　　책상, 걸상 등이 있다.
　　이사장 및 이사들　　　　사과, 배, 귤 등등
　　사과, 배 등속　　　　　　부산, 광주 등지

(3) 용언 및 보조용언의 띄어쓰기

① 보조용언은 띄어 씀을 원칙으로 하되, 경우에 따라 붙여 씀도 허용한
다. (ㄱ을 원칙으로 하고, ㄴ을 허용함)

ㄱ	ㄴ
불이 꺼져 간다	불이 꺼져간다.
내 힘으로 막아 낸다.	내 힘으로 막아낸다.
어머니를 도와 드린다.	어머니를 도와드린다.
그릇을 깨트려 버렸다.	그릇을 깨트려버렸다.
비가 올 듯하다.	비가 올듯하다.
그 일은 할 만하다.	그 일은 할만하다.
일이 될 법하다.	일이 될법하다.
비가 올 성싶다.	비가 올성싶다.
잘 아는 척한다.	잘 아는척한다.

다만, 앞말에 조사가 붙거나 앞말이 합성 동사인 경우, 그리고 중간
에 조사가 들어갈 적에는 그 뒤에 오는 보조 용언은 띄어 쓴다.

잘도 놀아만 나는구나!   책을 읽어도 보고…….
네가 덤벼들어 보아라.   강물에 떠내려가 버렸다.
　그가 올 듯도 하다.   　잘난 체를 한다.

② 용언의 어미 또는 어미처럼 굳어버린 숙어는 붙여 쓴다.

보다시피, 일하면 할수록, 죽을지언정, 돈이 없을망정.

(4) 고유 명사 및 전문 용어의 띄어쓰기

① 성과 이름, 성과 호 등은 붙여 쓰고, 이에 덧붙는 호칭어, 관직명 등
은 띄어 쓴다.

김양수	서화담	채영신 씨
최치원 선생	박동식 박사	충무공 이순신 장군

② 성명 이외의 고유 명사는 단어별로 띄어 씀을 원칙으로 하되, 단위별
로 띄어 쓸 수 있다. (ㄱ을 원칙으로 하고, ㄴ을 허용함)

ㄱ	ㄴ
대한 중학교	대한중학교
한국 대학교 사범 대학	한국대학교 사범대학

③ 전문 용어는 단어별로 띄어 씀을 원칙으로 하되, 붙여 쓸 수 있다.
(ㄱ을 원칙으로 하고, ㄴ을 허용함)

ㄱ	ㄴ
만성 골수성 백혈병	만성골수성백혈병
중거리 탄도 유도탄	중거리탄도유도탄

(5) 주의해야 할 띄어쓰기

① 의존명사로 쓰일 수 있는 형태가 의존 명사가 아닌 다른 품사의 형
태와 꼴이 같을 때 띄어 쓰는 것을 주의해야 한다.

㉠ 별장을 대궐**만큼** 크게 짓지는 못할 것 같다. ('만큼'이 조사 → 붙여 씀)

㉡ 적어도 다섯 식구가 살 **만큼**은 돼. ('만큼'이 의존명사 → 띄어 씀)

㉢ 초등학교 저학년 학생들은 자기가 느낀 **대로** 생각하고 말을 하곤 한다. ('대로'가 의존명사 → 띄어 씀)

㉣ 스승님의 가르침**대로** 훌륭한 사람이 되도록 노력하겠습니다. ('대로'가 조사 → 붙여 씀)

㉤ "금강산이 이렇게 가까**운데**" 라고 생각하는 순간 시야에 푸른 바다가 넘실거렸다. ('-ㄴ데'가 어미 → 붙여 씀)

㉥ 가까운 **데**로 놀러 가자. ('-ㄴ'는 관형형 어미, '데'는 의존명사 → 띄어 씀)

㉦ '수'는 어미 '-은'·'-는'·'-을' 따위의 뒤에서 '있다'·'없다' 따위와 함께 쓰여 어떤 일을 할 만한 힘이나 가능성을 나타내는 의존명사이다. 앞말과 띄어 쓴다. (있을수 없는 일이다. → 있을 **수** 없는 일이다.)

㉧ '별수'는 '있다'·'없다'와 함께 쓰여 달리 어떻게 할 방법이라는 뜻의 합성명사이다. 따라서 '별수'는 붙여 쓴다. (다 끝난 일인데 별 수 있겠나. → 다 끝난 일인데 **별수** 있겠나)

㉨ '-ㄹ수록'은 받침 없는 어간에 붙어, 어떤 일이 더하여 감을 나타내는 연결 어미이므로 붙여 쓴다. (여문 이삭 일수록 고개를 수그린다. → 여문 이삭**일수록** 고개를 수그린다.)

㉩ 의존명사 '것'은 소유격 조사 '의' 또는 관형사(冠形詞)·관형어 뒤에 붙어, 그 물건·사실·현상·성질 등을 나타내는 말이다. 띄어 쓴다. (새로 산것 → 새로 산 **것**)

　한편 '거'는 의존명사 '것'의 준말로 띄어 쓴다. (세상이란 다 그런거지. → 세상이란 다 그런 **거지**.)

㉪ 의존명사 '터'는 의존명사로 어미 '-을'의 뒤에 쓰여 '예정·추측' 등의 뜻을 나타내는 말로 띄어 쓴다. (지금 그만두는 게 좋을텐

157

데. → 지금 그만두는 게 좋을 **텐데**.)

㉾ 의존명사 '간(間)'은 '서울과 인천 간의 국도'처럼 사이를 나타내거나, '부모와 자식 간의 정'처럼 관계를 나타낸다. 이때 앞말과 띄어 쓴다.

용인과 서울간의 고속도로 → 용인과 서울 **간**의 고속도로

그리고 주로 '간에'의 꼴로 쓰여 '어느 쪽이든 관계없이'의 뜻으로도 쓰인다. 이때 띄어 쓴다.

누구든지간에 → 누구든지 **간**에

다만 합성어로 인정된 말은 붙여 쓴다.

부부간, 형제간

㉿ 의존명사 '대(代)'는 가계나 지위를 이어받은 순서를 나타내는 말로 붙여 쓴다.

16 대 국회의원 → 16**대** 국회의원

㋐ 의존명사 '녘'은 어떤 때의 무렵이나 어떤 방향·지역을 가리키는 말로 띄어 쓴다.
동틀녘 → 동틀 **녘**, 해 질녘 → 해 질 **녘**, 해 뜰녘 → 해 뜰 **녘**

다만 '새벽녘', '저녁녘', '동녘', '서녘', '남녘', '북녘', '샐녘', '저물녘', '어슬녘'은 합성명사로 붙여 쓴다.

② 접사의 형태가 관형사의 형태와 같은 경우에는 띄어 쓰는데 주의해야
  한다.

　　㉠ **맨눈**, **맨다리**, **맨땅**, **맨발**, **맨주먹** ('맨'이 '다른 것이 없는' 뜻을
　　　가지고 있음 → 붙여 씀).

　　㉡ 지붕의 **맨** 꼭대기 ('맨'이 체언을 수식하는 관형사 → 띄어 씀).

　　㉢ **맨** 먼저 ('맨'이 체언을 수식하는 관형사 → 띄어 씀).

　　㉣ 다혜는 **맨** 구석 자리에 조심스럽게 앉아 있었다. ('맨'이 체언을
　　　수식하는 관형사 → 띄어 씀)

③ '속'의 띄어쓰기

　　㉠ '속(束)'은 의존명사로 '묶음, 뭇'을 뜻하므로 띄어 쓴다. (장미 열
　　　속, 김 세 **속**).

　　㉡ '속(續)'은 접두사로 '그 전 것에 잇대어 된'의 뜻이므로 붙여 쓴
　　　다. (**속**미인곡(續美人曲))

　　㉢ '속'은 물체의 안쪽 부분을 나타내는 명사이다. 띄어 쓴다. (굴
　　　속, 바다 **속**, 신발 **속**)

　　㉣ '속'은 일정하게 둘러싸인 것의 안을 나타내는 명사이다. 띄어 쓴
　　　다. (주머니 **속**, 안개 **속**, 어둠 **속**, 구름 **속**)

　　㉤ '속'이 합성어로 굳은 단어는 붙여 쓴다. (**가슴속**, **꿈속**, **땅속**, **마
　　　음속**, **머릿속**, **몸속**, **물속**, **산속**, **입속**, **품속**)

④ 접미사의 띄어쓰기

　　㉠ 접미사 '어치'는 그 값에 해당하는 분량이나 정도를 나타내는 말
　　　로 앞말과 붙여 쓴다. (만 원 어치 → 만 원**어치**)

　　㉡ 접미사 '-가량'은 수량을 대강 어림쳐서 나타내는 말로 앞말과
　　　붙여 쓴다. (아홉 명 가량 모였다. → 아홉 명**가량** 모였다)

　　㉢ 접미사 '쯤'은 명사·대명사 뒤에 붙어, 정도를 나타내는 말로 앞

말과 붙여 쓴다. (9월 말일 쯤 만나자. → 9월 말일쯤 만나자.)

ⓔ 접미사 '-상(上)'은 일부 명사 뒤에 붙어, '…에 관하여'·'…에 따라서'·'…의 관계로'의 뜻을 나타내는 말로 앞말과 붙여 쓴다. (체면 상 → 체면상)

ⓜ 접미사 '-하(下)'는 일부 명사 뒤에 붙어 '그것과 관련된 조건이나 환경'의 뜻을 나타내는 말로 앞말과 붙여 쓴다. (통제 하에 놓이다. → 통제하에 놓이다.)

ⓑ 접미사 '님'은 직위나 신분 및 일부 명사 뒤에 붙어, 존경의 뜻을 나타내는 말로 붙여 쓴다. (선생 님 → 선생님)

ⓢ 접미사 '님'은 사람 이름 뒤에 쓰는 경우 띄어 쓴다. (김미숙님 → 김미숙 님)

⑤ '데'의 띄어쓰기

㉠ 의존명사 '데'는 띄어 쓰고, 어미 'ㄴ데, ㄴ데도'는 붙여 쓴다.

눈이 내리는데 어딜 가니? (어미 '-ㄴ데'의 일부)

그녀를 설득하는 데 몇 시간이 걸렸다. (의존명사 '데' 뒤에 조사 '에'가 숨어 있다고 볼 수 있다. 따라서 띄어 쓴다.)

㉡ 의존명사 '데'가 '곳, 처소'를 가리킬 때 띄어 쓴다. (올데 갈데 없는 사람. → 올 데 갈 데 없는 사람.)

㉢ 의존명사 '데'가 '경우, 처지'를 나타낼 때 띄어 쓴다. (아픈데에 먹는 약. → 아픈 데에 먹는 약.)

㉣ 의존명사 '데'가 '일, 것'을 나타낼 때 띄어 쓴다. (노래 부르는데 도 소질이 있다. → 노래 부르는 데도 소질이 있다.)

㉤ 어미 '데'가 '이다' 또는 용언의 어간 등에 붙는 종결 어미로 하게 할 자리에 지난 일을 회상하여 말할 때 붙여 쓴다. (시장엔 아직도 수박이 있 데. → 시장엔 아직도 수박이 있데.)

⑥ '같이'의 띄어쓰기

ㄱ 부사 '같이'는 '같게', '함께', '바로 그대로'의 뜻으로 '과/와' 뒤에 띄어 쓴다. (예상한 바와 같이 사태는 심각하다. → 예상한 바와 **같이** 사태는 심각하다.)

ㄴ 조사 '같이'는 체언에 붙어, 그 정도로 어떠하거나 어찌함을 나타내는 부사격 조사로 앞말과 붙여 쓴다. (눈 같이 희다. → 눈**같이** 희다.)

ㄷ 조사 '같이'는 때를 나타내는 명사 뒤에 붙어, 그때를 강조하는 부사격 조사로 앞말과 붙여 쓴다. (새벽 같이 출발하다. → 새벽**같이** 출발하다.)

⑦ '못'은 "동사가 나타내는 동작을 할 수 없다거나 상태가 이루어지지 않았다"는 부정의 뜻을 가진 부사이다.

ㄱ 진규는 술을 전혀 **못해**. ('못'과 '하다'가 합쳐져서 '일정한 수준에 못 미치거나 할 능력이 없다'로 뜻이 변한 경우 → 붙여 쓴다)

ㄴ 학생식당 음식맛이 예전보다 **못하구나**. ('못'과 '하다'가 합쳐져서 '일정한 수준에 못 미치거나 할 능력이 없다'로 뜻이 변한 경우 → 붙여 씀)

ㄷ 이번 출조(出釣)에서 잡은 물고기가 아무리 **못해도** 스무 마리는 되겠지. ('못'과 '하다'가 합쳐져서 '아무리 적게 잡아도'로 뜻이 변한 경우 → 붙여 씀)

ㄹ 어제 감기에 걸려서 예습을 **못** 했다. (단순히 동작을 할 수 없다는 부사의 뜻이 살아있는 경우 → 띄어 쓴다)

⑧ 용언의 어간 뒤에서 '-지 못하다' 구성으로 쓰이는 보조용언일 때 '못하다'를 붙여 쓴다.

㉠ 나는 바빠서 약속을 지키지 **못했다.**

㉡ 이 회식 자리는 편안하지 **못하다.**

㉢ 규진이는 눈이 아파서 이제 소설을 읽지 **못한다.**

위의 예문 ㉠, ㉡, ㉢에서 '못하다'는 보조적 연결어미 '-지' 다음에 오기 때문에 '못'과 '하다'를 붙여 쓴다.

⑨ 조사의 띄어쓰기에서 오류가 자주 발생한다.

㉠ 조사는 '가', '이', '는'처럼 하나의 형태소로 구성되어 있다고 생각하기 때문이다. '에서부터'처럼 형태소가 여러 개인 조사도 있다는 것을 유념해야 한다. ('그곳 에서부터 만 이라도'는 → '그곳에서부터만**이라도**'처럼 붙여 써야 한다.)

㉡ 그것은 고사하고 그만 못한 것도 될 수 없다는 뜻의 조사(보조사)인 '커녕'의 띄어쓰기에서 오류가 자주 발생한다. ('만나도 악수는 커녕 눈인사도 없다.'는 → '만나도 악수는**커녕** 눈인사도 없다.'처럼 붙여 써야 한다.

㉢ '-ㄴ즉', '-인즉'은 받침 있는 체언에 붙어, '으로 말하면'의 뜻으로 쓰는 조사(보조사)이다. 앞말과 붙여 쓴다. ('사람 인즉 더할 나위 없이 착하오.'는 → '사람**인즉** 더할 나위 없이 착하오.'처럼 붙여 써야 한다.)

⑩ '지'의 띄어쓰기

㉠ 의존명사 '지'는 동작이 있었던 때로부터 지금까지의 동안의 뜻으로 '-은ㆍ-ㄴ' 뒤에 쓴다. 앞말과 띄어 쓴다. (그가 한국을 떠난지 5년이 지났다. → 그가 한국을 떠난 **지** 5년이 지났다.

㉡ 동사ㆍ형용사의 뜻을 부정하려 할 때, 그 어간에 붙이는 연결 어미 '-지'는 뒤에 '못하다'ㆍ'아니하다'ㆍ'말다' 따위가 이어진다. 앞말에 붙여 쓴다. (놀 지 못하다. → **놀지** 못하다.)

⑪ '밖에'의 띄어쓰기

　　㉠ '밖에'는 '그것 말고는'·'그것 이외에는'의 뜻을 나타내는 조사(보조사)로 뒤에 반드시 부정을 나타내는 말이 따른다. 앞말에 붙여 쓴다. (날 알아주는 사람은 너 밖에 없다. → 날 알아주는 사람은 **너밖에** 없다.)

　　㉡ '밖에'가 '안에'의 반어의로 쓰일 때, 즉 '밖에'(명사 '밖')+조사(에)일 때는 띄어 쓴다. (아버지는 지금 집밖에 있다. → 아버지는 지금 집 **밖에** 있다.)

　　㉢ '밖에'(명사 + 조사)가 나머지를 일컫는 말로 쓰일 때 띄어 쓴다. (그밖에 뭔가가 더 있다. → 그 **밖에** 뭔가가 더 있다.)

⑫ '이 같은'과 '이같이'의 띄어쓰기

　　㉠ '이 **같은**'에서 '이'는 지시 대명사이고, '같다'는 형용사이기 때문에 띄어 쓴다.

　　㉡ '이**같이**'에서 '이'는 지시대명사이고, '같이'는 조사이기 때문에 앞말에 붙여 쓴다.

⑬ '같은'과 '같이'의 띄어쓰기

　　㉠ '같은'의 기본형 '같다'는 형용사로 접미사로 쓰이지 않는다. 따라서 반드시 띄어 써야 한다. (궁궐같은 집 → 궁궐 **같은** 집)

　　㉡ 주의할 점은 '-**같다**'는 합성어로 형용사이기 때문에 붙여 쓴다. 감쪽같다, 감태같다, 개코같다, 굴뚝같다, 귀신같다, 금쪽같다, 꿈같다, 끝날같다, 납덩이같다, 다락같다, 당금같다, 댕돌같다, 득달같다, 득달같다, 똑같다, 뚱딴지같다, 목석같다, 무쪽같다, 박속같다, 벼락같다, 벽력같다, 분통같다, 불같다, 불꽃같다, 불티같다, 비호같다, 생때같다, 성화같다, 실낱같다, 쏜살같다, 악착같다, 억척같다, 주옥같다, 쥐뿔같다, 찰떡같다, 철벽같다, 철석같다, 철통같다, 추상같다, 하나같다, 한결같다

ⓒ '같이'가 명사 · 대명사 · 수사와 같은 체언 뒤에 놓여 조사로 쓰일 때는 앞말과 붙여 쓴다.

그는 바보**같이** 울었다. (체언 + 조사) → 붙여 쓴다.
그녀는 얼음장**같이** 차가운 얼굴로 나를 바라보았다. (체언 + 조사) → 붙여 쓴다.

ⓔ '같이'가 주로 격조사 '과/와' 뒤에 놓여 부사로 쓰일 때는 띄어 쓴다.

그녀와 **같이** 몽골로 여행을 떠났다. (대명사 + 조사 + 부사) → 띄어 쓴다.
예상한 바와 **같이** 서울의 주택 가격은 큰 폭으로 올랐다. (의존 명사 + 조사 + 부사) → 띄어 쓴다.

5. 수사와 기교

수사(修辭, rhetoric)란 보다 효과적인 표현을 위한 표현 기법을 말한다. 더 알기 쉽게 설명하면 문장을 아름답게 꾸미는 것을 말한다. 수사는 크게 비유적 수사, 변화적 수사, 강조적 수사로 나누어 볼 수 있다.

1) 비유적 수사

비유법(比喩法, figure of speech)이라고도 한다. 어떤 사물이나 관념(원관념, tenor)을 그것과 유사하거나 관련성이 있는 다른 사물이나 관념(보조관념, vehicle)에 연결시켜, 선명한 인상을 제시하거나 함축성 있는 의미를 나타내는 수사법을 말한다. 이 수사법은 가장 쓰기 쉽고, 또 효과도 있는 방법이므로 예부터 많이 사용되어왔다.

(1) 직유법(simile)

원관념(元觀念, tenor)의 직접적인 연결 방법으로 두 종류의 사물 또는 인상을 '마치, 처럼, 같은, 같이, 듯, 양, 체' 등의 설명어의 개입으로써 직접 상응시키는 방법이다. 두 관념 사이에는 어떠한 유사성이 내포되어 있어야 한다. 명유법(明喩法)이라고도 한다.

→ A는 B와 같다.

마리 테레즈는 배그파이프를 분다는 오베르뉴에서 온 사나이를 따라다녔다. 그는 정말 배그파이프를 불었다. 그는 그 나무와 가죽으로 만든 조그만 물건으로 굉장히 시끄러운 곡을 불어댔다. —그 소리는 **아무래도 진공청소기의 발동소리 같았다.** 그와 한 고장에서 온 그의 친구들은 그가 연주하는 곡을 알고 있었다. 그들은 그가 악기의 공기 주머니를 쥐어짜는 동안 노래를 불렀다. 그와 그의 배그파이프는 둘 다 정말이지 나에게 깊은 감명을 주었다. 그는 미개지에서 온 조그만 사내인데 **개눈을 거꾸로 박은 듯한 슬픈 눈**과 귓불이 무지무지하게 큰 귀를 가지고 있었다. 그는 연주하면서 이야기하지도 노래하지도 **생선만큼의 표정을 짓지도 않고** 다만 " '파란 꼬리의 파리(곡명이 뭐 이든간에 불어로 말이다)'를 연주하겠습니다."고 말하고는 연주하면서 **군대에 끌려나간 사람 같은 슬픈 표정을 지으며** 도대체 배그파이프를 만지게 태어나지 않았더라면 좋았을 거라는 얼굴이었다.

- 윌리엄 와이저, 나영균 옮김, 「나의 노래 '신포도는 안 먹어'」

윌리엄 와이저(William Wiser)의 「나의 노래 '신포도는 안 먹어'(My song 'Sour Grapes')」는 개성적인 직유법(直喩法) 수사가 돋보이는 단편소설이다. '그 소리는 아무래도 진공청소기의 발동소리 같았다.', '개눈을 거꾸로 박은 듯한 슬픈 눈', '생선만큼의 표정을 짓지도 않고', '군대에 끌려나간 사람 같은 슬픈 표정' 등 이러한 직유법 수사는 윌리엄 와이저가 감수성이 뛰어나고, 독창적인 소설가라는 것을 여실히 드러내 보이고 있다.

(2) 은유법(metaphor)

은유(隱喩, metaphor)란 말의 어원은 그리스어의 metaphora이다. 'metaphora'는 '너머로'라는 뜻의 meta와 '가져가다'라는 뜻의 pherein에서 나온 말이다. 원관념과 보조관념의 관계가 명시적으로 드러나지 아니한 비유로 암유법(暗喩法)이라고도 한다. 다시 말해 두 관념 사이에 연결어가 없다. 은유법 하나의 단어나 하나의 문장과 같은 작은 단위에서 구사되는 표현 기교가 특징이다.

→ A는 B이다.

그러나 나는 곧 내가 비열하고 더러운 정치적 암살의 꼭두각시에 불과했다는 사실을 깨닫지 않으면 안 되었다. 안중근 의사의 총에 맞아 죽은 자는 침략자 이토 히로부미였지만 나의 총에 맞아 죽은 자는 국민적 존경을 받고 있는 노애국자가 아닌가. 나를 명령하고 지시한 자들은 바로 민족 반역자, 친일분자들이 아닌가. 그들은 어둠 속에서 힘을 발휘했고 햇빛 속에 바스라져 버리는 드라큘라와 같은 존재들이었다. 그들은 언제나 장막 뒤에 있었고, 일제시대 때부터 익혀온 무서운 고문도구와 부패하고도 이기적인 눈빛으로 세상을 내다보고 있었다. 그리고 그들에게 힘이 있는 한, 진리는 언제나 그들의 것이었다. 가치는 모조리 거꾸로 되어 버렸다.

은폐, 은폐, 은폐…… 그것이 나를 둘러싼 음모가들이 한 모든 것이었다. **그들은 보호라는 미명하에 나의 양심까지 시멘트질해 버렸고 마침내 나는 희로애락의 기능까지 뽑혀 버린 살아있는 박제가 되어 버린 것이었다.**
                                                            - 김영현, 「진실의 힘」

위의 예문은 정치적 암살의 하수인 노릇을 한 인물의 내면 세계를 그린 김영현의 「진실의 힘」이란 단편소설의 일부이다. 화자는 자신을 꼭두각시로 비유하고 있고, 인간적인 양심과 자유를 박탈당한 채 살아가는 자신의 상태에 대해 "그들은 보호라는 미명하에 나의 양심까지 시멘트질해 버렸고 마침내 나는 희로애락의 기능까지 뽑혀 버린 살아있는 박제가 되어 버린 것이었다."라고 토로하고 있다. 자신의 상태를 '박제'로 비유하고 있는 것이다.

(3) 의인법(personification, prosopopoeia)

사람이 아닌 사물에게 인격을 부여하여 사람의 동작인 것처럼 표현하는 기법으로 활유법의 한 갈래이다.

> 늙은 기관차는 유리창마다 성하지 못한 객차들을 폐물이 되어버린 혁대처럼 주체스럽게 달고 고개를 기어 올라갔다. **기차의 심장은 차라리 터져버리기엔 너무도 노쇠했다**. 내 심장은 비록 당장 쫓기고 있는 불안에 떨고 있을망정 벌떡벌떡 젊음의 절박한 고동소리를 온 몸에 퍼치고 있었다. 다만 **기관차의 할딱이는 숨소리만은 나의 거친 가래소리와 비슷했다**. 그것은 중천에 이글거리는 여름의 햇볕과 그 밑에서 펄펄 끓고 있는 객차 안의 더위 때문만이 아니었다.
>
> - 서기원, 「이 성숙한 밤의 포옹」

"기차의 심장은 차라리 터져버리기엔 너무도 노쇠했다", "기관차의 할딱이는 숨소리만은 나의 거친 가래소리와 비슷했다"에 의인법(擬人法)이 구사되었듯이 늙은 기관차를 의인화 하였다.

(4) 활유법(prosopopoeia)

무생물에 생물적 특성을 부여하여 표현하는 수사 기법을 말한다. 의인법(擬人法)과 활유법(活喩法)은 같은 수사 기법이라고 볼 수 있다. 엄격히 따지면 무생물에 인격적 속성이 아닌, 동물적 속성을 넣어서 표현하면 활유법이 된다고 볼 수 있다.

> 비에 쫓긴 새 소리가 소낙비를 뒤에 달고 비보다 앞을 서 산 속으로 쪽쪽 몰려왔다. 엄연하던 자연이 전나무와 바위를 안은 산이 새

소리에, 비 소리에 철철 울렸다. **구름이나 머리에 감고 앉았던 듬성한 산이언만 어느덧 풀어진 마음이 작은 새와 마주 이야기를 주고받으며 산은 저대로 수다를 떨었다. 굴뚝새가 울어도 산은 탐내 울었다.** 멧새가 울어도 산은 울었다. 노루가 우는 골안은 후둘후둘 목을 떨어 울기까지 했다. 산비는 돌이끼를 축이며 깊숙이 왔다.

– 허윤석, 「문화사대계」

"구름이나 머리에 감고 앉았던 듬성한 산이언만 어느덧 풀어진 마음이 작은 새와 마주 이야기를 주고받으며 산은 저대로 수다를 떨었다.", "굴뚝새가 울어도 산은 탐내 울었다."라는 표현에 활유법이 구사되었다. 무생물인 산에 생물적 특성을 부여하여 표현했다.

(5) 의성법(onomatopocia)

표현 대상의 상태나 동작을 시늉하여 시각적인 효과를 나타내는 수사법을 말한다.

공업 학교를 나왔다면 우리는 처음부터 기능공으로 일했을 것이다. 나는 운이 좋았다. 한 달이 채 못 되어 권총 모양의 손드릴을 받았다. 자동 선반기를 생각하면 우스운 일이었다. 그러나 어머니는 기뻐했다. 어머니는 내가 조립 공장의 기계공으로 그 훌륭한 승용차 제작에 참여하게 되었다고 믿었다. 나는 어머니에게 내가 하는 일을 설명하지 않았다. 나는 승용차 시트 뒤에 달려 있는 트렁크에 구멍을 뚫었다. 드릴로 구멍을 뚫은 다음 십자나사못을 틀어넣는 것이 나의 일이었다. 나는 권총 모양의 두 가지 공구를 사용했다. 하나로는 구멍을 뚫고 다른 하나로는 나사못과 고무 바킹을 넣었다. 선참 노동자들은 나를 '쌍권총의 사나이'라고 불렀다. 일을 하면서 처음으로 기계에 의한 속박을 받았다. 난장이의 아들에게 이것은 아주 놀라운 체험이었다. 콘베어를 이용한 연속 작업이 나를 몰아붙였다. 기계가 작업 속도를 결정했다. 나는 트렁크 안에 상체를 밀어넣고 두 가지 작업을 동시에 해야 했다. 트렁크의 철판에 드릴을 대면, 나의 작은 공구는 **팡팡 소리를 내며 튀었다.** 구멍을 하나 뚫을 때마다 나의 상체가 파르르 떨었다. 나는 나사못과 고무 바킹을 한입 가득 물고 일했다. 구멍을 뚫기가 무섭게 입에 문 부품을 꺼내 박았다.

날마다 점심 시간을 알리는 버저 소리가 나를 구해 주고는 했다. 오전 작업이 조금만 더 계속되었다면 나는 쓰러졌을 것이다. '쌍권총의 사나이'는 점심 식사를 제대로 할 수 없었다. 혓바늘이 빨갛게 돋고, 입에서는 고무 냄새와 쇠 냄새가 났다. 물로 양치질을 해도 냄새가 났다. 큰 식당에 가 차례를 기다려 밥을 타지만 수저를 든 나의 손은 언제나 떨리기만 했다.   ─ 조세희, 「은강 노동가족의 생계비」

위의 예문에서 작업 속도를 결정하는 것은 사람이 아닌 기계이다. 작업 소리를 의성법을 사용하여 '팡팡' 소리로 묘사했다. 점심 시간을 알리는 소리를 버저 소리로 묘사했다. 이를 통해 작가는 장시간 노동에 시달리는 노동자들의 처지를 잘 표현하고 있다. 작업이 조금만 더 계속되어도 쓰러진 사람을 구해주는 것도 기계에서 나는 소리이다. '나'(영수)는 기계의 속도와 지시에 따라 움직이는 소모품이 되어가고 있다. 조세희는 열악한 노동 환경 속에서 장시간 노동에 시달리는 노동자들이 '생명체(生命體)'가 아닌 '소모품(消耗品)'으로 전락하고 있는 모습을 단문체(短文體)로 묘사해 은강의 노동자들의 인간 생태계가 공업단지에서 쏟아 내는 폐수와 매연으로 인해 파괴되어 가는 은강의 자연 생태계와 다르지 않다는 것을 보여주고 있다. 산업근대화 시대 속의 노동자의 생태와 자연의 생태를 이분법적으로 보지 않고 있는 조세희의 세계관이 단문체(短文體)를 통해 형상화 되었다.

(6) 의태법(mimesis, imitation)

시자법(示姿法) 혹은 의상법(擬狀法)이라고도 한다. 사람이나 사물 등 표현 대상의 상태나 동작을 시늉하여 시각적인 효과를 나타내는 비유법이다. '이가 덜덜 갈리었다', '아장아장 걸었다', '후닥닥 달아났다', '싱금싱큼 걸어오는 사내', '할끔할끔 눈치를 보는 모습', '갑자기 얼굴이 붉으락푸르락하더니' 등이 그 예이다.

> 승객이 대부분 빠져나간 후에 진규는 자리에서 일어섰다. 머릿속이 핑 돌며 다시 토사물이 넘어올 것 같았다. 혀를 놀렸다. 끈끈한 점액질이 모아졌다. 진규는 눈을 꼭 감으며 그것을 삼켰다. 주차장 한복판의 노송 한 그루가 눈이 아리도록 들어왔다. 칠 년 전 삼촌이 **눈물을 주르르 흘리며** 이제 더 이상 그릴 수 없다던 소나무였다. 진규는 잼처 불티를 끌어 모으듯 기억의 조각들을 끌어내고 있었다.
> 　　　　　　　　　　　　　　　　　　　　　　－ 김찬기, 「애기 소나무」

"칠 년 전 삼촌이 눈물을 주르르 흘리며 이제 더 이상 그릴 수 없다던 소나무였다."라는 표현에서 '눈물을 주르르 흘리며'에 사람의 상태나 동작을 시늉하여 시각적인 효과를 나타낸 의태법(擬態法)이 구사되었다.

(7) 풍유법(allegory)

속담, 격언, 우화, 교훈담 등으로 원관념을 드러내는 암시적 · 간접적 수사 방법을 말한다. 이야기 전체가 하나의 총체적인 은유로 관찰되어 있는 것이 특징이다. 이면에 풍자적인 의미를 숨긴다. 알레고리 또는 우의법이라고도 한다. 알레고리는 다른 것을 말함, 또는 확장된 비유라고 정리할 수 있다. 조지 오웰(George Owell)의 『동물농장(Animal Farm)』은 전체

주의를 비유한 알레고리다. 그밖에 존 버니언(John Bunyan)의 『천로역정 (The Pilgrim's Progress)』, 조너선 스위프트(Jonathan Swift)의 『걸리 버 여행기(Gulliver's Travels)』, 아이소포스(Aesopos)의 『이솝 우화(Aes op Fables)』가 모두 풍유법을 구사한 작품이다.

　　마고자는 섶이 알맞게 여며져야 하고, 섶귀가 날렵하고 예뻐야 한다. 섶이 조금만 벌어지거나 조금만 더 여며져도 표가 나고, 섶귀가 조금만 무디어도 청초한 맛이 사라진다. 깃은 직선에 가까워도 안 되고 , 너무 둥글어도 안 되며, 조금 더 파도 못쓰고, 조금 덜 파도 못 쓴다. 안이 속으로 짝 붙으며 앞뒤가 상그럽게 돌아가야 하니, 깃 하나만 보아도 마고자는 솜씨를 몹시 타는 까다로운 옷이다.
　　마고자는 원래 중국의 마괘자에서 왔다 한다. 귀한 사람은 호사스러운 비단 마괘자를 입고, 그렇지 못한 사람은 청마괘자를 걸치고 다녔다. 이것이 우리나라에 들어와서 마고자가 됐다는 것이다.
　　그러나, 마고자는 마괘자와 비슷도 아니 한 딴 물건이다. 한복에는 안성맞춤으로 어울리는 옷이지만, 중국 옷에는 입을 수 없는, 우리의 독특한 옷이다. 그리고 그 마름새나 모양새가 한국 여인의 독특한 안목과 솜씨를 제일 잘 나타내는 옷이다. 그 모양새는 단아하고 아취가 있으며, 그 솜씨는 섬세하고 교묘하다. 우리 여성들은 실로 오랜 세월을 두고 이어받아 온 안목과 솜씨를 지니고 있던 까닭에, 어느 나라 옷을 들여오든지 그 안목과 그 솜씨로 제게 맞는 제옷을 지어 냈던 것이다. 만일, 우리 여인들에게 이런 전통이 없었던들, 나는 오늘 이 좋은 마고자를 입지 못할 것이다.
　　문화의 모든 면이 다 이렇다. 전통적인 안목과 전통적인 솜씨가 있으면 남의 문화가 아무리 거세게 밀려든다 할지라도 이를 고쳐서 새로운 제 문화를 이룩하는 것이다. 송자에서 고려의 비취색이 나오고, 고전 금석문에서 추사체가 탄생한 것이 우연이 아니다.

굴이 회수를 건너면 탱자가 된다는 말이 있다. 예전엔 남의 문물이 해동에 들어오면 해동 문물로 변했다. 그러나 그것은 탱자가 아니라 진주였다. 그런데 근래에는 반드시 그렇지만은 않은 것 같다. 남의 것이 들어오면 탱자가 될 뿐 아니라, 내 굴까지 탱자가 되고 마는 것 같아 안타까울 때가 있다.　　　　　　　　　　 - 윤오영, 「마고자」

위의 예문은 윤오영의 수필 「마고자」의 일부분으로 저고리 위에 입는 덧저고리이며 남녀공용인 마고자에 대해 이야기하고 있는 것이 아니라, 중국옷인 마괘자에 한국인의 전통적 안목이 보태져 마고자가 탄생했다는 이야기에 이어 한국 고유 문화의 창조 정신에 대하여 말하고 있는 것이 특징이다.

첫 번째 단락에서 마고자의 특색으로 바느질 솜씨를 몹시 타는 까다로운 옷이라는 것을 기술하고 있다. 두 번째 단락에서는 중국의 마괘자가 한국 여인의 안목과 솜씨로 마고자와 같이 한국인에게 맞는 옷이 되었다고 서술하여 한국 여인의 전통적 안목과 솜씨를 이야기하고 있다. 세 번째 단락에서는 전통적 안목과 솜씨만 있으면 외래 문화로도 새로운 한국 문화를 이룰 수 있다며 고유 문화의 창조를 이야기하고 있다. 네 번째 단락에서는 오래 문화가 들어오면 한국의 문화까지 잃고 마는 현실은 안타까운 일이라고 부연(敷衍)하면서 현실을 비판하고 있다. "굴이 회수를 건너면 탱자가 된다."는 구절에서 풍유법(諷喩法)이 사용되었다.

(8) 대유법

대유법(代喩法)은 제유법(提喩法, synecdoche)과 환유법(換喩法, metonymy)으로 나눈다. 제유법은 사물의 한 부분으로써 그 사물 전체를 의미하는 수사법이고, 환유법은 어떤 사물이나 사실을 표현하기 위하여 그것과 가까운 다른 낱말을 사용하는 수사법이다. 환유법을 대유법이라고 하기도 한다. 예를 들면 "빵(먹을 것의 일부)만으로 살 수 없다."는 제유법이 구사된 문장이고, "금테(신사)가 짚신(촌뜨기)을 깔본다."는 환유법이 구사된 문장이다.

　　나는 오늘날의 인류의 문화가 불완전함을 안다. 나라마다 안으로는 정치상, 경제상, 사회상으로 불평등, 불합리가 있고, 밖으로 국제적으로는 나라와 나라의, 민족과 민족의 시기, 알력, 침략, 그리고 그 침략에 대한 보복으로 작고 큰 전쟁이 끊일 사이가 없어서 많은 생명과 재물을 희생하고도, 좋은 일이 오는 것이 아니라 인심의 불안과 도덕의 타락은 갈수록 더하니, 이래 가지고는 전쟁이 끊일 날이 없어, 인류는 마침내 멸망하고 말 것이다. 그러므로 인류 세계에는 새로운 생활 원리의 발견과 실천이 필요하게 되었다. **이야말로** 우리 민족이 담당한 천직이라고 믿는다. 이러하므로 우리 민족의 독립이란 결코 **삼천리 삼천만만**의 일이 아니라, 진실로 세계 전체의 운명에 관한 일이요, 그러므로 우리나라의 독립을 위하여 일하는 것이 곧 인류를 위하여 일하는 것이다.　　　　　　　　　　　－ 김구, 「나의 소원」

　김구의 「나의 소원」은 설득적 성격을 띤 논설문으로 우리나라의 완전한 자주 독립과 우리의 사명을 주제로 삼아 다양한 표현 기법을 사용해 논지를 전개하고 있다. 특히 위의 예문에서 '이야말로'는 '이것이야말로'의 준말로 '이'는 대유법이 사용되어 '새로운 생활 원리의 발견과 실천'을 의미한다. 그리고 "삼천리 삼천만만"에도 대유법이 사용되어 '우리나라 우리 민족'을 의미한다.

(9) 중의법(a layer meaning)

　중의법(重義法)은 하나의 보조관념으로 둘 이상의 원관념을 나타내는 수사 방법이다. 황진이의 시조 "청산리(靑山裏) 벽계수(碧溪水)야 수이 감을 자랑마라 / 일도창해(一到滄海)하면 다시 오기 어려웨라 / 명월(明月)이 만공산(滿空山)하니 쉬어간들 어떠리"에서 '벽계수'와 '명월'이 자연물을 가리키는 동시에 사람의 이름을 뜻하는 것이 그 예다.

> **잠들었던 사자**는 드디어 기지개를 하였다. 그리고 그 첫 포함성을 질렀다.
> 사람이 울러 나가는 그 포함성一이 아래서 잠 깨인 사자는 그의 운동을 시작하였다.
> 쇠퇴한 국운, 피폐한 국정, 실락된 국권一이 모든 무거운 짐을 한 짐에 뭉쳐지고 거인은 드디어 그 조리를 시작하였다.
>
> — 김동인, 『운현궁의 봄』

'잠들었던 사자'는 대원군을 뜻한다.

2) 강조적 수사

서술하는 사실을 강조하거나 인상을 뚜렷이 하기 위하여 내용을 보다 강렬하게 표현하는 수사 기법으로 강조법이라고도 한다.

(1) 과장법(hyperbole)

사물을 실제보다 과장해서 표현하는 수사 기법으로 사물을 실제보다 훨씬 크게 표현하는 향대과장(向大誇張)과 작게 표현하는 향소과장(向小誇張)이 있다.

> 북쪽 바다에 물고기가 있어 그 이름을 곤(鯤)이라고 하는데 **그 크기가 몇 천리나 되는지 알지를 못한다.** 그것이 변화해서 새가 되니 그

이름을 붕(鵬)이라 하며 **이 붕의 등 넓이도 몇 천리나 되는지 알지를 못한다.** 이 새가 한번 기운을 내어 날면 그 날개는 하늘에 드리운 구름과 같다. 이 새는 바다 기운이 움직일 때 남쪽 바다로 옮겨가려고 하는데 남쪽 바다란 천지(天池)를 말한다.

- 장주, 이석호 옮김, 『장자』

사물을 실제보다 훨씬 크게 표현하는 향대과장(向大誇張) 과장법(誇張法)이 구사되었다.

(2) 반복법(repetition)

글의 뜻을 강조하고 흥취를 돕기 위해서 같은 단어나 구절, 문장을 반복시켜 뜻을 강조하는 수사법이다.

마을을 단 한번 벗어나본 적이 없는 어린 저는, 머리에 땀이 밴 수건을 쓴 **여자**, 제사상에 오를 홍어 껍질을 억척스럽게 벗기고 있는 **여자**, 얼굴의 주름 사이로까지 땟국물이 흐르는 **여자**, 호박 구덩이에 똥물을 붓고 있는 **여자**, 뙤약볕 아래 고추 모종하는 **여자**, 된장 속에 들끓는 장벌레를 아무렇지도 않게 집어내는 **여자**, 산에 가서 갈퀴나무를 한 짐씩 해서 지고 내려오는 **여자**, 들깻잎에 달라붙은 푸른 깨벌레를 깨물어도 그냥 삼키는 **여자**, 샛거리로 먹을 막걸리와, 호미, 팔토시가 담긴 소쿠리를 옆구리에 낀 **여자**, 아궁이의 불을 뒤적이던 부지깽으로 말 안 듣는 아들을 패는 **여자**, 고무신에 황토흙이 덕지덕지 묻은 **여자**, 방바닥에 등을 대자마자 잠꼬대하는 **여자**, 굵은 종아리에 논물에 사는 거머리가 물어뜯어 놓은 상처가 서너 개씩은 있는 **여자**, 계절 없이 살갗이 튼 **여자** …… 이렇듯 일에 찌들어 손금이 쩍

쩍 갈라진 강퍅한 여자들만 보아왔던 것이니, 그 여자의 뽀얌에 눈이 둥그렇게 되었던 건 당연한 것이었는지도 모릅니다.

- 신경숙, 「풍금이 있던 자리」

"~는 여자"가 14번이나 반복되었다. 반복법(反復法) 수사를 실감나게 보여주고 있다.

(3) 열거법(enumeration)

서로 비슷하거나 같은 계열의 구절이나 내용을 늘어놓음으로서 서술하는 내용을 강조하려는 수사 기법이다.

그리고 이 세상에 제일로 슬픈 음악을 연주해 주는 악기는 목탁일 것이라고 그는 굳게 믿고 있었다. 한번이라도 목탁 소리를 들어본 적이 있는 사람은 똑똑하게 알 것이었다. 미명의 하늘을 가르며 낭랑하게 울려 퍼지는 신 새벽의 목탁 소리처럼 사람의 마음을 포근하게 잠재워 주는 음악이 또 없다는 것을, 아무런 감정도 기교도 부리지 않고 그저 무심하게 일자로 딱 딱 두드려내는 그 소리는 웬일인지 슬프고 쓸쓸해서 듣는 자로 하여금 말할 수 없는 비감에 젖어 문득이 세상에서의 모든 일이 부질없다는 허무의 감정에 빠져들게 만들고 마침내는 견디지 못하고 **스스로 머리를 깎고 중이 되든지 아니면 스스로 목숨을 끊어 이 세상과 이별하든지 그것도 아니면 다시는 그 소리를 듣지 않고자 산을 내려가든지** 그렇지 그렇게 셋 중에 나를 택하게 만드는 이상한 마력을 목탁 소리는 가지고 있는 것이다.

- 김성동, 「수도」

"~머리를 깎고 중이 되든지", "~이 세상과 이별하든지", "~산을 내려가든지"라는 구절에 열거법(列擧法)이 구사되었다.

(4) 점층법(climax)

점점 힘 있고 중요한 말을 거듭 써서 글의 뜻을 강하게, 높게, 크게, 깊게 고조시켜서 자연스럽게 감정의 절정에 끌어올리는 수사법이다.

> 사실 이즈음의 신록에는 우리 사람의 마음에 참다운 기쁨과 위안을 주는 이상한 힘이 있는 듯하다.
> **신록을 대하고 앉으면 신록은 먼저 나의 눈을 씻고, 나의 머리를 씻고, 나의 가슴을 씻고, 다음에 나의 마음의 모든 구석구석을 하나하나 씻어 낸다. 그리고 나의 마음의 모든 티끌 나의 모든 욕망과 굴욕과 고통과 곤란이 하나하나 사라지는 다음 순간 볕과 바람과 하늘과 풀이 그의 기쁨과 노래를 가지고 나의 빈 머리에, 가슴에, 마음에 고이고이 들어앉는다.** — 이양하, 「신록예찬」

위의 예문은 이양하의 수필 「신록예찬」의 일부이다. 첫 번째 단락에 중심문이 있다. "신록에는 우리 사람의 마음에 참다운 기쁨과 위안을 주는 이상한 힘이 있는 듯하다."가 바로 그것이다. 두 번째 단락은 첫 번째 단락을 자세히 서술하고 있다.

그리고 "신록은 먼저 나의 눈을 씻고, 나의 머리를 씻고, 나의 가슴을 씻고, 다음에 나의 마음의 모든 구석구석을 하나하나 씻어 낸다. 그리고 나의 마음의 모든 티끌 나의 모든 욕망과 굴욕과 고통과 곤란이 하나하나 사라지는 다음 순간 볕과 바람과 하늘과 풀이 그의 기쁨과 노래를 가지고 나의 빈 머리에, 가슴에, 마음에 고이고이 들어앉는다."라는 대목에 잘 표현되어 있듯이 지은이가 자연과 더불어 일체가 되어 교감하는 과정을 점층법(漸層法)을 써서 구체적으로 실감나게 표현하고 있다.

(5) 점강법(anti-climax)

점층법과는 정반대로 강하고 힘찬 표현에서부터 시작하여 뜻이 점점 약해지거나, 범위, 규모, 크기 등이 하강하게 되는 서술법이다.

> 아랫방은 그래도 해가 든다. **아침결에 책보만 한 해가 들었다가 오후에 손수건만 해지면서 나가 버린다.** 해가 영영 들지 않는 윗방이 즉 내 방인 것은 말할 것도 없다. 이렇게 볕드는 방이 아내 방이오, 볕 안 드는 방이 내 방이오 하고 내 아내와 나 둘 중에 누가 정했는지 나는 기억하지 못한다. 그러나 나에게는 불평이 없다.
>
>   - 이상, 「날개」

'책보만 한' → '손수건만 해지면서'의 묘사에서 점강법(漸降法)이 사용되었음을 알 수 있다.

(6) 억양법(modulation)

어떤 내용이나 의미를 강조하고 싶을 때 우선 누르고, 후에 추켜 준다든지, 혹은 우선 치켜세운 다음에 눌러 버린다든지 하는 수사법이다.

> 두 볼이 야윌 대로 야위어서 담배 모금이나 세차게 빨 때에는, 양볼의 가죽이 입 안에서 서로 맞닿을 지경이요, 콧날이 날카롭게 오똑서서 꾀와 이지(理智)만이 내밸릴 대로 밸려 있고, 사철 없이 말간 콧물이 방울방울 맺혀 떨어진다. 그래도 두 눈은 개가 풀리지 않고, 영채(映彩)가 돌아서, 무력(無力)이라든지 낙심의 빛을 나타내지 않고 있다. 아래·윗입술이 쪼그라질 정도로 게 다문 입은 그 의지력(意志力)을 더욱 두드러지게 나타내고 있다. 많지 않은 아랫수염이 뾰족

하니 앞으로 향하여 휘어뻗쳤으며, 이마는 대개 툭 소스라져 나오는 편보다. 메뚜기 이마로 좀 편편하게 버스러진 것이 흔히 볼 수 있는 타입이다.

이러한 화상이 꿰맬 대로 꿰맨 헌 망건(網巾)을 도토리같이 눌러 쓰고, 대우가 조글조글한 헌 갓을 좀 뒤로 잦혀 쓰는 것이 버릇이다. 서리가 올 무렵까지 배중의 적삼이거나, 복(伏)이 들도록 솜바지 저고리의 거죽을 벗겨서 여름살이를 삼는 것은 그리 드문 일이 아니다. 그리고 자락이 모지라지고 때가 꾀죄죄하게 흐르는 도포(道袍)나 중치막을 입은 후, 술이 다 떨어지고 몇 강을 이은 띠를 흉복통에 눌러 띠고, 나막신을 신었을망정 행전은 잊어버리는 일이 없이 치고 나선다. 걸음을 걸어도 일인(日人)들 모양으로 경망스럽게 발을 옮기는 것이 아니라 느릭느릭 갈지[之]자 걸음으로, 뼈대만 엉성한 호리호리한 체격일망정, 그래도 두 어깨를 턱 젖혀서 가슴을 뻐기고, 고개를 휘번덕거리기는 새레 곁눈질 하는 법 없이 눈을 내리깔아 코끝만 보고 걸어는 모습, 이 모든 특징이 '딸깍발이'란 말 속에 전부 내포되어 있다.

그러나 이런 샌님들은 그다지 출입하는 일이 없다. 사랑이 있든지 없든지 방 하나를 따로 차지하고 들어앉아서, 폐포파립(弊袍破笠)[66]이나마 의관(衣冠)을 정제(整齊)하고, 대개는 꿇어앉아서 사서오경(四書五經)[67]을 비롯한 수많은 유교 전적(儒敎典籍)을 얼음에 박 밀듯이 백 번이고 천이고 내리 외는 것이 날마다 그의 과업이다. 이런 친구들은 집안 살림살이와는 아랑곳없다. 가다가 굴뚝에 연기를 내는 것도, 안으로서 그 부인이 전당을 잡히든지 빚을 내든지, 이웃에서

---

66) 폐포파립(弊袍破笠) : 해진 옷과 부서진 갓이라는 뜻으로, 초라한 차림새의 비유.
67) 사서오경(四書五經) : 논어 · 맹자 · 중용 · 대학의 4서와 시경 · 서경 · 주역 · 예기 · 춘추의 5경을 말함.

꾸어 오든지 하여 겨우 연명이나 하는 것이다. 그러노라니 쇠털같이 하구한 날 그 실내(室內)의 고심이야 형용할 말이 없을 것이다. 이런 샌님의 생각으로는 청렴 개결(淸廉介潔)을 생명으로 삼는 선비로서 재물을 알아서는 안 된다. 어찌 감히 이해를 따지고 가릴 것이냐. 오직 예의, 염치(廉恥)가 있을 뿐이다. 인(仁)과 의(義) 속에 살다가 인과 의를 위하여 죽는 것이 떳떳하다. 백이(伯夷)와 숙제(叔齊)[68]를 배울 것이요, 악비(岳飛)[69]와 문천상(文天祥)[70]을 본받을 것이다. 이리하여, 마음에 음사(淫邪)를 생각하지 않고 입으로 재물을 말하지 않는다. 어디 가서 취대(取貸)하여 올 주변도 못 되지마는, 애초에 그럴 생각을 염두에 두는 일도 없다.

겨울이 오니 땔나무가 있을 리 만무하다. 동지 설상(雪上) 삼척 냉돌에 변변치도 못한 이부자리를 깔고 누웠으니, 사뭇 뼈가 저려 올라오고 다리 팔 마디에서 오도독 소리가 나도록 온몸이 곧아 오는 판에, 사지를 웅크릴 대로 웅크리고 안간힘을 꽁꽁 쓰면서 이를 악물다 못해 박박 갈면서 하는 말이,

"요놈, 요 괘씸한 추위란 놈 같으니, 네가 지금은 이렇게 기승을 부리지마는, 어디 내년 봄에 두고 보자."

하고 벼르더라는 이야기가 전하지마는, 이것이 옛날 남산골 '딸깍발이'의 성격을 단적(端的)으로 가장 잘 표현한 이야기다. 사실로 졌지마는 마음으로 안 졌다는 앙큼한 자존심, 꼬장꼬장한 고지식, 양반은 얼어 죽어도 겻불은 쬐지 않는다는 지조(志操), 이 몇 가지가 그들의 생활 신조였다.

---

68) 백이(伯夷)와 숙제(叔齊) : 중국 상나라 말기의 형제로, 끝까지 군주에 대한 충성을 지킨 의인. 출전은 사마천의 『사기』 '열전'이다.
69) 악비(岳飛) : 중국 남송 초기의 용감한 무장(武將). 금나라와의 화친을 주장하는 이상파와의 대립으로 투옥되었다.
70) 문천상(文天祥) : 중국 남송(南宋) 말기의 재상. 원나라에 남송이 멸망당한 후 남송 회복에 노력했지만 실패하여 처형되었다.

실상, 그들은 가명인(假明人)이 아니었다. 우리나라를 소중화(小中華)로 만든 것은 어쭙지 않은 관료들의 죄요, 그들의 허물이 아니었다. 그들은 너무 강직하였다. 목이 부러져도 굴하지 않는 기개(氣槪), 사육신(死六臣)[71]도 이 샌님의 부류요, 삼학사(三學士)[72]도 '딸깍발이'의 전형(典型)인 것이다. 올라가서는 포은(圃隱) 선생[73]도 그요, 근세로는 민충정(閔忠正)[74]도 그다. 국호(國號)와 왕위 계승에 있어서, 명(明), 청(淸)의 승낙을 얻어야 했고, 역서(曆書)의 연호를 그들의 것으로 하지 않으면 안 되었지마는, 역대 임금의 시호(諡號)를 제대로 올리고, 행정면에 있어서 내정의 간섭을 받지 않은 것은 그래도 이 샌님 혼(魂)의 덕택일 것이다. 국사에 통탄할 사태가 벌어졌을 적에, 직언(直言)으로써 지존(至尊)에게 직소(直訴)한 것도 이 샌님의 족속(族屬)인 유림(儒林)에서가 아니고 무엇인가. 임란(壬亂) 당년에 국가의 운명이 단석(旦夕)[75]에 박도(迫到)되었을[76] 때, 각지에서 봉기(蜂起)한 의병의 두목(頭目)들도 다 이 '딸깍발이' 기백의 구현(具現)인 것은 의심 없다.

구한말 말엽에 단발령(斷髮令)이 내렸을 적에, 각지의 유림들이 맹렬하게 반대의 상서(上書)를 올리어서, "이 목은 잘릴지언정 이 머리는 깎을 수 없다[此頭可斷 此髮不可斷]."라고 부르짖으며 일어선 일이 있었으니, 그 일 자체는 미혹(迷惑)하기 짝이 없었지마는, 죽음도 개의하지 않고 덤비는 그 의기야말로 본받음 직하지 않은 바도 아니다.

---

71) 사육신(死六臣) : 단종의 복위를 꾀하다가 처형된 6명의 충신. 이개, 하위지, 유성원, 성삼문, 유응부, 박팽년을 이른다.
72) 삼학사(三學士) : 병자호란 때 결사 항전을 주장하다가 인조가 항복한 뒤 청나라로 끌려가 참형당한 홍익한, 윤집, 오달제를 이른다.
73) 포은(圃隱) : 고려 말기의 충신인 정몽주의 호.
74) 민충정(閔忠正) : 조선 고종 때의 문신인 민영환의 시호. 을사조약의 폐기를 상소하였으나 뜻을 이루지 못하고 자결하였다.
75) 단석(旦夕) : 시기나 상태 따위가 위급한 모양.
76) 박도(迫到)되다 : 가까이 닥쳐오다.

이와 같이, '딸깍발이'는 온통 못 생긴 짓만 하고 있었던 것이 아니라, 훌륭한 점도 적지 않이 가지고 있었던 것이다. 퀴퀴한 샌님이라고 넘보고 깔보기만 하기에는 너무도 좋은 일면을 지니고 있었던 것이다.　　　　　　　　　　　　　　　　　- 이희승, 「딸깍발이」

　남산골 샌님(딸깍발이)의 '선비정신'을 제재로 하여 '현대인이 배워야 할 선비들의 의기와 강직'을 주제로 삼은 「딸깍발이」는 이희승의 수필집 『벙어리 냉가슴』(1956)에 실린 중수필이다.
　「딸깍발이」의 전반부에는 신이 없어서 마른날에도 나막신을 신는다는 뜻으로, 가난한 선비를 일컫는 '딸깍발이'는 시대의 흐름에 적응하지 못하는 무능한 양반으로 그려져 있다. 글쓴이는 전반부에서 '딸깍발이'의 단점을 이야기하고 있다. 그러나 글쓴이는 후반부에서 '현대인이 배워야 할 선비들의 의기와 강직'을 소개하면서 '딸깍발이'의 장점을 이야기하고 있다. 억양법(抑揚法)이 수사법으로 구사된 것임을 알 수 있다.

(7) 미화법(beautfication)

　대상이나 내용을 의도적으로 사실보다 미화시켜서 나타내는 수사법이다. 간단한 예를 들면 '흰머리소녀(할머니)', '거리의 천사(거지)'에 구사된 수사법이 미화법이다.

　　"아아, 나는 아름다움의 실체를 보았다. 창수령을 넘는 동안의 세 시간을 나는 아마도 영원히 잊지 못하리라. 세계의 어떤 지방 어느 봉우리에서도 나는 지금의 감동을 다시 느끼지는 못하리라. 우리가 상정할 수 있는 완성된 아름다움이 있다면 그것을 나는 바로 거기서 보았다. 오, 그 아름다워서 위대하고 아름다워서 숭고하고 아름다워서 신성하던 그 모든 것들……

그 눈 덮인 봉우리의 장려함, 푸르스름하게 그림자진 골짜기의 신비를 나는 잊지 못한다. 무겁게 쌓인 눈 때문에 가지가 찢겨버린 적송(赤松), 그 처절한 아름다움을 나는 잊지 못한다. 눈 녹은 물로 햇살에 번쩍이던 참나무 줄기의 억세고 당당한 모습, 섬세한 가지 위에 핀 설화(雪花)로 면사포를 쓴 신부처럼 서 있던 낙엽송의 우아한 자태도 나는 잊지 못한다. 도전적이고 오만하던 노가주나무조차도 얼마나 자그마하고 겸손하게 서 있던가.

수줍은 물푸레 줄기며 떡갈 등걸을 검은 망사 가리개처럼 덮고 있던 계곡의 칡넝쿨, 다래넝쿨, 그리고 연약한 줄기 끝만 겨우 눈 밖으로 나와 있던 진달래와 하얀 속새꽃의 가련한 아름다움.

수십 년 생의 싸리나무가 밀생한 등성이를 지날 때의 감격은 그대로 전율이었다. 희디흰 눈을 바탕으로 선 잎진 싸리 줄기의 검은 선(線), 누가 하양과 검정만으로 그 화려하면서도 천박하지 않고 고고함마저도 삭막하지 않은 아름다움을 보여줄 수 있단 말인가.

하늘도 어느새 개어 태양은 그 어느 때보다 현란한 빛으로 그 모든 것을 비추고 있었다. 엷어서 오히려 맑고 깊던 그 겨울 하늘. 멀리 보이는 태백의 준령조차도 일찍이 그들의 눈으로 유명했던 세계의 그 어떤 영봉(靈峯)보다 장엄하였다.

나는 산새도 그곳을 꺼리고, 불어오는 바람조차 피해 가는 것 같았다. 오직 저 영원한 우주음(宇宙音)과 완전한 정지 속을 나는 숨소리조차 제대로 내지 못하며 걸었다. 헐고 부르튼 발 때문에 그 재의 태반을 맨발로 넘었지만 나는 거의 고통을 느끼지 못했다. 그만큼 나는 나를 둘러싼 장관(壯觀)에 압도되어 있었다.

고개를 다 내려왔을 때 나는 하마터면 울 뻔하였다. 환희, 이 환희는 아무도 이해할 수 없으리라. 나는 아름다움의 실체를 보았다. 미학자들이 무어라고 말하든 나는 그것을 감지하는 것이 아니라 인식하였다.

아름다움은 모든 가치의 출발이며, 끝이었고, 모든 개념의 집체인 동시에 절대적 공허였다. 아름다워서 진실할 수 있고 진실하여 아름다울 수 있다.

아름다워서 선할 수 있고, 선해서 아름다울 수 있다. 아름다워서 성스러울 수 있고 성스러워서 아름다울 수 있다……. 그러나 아름나움은 스스로는 아무것도 갖고 있지 않다. 그러면서도 모든 가치를 향해 열려 있고, 모든 개념을 부여하고 수용할 수 있는 것. 거기에 아름다움의 위대성이 있다. 이번의 출발은 오직 이 순간을 위해서 있었다.

– 이문열, 『젊은날의 초상』

해발 7백 미터 창수령에서 화자는 고통스러운 시간을 보낸다. 그런데 그 고통을 화자는 예술적으로 승화하여 아름다움의 실체를 본다. 화자는 눈이 내린 겨울날 해발 7백 미터의 창수령을 넘으면서 화자가 온몸으로 느끼는 것을 의도적으로 아름답게 묘사하고 있다. 미화법(美化法)을 사용해 화자의 미적 체험을 낭만적으로 묘사하고 있는 것이다.

(8) 현재법(present)

과거의 일이나 미래에 예정된 일을 현재 눈앞의 일처럼 나타내어 실감을 돋구는 수사법이다.

비안개 속에 원두막이 보였다. 그리로 가 비를 그을 수밖에. 그러나, 원두막은 기둥이 기울고 지붕도 갈래갈래 찢어져 있었다. 그런 대로 비가 덜 새는 곳을 가려 소녀를 들어서게 했다. 소녀의 입술이 파아랗게 질렸다. 어깨를 자꾸 떨었다.

무명 겹저고리를 벗어 소녀의 어깨를 싸 주었다. 소녀는 비에 젖은 눈을 들어 한 번 쳐다보았을 뿐, 소년이 하는 대로 잠자코 있었다.

그리고는, 안고 온 꽃묶음 속에서 가지가 꺾이고 꽃이 일그러진 송이를 골라 발 밑에 버린다. 소녀가 들어선 곳도 비가 새기 시작했다. 더 거기서 비를 그을 수 없었다.

밖을 내다보던 소년이 무엇을 생각했는지 수수밭 쪽으로 달려간다. 세워 놓은 수숫단 속을 비집어 보더니, 옆의 수숫단을 날라다 덧세운다. 다시 속을 비집어 본다. 그리고는 이쪽을 향해 손짓을 한다.

수숫단 속은 비는 안 새었다. 그저 어둡고 좁은 게 안 됐다. 앞에 나앉은 소년은 그냥 비를 맞아야만 했다. 그런 소년의 어깨에서 김이 올랐다.   - 황순원, 「소나기」

발화시(發話時, utterance time)와 사건시(事件時, event time)가 일치할 때는 현재 시제(現在時制, present tense), 발화시보다 사건시가 앞설 때는 과거 시제, 발화시보다 사건시가 뒤질 때는 미래 시제가 된다. 사건시는 사건이 일어난 시간, 문장에 표현된 시간으로 상황의 시간을 말하고, 발화시는 발화하는 시점을 말한다. 다시 말해 발화시는 화자가 말을 하는 때로 시제의 기준점이다.

"밖을 내다보던 소년이 무엇을 생각했는지 수수밭 쪽으로 달려간다. 세워 놓은 수숫단 속을 비집어 보더니, 옆의 수숫단을 날라다 덧세운다. 다시 속을 비집어 본다. 그리고는 이쪽을 향해 손짓을 한다."에서 종결형의 현재 시제 표현이 사용되었음을 알 수 있다. 과거에 일어난 일이 현재 눈앞에서 일어난 일처럼 묘사되어 있다. 현재법(現在法)이 구사된 것이다.

(9) 대조법(contrast)

어떤 사물을 설명하고자 할 때 그 사물과 상반되는 사물, 또는 정도가 다른 사물을 들어서 같이 묘사함으로써 본사물(本事物)의 상태나 흥취를 한층 더 두드러지고 선명하게 느끼도록 하는 묘사 방법이다. 대조법을 구사할 때는 '㉠ 설명하려는 한 사항을 독자들이 이미 친숙하게 알고 있는 것과 관련시키거나, ㉡ 독자들이 이미 잘 알고 있는 일반 원리에 관련시켜 대조하는 것'이 중요하다.

그 다음 출출세간[77]이라는 것은, 인간은 사회적 자각의 상태를 말하는 것이니, 이것을 보살의 세계라고 한다. 보살(Bodhisattva)[78]은 자기 자신이 불경의 체험 내용인 보리[79]를 구하려고 노력하는 동시에, 일체의 타인에게도 그의 진리를 체득시키고자 정진하는 인간이다. 그러므로, 보살은 나한[80]과 같은 자리(自利)[81]를 위하여 보리를 구하는 자가 아니고, 어디까지든지 이타(利他)[82]를 위하여 활동하는 것이다. 나한이 개인적 자각인 데 대하여, 보살은 사회적 자각에 입각한 것이니 나한은 언제든지 개인 본위이고 개인 중심주의인데 대하여, 보살은 사회 본위이고 사회 중심주의인 것이다. 그것은 사회적 역사적· 존재로서의 인간, 즉 사회적으로는 횡(橫)으로 무진(無盡)의 연관을 가지고, 역사적으로도 종(縱)으로 무한의 관계를 가진 인간에

---

77) 출출세간(出出世間) : 보통 멈추지 않고 흘러가는 현상세계를 세간(世間)이라고 한다. 그리고 세간을 뛰어넘어 있는 것을 출세간(出世間)이라 한다. 이 밖에 화엄종에선 일반적인 출세간을 초월해 있다는 의미에서 출출세(出出世), 즉 출출세간을 주장한다.

78) 보살(Bodhisattva) : 부처의 다음가는 성인. 보리살타(菩提薩埵).

79) 보리(菩提) : ①불교 최고의 이상인 불타 정각(正覺)의 지혜. ② 불타 정각의 지혜를 얻기 위해 닦는 도. 불과(佛果)에 이르는 길.

80) 나한(羅漢) : ① '아라한(阿羅漢)'의 준말. ②소승 불교에서, 온갖 번뇌를 끊고 사제(四諦)의 이치를 깨달아 사람들의 우러름을 받을 만한 공덕을 갖춘 성자(聖者). ③ 생사를 초월해 배울 만한 법도가 없게 된 경지의 부처.

81) 자리 (自利) : ① 자기의 이익. ② 자기가 얻은 공덕을 다른 사람에게 주지 않고 자기에게만 돌리는 일.

82) 이타(利他) : ① 자기를 희생하면서 다른 사람의 행복과 복리의 증가를 행위의 목적으로 하는 것. ② 자신이 얻은 공덕과 이익을 다른 사람들에게 베풀어 주며 중생을 구제하는 일. 타애(他愛).

의 자각인 이상, 그것은 결단코 추상적인 개인으로서의 인간의 자각
은 아닐 것이다.   - 조명기, 「불교의 인간관」

'출출세간'의 의미를 드러내기 위하여 보살과 나한의 차이를 들어 대조
법(對照法)으로 설명하고 있다.

(10) 영탄법(exclamation)

기쁨, 무서움, 저주, 괴로움, 사랑, 절망 등 격한 감정이나, 비통한 마음,
애절한 느낌, 심각한 고뇌를 고조(高調) 강화하는 수사법이다.

산산이 부서진 **이름이여!**
허공중에 헤어진 **이름이여!**
불러도 주인 없는 **이름이여!**
부르다가 내가 죽을 **이름이여!**

심중에 남아 있는 말 한 마디는
끝끝내 마저 하지 못하였구나.
사랑하던 그 **사람이여!**

붉은 해는 서산마루에 걸리었다.
사슴의 무리도 슬피 운다.
떨어져 나가 앉은 산 위에서
나는 그대의 이름을 부르노라.

설움에 겹도록 부르노라.
설움에 겹도록 부르노라.

부르는 소리는 비껴가지만
하늘과 땅 사이가 너무 넓구나.

선 채로, 이 자리에 돌이 되어도
부르다가 내가 죽을 **이름이여!**
사랑하던 그 **사람이여!**
사랑하던 그 **사람이여!**
　　　　　 - 김소월, 「초혼(招魂)」

　김소월의 「초혼(招魂)」은 전통적 장례 의식과 망부석 설화를 소재로 하
여 임의 죽음으로 인한 슬픔과 임에 대한 그리움을 민요조의 3음보 율격
으로 노래한 서정시이다. 감탄어미를 거듭 사용해 격한 감정을 표현하고
있다. 영탄법(咏嘆法)이 구사된 것이다.

3) 변화적 수사

　문장을 단조롭거나 지루하지 않기 하기 위하여 말에 변화를 주어 참신
성을 환기시키는 수가 방법을 말한다. 변화법(變化法)이라고도 한다.

(1) 도치법(anastrophe-inversion)

　문법의 논리상 순서를 바꾸는 수사 기법이다. 도치법은 한마디로 문장의
역류 현상이라고 할 수 있는 것으로 감정의 변화를 목표로 한다.

　　이상한 일이었다. 죽어 저 세상에 가면서도 가능하면 한겨울의 강추
위는 피해 가자는 것일까. 날씨가 풀리면서 죽는 식구들이 더 많았

189

제 I 장 문장과 표현

다. 아직 추위가 완전히 가신 건 아니나 우선 햇살과 바람이 한겨울의 그것과는 분명히 달랐다. 그래서 그런지 사흘이 멀다 하고 죽는 식구가 나왔다. 어떤 날은 하루에 두 식구씩 죽기도 했다. 이대로 가다가는 올해가 다 가기도 전에 이곳 백 오십여 명의 식구들이 모두 다 죽게 될지도 모르겠다는 생각조차 들었다.　　　- 최창학, 「지붕」

"이상한 일이었다."는 문장의 뒤에 이어지는 문장들이 '이상한 일'을 설명하고 하고 있다. 먼저 의문을 던지고 그 답은 뒤에 오게 하는 수사법이 도치법(倒置法)이다.

(2) 설의법(interrogation)

뻔한 결론을 예견한 채, 글쓴이가 단안을 내려도 좋을 것을 일부러 묻는 형식을 취하여 의문형 서술로 끝맺어 단정을 독자에게서 구하고자 하는 수사법이다.

바람도 없는 공중에 수직垂直의 파문을 내이며, 고요히 떨어지는 오동잎은 **누구의 발자취입니까.**
지리한 장마 끝에 서풍에 몰려가는 무서운 검은 구름의 터진 틈으로, 언뜻 언뜻 보이는 푸른 하늘은 **누구의 얼굴입니까.**
꽃도 없는 길은 나무에 푸른 이끼를 거쳐서, 옛 탑塔 위의 고요한 하늘을 스치는 알 수 없는 향기는 **누구의 입김입니까.**
근원은 알지도 못할 곳에서 나서, 돌부리를 울리고 가늘게 흐르는 작은 시내는 굽이굽이 **누구의 노래입니까.**
연꽃 같은 발꿈치로 가이 없는 바다를 밟고, 옥 같은 손으로 끝없는 하늘을 만지면서, 떨어지는 날을 곱게 단장하는 저녁놀은 **누구의 시詩입니까.**

타고 남은 재가 다시 기름이 됩니다. 그칠 줄을 모르고 타는 나의 가슴은 누구의 밤을 지키는 약한 **등불입니까.**

- 한용운, 「알 수 없어요」

"A는 누구의 B입니까?"라는 설의법(設疑法)을 구사한 문장 구조기 반복으로 이루어졌다. 1행 '떨어지는 오동잎', 2행 '장마 끝에 보이는 푸른 하늘', 3행 '꽃도 없는 나무에 이끼를 거쳐 탑 위로 지나는 향기', 4행 '작은 시내', 5행 '저녁놀'과 같은 자연현상을 통해서 시적 화자가 추구하는 대상인 '누구'를 느낀다. 그리고 마지막 행인 6행에서 시적 화자가 '누구'를 끝까지 기다리겠다는 희생적 기다림을 이야기하고 있다.

(3) 인용법(allusion, quotation)

인용법(引用法)은 자기의 주장을 뒷받침하기 위하여 옛 사람의 말이나 격언 등을 문장에 도입하여 내용을 충실하게 하거나 의미를 명쾌하게 하는 수사법이다.

> 성 안의 절대 권력자와 그의 병졸격인 내가 침범할 수 없는 제3세계의 세계를 이상향처럼 선정하고 특히 권력자의 인생무상을 비유할 수 있는 틀이 되었다.
> 이 작품을 발표한 지 한참 지난 후에 『성경』 속 「시편」에 나오는 **"많은 군대로 구원 얻을 왕이 없으며 용사가 힘이 커도 스스로 구하지 못하는 도다.**(「시편」 33편 16절)"라는 구절을 읽으며, 이 구절이야말로 작품 「황제와 나」의 부제로 달아야겠다는 간절한 생각을 하게 되었다. - 박이도, 「'황제와 나'와 군대 체험」

『성경』 「시편」 33편 16절을 인용해서 글을 이끌어가고 있다.

(4) 경구법(epigram)

 평범한 말투로 쓰는 것이 아니라 기발한 재치로 읽는 이로 하여금 놀라
게 하는 수사 기법으로, 주로 격언이나 속담 등에서 많이 볼 수 있다.

> **"글도 들은 풍월이 더 요란하고, 무당도 선무당이 사람 잡는다더**
> **니**… 우리는 귀신하구 아예 담을 쌓아서 그런지 눈만 감으면 쇠만
> 보이더라."
> "우리 계의 두령님이 그게 무슨 소린가?"   - 황석영, 『장길산』

"글도 들은 풍월이 더 요란하고, 무당도 선무당이 사람 잡는다더니…"
대목에서 경구법(警句法)이 구사되었다. 선무당은 '서툴고 미숙하여 굿을
제대로 하지 못하는 무당'을 뜻한다.

(5) 반어법(irony)

 반어법(反語法)은 자기의 참뜻과는 반대되는 말을 함으로써 더욱 관심을
이끌려는 수사법으로 표면에 나타난 뜻과 이면(裏面)에 숨은 뜻이 정반대
되도록 꾸민다.

> ⓐ "나는 조직, 교회라는 조직에 복종하는 사람이다. 교회의 명령이
>   있을 뿐이요, 양심은 문제가 안 된다."
> ⓑ "사람을 위한 교회인가요, 교회를 위한 사람인가요?"
> ⓒ "사람은 하나님의 교회에 모든 것을 바쳐야지. 교회 앞에서는 죄
>   많은 사람도 보잘것없는 물건이야."
> ⓓ **"그럼 사람은 교회의 도구에 불과하군요."**
> ⓔ "도구라도 하나님의 도구니 얼마나 영광이냐?"
>   - 김성한, 「바비도」

ⓐ, ⓒ, ⓔ문장은 사교(司教)가 한 말이고, ⓑ, ⓓ문장은 바비도가 한 말이다. 특히 ⓓ문장에서 바비도는 "그럼 사람은 교회의 도구에 불과하군요."라고 말하고 있다. 사람이 교회의 도구가 아니라는 것을 적극적으로 주장한 것이다. 주인공의 역설적인 말을 통해서 오히려 진실을 느낄 수 있다.

(6) 생략법(ellipsis, omission)

생략법(省略法)은 불필요하거나 독자의 상상력을 통해 얻어질 수 있는 것일 경우, 글의 간결성, 압축성, 긴밀성을 위하여 어구를 생략하는 수사 기법이다.

> 그냥 감은 송 영감의 눈에서 다시 썩은 물 같은, 그러나 뜨거운 새 눈물 줄기가 흘러내렸다. 그러는데 어디선가 애의 훌쩍훌쩍 우는 소리가 들리는 듯했다. **눈을 떴다. 아무도 있을 리 없었다.** 지어 놓은 독이라고 한 개 있으면 좋겠다. 순간 뜸막 속 전체만한 공허가 송 영감의 파리한 가슴을 억눌렀다. 온 몸이 오므라들고 차 옴을 송 영감은 느꼈다.   - 황순원, 「독 짓는 늙은이」

훌쩍훌쩍 우는 소리가 들리는 듯했다. (그래서 송 영감은) 눈을 떴다. (그리해 여기저기 살펴보았지만) 아무도 있을 리 없었다. (   ) 안의 어구가 생략되었다.

(7) 돈호법(apostrophe)

사람 혹은 사물 같은 대상의 이름을 불러서 주의를 환기시키는 수사법이다.

아랫도리 다박솔 깔린 산(山) 너머 큰 산 그 너멋 산 안 보이어, 내 마음둥둥 구름을 타다.

우뚝 솟은 산, 묵중히 엎드린 산, 골골이 장송(長松) 들어섰고, 머루 다래넝쿨 바위 엉서리에 얽혔고, 샅샅이 떡갈나무 억새풀 우거진 데, 너구리, 여우, 사슴, 산토끼, 오소리, 도마뱀, 능구리 등 실로 무수한 짐승을 지니인.

산, 산, 산들! 누거 만년(累巨萬年) 너희들 침묵이 흠뻑 지리함 직하매.

산이여! 장차 너희 솟아난 봉우리에, 엎드린 마루에, 확 확 치밀어 오를 화염(火焰)을 내 기다려도 좋으랴?

팟내를 잊은 여우 이리 등속이 사슴 토끼와 더불어, 싸릿순, 칡순을 찾아함께 즐거이 뛰는 날을 믿고 길이 기다려도 좋으랴?

              – 박두진, 「향현(香峴)」

정지용에 의해 『문장』 5호(1939.6)에 추천 된 작품인 「향현(香峴)」은 선경 후정(先景後情)식 구성으로 상징법을 사용하여 의미를 암시적으로 드러내고 있다. 특히 "산, 산, 산들!", "산이여!"는 돈호법(頓呼法)을 사용하여 독자의 시선을 끌고 있다.

(8) 비약법 (leap)

일정한 방향으로 평탄하게 서술해 나가던 글의 흐름이 갑자기 변하여 시간이나 공간을 무시하고 뛰어넘는 수사법을 말한다.

어둡다. 요란하다. 우렛소리. 번갯불, 바람은 천지를 쓸어 갈란건가, 구름은 우주를 뭉개 버리란 건가, 파도 소리, 저 파도 소리, 절벽을 물어 뜯는 저 놈의 파도 소리, 수십 길 절벽을 물어 뜯는 저 놈의 파도 소리, 수십 길을 뛰어 넘어 이 집을 쓸어 가려는 듯, **차라리 쓸어 가 버려라. 집까지 섬까지 한 묶음에 삼켜 버려라.** - 이효석, 「황제」

'어둡다.'라는 문장으로 시작된 글의 흐름이 갑자기 변하여 시간과 공간을 뛰어넘고 있다. 비약법의 수사 기법이 사용되었다. 특히 "차라리 쓸어 가 버려라. 집까지 섬까지 한 묶음에 삼켜 버려라."의 구절에 비약법(飛躍法)이 잘 구사되어 있다.

제Ⅱ장 언어와 표현

1.한국어의 특질

언어는 고립어(isolating language), 굴절어(inflectional language) 및 교착어(agglutinative language)로 나눌 수 있다. 계통상 알타이어족(Altaic 語族), 형태상 어간에 굴절접미사들이 규칙적으로 결합되는 교착어에 속하는 한국어는, 한반도 전역에서 한국인들이 모어(mother tongue)로 사용하는 단일언어(monolingual)[1]이다. 한국어의 특질을 음운상의 특질, 어휘상의 특질, 문법상의 특질로 나누어 살펴본다.

1) 음운상의 특질

한국어의 음운상의 특질로는 두음법칙(頭音法則), 모음조화(母音調和), 구개음화(口蓋音化), 자음동화(子音同化), 말음법칙(末音法則) 등이 있다. 한국어의 음절(syllable)은 '자음 + 모음 + 자음'으로 이루어지는데, 자음은 없어도 음절(音節, 소리마디)이 형성되지만 모음은 반드시 있어야 한다.

(1) 두음법칙

우랄 알타이어(Ural-Altai)의 공통적인 특질인 두음법칙(initial law)은 한국어에서도 단어의 두음(頭音, 머리소리)에 둘 이상의 자음이나 유음

---

1) 이익섭 · 이상억 · 채완, 『한국의 언어』, 신구문화사, 2012, pp.13~17.

'ㄹ', 구개음화된 'ㄴ' 등의 소리가 오는 것을 꺼려하여 다른 소리로 내는 성질이다. 다시 말하면, 두음에 'ㄹ'이나 '냐, 녀, 뇨, 뉴, 니' 같은 음이 오는 것을 꺼리는 법칙을 두음법칙이라고 한다.

① 한자음 '랴, 려, 례, 류, 리'가 단어의 첫머리에 올 적에는 두음법칙
　 에 따라 '야, 여, 예, 요, 유, 이'로 적는다.

　　 량심(良心) → 양심, 력사(歷史) → 역사, 례의(禮儀) → 예의, 룡궁(龍
　　 宮) → 용궁, 류행(流行) → 유행, 리발(理髮) → 이발

② 모음(母音, vowel)이나 'ㄴ' 받침 뒤에 이어지는 '렬, 률'은 '열, 율'
　 로 적는다.

　　 나렬(羅列) → 나열, 분렬(分裂) → 분열, 치렬 → 치열(齒列), 선렬(先
　　 烈) → 선열, 비렬(卑劣) → 비열, 진렬(陳列) → 진열, 규률(規律) →
　　 규율, 선률(旋律) → 선율, 비률(比率) → 비율, 전률(戰慄) → 전율, 실
　　 패률(失敗率) → 실패율, 백분률(百分率) → 백분율

③ 한자음 '라, 래, 로, 뢰, 루, 르'가 단어의 첫머리에 올 적에는 두음
　 법칙에 따라 '나, 네, 노, 뇌, 누, 느'로 적는다.

　　 락원(樂園) → 낙원, 능묘(陵墓) → 능묘, 로인(老人) → 노인 , 루각(樓
　　 閣) → 누각, 래일(來日) → 내일, 뢰성(雷聲) → 뇌성

(2) 모음조화

　두 음절 이상의 단어에서 뒷모음이 앞모음을 닮아서 양성모음(陽性母音)
은 양성모음끼리, 음성모음(陰性母音)은 음성모음끼리 서로 잘 어울리는

동화 규칙을 모음조화(母音調和, vowel harmony)라고 한다. 이것을 구개적 조화(palatal harmony)라고 부른다. 특히 의성부사(의성어)나 의태부사(의태어)에서 많이 볼 수 있다.

① 의성어(擬聲語) …… 꼴꼴 → 쿨쿨, 살살 → 설철
② 의태어(擬態語) …… 팔랑팔랑 → 펄렁펄렁, 알록달록 → 얼룩덜룩

조선 시대 초기 자료에서 대체로 자세하게 관찰할 수 있으며 『용비어천가(龍飛御天歌)』를 기준으로 하여 후대에 내려올수록 동요되어 왔고, 현대 국어에 그 잔영이 조금 남아 있을 뿐[2]인 모음조화는 우랄 알타이어의 공통 특징으로서 모음동화(母音同化, umlaut)의 하나이다.

(3) 구개음화

구개음화(口蓋音化, palatalization)란 경구개음(硬口蓋音, hard palatal)이 아닌 'ㄷ, ㅌ, ㄱ, ㅎ' 등이 'ㅣ'나 'ㅣ'로 시작되는 이중모음(二重母音, diphthong)의 영향을 받아 구개 파찰음 ㅈ.ㅊ 혹은 마찰음 ㅅ으로 발음되는 것을 가리킨다. 한국어에서 그 특징이 가장 현저하게 나타나는 것은 'ㄷ'이 'ㅈ'소리로 변하는 때와 'ㅌ'이 'ㅊ'으로 변하는 때의 두 가지 경우가 있다. 여기에 영향을 주는 소리는 이중모음 'ㅑ, ㅕ, ㅛ, ㅠ'들이다.
'ㄷ, ㅌ' 받침 뒤에 종속적 관계를 가진 '-이(-)'나 '-히-'가 올 적에는 그 'ㄷ, ㅌ'이 'ㅈ, ㅊ'으로 소리 나더라도 형태를 지켜 'ㄷ, ㅌ'으로 적는다. 예를 들어보면 '맏이 → 마지, 해돋이 → 해도지, 굳이 → 구지, 같이 → 가치, 솥이 → 소치, 붙이다 → 부치다' 같은 것이 있다.

---

2) 이숭녕, 『음운론연구』, 민중서관, 1955, pp.159~164 참조.

(4) 자음동화

 두 자음(子音, consonant)이 이어 소리 날 때, 앞 뒤 음(音)이 닮아서 본래의 소리값(音價)과 다른 소리로 나는 현상을 말한다. 자음접변(子音接變)이라고도 한다. 음운의 동화(同化, assimilation) 현상 가운데 가장 많이 나타나는 것은 자음동화(子音同化)이다.

① 'ㄱ·ㅋ·ㄲ'이 'ㄴ·ㄹ·ㅁ' 앞에서 'ㅇ' 소리로 바뀐다.

 먹는다 → 멍는다, 국물 → 궁물

② 'ㅂ·ㅃ'이 'ㄴ·ㅁ' 앞에서 'ㅁ' 소리로 바뀐다.

 잡는다 → 잠는다, 앞마을 → 암마을

③ 'ㄷ·ㅅ·ㅆ·ㅈ·ㅊ·ㅌ'이 'ㄴ·ㄹ·ㅁ' 앞에서 'ㄴ' 소리로 바뀐다.

 맏며느리 → 만며느리, 맛나다 → 만나다, 빛내다 → 빈내다, 몇 리 → 면니

④ 'ㄴ'이 'ㄹ' 앞이나 뒤에서 'ㄹ' 소리로 바뀐다.

 난로 → 날로, 천리 → 철리, 칼날 → 칼랄.

⑤ 'ㄹ'이 'ㄱ·ㅁ·ㅂ·ㅇ·ㅊ' 뒤에서 'ㄴ' 소리로 바뀐다.
 금리 → 금니

글쓰기의 원리와 방법

대표적인 자음동화 현상에는 구개음화, 파열음(破裂音, plosive)이 비음(鼻音, nasal)에 동화(同化)되어 비음으로 바뀌는 현상인 비음화(鼻音化, nasalization), 'ㄴ'과 'ㄹ'이 만났을 때 'ㄴ'이 'ㄹ'로 바뀌는 현상인 유음화(流音化), 무성자음(無聲子音, voiceless consonant) 뒤에 오는 평자음이 경음(硬音, fortis)으로 소리 나는 경음화(硬音化)를 들 수 있다.

(5) 말음법칙

말음법칙(末音法則, law of final sound)은 종성(終聲, 받침소리)이 제 소리값대로 소리 나지 않고 대표음(ㄱ, ㄴ, ㄷ, ㄹ, ㅁ, ㅂ, ㅇ의 일곱 소리)으로 나는 현상을 말한다. 일곱 소리 이외의 끝 자음은 이 일곱 소리 중의 하나로 바뀌어 소리 난다. 받침법칙이라고도 한다.

낮·낱·낫·났 → 낟, 흙 → 흑, 삯 → 삭, 값 → 갑, 넋없이 → 넉업씨

2) 어휘상의 특질

다량의 한자어 유입으로 한자어가 전체 어휘의 50~60퍼센트를 차지하고 있는 한국어는 유의어(類義語), 다음절어(多音節語), 동음이의어(同音異議語)가 많고, 위상어와 친족어가 발달되어 있다.

(1) 위상어

계급말인 위상어(位相語)는 언어를 사용하는 사회계층에 따라서 그 사용하는 말이 다른 것을 말한다. 유교 사회의 영향으로 한국어에는 경어(敬

語), 평어(平語), 은어(隱語), 속어(俗語, slang), 비어(卑語), 그리고 궁중어(宮中語) 같은 위상어(位相語)와 친족 관계를 나타내는 어휘인 친족어가 발달되어 있다. 특히 경어에서 용언과 체언에 공대(恭待)의 차가 구체적으로 표현된다.

(2) 배의성

한국어 어휘는 그 조어(造語) 과정에서 기본어를 바탕으로 하여 새로운 낱말이 합성되거나 파생되는 성질인 배의성(配意性, motivation)에 의지하는 경향이 현저하다. 이것은 단어 하나하나가 각기 독립된 단위의 자의적(恣意的, arbitrary)인 음성기호로 이루어지지 않고, 한 낱말과 다른 낱말의 합성으로 새로운 단어를 형성하는 것을 말한다. 예를 들면 '손'과 '목'을 합하여 '손목'이라는 새로운 낱말을 만들며, '눈'과 '물'을 합하여 '눈물'을 만든다.

(3) 유의어

서로 비슷한 의미를 가지고 있을 경우를 말하는 유의 관계(類義關係)를 가지고 있는 단어들을 유의어(類義語, synonym)라고 한다. 한자어와 외래어의 유입으로 한국어에서 많은 유의어가 생겨났다. 그밖에 높임법의 발달, 감각어의 발달 등으로 인해 한국어에는 유의어가 발달했다.

(4) 감각어

한국어에는 논리적인 어휘가 부족하고 감각어(感覺語)가 풍부하다. 국어 어휘의 논리성의 결핍은 기본 어휘의 부족에 따른 배의적(配意的)인 조어 과정(造語過程)에서도 나타난다.

(5) 다음절어

 한 번에 낼 수 있는 소리마디를 나타내는 문법 단위인 음절(音節)은 1음절어, 2음절어, 3음절어, 4음절어로 나눠볼 수 있다. 그 가운데 다음절어(多音節語)는 2음절 이상으로 된 단어를 말한다. 한국어는 다음절어가 90퍼센트 이상을 차지하고 있다.

(6) 동음이의어

 발음이 완전히 같으나 뜻이 다른 말을 동음이의어(同音異義語, homonym)라고 한다. 이것은 동의어(同義語)와 구별된다. 동음이의어는 "말하자면 전연 다른 단어인데 우연히 발음이 같게 된 경우"[3]라고 할 수 있다. 한국어에 동음이의어가 많은 것은 한자어(漢字語)의 영향을 많이 받았기 때문이다.

(7) 상징어

 한국어에는 의성어(擬聲語), 의태어(擬態語) 등 음성(音聲, speech sound) 상징어(象徵語, symbolic word)가 발달되어 있다. 그 밖에 '띠띠, 빠빠, 찌찌' 등 유아어(幼兒語)도 상징어에 포함된다.

3) 문법상의 특질

(1) 어순

 한국어는 S(subject) + O(object) + V(verb) 형 어순(語順, word order)을 가지고 있는 언어이고, 수식어(修飾語, modifier)는 피수식어(被修飾語,

---

3) 박영순, 『한국어 의미론』, 고려대학교 출판부, 2010, p.84.

mondicand) 앞에 온다. 어순 중 가장 큰 규제를 받는 서술어가 문장 끝에 놓이는 일만 잘 지키면 나머지 성분의 위치는 비교적 자유로운 한국어는 자유어순(自由語順, free word order)을 갖고[4] 있다. 또한 주어가 생략되는 경우가 많은 한국어는 주제 부각형 언어이다.

(2) 첨가적 성질

한국어는 뜻을 나타내는 실질 형태소에 문법적 관계를 표시하는 형식형태소가 따로 붙는 첨가적(添加的) 성질을 가지는 교착어로 조사(助詞)와 어미(語尾, ending)가 발달했다. 어간에 어미가 연결되어 용언이 활용한다. 동사, 형용사, '체언 + 이다'의 형태가 사용되는 서술어가 문장의 끝에 온다. 관사, 관계대명사, 전치사, 접속사가 없는 한국어는 동사가 어미를 취하여 관계대명사나 접속사가 처리할 일을 담당하기도 한다. 시제(時制, tense)의 표시가 불분명하며, 능동(能動)과 피동(被動), 주동(主動)과 사동(使動)의 개념이 막연하다.

(3) 성과 수

한국어는 문법적인 성(性, gender)의 구별이 없고, 단어의 수(數), 즉 단수 · 복수의 개념이 엄격하지 않다.

---

4) 이익섭, 임홍빈, 『국어문법론』, 학연사, 1984, p.19.

2. 형태소와 어휘

1) 형태소

형태소(形態素, morpheme)는 문법 단위 중 최소 자립 단위로 자립성(自立性)과 분리성(分離性)을 특징으로 가지고 있는 단어는 체언 · 수식언 · 감탄사 같은 홀로 자립하는 말, 조사 같은 자립 형태소와 쉽게 분리되는 말, 용언처럼 의존 형태소끼리 어울려 자립하는 말로 나누어 성립될 수 있다.

(1) 형태소의 정의

최소의 유의적 단위(minimal meaningful unit)라고 정의되는 형태소는 단어의 구성 요소가 된다고 하여 어소(語素)라 부르기도 한다.

(2) 형태소의 종류

형태소는 자립성 유무에 따라 자립 형태소(自立形態素, free morpheme)와 의존 형태소(依存形態素, bound morpheme)로 나눈다. "복숭아 나무가 많았다."에서 '복숭아, 나무, 가, 많, 았, 다' 등이 각각 형태소이며, 이때 '복숭아'나 '나무'의 형태소는 자립해서 쓸 수 있으므로 자립 형태소라고 부르고, '가', '많', '았', '다'의 형태소는 의존해서 쓸 수 있으므로 의존 형태소라고 부른다.

그리고 실질적 의미의 유무에 따라 형태소는 어휘적 형태소(語彙的 形態素, lexical morpheme)와 문법적 형태소(文法的 形態素, grammatical morpheme)로 나누어지기도 한다. 어휘적 형태소는 실질형태소라고 부르기도 하고, 문법적 형태소는 형식형태소라고 부르기도 한다. 어휘적 형태소는 대체로 독립적인 뚜렷한 의미를 가지는 어휘 형태를 가지는 실질 형태소(實質 形態素, full morpheme)이며, 문법적 형태소는 어휘적 형태소와는 달리 그 의미가 뚜렷하지 않고 문법적 기능을 나타내는 데 관여한다는 특징을 갖는 형태소로 형식 형태소(形式 形態素, empty morpheme)라고도 한다. 조사, 어미, 접사(접두사 · 접미사)가 여기에 해당한다.

2) 단어와 어휘

한국어의 어휘는 그 기원에 따라 고유어, 한자어, 외래어 등으로 나눈다. 그 가운데 특히 한자어가 많다. 한글학회의 『큰 사전』(1962) 권 6의 맨 끝에 기재되어 있는 '큰 사전 말수'에는 이 사전의 '올림말수'의 통계 수자가 실려[5] 있다. 『큰 사전』에 수록된 어휘의 통계에 의하면 총 164,125 말수 가운데 고유어가 약 43.6퍼센트인 74612 말수, 조어력(造語力)이 강한 한자어가 53.9퍼센트인 87,527 말수, 외래어는 2.5퍼센트인 3,986 말수이다.

한편 국립국어연구원에서 출간한 『표준국어대사전』(1999)에 수록된 어휘 통계를 따르면, 고유어가 25.9퍼센트인 131,971 말수, 한자어가 58.5퍼센트인 297,961 말수, 외래어가 4.7퍼센트인 23,361 말수, 기타 혼합 형태가 10.9퍼센트인 55,523 말수를 보이고[6] 있어 어종별 통계에 상당한 변화가 있었다는 것을 알 수 있다.

---

5) 한글학회, 『큰 사전』(6), 을유문화사, 1962.
6) 이관규, 『개정판 학교 문법론』, 월인, 2005, p.199.

(1) 단어

 단어(單語, word)는 최소 자립 형식(minimal free form)을 가진 말의 최소 단위로 최소한 1개 이상의 형태소로 이루어지고, 일정한 뜻을 가진 개별적인 언어 단위이다. 낱말이라고도 한다.

[단어 형식 방식의 분류]

 자립성(自立性)과 분리성(分離利性)이 특징인 단어는 체언·수식언·감탄사와 같이 홀로 자립하는 말, 조사처럼 자립 형태소와 쉽게 분리되는 말, 용언처럼 의존 형태소끼리 어울려 자립하는 말 등의 형식으로 성립된다.

(2) 어휘

 일정한 범위에 쓰이는 단어들이 모인 총체를 어휘(語彙, lexis)라고 한다. 단어는 언어의 구성 단위이고, 형태를 강조하며 어휘는 본질적으로 독립된 언어의 형식 범주이고 의미를 강조한다. 집합 개념을 띠고 있는 어휘는 어떤 일정한 범위 안에서 일상적인 의사소통을 위해 쓰는 낱말의 수효로 의미적 성격과 관련이 깊다.

3) 파생어

새로운 단어를 만들거나 문법적인 의미를 첨가하는 기능을 하는 접사(接詞, affix)는 어근(語根, root)과 어간(語幹, stem)에 붙어 어떤 뜻을 더해주는 형태소로서, 제 홀로 단어가 되지 못한다. 접사는 어근 앞에 붙어서 뜻을 더하는 접두사(接頭辭, prefix)와 어근 뒤에 붙어서 뜻을 더하거나 품사의 전성을 일으키는 부분인 접미사(接尾辭, suffix)로 나눈다.

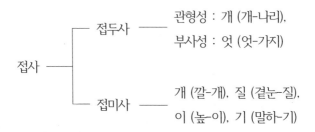

개별 어휘가 하나 이상의 형태로 이루어진 어휘소(語彙素, lexeme)는 간단히 말하면 어휘 목록을 이루는 단위라고 정의할 수 있다. 형태 결합 방식에 따라 어휘는 그 어간(語幹, stem)이 형태소(morpheme) 하나로 이루어진 단일어(simple word)와 하나의 실질 형태소에 접사가 붙거나, 두 개 이상의 실질 형태소가 결합되어 그 구성이 복합적인 복합어(complex word)로 나눈다. 그리고 복합어는 다시 합성어(compound word)와 파생어(derived word)로 나눈다.

단어의 어근에 파생 접사(derivational affix)가 붙어서 생긴 단어를 파생어라고 한다. 파생 접사는 어근의 앞에 붙는 접두사와 어근의 뒤에 붙는 접미사로 구분한다. 파생어는 명사 '아들'에 접두사 '맏-'이 붙은 '맏아들' 같은 접두 파생어(接頭派生語)와 명사 '벼슬'에 접미사 '-아치'가 붙은 '벼슬아치' 따위의 접미 파생어(接尾派生語)로 구분한다.

(1) 접두 파생어

어근에 접두사가 붙은 파생어를 접두 파생어라고 한다.

　　　접두사 + 명사 : 맏딸, 맏물, 핫아비, 애호박, 개살구
　　　접두사 + 동사 : 드날리다, 되갚다, 들끓다, 짓밟다, 치밀다
　　　접두사 + 형용사 : 드높다, 새까맣다, 얄밉다
　　　접두사 + 부사 : 드높이, 외따로, 재빨리

(2) 접미 파생어

실질 형태소인 어근 뒤에 붙는 파생어를 접미 파생어라고 한다.

① '사람'의 의미 성분을 지닌 한자어 접미사
　　명사 어근 + 접미사 = 사람을 뜻하는 명사(파생어)
　　㉠ -가(家)
　　　　생산성이 매우 높은 접미사이다.
　　　　ⓐ 전문 직종을 나타내는 일부 명사 뒤에 붙어, '그것을 전문적
　　　으로 하거나 직업으로 하는 사람'의 뜻을 더하여 명사를 만드는
　　　말이다.

　　　　작곡가(作曲家), 문장가(文章家), 안무가(按舞家), 화가(畵家)

　　　　ⓑ 전문적 행위를 나타내는 일부 명사에 붙어, '그것에 능한 사
　　　람'의 뜻을 더하여 명사를 만드는 말이다.

　　　　웅변가(雄辯家), 전술가(戰術家)

ⓒ 일부 명사의 뒤에 붙어, '그것을 많이 가진 사람'의 뜻을 더하여 명사를 만드는 말이다.

자본가(資本家), 장서가(藏書家)

ⓓ 일부 명사 뒤에 붙어, '그러한 특성을 지닌 사람'의 뜻을 더하여 명사를 만드는 말이다.

대식가(大食家), 명망가(名望家), 애연가(愛煙家)

ⓛ -객(客)

일부 명사 뒤에 붙어, 구경을 오거나 거기에 참여하는 사람의 뜻을 더하여 명사를 만드는 말이다.

관람객(觀覽客), 등산객(登山客), 방청객(傍聽客)

ⓒ -공(工)

명사 뒤에 붙어, '그 일에 종사하는 직공'의 뜻을 더하여 명사를 만드는 말이다.

기능공(技能工), 목공(木工), 인쇄공(印刷工), 선반공(旋盤工), 숙련공(熟練工)

(3) 동사화 접미사

어근에 '-하-', '-거리-/-대-', '-이-', '-지-' 같은 동사화 접미사가 붙어 동사가 된다.

① -하- (어근에 '-하-'가 붙어 동사를 만드는 접미사) : 위반하다, 운동
하다, 공부하다

② -거리-/-대- (어근에 '-거리-/-대-'가 붙어 동사를 만드는 접미사) :
출렁거리다, 바둥거리다, 머뭇거리다, 출렁대다, 바둥대다, 머뭇대다

③ -이- (어근에 '-이-'가 붙어 동사를 만드는 접미사) : 끔빅이디

④ -지- (어근에 '-지-'가 붙어 동사를 만드는 접미사) : 눈물지다

(4) 형용사화 접미사

어근에 '-하-', '-스럽-', '-답-', '-롭-', '-업-', '-브-', '-ㅂ-' 같은 형
용사화 접미사가 붙어 형용사가 된다.

① -하- (어근에 '-하-'가 붙어 형용사를 만드는 접미사) : 가난하다, 씩
씩하다, 차근차근하다, 반듯반듯하다

② -스럽- (어근에 '-스럽-'이 붙어 형용사를 만드는 접미사) : 자랑스럽
다, 걱정스럽다, 복스럽다

③ -답- (어근에 '-답-'이 붙어 형용사를 만드는 접미사) : 지도자답다,
숙녀답다

④ -롭- (어근에 '-롭-이 붙어 형용사를 만드는 접미사) : 향기롭다, 평
화롭다, 자유롭다, 새롭다

⑤ -업- (어근에 '-업-'이 붙어 형용사를 만드는 접미사) : 미덥다

⑥ -브- (어근에 '-브-'가 붙어 형용사를 만드는 접미사) : 미쁘다, 아
프다

⑦ -ㅂ- (어근에 '-ㅂ-'가 붙어 형용사를 만드는 접미사) : 그립다, 놀
랍다

(5) 부사화 접미사

어근에 '-이-', '-히-', '-오-', '-우-', '-로', '-내', '-껏', '-금' 같은 부사화 접미사가 붙어 부사가 된다.

① -이- (어근에 '-이-'가 붙어 부사를 만드는 접미사) : 같이, 굳이, 길이, 많이, 실없이, 좋이
② -히- (어근에 '-히-'가 붙어 부사를 만드는 접미사) : 밝히, 익히, 작히
③ -오- (어근에 '-오-'가 붙어 부사를 만드는 접미사) : 비로소, 도로
④ -우- (어근에 '-우-'가 붙어 부사를 만드는 접미사) : 너무, 마주
⑤ -로 (어근에 '-로'가 붙어 부사를 만드는 접미사) : 새로, 날로, 진실로
⑥ -내 (어근에 '-내'가 붙어 부사를 만드는 접미사) : 끝내, 마침내, 겨우내
⑦ -껏 (어근에 '-껏'이 붙어 부사를 만드는 접미사) : 정성껏, 마음껏
⑧ -금 (어근에 '-금'이 붙어 부사를 만드는 접미사) : 하여금

(6) 관형사화 접미사

어근에 '-적', '-까짓' 같은 관형사화 접미사가 붙어 관형사가 된다.

① -적 (어근에 '-적'이 붙어 관형사를 만드는 접미사) : 철학적, 정신적, 근대적, 총체적
② -까짓 (어근에 '-까짓'이 붙어 관형사를 만드는 접미사) : 그까짓, 이까짓

4) 합성어

두 개 이상의 형태소로 이루어진 단어를 말한다. 다시 말해 어근과 어근이 모여 새로운 뜻을 가진 한 단어가 된 것을 합성어(合成語, compound word)라고 한다. 합성어는 형성 방법에 따라 통사적 합성어(syntactic compound)와 비통사적 합성어(non-syntactic compound)로 나눈다.

(1) 통사적 합성어

어근과 어근의 결합이 한국어의 일반적인 어휘의 배열 구조, 즉 통사적 구성과 일치하는 합성어로서 상당히 생산적인 합성 방식이다. '밤낮'은 두 개의 명사가 합하여 새로운 어휘가 형성된 합성어이다. 단순한 어휘 배열 구조를 보이고 있어 한국어 어휘 배열 구조와 일치한다.

> 논밭, 면도칼, 밤낮, 갈바닥, 산나물, 집안, 고무신, 길거리, 새마을, 첫걸음, 이승, 저승, 온갖, 그분

(2) 비통사적 합성어

한국어의 일반적인 어휘의 배열 구조와 어긋나게 구성되는, 즉 통사적 구성과 일치하지 않는 합성어로서 비생산적인 합성 방식이다.

① '명사 어근 + 명사 어근'의 구성에서 사이시옷이 개입된 형태
두 형태소가 합하여 복합명사나 준복합명사를 이룰 때 그 사이에서 나는 된 소리를 적는 데 쓰이는 시옷(ㅅ)이 개입되어 일반적인 명사 수식의 형식에서 어긋나게 구성된 것이다. 음운론에서는 사이시옷이라

는 술어보다는 더 포괄적인 삽입자음(挿入子音)이란 말을 쓰기도 한다.

냇가(川邊), 이과(理科), 댓잎(竹葉), 노변(路邊), 집일[家事], 물약[水藥]

② '용언 어근 + 명사 어근'의 구성에서 용언이 명사를 수식할 경우 관형사형으로 형태 변화가 일어나지 않은 형태이다.
'용언 어근 + 명사 어근'의 구성에서 용언이 명사를 수식할 경우 관형사형으로 형태 변화가 이루어져야 한다는 통상적인 한국어 어휘 배열 구조와 다른 경우이다. 예를 들면 '늦더위'는 '늦은 더위'가 되어야 정상적인 형태 변화가 된다. 그러나 형용사 어간 '늦-'이 관형사형 어미 없이 바로 명사 앞에 놓여 있어 통상적인 한국어 어휘 배열 구조와 다르다.

늦더위, 늦잠, 곶감, 덮밥

(3) '부사 어근 + 명사 어근'으로 구성된 형태

'부사 어근 + 명사 어근'의 구성은 의성부사와 의태부사, 또는 단순 부사가 명사와 결합하여 연결어미나 관형사형 어미가 생략된 채 합성어가 된 경우로 부사가 명사를 수식할 수 없다는 한국어 어휘 배열 구조에 어긋나는 경우이다.

부슬비, 볼록거울, 껄껄웃음, 선들바람, 혼잣말

(4) '용언 어근 + 용언 어근'으로 구성되어 한국어 통사 절차에 어긋나는 동사 합성어.

한국어 문장 연결법에서 용언이 뒤에 오는 용언과 연결될 때에는 연결

글쓰기의 원리와 방법

어미가 결합하는 형식으로 형태 변화가 이루어져야 하는데 연결 어미가 생략된 채로 문장이 연결되어 한국어 어휘 배열 구조에 어긋난다.

설익다, 날뛰다, 늦되다

(5) '용언 어근 + 용언 어근'으로 구성되어 한국어 통사 절차에 어긋나는 형용사 합성어

용언이 뒤에 오는 용언과 연결될 때에는 연결어미가 결합하는 형식으로 형태 변화가 이루어져야 하는 한국어 어휘 배열 구조에 어긋난다.

높푸르다, 굳세다, 검붉다

5) 어휘의 선택과 구사

(1) 어휘의 선택

글을 읽고 쓸 때 정한숙의 다음과 같은 말을 우리는 주목할 필요가 있다.

언어란 비유하면 집을 짓기 위해 사용되는 벽돌과 같은 것이다. 자기가 의도한 바의 집을 지으려면 우선 거기에 적합한 크기의 모양을 가진 벽돌의 종류를 선택할 수 있다. 그런 후 설계도에 따라 벽돌을 배열하고 구성하여 목적한 바의 건축물을 완성한다. 단순한 벽돌의 차이나 그 구성과 배열의 방법적인 차이는 건물이 완성된 후에 그 하나가 다른 건축물과 비교하여 생기는 그 엄청난 차이와 비교할 것이 못된다.[7]

벽돌의 선택은 어휘의 선택이고, 벽돌의 배열과 구조는 어휘의 배열과
체계화와 흡사하다 할 수 있다.

일찍이 프랑스의 소설가 귀스타브 플로베르(Gustave Flaubert)는 하나
의 사물을 나타내는 데는 단 하나의 단어밖에 없다는 일물일어설(一物一
語說)을 주장했다. 이것은 사물을 나타내는 데 있어서 정확한 표현이 얼
마나 중요한 것인가를 나타낸 말이다. 어휘를 정확하게 알지 못하면 사물
을 정확하게 표현할 수 없다. 어휘를 정확하게 구사하기 위해서는 무엇보
다도 먼저 어휘의 의미를 정확하게 알아야 한다.

(2) 어휘의 구사

어휘를 정확하게 구사한다는 것은 글을 이해하거나 쓰는데 매우 중요하
다. 홍명희의 대하소설 『임꺽정』8)은 순우리말의 보물창고와 같다는 사실
은 누구도 부인할 수 없다. 일찍이 국어학자 이극로가 "'임꺽정'이라는
이 어광구(語鑛區) 안에는 깨끗한 조선말 어휘의 노다지가 쏟아지는 것을
종종 발견할 수 있다."라고 한 말에서도 그것은 확인된다.

홍명희의 『임꺽정』에 구사된 어휘의 특성은 다섯 가지로 요약할9) 수
있다.

① 궁중(宮中), 관아(官衙), 절, 농민, 부녀자, 장사아치, 대장장이, 백정,
   광대, 기생, 무당, 노름꾼 등 여러 계층과 다방면에서 사용되는 어휘
   가 다양하게 구사되고 있다.

---

7) 정한숙, 『소설문장론』, 고려대학교 출판부, 1973, p.13.
8) 미완(未完)으로 끝난 대하역사소설 『임꺽정[林巨正傳]』은 홍명희가 1928년 11
   월 21일~1939년 3월 11일 사이에 『조선일보』에 연재하고 1940년 『조광』 10
   월호에도 발표했다.
9) 김윤식 · 최동호, 『한국현대소설어사전』, 고려대학교 출판부, 1998, pp.1509~
   1512 참조,

궁중(납시다, 무수리, 수랏간), 관아(거먹초립, 구실아치, 급장이, 포장), 절(불목하니, 소도바), 농민(새경, 억대우), 부녀자(너울, 안찝), 장사아치(동무장사, 시게전, 여리꾼, 들병이), 대장장이 (머루마치, 모루, 쇠뿌러기), 광대(줄타기, 땅재주), 기생(놀이채, 몽두리), 무당(포함, 공수, 넋두리), 노름꾼(무대, 서시, 엿방망이) 등이 있다.

② 민담(民譚, folktale), 굿의 사설, 고유어로 된 지명(地名), 속담 등을 통해 구비적(口碑的)인 전통의 어휘가 구사되고 있다.

"자네는 지금 여편네 맛이 단 줄루 알 테지만 그것이 본맛이 아닐세. 여편네는 오미 구존한 것일세. 내 말할게 들어보려나. 혼인 갓해서 여편네는 달기가 꿀이지. 그렇지만 차차 살림 재미가 나기 시작하면 여편네가 짱아치 무쪽같이 짭잘해지네. 그 대신 단맛은 가시지. 이 짭잘한 맛이 조금만 쇠면 여편네는 시금털털 개살구로 변하느니, 맛이 시어질 고비부터 가끔 매운 맛이 나는데 고추 당초 맵다 하나 여편네 매운 맛을 당하겠나. 그러나 이 매운 맛이 없어지게 되면 쓰기만 하니."

「오가의 여편네 맛」 같은 민담은 독자들의 관심을 불러일으킨다. 홍명희가 『임꺽정』에 「오가의 여편네 맛」 같은 삽화적 이야기를 도입한 것은 각계각층의 독자들을 의식하고 그들에게 친근하고 평이하게 접근하기 위해 의식적으로 노력한 결과이다.

③ 한자어보다는 고유어로 이루어진 첩어(疊語, repetitive use of the same word)의 비중이 높다. 이 또한 매우 의식적인 어휘의 사용이라 할 수 있다.

㉠ 십여 명의 사람이 잠시 동안 너미룩내미룩하더니 나중에 네댓이 같이 간다온다고 일어서들 나갔다.

㉡ 단천령이 말을 할 때 밖에서 두세두세하는 소리가 나더니 여러 사람이 사랑 앞마당으로 죽 들어서며 그 중의 두 사람은 바로 방으로 들어왔다.

㉢ 입에 마닐마닐한 것은 밤에 다 먹고 남은 것으로 요기될 만한 것이 피밥 여남은 개와 흰무리 부스러기뿐이었다.

위의 예문에서 ㉠의 '너미룩내미룩하더니', ㉡의 '두세두세하는', ㉢의 '마닐마닐한'이 첩어이다.

④ 욕설에 가까운 별명식 이름이 많다. 『임꺽정』에는 수많은 인물이 등장하는데 김몽돌이, 강아지, 부엌개, 마당개, 도야지, 최오쟁이, 박씨종이, 삽살개미치, 쇠미치, 말미치, 쥐불이, 말불이, 황천왕동이 등 작중 인물의 성격적 특성이나 신분을 드러내거나 또는 욕설에 가까운 별명식 이름이 많다. 특히 욕설에 가까운 별명식 이름 뒤에는 천한 것일수록 강한 생명력을 갖는다는 민중들의 믿음과 기원이 담겨져 있다는 점에서 주목된다.

⑤ 상황과 화자(話者)에 따라 "고분고분히 구세요. 첫째 말씨를 조심하세요. 혹 또 봉변하시리다." 같은 아어체(雅語體)의 서울말의 종결어미를 적절히 구사하고 있다.

이처럼 홍명희의 어휘 구사 능력은 그의 『임꺽정』에 잘 드러나 있다. 특히 황석영의 『장길산(張吉山)』이나 김주영의 『객주(客主)』, 송기숙의 『녹두장군』 등에 구사된 어휘는 홍명희의 『임꺽정』에서 구사된 어휘의 자장(磁場)에서 크게 벗어나지 못한다는 사실이 확인된다.

(3) 어휘의 상징

조세희의 연작소설집 『난장이가 쏘아 올린 작은 공』은 1978년 출간되자마자, 한국 사회와 문학계에 커다란 반향을 불러 일으켰다. 조세희는 어휘라는 벽돌을 잘 사용하여 『난쟁이가 쏘아올린 작은 공』이라는 건축물을 지었기 때문에 그 건축물이 시대의 질곡을 견뎌내고 고전으로 회자하게 된 것이다.

조세희의 문제의식은 "말이 아닌 '비언어'로 우리를 괴롭히고 모독하는 철저한 제삼세계형 파괴자들을 '언어'로 상대하겠다"[10]는 말 속에 잘 함축되어 있다. 근대에는 상징 언어보다 기술 언어가 발달했다. 기술 언어는 직접적으로 서술하는 것이다. 다시 말해 할 말을 분명하게 하는 것이다. 할 말을 분명하게 말한다는 것은 자기의 뜻을 당당하게 밝히는 것이지만 동시에 할 말을 다한다는 것이다. 할 말을 다 못 해서 나온 상징 언어와 다르다.[11] 할 말을 다할 수 없었던 시대에 조세희는 상징 언어로 '제삼세계형 파괴자'들을 상대했다. 조세희는 『난장이가 쏘아올린 작은 공』에서 일반적인 어휘를 사적으로 '다른 것을 의미' 하도록 하는데 뛰어난 능력을 보여준다. 『난장이가 쏘아올린 작은 공』에 구사된 어휘의 상징은 주로 개인적 상징으로 문맥의 앞뒤를 잘 살펴서 해석을 해야 작가가 말하고자 하는 의미를 해석할 수 있다.

상징(symbol)이란 "우리의 지각 경험 가운데 비교적 지속적이며 반복적인 요소를 말하며" "지각 경험 자체만으로 전달되지 않거나 충분히 전달될 수 없는 더욱 광범한 어떤 한 의미 혹은 일련의 의미를 뜻하는"[12] 것이다. 상징은 젤베르 뒤랑(Gilbert Durand)이 정의한 대로 기호의 범주

---

10) 조세희, 「파괴와 거짓 희망, 모멸의 시대」, 『난장이가 쏘아올린 작은 공』, 이성과 힘, 2002, p.10.
11) Philip Ellis Wheelwright, 『은유와 실재 Metaphor and Reality』, 김태옥 옮김, 문학과지성사, 1982, p.25
12) Philip Ellis Wheelwright, 앞의 책, p.94.

에 속하는 것13)으로 직접 대상을 지시하는 것이 아니고 다른 것을 매개로 해서 대상을 암시하는 표현양식이라 할 수 있다.

상징에는 개인적 상징(personal symbol), 대중적 상징(public symbol), 원형적 상징(archetypal symbol)14)이 있다. 개인적 상징은 작가들이 사적으로 어떤 것이 다른 것을 의미하도록 사용하는 경우이고, 대중적인 상징은 제도적 또는 문화적 전통 속의 상징을 빌어 사용하는 경우이며, 원형적 상징은 모든 인간에게 유사한 의미나 반응을 환기하는 이미지나 화소(話素)를 사용하는 경우이다.

개인적 상징은 상징에 대한 작가 나름의 개성적 의미 부여를 통해, 어떤 구체적 심상을 제시하고 그것으로 하여금 지금까지 다른 사람들이 의도하지 않았던 추상적인 뜻을 암시하게끔 만들어 놓은 것이다.15) 『난장이가 쏘아올린 작은 공』에 구사된 어휘 가운데 개인적 상징이 두드러지게 나타나 있는 상징은 '난쟁이', '앉은뱅이', 그리고 '꼽추'의 상징이라고 할 수 있다. 조세희는 개인적 상징을 통해 그 사물의 어휘적 의미를 넘어선 다른 의미를 우리 앞에 제시해주고 있다. '난쟁이', '앉은뱅이', 그리고 '꼽추'는 피지배 계급을 상징 상징한다.16)

---

13) Gilbert Durand, 진형준 옮김,「상징주의의 어휘들 Imagination symbolique」, 장경렬 외 편역, 『상상력이란 무엇인가?』, 살림, 1997, p.228.
14) 오규원, 『현대시작법』, 문학과지성사, 1990, p.288.
15) 박영순, 『한국어 은유연구』, 고려대학교 출판부, 2000, p.311.
16) 김종성, 『한국환경생태소설연구』, 서정시학, 2012, p.129~133 참조.

글쓰기의 원리와 방법

3. 품사와 표현

1) 품사의 이해

(1) 품사의 정의

품사(品詞, parts of speech)는 단어를 문법상 기능(function) · 의미(meaning) · 형태(form)로 분류한 갈래이다. 학교 문법에서는 명사 · 대명사 · 동사 · 형용사 · 조사 · 감탄사 · 관형사 · 부사 · 수사의 9품사로 나눈다.

(2) 품사의 분류 기준

품사는 한 단어가 문장 안에서 다른 단어와 맺는 관계가 중심이 되는 통사적 기능에 따른 분류, 단어 형태의 활용 여부에 따라 외형적 특징이 기준이 되는 단어의 형식에 따른 분류, 개별 단어의 어휘적 의미가 아니라 형식적 의미를 중시하는 단어가 가지는 의미의 공통성에 따른 분류 등이 있다.

품사를 기능에 따라 분류하면 명사 · 대명사 · 수사는 체언이고, 조사는 관계언이고, 동사 · 형용사는 용언이고, 관형사 · 부사는 수식언이고, 감탄사는 독립언이다.

그리고 품사를 형태에 따라 분류하면 어형(語形)이 고정되어 있는 말인 불변어(uninflected word)와 어형이 고정되어 있지 않고 규칙적으로 변할 수 있는 말인 가변어(inflected word)로 나눈다. 활용이 불가능한 말인 불변어(不變語)에는 명사 · 대명사 · 수사 같은 체언과 조사와 같은 관계언, 관형사 · 부사와 같은 수식언, 감탄사와 같은 독립언이 해당하고, 활용이 가능한 말인 가변어(可變語)에는 용언인 동사 · 형용사가 해당한다. 그리고 '서술격 조사'는 용언은 아니지만 활용하므로 가변어에 포함된다.

 끝으로 의미에 따라 품사를 분류하면 사물의 이름을 나타내는 명사, 명사 대신으로 쓰는 대명사, 수량과 순서를 나타내는 수사, 다른 말과의 문법적 관계를 나타내거나 그 말의 뜻을 도와주는 조사, 움직임을 나타내는 동사, 성질과 상태를 나타내는 형용사, 체언을 수식하는 관형사, 용언과 부사를 수식하는 부사, 감동 · 부름 · 놀람 따위의 느낌을 나타내는 품사인 감탄사 등으로 나눈다.

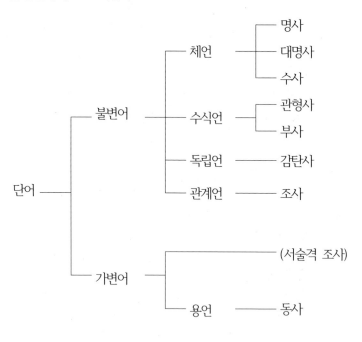

[한국어의 품사 분류]

2) 체언

(1) 체언의 특징

문(文)의 성분으로 관형사와 호응할 수 있는 직능(職能)을 가진 품사를 체언(體言)이라고 한다. 명사, 대명사, 수사의 상위집합 등이 체언에 속하며, 주로 문장의 주체로 쓰인다. 체언은 의미 내용을 가진 말로서, 어형(語形)이 고정되어 있다.

부연하면 체언은 원칙적으로 문장 안에서 주체가 되고, 격조사와 결합하여 주어, 목적어, 보어, 서술어 등으로 쓰이는 명사·대명사·수사를 총칭하는 포괄적 용어이다.

(2) 체언의 기능

용언(用言)에 대립되는 것으로써, 체언은 조사의 도움을 받아 모든 문장 성분으로 기능할 수 있으나 주로 주체(주어)의 자리에서 쓰인다.

명사·대명사·수사는 여러 가지 차이점이 있으나 모두 주어·목적어·보어·서술어 등의 성분이 될 수 있다는 공통점을 지니므로 체언이라는 하나의 범주로 묶일 수 있다.

(3) 명사

① 명사의 특징

사람이나 사물의 이름을 나타내는 품사이다. 단독으로 문의 주어가 될 수 있고, 조사가 붙어 격변화(格變化)를 한다. 그리고 관형어, 특히 관형사의 수식을 받는다.

② 명사의 종류

체언의 하나인 명사는 쓰임 범위에 따라 일반적인 사물에 붙여진 이름인 보통명사와 특정한 사람이나 물건에 붙여진 이름인 고유명사로 나누고, 자립성 여부에 따라 자립할 수 있고, 실질적인 의미를 가진 자립명사(自立名詞)와 형식적인 의미를 나타내는 의존명사(依存名詞)로 나눈다. 명사는 단독으로 문의 주어가 될 수 있고, 관형어, 특히 관형사의 수식을 받는다.

③ 의존명사

의존명사란, 자립성이 없어서 다른 말 뒤에 의지해야 쓸 수 있는 명사로 항상 관형어의 꾸밈을 받는다. 의존적이라는 성격 때문에, 띄어쓰는 문제에 대해 논란의 대상이 되기도 하는 의존명사는 주어 · 목적어 · 서술어 · 부사어 등에 두루 쓰이는 보편성 의존명사(분, 이, 것, 데, 바, 따위), 주어로만 쓰이는 주어성 의존명사(지, 수, 리, 나위), 서술어로만 쓰이는 서술성 의존명사(따름, 뿐, 터, 때문), 부사어로만 쓰이는 부사성 의존명사(대로, 양, 듯, 채, 척, 만큼, 등, 뻔 채, 만), 앞에 오는 명사의 수량 단위로만 쓰이는 단위성 의존명사(자, 섬, 평, 정, 원, 전, 명, 번, 개, 마리, 그루, 켤레, 채)로 나눈다. 더러 '형식명사'라고도 하는 의존명사는 앞말과 띄어 쓴다.

어머니는 겨우 핏덩어리를 면한 조고만 고깃덩어리를 얼러 가며 나에게 디미셨다. **처네**에 싸인 바짝 마른 아이는 추워서 그러는지 두 팔을 오그라뜨리고 바르르 떨면서 핏기 없는 앙상한 얼굴을 이리로 향하고 말끄러미 나를 치어보다가 으아 하며 가냘픈 목소리로 운다.   -염상섭, 『만세전』

위의 예문에 나오는 '처네'는 고유어 계통의 명사로 '덧덮는 얇고 작은 이불'이라는 뜻이다.

(4) 대명사

 사람이나 사물의 이름 등 구체적 대상의 명칭을 대신 나타내는 말. 또는 그런 말들을 가리키는 품사이다.
 ① 대명사의 특징
   대명사(代名詞, pronoun)는 단독으로 문장의 주어가 될 수 있으며, '내가(주격)'·'나를(목적격)'·'나의(관형격)'처럼 조사가 붙어 격변화를 한다.

 ② 대명사의 종류
   '당신·어르신·나·우리·저희'처럼 사람을 가리키는 인칭 대명사(personal pronoun)와 '이·그것·무엇·아무 것·여기'처럼 사물이나 장소를 대신 가리키는 지시 대명사(demonstrative pronoun)가 있다.

   세상 사램이 나를 업수이여긴다. 하지만은 **이녁**만 날 안 버리믄, 고맙게 생각해야겠지.   - 박경리, 『토지』

   위의 예문 속의 '이녁'은 대명사로 듣는 이를 조금 낮추어 이르는 2인칭 대명사이다. '하오' 할 자리에 쓴다.

(5) 수사

 수사(數詞, numeral)는 명사의 수량이나 차례를 나타내는 품사이다.
 ① 수사의 특징
   '하나가(주격)·하나를(목적격)·하나의(관형격)'처럼 조사가 붙어 격변화를 한다.

② 수사의 종류

수량을 나타내는 말인 양수사(量數詞)와 차례를 나타내는 말인 서수사(序數詞)가 있다.

양수사: 하나, 둘, 일, 이, 삼, 한둘, 서넛, 일이, 이삼

서수사: 첫째, 제일, 제삼, 한두째, 서너째

김이 진모랭이 곱탱이를 돌아서자 이미 요란스럽게 타오르는 모닥불 이쪽으로 사람이 몰려 있는 게 보였다. 그는 손에 든 주전자 무게를 가늠해 가며 나온 사람이 몇이나 되는지, 모닥불에 얼비치는 틈으로 어림해 보려고 했다. 뚝셍이에 앉아 안 보이는 사람까지 쳐도 **너더댓**으로 알면 별 차이 없으려니 싶었다.

　　　　　　　　　　　　　　　　　　　　　　　- 이문구, 「우리 동네 황씨」

위의 예문 속의 '너더댓'은 수사로 '넷이나 다섯 가량'이라는 뜻이다.

3) 조사와 어미

(1) 조사의 특징과 종류

하나의 단어로 다루는 조사(助詞)는 의존 형태소(依存形態素)로서, 실질적으로 뜻이 없고, 자립 형태소(주로 체언)에 붙어 다른 말과의 문법적 관계를 표시해주거나 뜻을 더해 주는 단어들이다. 조사의 종류에는 격조사(格助詞), 접속 조사(接續助詞), 보조사(補助詞)가 있다. 조사는 "문장에서 자립적으로 쓰이지 않고 자립성이 있는 말에 붙어서 나타난다."[17] 또한 조사는 분리성이 있기 때문에 상대적인 자립성을 인정하여 단어로 본다.

---

17) 고영근 · 구본관, 『우리말 문법론』, 집문당, 2008, p.148.

① 격조사

체언이나 체언 구실을 하는 말, 특히 명사 뒤에 붙어 앞말이 다른 말에 대해 갖는 일정한 격(格)을 나타내는 격조사(格助詞)는 주격 조사, 서술격 조사, 목적격 조사, 보격 조사, 관형격 조사, 부사격 조사, 호격 조사[18]로 나눈다.

㉠ 주격 조사

주격 조사(主格助詞)는 체언에 붙어 그 체언을 문장의 주어가 되게 하는 조사이다. '이', '가', '께서', '에서' 따위가 있다. 주어가 존칭을 나타내는 명사일 때에는 '이/가' 대신 '께서'를 쓰고, 주어가 단체를 나타내는 명사일 때는 '에서'('서')를 쓸 수도 있다.

뽕나무**가** 무럭무럭 자라난다. (개체, 모음 아래)
낙동강물**이** 유유히 흐른다. (개체, 자음 아래)
강릉시**에서** 오죽헌 진입로를 정비했다. (단체 표시어 아래)
난쟁이**가** 혼자서 길을 걷고 있다. (인수 표시어 아래)
어머니**께서** 오셨습니다. (예사 높임)
석가모니**께옵서** 말씀하셨습니다. (아주 높임)

㉡ 서술격 조사

서술격 조사(敍述格助詞)는 체언에 붙어, 그 체언을 문장의 서술어가 되게 하는 조사다. '이다' 하나뿐이다. 받침 없는 말 아래에서는 '이'가 빠진다. 단독으로는 서술어가 될 수 없고, 반드시 체언에 결합되어야만 서술어가 된다.

저곳이 참성단**인데**, 마니산의 정상**이다**.
이것은 소나무**고**, 저것은 잣나무**다**.

---

18) 이관규, 『개정판 학교 문법론』, 월인, 2005, p.145.

서술격 조사 '이다'는 형용사와 거의 같을 정도로 비슷한 활용을 한다. 다만 형용사와 다른 점은 서술격 조사 '이다'가 '로'가 첨가 되는 점이다. 서술격 조사의 부정형 '아니다'는 형용사이다.

아, 봄**이로군**.

ⓒ 목적격 조사

목적격 조사(目的格助詞)는 문장에서, 체언 밑에 쓰이어 그 체언 이 주어의 동작이나 작용의 목적물이 되게 하는 조사다. '을', '를' 이가 있다. 조사 가운데 가장 사용 빈도가 높은 조사이다.

날 버리고 가면 십리도 못가서 발병난다.

ⓔ 보격 조사

보격 조사(補格助詞)는 문장의 보어(補語)가 되게 하는 조사이다. '되다', '아니다'가 필요로 하는 성분이므로 '이', '가'가 있다.

이성계는 임금**이** 되었다.
억새는 새**가** 아니다.

ⓜ 관형격 조사

관형격 조사(冠形格助詞)는 문장에서 체언의 밑에 붙어, 그 체언 을 관형어가 되게 하는 조사이다. '의' 하나뿐이다.

심훈**의** 시에는 저항정신이 녹아 있다.

ⓗ 부사격 조사

부사격 조사((副詞格助詞)는 문장의 부사어가 되게 하며, 의미기능에 따라 다양하게 나타난다. '에게', '에', '께'는 흔히 '주다, 보내다' 등과 같은 수여동사(dative verb)와 함께 쓰이는 경우가 많으므로 여격조사(與格助詞)라고 부르기도 하지만, 처소의 부사격 조사에 속한다[19].

하루 종일 영희는 집에 있었다. (처소)
부산에서 서울로 출발했다. (출발점)
동생에게 책을 주었다. (상대, 유정명사)
복녀는 꽃에 물을 주었다. (상대, 무정명사)
그는 도서관에 간다. (지향점)
어머니는 밀가루로 국수를 만든다. (재료)
신사임당은 붓으로 그림을 그린다. (도구)
그들은 서울로 간다. (방향)
그는 싸우는 소리에 잠이 깼다. (원인)
외무부장관이 대표로 회의에 참석했다. (자격)
로미오와 쥴리엣은 결혼했다. (동반)
갯벌이 공업단지로 변했다. (바뀜)
찔레꽃이 싸리꽃보다 아름답다. (비교)

⊗ 호격 조사
　　호격 조사(呼格助詞)는 '아/야', '(이)여', '(이)시여'처럼 호칭의 대상이 되게 하는 조사이다.

나비야, 청산 가자.
한국이여, 영원히 번영하라.
대왕이시여, 부디 건안하시기를 비나이다.

---

19) 고영근 · 구본관, 『우리말 문법론』, 집문당, 2008, p.153.

② 접속 조사

둘 이상의 단어나 문장을 대등한 자격으로 이어주는 조사이다.

접속 조사(接續助詞)에는 '와/과', '에(다)', '하고', '(이)며', '(이)랑' 등 같은 것이 있다. 학교문법에서는 "'와/과'는 격식체, 문어체에서 많이 쓰이는 대표적 접속 조사이고, '하고'는 비격식체, 구어체에서 많이 쓰이는 접속 조사"[20]라고 기술하고 있다. '와/과' 등이 체언 사이가 아닌 체언과 용언, 체언과 부사 사이에 쓰여 '함께'나 '비교'의 뜻을 가지면 부사격 조사가 된다.

접속 조사는 복문(複文)에 쓰이는 문장 접속 조사와 단문(單文)에 쓰이는 단어 접속 조사가 있다.

지혜는 영어**와** 한국사를 잘한다. (문장 접속 : 겹문장에 쓰임)
정숙이**와** 영숙이는 로스앤젤레스에서 만났다. (단어 접속 : 홑문장에 쓰임)

③ 보조사

보조사(補助詞)는 체언에 일정한 격(格)을 규정하지 않고, 여러 격으로 두루 쓰이어 그 체언에 어떤 뜻을 더해 주는 조사로 일반 보조사(一般補助詞)와 종지 보조사(終止補助詞)가 있다.

㉠ 일반 보조사

통용 보조사(通用補助詞)라고도 한다. 선행하는 체언에 어떤 특별한 의미를 더해 주는 조사로 여러 격에 두루 쓰인다. 일반 보조사(一般補助詞)의 예로 대조(주제)의 의미가 있는 '은/는(대조)', 역시의 의미가 있는 '도', 단독의 의미가 있는, '만', '뿐', 극단의 의미가 있는 '까지', '마저', '조차', 시작이나 먼저의 의미가 있는 '부터', 균일의 의미가 있는 '마다', 특수의 의미가 있는 '(이)야,

---

20) 이관규, 『개정판 학교 문법론』, 월인, 2005, p.144.

불만의 의미가 있는 '(이)나마' 등을 들 수 있다.

밤나무**는** 활엽수이고, 전나무**는** 침엽수이다. (대조)

원숭이**도** 나무에서 떨어진다. (역시)

영희는 음악**만** 좋아한다. (단독)

대가야(大加耶)**마저** 신라에 항복하여 가야제국(加耶諸國)은 한국

사에서 사라졌다. (극단)

그는 할 수 있는 데**까지** 해 보겠다고 말했다. (극단)

서귀포에서 그를 만나리라고는 상상**조차** 하지 못했다. (극단)

한라**부터** 백두까지. (시작)

그를 만나는 사람**마다** 그녀의 안부를 물었다. (균일)

선생님의 소식을 이렇게**나마** 전해 들으니 마음이 놓이네요.

(불만)

너**야** 당첨되겠지. (특수)

ⓛ 종지 보조사

종결 보조사(終結補助詞)라고도 한다. 절이나 문장의 서술어 끝

에만 붙는다. 종지 보조사(終止補助詞)의 예로 불구속과 불만의

의미가 있는 '마는', 감탄의 의미가 있는 '그래', 두루 높임의 의

미가 있는 '요' 등을 들 수 있다.

프랑스에 가고싶다**마는** 돈이 없구나. (불만)

봄이 돌아왔네**그려**. (하게체 평서형)

행복해 보이는구먼**그래**. (하게체 감탄형)

그 물건을 어디 쓰게**요** (두루 높임)

한편 보조사는 일정한 격을 갖추지 않고, 그 문장이 요구하는 격

을 가진다. 예를 들면 일반 보조사 '도'가 주격, 목적격, 보격, 부사격, 호격에 두루 쓰인다.

> 그들은 휴식을 원한다 → 그들도 휴식을 원한다. (주격)
> 그들은 휴식을 원한다 → 그들은 휴식도 원한다. (목적격)
> 정직한 답변이 아니다 → 정직한 답변도 아니다. (보격)
> 그들은 오대산에 갔었다 → 그들은 오대산도 갔었다. (부사격)
> 은미야 먼저 가거라 → 은미도 먼저 가거라. (호격)

　사내가 무슨 버릇처럼 한 새장 문을 손가락 끝으로 톡톡 건드리자 장 속의 새가 포르륵 날개를 퍼덕여 그의 손가락 쪽으로 날아와 붙었다.
　사내가 손가락을 좀 더 깊숙이 장 속으로 디밀었다. 그러자 다시 장 속의 새는 녀석의 조그만 부리로 사내의 손가락 끝을 조심스럽게 한두 번 콕콕 쪼아 대는 시늉이더니 나중에는 겁도 없이 훌쩍 그 손가락 위로 몸을 날려 내려앉았다.　- 이청준,「잔인한 도시」

　위의 예문에서 주격 조사는 첫 번째 단락에서 두 번, 두 번째 단락에서 한 번 사용되었다. '사내가'와 '새가'에서 '가'는 둘 다 주격 조사이다. 그런데 두 번째 단락에서 보조사가 한 번 사용되었다. '그러자 장속의 새는…'에서 '새는'에 쓰인 '는'은 주격 조사가 아니고 '보조사'이다. 왜냐하면 '는'은 '다른 새가 아니라 바로 앞에 나왔던 새'이기 때문에 주격 조사가 아니고 보조사로 쓰였다.

(2) 어미

① 어미의 특성과 종류

　어미(語尾, ending)는 어형(語形) 변화를 갖는 단어의 끝에 오는 형태소이다. 어간에 붙으면서 변하는 부분을 어미라 한다. 어간이 주로 그 단어의 어휘적 의미(내용)를 나타낸다면 어미는 그 단어가 문장 안에서 갖는 문법관계(기능)를 표시한다고 할 수 있다. 주격을 나타내는 격어미 '-이/가'가 있고, 관형격(소유격)을 나타내는 격어미 '-의'가 있으며, 목적격을 나타내는 격어미 '-을/를'이 있다. 부사격을 나타내는 격어미는 다시 하위분류되어 여격의 '-에게', 처소격의 '-에(서)', 조격(도구격)의 '-로' 등으로 나눈다. 접속격을 나타내는 격어미는 '-와/과'가 있으며, 호격(呼格)을 나타내는 격어미로는 '-아/야' 등이 있다. 그리고 명사형 어미로는 '-(으)ㅁ', '-기' 등이 있고, 관형사형 어미로는 '-(으)ㄴ', '-(으)ㄹ'이 있으며, 부사형 어미로는 '-아/어', '-게', '-지', '-고' 등이 있다.

어미는 위치에 따라 단어를 완성하는 폐쇄 형태소(閉鎖形態素)인 어말어미(語末語尾, final ending)와 뒤에 다른 형태소가 따라붙는 개방 형태소(開放形態素)인 선어말어미(先語末語尾, prefinal ending)가 있다. 어근은 '파생이나 합성에서 의미상 중심이 되는 부분'을 말한다.

② 어말어미

그 자체로 단어를 완성하는 것들인 어말어미(語末語尾)는 종결어미(終結語尾), 비종결어미(非終結語尾), 그리고 전성어미(轉成語尾)로 나눈다. 어말어미는 한 문장이 완전히 끝맺느냐, 그렇지 않느냐에 따라 종결어미와 비종결어미로 나눌[21] 수 있다. 문장의 끝에 위치하여 그것으로 한 문장을 끝맺는 종결어미에는 '-ㄴ다, -네, -오, -ㅂ니다, -느니라, -렷다' 같은 평서형, '-구나, -군, -로구나, -어라/-아라, -도다' 같은 감탄형, '-느냐, -니, -는가, -나, -ㅂ니까, ㄹ까, -오(소)'

---

21) 고영근 · 구본관, 『우리말 문법론』, 집문당, 2008, p.170.

같은 의문형, '-어라/-아라, -려므나, -ㅂ시오, -게' 같은 명령형, '-자, -ㅂ시라, -세, -시지요' 같은 청유형이 있다. 그리고 단어의 끝에 위치하되 문장을 끝맺지는 않는 비종결어미에는 '-고, -며, -자, -면서, -락락, -거나거나, -든지-든지' 같은 대등적 연결어미, '-면, -니, -나, -지만, -도록, -려고' 같은 종속적 연결의미, '-아/-어. -게, -지, -고' 같은 보조적 연결어미가 있다. 끝으로 활용어의 어간에 붙어 다른 품사의 자격으로 바꾸어 주는 어미인 전성어미에는 '-는, -(으)ㄴ, -던, -ㄹ' 같은 관형사형 전성어미와 '-기, -ㅁ' 같은 명사형 전성어미가 있다.

　태극기가 펄럭이**다**. → '다'가 종결어미이다.
　친선 마라톤대회에서 이민성 선수가 천천히 뛰**어** 5등으로 들어왔다.
→ '어'가 연결어미이다.
　이완용의 친일행위에 대해 비난을 **함이** 마땅하다. → '함이'는 전성어미이다.

③ 선어말어미
　선어말어미는 그것으로 한 단어가 끝나지 못하고 반드시 그 뒤에 다른 어미를 필요로 하는데, 용언의 어간과 어말어미 사이에 온다. 선어말어미에는 '-시-' 같은 높임 선어말어미, '-오-/-옵-, -사오-, -삽' 같은 공손 선어말 어미, '-는-/-ㄴ-, -았-/-었-, -겠-, -더-' 같은 시제 선어말어미가 있다. 대체로 어간 + 높임 + 시제 + 추측 + 공손 + 회상 + 어말어미의 순서로 배열된다. 요컨대 선어말어미는 '-(으)시었겠사옵더-' 같은 순서로 배열된다는 것이다.
　어미 체계[22]를 정리해 보면 다음과 같다.

---

22) 고영근 · 구본관, 앞의 책, p.171.

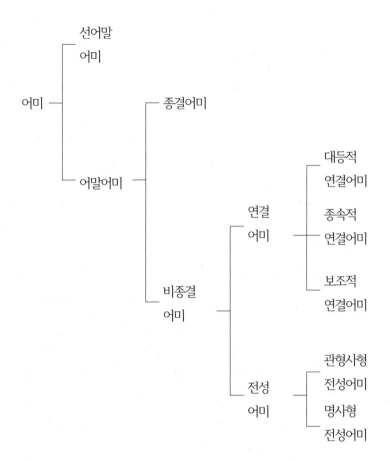

4) 용언

(1) 용언의 특징

문장 안에서 서술어로 쓰이는 용언은 품사 분류의 상위 개념이다. 형태
적으로는 활용을 하며, 어떤 주체 · 사물의 동작이나 작용, 성질이나 상

태를 서술하는 기능을 한다. 용언은 주체를 서술하는 것을 주된 기능으로 하여 주로 문장의 서술어가 되지만, 다양한 어미(語尾) 활용에 의해 문장의 거의 모든 성분이 될 수 있다.

(2) 용언의 종류

문장의 주체를 서술하는 기능을 가진 말로, 활용할 수 있는 품사인 용언은 의미에 따라 사물의 동작이나 자연의 작용을 표시하는 동사(動詞)와 사람이나 사물의 성질이나 상태를 표시하는 형용사(形容詞)로 나눈다. 그리고 쓰임에 따라 문장에서 자립하여 실질적인 의미를 나타내는 용언인 본용언(本用言)과 본용언 뒤에 붙어 어떤 뜻을 더하여 도우면서 그와 함께 서술부(敍述部)를 담당하는 용언인 보조용언(補助用言)으로 나눈다. 부연하면 본용언(本用言)은 자립하여 실질적인 의미를 나타내는 용언으로 보조용언의 도움을 받아 문장의 주체를 주되게 서술하며, 단독으로 문장의 서술어가 될 수 있다. "나는 그 사실을 적어 둔다", "별반 크지 아니하다", "나는 울고 싶다"에서 '적다', '크다', '울다' 따위가 그 예이다.

또한 활용의 규칙성 여부에 따라 한국어의 일반적 음운 규칙에 맞게 활용하는 용언인 규칙용언(規則用言)과 한국어의 일반적 음운 규칙으로는 설명이 불가능하게 활용하는 용언인 불규칙용언(不規則用言)으로 나눈다. 한편 보조용언은 본용언 밑에서만 사용되는 보조동사(補助動詞)와 본용언 아래에서 그것을 돕는 구실을 하는 보조형용사(補助形容詞)로 나눈다.

보조용언은 자립하여 쓰이지 않고 앞의 용언에 접속되어 그 의미를 도와주는 용언이다. 2개 이상 연속된 용언 중 맨 앞의 것은 본용언이고 나머지는 보조용언이다.

보조용언은 본용언의 어간 + 보조적 연결어미(아/어/게/지/고) + 보조용언으로 구성되어 있다.

용언의 어간(語幹)에 명사형 어미가 연결되면 명사의 자격을 갖게 되어 명사가 담당할 수 있는 모든 문장 성분이 될 수 있고 관형사형 어미가 연결되면 관형사가 담당할 수 있는 문장 성분이 될 수 있다. 용언은 실질 형태소인 어간과 형식 형태소인 어미로 구성된다. 어간과 어미가 연결 될 때에 소리 나는 대로 이어 적지 않고 그 경계를 분명히 구별하여 적을 뿐만 아니라 어간과 어미 각각을 일정한 형태로 고정시켜 적는다.

① 동사

사물의 동작이나 작용을 나타내는 품사이다. 쓰임에 따라 본동사와 조동사로, 성질에 따라 자동사와 타동사로, 행동의 자작성에 따라 주동사와 사동사로, 행동의 자발성에 따라 능동사와 피동사로, 활용의 규칙성에 따라 규칙동사와 불규칙동사로, 서술 능력의 자립성에 따라 본동사와 보조동사로 나눈다.

"얼라……여보슈. 그러면 물 보구두 즌기가 읎어 논바닥 태먹는 사람이, 임자 읎이 지나가는 즌기좀 새치기 했기루서니, 그게 그리 큰 난리유?"
하고 이번에는 장이 **갈마들며** 중년을 몰아세웠다.
― 이문구, 「우리 동네 김씨」

위의 예문의 '갈마들다'는 고유어 계통의 동사로 '갈음하여 들다. 번갈아 들다'라는 뜻을 가지고 있다.

② 형용사

사물의 상태나 성질이 어떠함을 설명하는 품사이다. 목적어의 호응이 없어, 자동, 타동, 사동, 피동의 구별이 없다. '어간 + 다(현재형)'의 형식이 기본형이다.

나는 그 인연을 소중하게 여긴다. 그 인연 덕분에 그들의 빛과 어둠에 대한 정보에 다소간 접근할 수 있었기 때문이다. 나에게는 경상도 사람과 전라도 사람의 특질에 관한 한 자락 생각이 있다. 나는 전자의 특질을 '직진', 후자의 특질을 '해찰'로 정의하고는 한다. 애들 심부름시켜 보면 좌고우면하는 법 없이 오로지 심부름에만 마음 쓰는 아이가 있고, 동무들 놀이하는 데도 기웃거리고 지나가는 개도 더러 집적거리는 **해찰궂은** 아이가 있다.

- 이윤기, 「굽은 작대기는 어떻게 펴는가」

위의 예문의 '해찰궂다'는 고유어 계통의 형용사로 '물건을 부질없이 집적이어 해치는 짓을 하는 버릇이 있다.'라는 뜻을 가지고 있다.

(3) 용언의 활용

활용(活用, conjugation)은 용언의 어간에 어미(語尾)와 선어말 어미가 두루 붙어 문장의 성격을 여러 가지로 바꾸는 것을 말하는데 어미 변화(語尾變化)라고도 한다. 한국어의 단어 가운데 활용하는 것은 동사, 형용사, 서술격 조사이다. 활용은 어미에 따라 나누어지는데, 평서형·감탄형·의문형·명령형·청유형 같은 종결형(終結形)은 문장을 끝맺는 활용 형태이고, 대등적 연결·종속적 연결·보조적 연결처럼 문장을 연결 시켜주는 활용 형태인 연결형(連結形)·관형사형·명사형처럼 문장의 자격을 바꿔주는 전성형(轉成形) 등 세 가지로 구분할 수 있다.

굴절(屈折), 즉 어미 변화에는 곡용(曲用)과 활용 2가지가 있다. 그렇기 때문에 이론상으로는 곡용어간과 활용어간이 있으나 실제로 곡용어간은 어간 자체가 자립형식인 체언이나 체언상당어구이므로 그냥 체언이라고 부르는 경우가 많아서 결국 일반적으로 의존형식인 활용어간만을 어간이라 한다. 활용의 경우 '먹고, 먹으니, 먹어서, 먹으며' 등에서 활용어미 '-고, -으니, -어서, -으며' 등을 제거하면 '먹-'만 남게 되는데 일반적으로 이것만을 어간이라고 한다.

어간은 용언(用言)에 대하여 쓰는 말이다. 용언이 어법적 관계를 보이기 위하여 활용할 때 달라지지 않는 부분을 어간이라고 하는데, 이에는 기본 어간(基本語幹)과 보조어간(補助語幹)이 있다. 피동(被動) · 사동(使動) · 강세(强勢)의 접사(接詞)들도 어간에 해당하다. 그리고 변하는 부분을 변하지 않는 부분과 구별하여 어미라고 한다.

5) 수식언 및 독립언

(1) 관형사

① 특징과 종류

관형사(冠形詞)는 아무 꼴의 달라짐이 없이 그대로 매김자리에서 체언이 어떠하다고 꾸미는 구실만 하는 품사를 말한다. 관형사는 체언을 수식하는 성질에 따라 성상 관형사(性狀冠形詞), 지시 관형사(指示冠形詞), 수 관형사(數冠形詞)의 세 종류로 나눈다.

ㄱ 성상 관형사 : 체언의 성질과 상태를 수식하는 관형사이다. '새, 헌, 맨, 온갖, 뒷' 등.

ㄴ 지시 관형사 : 체언을 지시하여 수식하는 관형사이다. '이, 그, 저, 어느, 무슨, 웬' 등.

ㄷ 수 관형사 : 체언의 수(數)를 나타내어 수식하는 관형사이다. '한, 두, 세(서,석), 여러' 등.

어이구 참 저쪽에선 긴한 얘기가 있다 하고 이쪽에선 피치 못할 일이 있다 하고 어느 장단에 춤을 추죠?　　　　　 - 박경리, 『토지』

위의 예문에서 '어느'는 고유어 계통의 관형사이다.

② 접미사 '-적(的)'

　접미사 '-적(的)'은 최남선의 『소년』 창간호(1908. 11)에 "本誌(본지)는 此(차) 責任(책임)을 克當(극당)할 만한 活動的(활동적) 進取的(진취적) 發明的(발명적) 大國民(대국민)을 養成(양성)하기 위하야 出來(출래)한 明星(명성)이라"는 발행 취지에 그 용례가 처음 보인다. 그 후 접미사 '-적(的)'이 우리 말 속에 깊숙이 파고들어 폭넓게 사용되고 있다.

　접미사 '-적(的)'은 조사가 결합되어 있으면 명사이다. 예를 들면, "두 정상의 판문점 회동은 역사적인 사건이다."에서 '역사적인'은 '역사적 + 이다(조사)'로 분석된다. 조사 앞에 오는 단어는 명사·대명사·수사 같은 체언이므로 여기서 '역사적'은 명사가 된다.

　그리고 조사 없이 체언을 꾸미면 관형사이다. 예를 들면, "판문점 회동을 가진 두 정상의 역사적 책임은 막중하다."에서 '역사적'은 '책임'이라는 체언을 꾸며주므로 관형사이다.

　끝으로 조사 없이 용언이나 부사를 꾸미면 부사이다. 예를 들면, "교통 사고를 당한 그는 비교적 빨리 회복했다."에서 '비교적'은 '빨리'라는 부사를 꾸며주므로 부사이다.

　조선 후기 정신사의 흐름에 일어난 새로운 변화들의 어느 경우나 그러하듯이, 이 시기 문학사상이나 문체의 변이도 **주자학적** 세계관과의 동요 이완 해체 과정의 일부이거나 또는 그 과정과는 무관할 수 없는 역학 관계 아래에서 전개되었다. 따라서 그 변이의 양상들에 대한 인식은 일단 **주자학적** 문학사상이나 문체미학을 시각의 기점(起點)으로 하여 접근하지 않을 수 없다.

– 이동환, 『실학 시대의 사상과 문학』

　위의 예문의 '주자학적'은 한자어 계통의 관형사로 '주자학(朱子學)과 관련된'이라는 뜻을 가지고 있다.

③ 여남은

'여남은'은 관형사로 표준어이다. '열보다 조금 더 되는 수'라는 뜻이다. 수사로도 쓰인다.

풀줄기에다 총총히 꿰어 맨 가재를 순임이는 자랑스럽게 쳐들어 보였다. **여남은** 마리는 실히 될 것 같았다.   - 이동하, 『우울한 귀향』

관형사 '여남은'이 마리를 수식하고 있다. '마리'는 짐승이나 물고기 따위의 수효를 세는 단위인 의존명사이다.

④ 관형사와 접두사의 구별

관형사와 접두사는 뒤에 오는 체언과 서로 관련성을 지니고 있다는 점에서 서로 비슷하다. 그러나 관형사와 접두사는 서로 나뉘어 떨어지는 성질인 분리성(分離性)이라는 측면에서 차이점이 있다. 관형사에는 분리성이 있는 반면 접두사에는 분리성이 없다.

㉠ 맨눈
㉡ 맨 먼저
㉢ 맨 구석 자리
㉣ 태백산의 맨 꼭대기

㉠의 '맨'은 접두사이고, ㉡, ㉢, ㉣의 '맨'은 뒤에 오는 체언을 수식하므로 관형사이다.

㉤ 새 옷
㉤' 새 큰 옷
㉥ 맨발
㉥' *맨 큰 발(다른 요소가 들어갈 수 없음)

ⓜ은 관형사와 체언 사이에 ⓜ'처럼 다른 요소가 들어갈 수 있다. 그러므로 '새'는 관형사이다.

ⓑ은 접두사와 체언 사이에 ⓑ'처럼 다른 요소가 들어갈 수 없다. 그러므로 '맨'은 접두사이다. 따라서 '맨(접두사) + 발(어근) = 맨발(파생어)'이므로 '맨발'은 하나의 단어이다.

관형사는 ⓜ처럼 띄어 쓰고, 접두사는 ⓑ처럼 붙여 쓴다.

ⓢ 이 사람, 이 책, 이 옷, 이 땅, 이 발, 이 책상, 이 나무
ⓞ 맨땅, 맨손, 맨주먹, 맨다리, 맨눈

관형사는 ⓢ처럼 체언 앞에 두루 쓰일 수 있으나, 접두사는 ⓞ처럼 특정한 몇 가지 체언에서만 쓰인다는 점도 접두사와 관형사가 구별되는 차이점이다.

(2) 부사

① 특징

용언 앞에 놓여서 그 뜻을 한정하며 활용하지 않는 품사로 관형사와 함께 수식언에 속한다. 그 밖에도 부사는 때때로 부사·관형사·명사·대명사·수사를 수식하기도 한다.

가을 하늘이 **매우** 푸르다.

'매우'는 용언인 '푸르다' 앞에서 수식해주므로 부사에 해당한다.

대추가 **매우** 잘 익었다.

글쓰기의 원리와 방법

'잘'은 용언 '익었다'를 수식해주므로 부사이다. 그 부사를 '매우'가 수식해주고 있다. 부사가 다른 부사를 수식해주고 있는 것이다.

범인은 **바로** 영철이었다.

'바로'가 '영철'을 수식해주고 있다. 이때 '바로'는 명사를 수식하는 부사이다.

다희는 아주 **새** 차를 몰고 다닌다.

'아주'가 '새'를 수식해주고 있다. 이때 '아주'는 관형사를 수식하는 부사이다.

확실히 그 계약을 포기한 것은 잘한 일이었다.

'확실히'가 '그 계약을 포기한 것은 잘한 일이었다'를 수식해주고 있다. 이때 '확실히'는 문장 전체를 수식하는 부사이다.

② 종류

부사는 그 꾸밈을 받는 언어단위의 성격에 따라 성분 부사(成分副詞), 문장 부사(文章副詞), 접속 부사(接續副詞)로 나눌 수 있다.

㉠ 성분 부사

문장 안에서 용언이나 부사와 같은 특정 성분을 수식해준다.

빨리, 갑자기, 많이, 매우, 너무, 퍽, 따르릉, 철썩철썩, 옹기종기.

바로 가시오.

'바로'는 '가시오'를 수식한다. '바로'는 '어떻게'라는 방식으로 용언을 수식하는 부사이다.

여기 앉아라.

'여기'가 '앉아라'를 수식한다. '여기'는 원래 처소를 가리키는 대명사이지만, 예문에서처럼 조사 없이 단독으로 쓰이면 부사의 기능을 갖는다. 예문에서 '여기'는 '앉아라'를 수식하는 특정한 대상을 가리키는 부사이다.

ⓒ 문장 부사

문장 전체에 대한 판단을 내리는 기능을 하는 부사이다.

진실로, 마땅히, 모름지기, 과연, 결코, 아마, 비록, 제발, 정녕 등.

확실히 그것은 시장(市長)의 잘못이었다.

ⓒ 접속 부사

단어와 단어, 문장과 문장을 이어주면서 그것을 수식하는 부사이다. 접속 부사를 문장 부사에 포함시키기도 한다.

또, 곧, 및, 왜냐 하면, 그러므로, 그래서, 그러나, 그리고, 더욱이, 아무튼 등.

산이 무너진다. 그러나 아무도 그것을 믿지 않았다.

'그러나'가 앞 문장과 뒷 문장을 연결하고 있다. '그러나'는 접속 부사이다.

영숙이도 정순이를 따라 몸을 일으키긴 했으나, 요 며칠 동안 나에게 보여주던 그 친절과 미소도 **가뭇없이** 이때만은 새침한 침묵에 잠겨 있을 뿐이었다.　　　 - 김동리, 「까치소리」

위의 예문의 '가뭇없이'는 고유어 계통의 부사로 '보이던 것이 전혀 안 보여 찾을 길이 없이.'라는 뜻을 가지고 있다.

(3) 감탄사

감탄사는 독립언으로 감동·응답·부름·놀람 따위의 느낌을 나타내는 품사이다. 감탄사는 문장 속의 다른 성분에 얽매이지 않고 독립성을 가진다. 감탄사 하나로써 하나의 문장처럼 쓰인다. 활용하지도 않고 조사도 붙일 수 없는 것이 특징이다.

허허, 아이고, 에구머니, 아서라, 여보세요, 어디, 에헴 등.

"난 싫어요. 당신 같은 사내는 난 싫어요."
하다가 제 풀에 자지러지게 웃는다. 그러더니 문득 편지 한 장(물론 기숙생에게 온 러브레터의 하나)을 집어들어 얼굴에 문지르며,
"정 말씀이야요? 나를 그렇게 사랑하셔요? 당신의 목숨같이 나를 사랑하셔요? 나를, 이 나를."
하고 몸을 추수리는 데 그 음성은 분명 울음의 가락을 띠었다.
"**에구머니**, 저게 웬일이야!"
첫째 처녀가 소곤거렸다.
"아마 미쳤나 보아, 밤중에 혼자 일어나서 왜 저러고 있을꾸."
둘째 처녀가 맞방망이를 친다……

"**에구** 불쌍해!"

하고, 셋째 처녀는 손으로 괸 때 모르는 눈물을 씻었다.

- 현진건, 「B사감과 러브레터」

위의 예문의 '에구'는 고유어 계통의 감탄사로 '몹시 놀라거나 기가 막힌 일을 당했을 때 내는 말'이라는 뜻을 가지고 있다. '에구머니'는 '에구'를 강조하여 내는 말이다.

제Ⅲ장 묘사와 서사

1. 묘사

1) 묘사의 정의

글쓰기는 설명적 글쓰기(expository writing)와 창작적 글쓰기(creative writing)로 나눌 수 있다. 설명적 글쓰기는 설명과 논증의 방법을, 창작적 글쓰기는 묘사와 서사의 방법을 주되게 사용한다. 글을 쓸 때 자신이 쓰고자 하는 글이 설명적 글쓰기에 해당하는 것인지, 창작적 글쓰기에 해당하는 것인지 판단을 내리고 글쓰기에 착수해야 한다. 창작적 글쓰기에 해당하는 글이라면 묘사와 서사의 방법을 사용하여 글을 써야 할 것이다.

묘사(描寫, description)는 글쓴이가 알고 있는 지식으로 설명하는 것이 아니라, 지금 여기에 있지 않는 대상이나 현상을 마치 있는 듯이 언어로 서술하거나 그림으로 나타내는 것이다. 묘사를 할 때 전체에서 세부로, 두드러진 것에서 사소한 것으로 전개하는 것이 좋다. 또한 지배적 인상(dominant impression)을 도드라지게 묘사하는 것이 중요하다. 실감(實感, vividness)은 묘사의 생명이라는 것을 잊어서는 안 된다.

2) 묘사의 유형

묘사는 어떤 대상을 대하는 글쓴이의 태도에 따라 문학적 묘사와 과학적 묘사로 나누어 볼 수 있다.

(1) 문학적 묘사

예술적 용도로 쓰기 위해 암시적 · 주관적인 시각에서 대상을 관찰하여 심미적으로 기술하는 묘사이다. 문학적 묘사는 소설이나 수필의 장면 등에 대한 주관적 정보를 전달하는 것이라고 할 수 있다. 섬세한 언어로 정서적인 실감을 살리는 것이 중요하다.

특히 문학적 묘사는 우리의 감각 기관인 눈, 귀, 코, 혀, 살갗 등을 통해 인지되는 감각을 생생하게 그려 보일 수 있도록 해야 한다. 문학적 묘사는 시각적 묘사, 청각적 묘사, 미각적 묘사, 후각적 묘사, 촉각적 묘사로 나누어 살펴볼 수 있다.

"달밤이었으나 어떻게 해서 그렇게 됐는지 지금 생각해두 도무지 알 수 없어."

허 생원은 오늘 밤도 또 그 이야기를 끄집어내려는 것이다. 조 선달은 친구가 된 이래 귀에 못이 박히도록 들어왔다. 그렇다고 싫증을 낼 수도 없었으나, 허 생원은 시치미를 떼고 되풀이할 대로는 되풀이하고야 말았다.

"달밤에는 그런 이야기가 격에 맞거든."

조 선달 편을 바라는 보았으나 물론 미안해서가 아니라 달빛에 감동하여서였다. 이지러는 졌으나 보름을 갓 지난달은 부드러운 빛을 흐뭇이 흘리고 있다. 대화까지는 팔십 리의 밤길, 고개를 둘이나 넘고 개울을 하나 건너고 벌판과 산길을 걸어야 된다. 길은 지금 긴 산허리에 걸려 있다. 밤중을 지난 무렵인지 죽은 듯이 고요한 속에서 짐승 같은 달의 숨소리가 손에 잡힐 듯이 들리며, 콩포기와 옥수수 잎새가 한층 달에 푸르게 젖었다. 산허리는 온통 메밀밭이어서 피기 시작한 꽃이 소금을 뿌린 듯이 흐뭇한 달빛에 숨이 막힐 지경이다. 붉은 대궁이 향기같이 애잔하고 나귀들의 걸음도 시원하다. 길이 좁은 까닭에, 세 사람은 나귀를 타고 외줄로 늘어섰다. 방울소리가 시원스럽게 딸랑딸랑 메밀밭께로 흘러간다. 앞장선 허 생원의 이야기소리는 꽁무니에 선 동이에게는 확적히는 안 들렸으나, 그는 그대로 개운한 제멋에 적적하지는 않았다.

"장 선 꼭 이런 날 밤이었네. 객줏집 토방이란 무더워서 잠이 들어야지. 밤중은 돼서 혼자 일어나 개울가에 목욕하러 나갔지. 봉평은 지금이나 그제나 마찬가지지. 보이는 곳마다 메밀밭이어서 개울가에 어디 없이 하얀 꽃이야. 돌밭에 벗어도 좋을 것을, 달이 너무도 밝은 까닭에 옷을 벗으러 물방앗간으로 들어가지 않았나, 이상한 일도 많지. 거기서 난데없는 성 서방네 처녀와 마주쳤단 말이네. 봉평서야 제일가는 일색이었지…… 팔자에 있었나 부지."

아무렴! 하고 응답하면서 말머리를 아끼는 듯이 한참이나 담배를 빨 뿐이었다. 구수한 자줏빛 연기가 밤기운 속에 흘러서는 녹았다.

"날 기다리는 것은 아니었으나 그렇다고 달리 기다리는 놈팽이가 있는 것두 아니었네. 처녀는 울고 있단 말야. 짐작은 대고 있으나 성 서방네는 한창 어려워서 들고 날 판인 때였지. 한 집안 일이니 딸에겐들 걱정이 없을리 있겠나? 좋은 데만 있으면 시집도 보내련만 시집은 죽어도 싫다지……. 그러나 처녀란 울 때같이 정을 끄는 때가 있을까. 처음에는 놀라기도 한 눈치였으나 걱정 있을 때는 누그러지기도 쉬운 듯해서 이럭저럭 이야기가 되었네…… 생각하면 무섭고도 기막힌 밤이었어."

"제천인지로 줄행랑을 놓은 건 그 다음날이렷다."

"다음 장도막에는 벌써 온 집안이 사라진 뒤였네. 장판은 소문에 발끈 뒤집혀 오죽해야 술집에 팔려가기가 상수라고 처녀의 뒷공론이 자자들 하단 말이야. 제천 장판을 몇 번이나 뒤졌겠나. 하나 처녀의 꼴은 꿩 궈먹은 자리야. 첫날밤이 마지막 밤이었지. 그때부터 봉평이 마음에 든 것이 반평생을 두고 다니게 되었네. 평생인들 잊을 수 있겠나."

"수 좋았지. 그렇게 신통한 일이란 쉽지 않어. 항용 못난 것 얻어 새끼 낳고 걱정 늘고, 생각만 해두 진저리가 나지…… 그러나 늙으 막바지까지 장돌뱅이로 지내기도 힘드는 노릇 아닌가. 난 가을까지만 하구 이 생애와두 하직하려네. 대화쯤에 조그만 전방이나 하나 벌이구 식구들을 부르겠어. 사시장천 뚜벅뚜벅 걷기란 여간이래야지."

"옛 처녀나 만나면 같이나 살까…… 난 거꾸러질 때까지 이 길 걷고 저 달 볼 테야."

산길을 벗어나니 큰 길로 틔어졌다. 꽁무니의 동이도 앞으로 나서 나귀들은 가로 늘어섰다.　　　　　　　　　　　- 이효석, 「메밀꽃 필 무렵」

위의 예문은 이효석의 단편소설 「메밀꽃 필 무렵」의 일부분이다. 감각이 돋보이는 개성적인 글이다. 위의 예문에서 작가는 봉평에서 대화까지 80리 밤길을 걸어가는 세 사람을 둘러싸고 있는 달밤이라는 정서적인 분위기와 자연 풍경을 핍진하게 묘사하고 있다. 단순한 회화적(繪畵的)인 수법에만 매달려 묘사한 것이 아니라, 감각 기관(感覺器官)을 동원해 감각적으로 묘사하고 있다. '부드러운'(촉각), '빛을'(시각), '짐승 같은 달의 숨소리'(청각)가 '손에 잡힐 듯이'(촉각), '들리며'(청각), '콩 포기와 옥수수 잎새가 한층 달에 푸르게 젖었다'(시각), '붉은 대궁이 향기같이'(후각) 등 모든 감각 기관을 동원하여 묘사하고 있다. 작가는 이러한 세부묘사를 통해 독자들에게 강원도 평창 산골의 달밤의 분위기와 자연 풍경을 육감적인 표현으로 실감 있게 그려 보이고 있다. 작가는 감각적인 세부 묘사를 통해 아름다운 글의 매력과 가치를 형상화 하고 있다. 세 사람의 장돌뱅이들이 길을 떠나면서 시작되는 「메밀꽃 필 무렵」은 드러난 의미보다 길 위와 주변에 숨어 있는 침묵의 공간까지 아름답다는 느낌이 들게 하는 작품이라고 할 수 있다.

① 시각적 묘사

시각의 효과를 원용한 묘사이다.

회갈색으로 변한 들판은 허무하고 황량하다. 햇볕은 포근한 편이었고 논바닥에 괸 물은 아직 얼지 않았다 쭈빗쭈빗한 논둑의 마른 풀이 논물에 그림자를 내리고 있었다. 달콤한 열매 맛을 못 잊은 도둑 까마귀가 감나무 꼭대기에 앉아 주둥이를 나뭇가지에 문대고 있었으며 농가 울타리 밖에 쌓인 보리짚단 위에는 참새들이 모여 앉아 햇볕 맞이를 하고 있었다. 조무래기들은 타작마당에서 팽이를 돌리고 과부 막딸네가 팔짱을 끼고 어깨를 움츠리며 마을 가는 모습이 보인다.   - 박경리, 『토지』

위의 예문에서 글쓴이는 조금 떨어진 곳에서 크지 않은 한 농촌 마을의 정경을 바라보고 있다. 차분한 묘사를 통해서 지금의 계절이 초겨울임을 알 수 있고, 걷이가 끝난 논 너머로 감나무와 까치를, 그리고 몇 사람이 한가하게 움직이는 모습을 글쓴이의 눈길을 빌어 선명히 떠올릴 수 있다.

② 청각적 묘사

청각의 효과를 원용한 묘사이다.

바깥은 어둡고 뜰 변두리의 늙은 나무들은 바람에 불려 서늘한 소리를 내었다. 처마끝 저편에 퍼진 하늘엔 별이 총총하게 박혀 있으나 , 아스므레한 기운에 잠겨 있다. 집은 전체로 조용하고 썰렁했다.

꽝 당 꽝 당

먼 어느 곳에선 이따금 여운이 긴 쇠붙이 소리가 들려왔다. 밑거리의 철공장이나 대장간에서 벌겋게 단 쇠를 쇠망치로 두드리는 소리 같았다. 근처에 그런 곳은 없을 것이었다. 그렇다면 굉장히 먼 곳일 것이었다. 굉장히 굉장히 먼 곳일 것이었다.

꽝 당 꽝 당

단조로운 소리이면서 송곳처럼 쑤시는 구석이 있는, 밤중에 간헐적
으로 들려오는 그 소리는 이상하게 신경을 자극했다.

그 쇠붙이의 쇠망치에 부딪치는 소리는 여전히 간헐적으로 이어지
고 있었다. 밤내 이어질 셈이었다. 자세히 그 소리만 듣고 있으려니
까 바깥의 서늘대는 늙은 나무들도 초여름 밤의 바람에 불려서 그런
것이 아니라, 그 소리의 여운에 울려 흔들리고 있는 것이었다.

- 이호철, 「닳아지는 살들」

위의 소설은 자정에 집에 온다는, 북한에 두고 온 맏딸을 기다리고
있는 이산가족의 슬픈 기다림을 묘사하고 있다. 작가는 그 슬픈 기
다림의 순간순간을 '꽝 당 꽝 당'으로 묘사되는 소리로 감각화 하고
있다.

③ 미각적 묘사

미각(味覺)의 감각적 효과를 맛이라고 할 때, 맛을 원용한 묘사이다.

나에게 있어서, 나의 취침의 비극과 그 무대, 그 밖의 것은 하나도
콩브레에 존재하지 않게 된 오랜 세월이 흘러간 어느 겨울날, 내가
집에 돌아오자, 어머니가 추워하는 나를 보고 나의 습관과는 반대로,
차를 조금 들게 해 주마고 제의한 적이 있다. 나는 처음에는 거절했
다가, 무슨 까닭인지 모르지만 생각을 고쳐 들기로 했다. 어머니는
과자를 가지러 보냈다. 가리비의 가느다란 홈이 난 조가비 속에 흘
려 넣어 구운 듯한, 잘고도 통통한, 프티트 마들레느(극히 평범한 버
터케이크로서, 틀에 넣고 굽는다)라고 하는 과자였다. 그리고 이윽고
우중충한 오늘 하루와 음산한 내일의 예측에 풀죽은 나는, 마들레느

의 한 조각이 부드럽게 되어가고 있는 차를 한 숟가락 기계적으로 입술로 가져갔다. 그런데 과자 부스러기가 섞여 있는 한 모금의 차가 입천장에 닿는 순간 나는 소스라쳤다. 나의 몸 안에 이상한 일이 일어나고 있는 것을 깨닫고. 뭐라고 형용키 어려운 감미로운 쾌감이, 외따로, 어디에서인지 모르게 솟아나 나를 휩쓸었다. 그 쾌감은 사랑의 작용과 같은 투로, 귀중한 정수(精髓)로 나를 채우고, 그 즉시 나로 하여금 삶의 무상(無常)을 아랑곳하지 않게 하고, 삶의 재앙(災殃)을 무해(無害)한 것으로 여기게 하고, 삶의 짧음을 착각으로 느끼게 하였다. 아니, 차라리 그 정수는 나의 몸속에 있는 것이 아니라, 그것은 나 자신이었다. 나는 나 자신을 범용한, 우연한, 죽음을 면치 못하는 존재라고는 느끼지 않게 되었다. 어디서 이 힘찬 기쁨이 나에게 올 수 있었는가? 기쁨이 차와 과자의 맛과 이어져 있다는 것은 느낄 수 있었지만, 그런 것을 한없이 초월하고 있어서 도저히 같은 성질의 것이 아닌 듯 싶었다. 어디서 이 기쁨이 왔는가? 무엇을 뜻하고 있는가? 어디서 파악하느냐? 두 모금째를 떠 마신다. 거기에는 첫 모금 속에 있던 것보다 더한 것이라고는 아무것도 없다. 세 모금째는 두 모금째보다 다소 못한 것밖에는 가져다주지 않는다. 그만두는 편이 좋겠다. 음료의 효력이 감소되어가는 성싶다. 내가 찾는 진실이 음료 속에 있지 않고, 나 자신 속에 있다는 건 확실하다. 음료는 내 몸 속에서 진실을 눈 뜨게 했다.

- 마르셀 프루스트, 김창석 옮김, 『잃어버린 시간을 찾아서』

위의 예문은 마르셀 프루스트(Marcel Proust)의 대하소설 『잃어버린 시간을 찾아서(À la recherche du temps perdu)』의 일부이다.

미각을 인상적인 표현으로 감각화 하고 있다. 작가는 "내가 찾는 진실이 음료 속에 있지 않고, 나 자신 속에 있다는 건 확실하다. 음료는 내 몸 속에서 진실을 눈 뜨게 했다."고 묘사하고 있다.

④ 후각적 묘사

　정신적으로 전이되기 쉬운 냄새를 원용한 묘사이다.

　그에게서는 언제나 비누 냄새가 난다. 아니 그렇지는 않다. 언제라고나 할 수 없다.

　그가 학교에서 돌아와 욕실로 뛰어가서 물을 뒤집어쓰고 나오는 때이면 비누 냄새가 난다. 나는 책상 앞에 돌아 앉아서 옴짝도 하지 않고 있더라도 그가 가까이 오는 것을 —— 그의 표정이나 기분까지라도, 넉넉히 미리 알아차릴 수 있다. 티이샤쓰로 갈아입은 그는 성큼 성큼 내 방으로 걸어 들어와 아무렇게나 안락의자에 주저앉든가 창가에 팔꿈을 짚고 서면서 나한테 빙긋 웃어 보인다.

　"무얼 해."

　대개 이런 소리를 던진다.

　그런 때에 그에게서 비누 냄새가 난다. 그리고 나는 나에게 가장 슬프고 괴로운 시간이 다가온 것을 깨닫는다. 엷은 비누의 향로와 함께 가슴 속으로 저릿한 것이 퍼져 나간다.

　—— 이런 말을 하고 싶었던 것이다.

　"뭘 해."

　하고 한마디를 던져 놓고는 그는 으레 눈을 좀 커다랗게 뜨면서 내 얼굴을 건너다본다.　　　　　　　　　　　　　- 강신재, 「젊은 느티나무」

　위의 예문에서 작가는 순수한 젊은이들이 앓고 있는 사랑의 애틋함과 청순함을 비누 냄새로 감각화 하고 있다.

⑤ 촉각적 묘사

　피부가 감지하는 감각 일체를 원용한 묘사이다.

어렴풋이 잠 속으로 빠져드는데 어떤 손길이 내 몸을 더듬는 감촉을 느꼈다. 담요 하나를 덮고 있는 내 발에서부터 시작하여 허벅지 사타구니 가슴께로 그 손길은 자꾸만 더듬어 올라왔다. 이건 환상이 아니라 현실이다. 하는 생각이 어렴풋이 들었다. 그러면서도 환상 속의 여체의 손길과 혼동하며 짜릿한 쾌감 속으로 빠져들었다. 숨이 가빠오기까지 했다. 몽정(夢精)을 하기 직전의 상태와도 같았다. 드디어 그 손길은 담요 바깥으로 드러나 있는 내 목까지 올라왔다. 담요를 통하여 느끼던 감촉과는 달리 그 감촉은 차갑고 거칠기까지 했다. 그 때사 나는 벌떡 몸을 일으키면서 전기 스위치를 올렸다.

- 조성기, 『라하트하헤렙』

빛이 없는 공간에서 잠이 든 '나'가 느끼는 이상스런 경험을 촉감을 중심으로 묘사하고 있다.

(2) 과학적 묘사

실용적 용도로 쓰기 위해 과학적 · 객관적인 시각에서 대상을 관찰하여 설명적으로 기록하는 묘사를 말한다. 과학적 묘사는 지형의 외양 등에 대한 객관적 정보를 전달하는 것이라고 할 수 있다.

통영은 다도해 부근에 있는 조촐한 어항이다. 부산과 여수 사이를 내왕하는 항로의 중간 지점으로서 그 고장의 젊은이들은 조선의 나폴리라고 한다. 그러니만큼 바닷빛은 맑고 푸르다. 남해안 일대에 있어서 남해도와 쌍벽인 큰 섬 거제도가 앞을 가로막고 있기 때문에 현해탄의 거센 파도가 우회하므로 항만은 잔잔하고 사철은 온난하여 매우 살기 좋은 곳이다. 통영 주변에는 무수한 섬들이 위성처럼 산재하고 있다. 북쪽에 두루미목만큼 좁은 육로를 빼면 통영 역시 섬과 별다름이 없이 사면이 바다이다. 벼랑 가에 얼마쯤 포전(浦田)이 있고 언덕배기에 대부분의 집들이 송이버섯처럼 들어앉은 지세는 빈약하다. 그래서 대부분의 주민들은 자연 어업에, 혹은 관련된 사업에 종사하고 있었다. 일면 통영은 해산물의 집산지이기도 했다. 통영 근처에서 포획하는 해산물이 그 수에 있어 많기도 하거니와 고래로 그 맛이 각별하다 하여 외지 시장에서도 비싸게 호가되고 있으니 일찍부터 항구는 번영하였고, 주민들의 기질도 진취적이며 모험심이 강하였다. 이와 같은 형편은 조상 전래의 문벌과 토지를 가진 지주층들 —대개는 하동(河東), 사천(泗川) 등지에 땅을 갖고 있었다—— 보다 어장을 경영하여 수천 금을 잡은 어장아비들의 진출이 활발하였고, 어느 정도 원시적이기는 하나 자본주의가 일찍부터 형성되었다. 그 결과 투기적인 일확천금의 꿈이 횡행하여 경제적인 지배계급은 부단한 변동을 보였다. 실로 바다는 그곳 사람들의 미지의 보고이며, 흥망성쇠의 근원이기도 하였다.   - 박경리 『김약국의 딸들』

위의 예문은 학문적 전문성과는 약간 다른 각도로 대상을 과학적으로 묘사한 예이다. 위의 예문은 통영이라는 공간의 위치와 그 인상을 개괄적으로 기술한 후 그곳에서 삶을 영위하고 있는 사람들의 생활 등을 묘사하고 있다. 글쓴이는 주관적이며 암시적인 판단은 가능한 한 배제하고 있다. 따라서 과장하거나 왜곡하지 않고 객관적으로 묘사하고 있다.

3) 낯설게 하기와 핍진성

(1) 낯설게 하기

러시아 형식주의(Russian formalism)는 1920년대에 러시아에서 형성된 독자적인 문학 연구의 방법을 말한다. 빅토르 슈클로프스키(Victor Shklovsky), 보리스 아이헨바움(Boris Eichenbaum), 야곱슨(Roman Jacobso

n) 같은 러시아 형식주의자(Russian Formalist)들의 이론은 독자적으로 미학적인 가치를 생성하면서 그 자체가 목적화 되기도 하는 '시적 언어(詩的 言語)'와 '일상적 언어(日常的 言語)'를 구별하는 데에서 출발한다. 그들은 문학이 다른 분야와 구별될 수 있는 본질적인 특징으로서 '문학성(literariness)'이라는 것이 어떻게 성립되는지에 대해 관심을 기울였다. 그들은 문학(文學)과 비문학(非文學)의 차이점을 정의하고 문학의 목적을 설명하는 방법으로 '낯설게 하기(defamiliarization)'의 기술을 도입했다. 또한 그들은 '낯설게 하기'가 예술의 중심과제라고 강조했다. 슈클로프스키는 「기술(技術)로서의 예술(Art as Technique)」에서 습관적인 사고방식(the habitual way of thinking)이 낯선 것을 쉽게 소화할 수 있는 것으로 만들 수 있다고 주장했다. 그는 '자동적(automatic)'인 지각력(preceptions)을 키우기 위한 주된 기술이 '낯설게 하기'이며, 하나의 참신한 관점(觀點)은 낯익은 대상을 낯설게 보이도록 함으로써 독자로 하여금 지각하게 할 수 있다고 지적했다.[1]

'낯설게 하기'는 일상화 되어 친숙하게 느껴지거나 반복되어 참신하지 않은 사물이나 관념을, 미학적 목적으로 일부러 어렵게 하고 낯설게 하여 새로운 느낌을 갖도록 만드는 방법이다. 슈클로프스키는 톨스토이(Lev Nikolayevich, Graf Tolstoy)가 '낯설게 하기'의 방법을 능숙하게 구사한 작가라고 평가했다. 소설을 포함한 모든 예술은 처음부터 가장 중요한 지점에 예술 그 자체의 '낯설게 하기'가 있다고 할 수 있다. "그곳에 이르기까지, 한마디의 말과 단어의 '낯설게 하기'가 시작되어, 정교하게 층(層)을 이루며 이어지는 다음 단계에서 비로소 '낯설게 하기'가 이루어지는"[2] 것이다.

---

1) Victor Shklovsky, *Art as Technique*, Russian Formalist Criticism, University of Nevraska Press, 1965, p.4. 참조.
2) 오에 겐자부로(大江健三郎), 노영희 · 명진숙 공역,『소설의 방법(小說の方法)』, 소화, 1995, p.18.

러시아 형식주의자들이 주장한 '낯설게 하기'는 글쓰기에서 독창성(獨創性)을 강조한 기법이라고 할 수 있다.

> 소녀와 헤어져 돌아오는 길에 소년은 혼자 속으로 소녀가 이사를 간다는 말을 수없이 되뇌어 보았다. 무어 그리 안타까울 것도 없었다. 그렇건만 소년은 지금 자기가 씹고 있는 대추알의 단맛을 모르고 있었다. 이 날 밤, 소년은 몰래 덕쇠 할아버지네 호두 밭으로 갔다. 낮에 봐 두었던 나무로 올라갔다. 그리고 봐 두었던 가지를 향해 작대기를 내리쳤다. 호두송이 떨어지는 소리가 별나게 크게 들렸다. 가슴이 섬뜩했다. 그러나 다음 순간, 굵은 호두야 많이 떨어져라, 많이 떨어져라, 저도 모를 힘에 이끌려 마구 작대기를 내려치는 것이었다. 돌아오는 길에는 열이틀 달이 지우는 그늘만 골라 짚었다. 그늘의 고마움을 처음 느꼈다. 불룩한 주머니를 어루만졌다. 호두송이를 맨손으로 까다가는 옴이 오르기 쉽다는 말 같은 건 아무렇지도 않았다. 그저 근동에서 제일가는 이 덕쇠 할아버지네 호두를 어서 소녀에게 맛보여야 한다는 생각만이 앞섰다.   - 황순원, 「소나기」

'그립다'와 '좋아하다'는 언어는 일상화 되어 친숙하게 느껴지거나 반복되어 독자들에게 참신하지 않은 언어다. 황순원은 「소나기」에서 이런 진부한 것을 낯설게 만들어 독자에게 새롭게 제시했다.

(2) 핍진성

서사에다 사실적인 실감을 부여함으로써 그 서사가 실제 현실과 흡사한 느낌을 주는 것을 핍진성(逼眞性, verisimilitude)이라 한다. 핍진성은 개연성(蓋然性, plausibility)과 명확히 구분되는 것은 아니다. 핍진성은 제라르 주네트(Gérard Genette)가 서사물들에 사실적인 신빙성을 부여하기 위해 고안한 개념이고, 개연성은 문학을 가능성의 기록이라고 본 아리스토텔레스(Aristoteles)가 '가능성'을 보다 자세히 설명하기 위해 개연성이라는 용어를 사용한 이후, 플롯과 관련하여 널리 쓰인 개념이다. 핍진성을 높이기 위한 서사문학적 장치로는 세부묘사(細部描寫, detail)와 동기부여(動機附與, motivation) 등을 들 수 있다.

① 세부묘사

　서사문학에서 세부묘사가 획득하는 기능은 여러 가지이지만, 그 중 하나는 이야기에 보다 사실적인 실감을 부여하여 핍진성을 부여한다는 점이다.

　오늘도 겨울 추위에 물두멍 얼어 터지는 소리로 남의 고막을 맞창 내면서 이장네 사랑의 새마을 방송이 시작되었다.
　확성기 가락은 늘 구붓구붓한 논두렁을 타고 퍼져서 그런지 모처럼 한번이나 여겨들으려면 되게 구불텅거렸으며, 바짝 얼어 으둥거러진 논두렁들이 제대로 배겨 낼까 싶잖게 요란스러웠다.
　벌써 여러 파수나 방송으로 새벽잠을 보내 버릇해온 리낙천(李樂千)은 얼른 돌아누우며 베갯잇에 한쪽 귀를 묻어 보았다. 그러나 확성기가 그 지겨운 노래만 떠벌여도 제물에 오금이 굽어들던 터라 역시 아무 소용없는 짓이었고, 외려 잡음을 걸러주어 음보만 분명해질 따름이었다.
　술이 덜 깨어 잠긴 목을 푸느라고 연방 바튼 기침을 섞어 가며 앞뒤 없이 씨월거릴 이장 목소리만 이제나저제나 기다려 보던 리는, 얼핏 스쳐 가는 느낌을 붙잡고 방송실에 없던 노래판이 새로 생겼다는 것을 알았다. 여느 때 같았으면, 우물가에 물을 긷는 순이 얼굴이 하하, 소를 모는 목동들의 웃는 얼굴이 하하…… 하는 좋아졌네를 비롯하여 근대화의 일꾼, 우리 마을, 새마을 아가씨, 농민의 노래, 사랑의 손길 따위의, 대한 노래 부르기 중앙회라는 데서 열네 곡을 이어 만든 새마을의 합창판이나 줄곧 틀어대련만, 오늘 새벽은 난데없이 징글벨이 흘러나오던 것이다.

그 소리를 거듭 듣고 나서야 마침내 세밑에 이르렀다는 것을 리는 새삼스럽게 깨달았다. 그와 아울러 마을 사람들에게 빚지시를 한 이장이 날이날마다 새벽 방송을 틀고, 연말연시란 말로 섞박지를 담아가며 성화같이 빚단련을 해온 까닭도 비로소 알 만한 것 같았다.

- 이문구, 「우리 동네 이씨」

『우리 동네』 연작의 한 편인 「우리 동네 이씨」는 사투리와 풍부한 토박이말을 구사해 현장감을 느끼게 한다. 「우리 동네 이씨」는 시시콜콜한 부분까지 세부묘사를 하여 사실감을 획득하고 있다.

② 동기부여(motivation)

한 편의 이야기가 보다 그럴 듯하고 흥미진진하게 보이도록 하기 위해서 그럴 듯하지 않은 요소를 그럴 듯하게 만드는 방식을 동기부여(動機付與)라고 한다.

일인의 재산을 조선 사람에게 판다. 이런 소문이 들렸다. 사실이라고 한다면 한 생원은 그 논 일곱 마지기를 돈을 내고 사지 않고서는 도로 차지할 수가 없을 판이었다. 물론 한 생원에게는 그런 재력이 없거니와 도대체 전의 임자가 있는데 그것을 아무나에게 판다는 것이 한 생원으로 보기에는 불합리한 처사였다.

한 생원은 분이 나서 두 주먹을 쥐고 구장에게로 쫓아갔다.

"그래 일인들이 죄다 내놓구 가는 것을, 백성들더러 돈을 내구 사라구 마련을 했다면서?"

"아직 자세힌 모르겠어두, 아마 그렇게 되기가 쉬우리라구들 하더군요."

해방 후에 새로 난 구장의 대답이었다.

"그런 놈의 법이 어딨단 말인가? 그래, 누가 그렇게 마련을 했는구?"

"나라에서 그랬을 테죠."

"나라?"

"우리 조선 나라요."

"나라가 다 무어 말라비틀어진 거야? 나라 명색이 내게 무얼 해준 게 있길래, 이번엔, 일인이 내놓구 가는 내 땅을 저희가 팔아먹으려구 들어? 그게 나라야?"

"일인의 재산이 우리 조선 나라 재산이 되는 거야 당연한 일이죠."

"당연?"

"그렇죠."

"흥, 가만 둬두면 저절루, 백성의 것이 될 걸, 나라 명색은 가만히 앉었다, 어디서 툭 튀어나와 가지구, 걸 뺏어서 팔아먹어? 그 따위 행사가 어딨다든가?"

"한 생원은, 그 논이랑 멧갓이랑 길천(吉川)이한테 돈을 받구 파셨으니깐 임자로 말하면 길천이지 한 생원인가요."

"암만 팔았어두, 길천이가 내놓구 쫓겨갔은깐, 도루 내 것이 돼야 옳지, 무슨 말야. 걸, 무슨 탁에 나라가 뺏을 영으루 들어?"

"한 생원한테 뺏는 게 아니라, 길천이한테 뺏는 거랍니다."

"흥, 둘러다 대긴 잘들 허이. 공동묘지 가 보게나, 핑계 없는 무덤 있던가? 저, 병신년에 원놈(郡守) 김가가 우리 논 열두 마지기 뺏을 제두 핑겐 다 있었더라네."

"좌우간, 아직 그렇게 지레 염렬 하실 게 아니라, 기대리구 있노라면, 나라에서 다 억울치 않두룩 처단을 하겠죠."

"일 없네. 난 오늘버틈 도루 나라 없는 백성이네. 제에길, 삼십육 년두 나라 없이 살아 왔을려드냐. 아아니 글쎄, 나라가 있으면 백성한테 무얼 좀 고마운 노릇을 해 주어야, 백성두 나라를 믿구, 나라에다 마음을 붙이구 살지. 독립이 됐다면서 고작 그래, 백성이 차지한 땅 뺏어서 팔아먹는 게 나라 명색이야?"

그러고는 털고 일어서면서 혼잣말로,

"독립됐다구 했을 때 만세 안 부르기 잘 했지."

- 채만식, 「논 이야기」

위의 예문은 채만식의 단편소설 「논 이야기」의 대단원 부분이다. "독립됐다구 했을 때 만세 안 부르기 잘 했지."라는 주인공 한 생원의 독백은 당대의 보통 사람들이 갖고 있는 사회적 통념과는 다르다. 이 소설의 플롯을 잘 살펴보면 그가 왜 이런 언행을 하는지 수긍이 간다.

주인공 한 생원의 아버지는 어렵게 논을 장만한다. 한 생원이 스물한 살 때 고을 원은 그의 아버지에게 동학에 가담했다는 혐의를 씌워 강제로 논을 빼앗는다. 한 생원의 아버지는 소작농으로 입에 풀칠을 해나가다, 죽는다. 세월이 흘러 8·15 해방을 맞았으나 한 생원은 기쁘지 않았다. 눈앞의 이익에 급급하고 이지적이지 못한 그는 일본인들이 쫓겨 가자 다시 농토를 되찾을 수 있으리라고 생각하였다. 그러나 잇속에 눈이 밝은 사람들이 일본인들이 운영하던 농장이나 회사의 관리자들과 한 패가 되어 가지고 일인들의 재산을 멋대로 처분하여 착복한다.

한 생원과 그의 아버지가 구한말(舊韓末) 시기부터 8 · 15 해방 무렵까지 겪은 많은 사건들이 그의 태도를 동기화 하고 있는 것이다.

2. 서사

1) 서사의 정의

'서사(敍事, narrative)'의 사전적 풀이는 '사실을 있는 그대로 적는 일'
이다. 사실을 있는 그대로 적되, 어떤 특정한 사실이나 경험을 바탕으로
한다는 것이 서사의 특징이다. 서사는 묘사와 함께 문학적인 글에서 많이
사용된다. 그러나 서사가 정서나 감정 표현을 목적으로 하는 문학적 서
사, 다시 말해 소설 같은 문학 작품에 한정해서 사용되는 것은 아니다.
정보 전달이나 설득을 목적으로 하는 서사인 설명적 서사에 해당하는 보
고서, 자기소개서 등에도 자주 사용된다. 그밖에 서사는 일기, 편지, 감상
문, 기행문 등 일상적인 글에도 사용되는 글쓰기이다.

특히 서사는 사건의 전개에 따른 등장인물의 행위에 초점을 두는 전개
방법으로 '무엇'에 관한 사항에 주된 관심을 둔다. 묘사가 거의 멈춰 있는
시간이라는 전체 현상의 부분적인 면이라고 할 수 있는 정경을 대상으로
삼고 있는 데 비하여, 서사는 시간의 흐름과 함께 전개되는 등장인물의
행위, 사건, 상황의 변화를 대상으로 삼는다는 점에서 둘은 차이가 있다.

2) 서사의 요소

서사의 요소에는 인물(character), 사건((incidents), 시간(time) 등이 있
다. 서사에서 일어나는 행동이나 사건은 시간의 변화에 따라 이루어진다.

따라서 서사는 사건이나 상황의 변화, 인물의 성장 등을 설명하는 데 알 맞다.

(1) 인물

인물은 서사의 들머리라고 할 수 있다. 모든 이야기에는 사람이 나오고, 잘 꾸려진 이야기에는 잘 성격화된 사람이 등장한다. 서사문 쓰기의 첫걸음은 어떤 종류의 사람을 설정하는 데에 있다.

① 성격창조의 방법

특히 새로운 인간형의 창조 작업인 소설에서 성격창조(性格創造, characterization)는 매우 중요하다. 성격창조는 서술과 묘사와 대화로써 이루어진다. 인물을 분석할 때는 등장인물의 이름, 등장인물들에 대한 묘사, 등장인물 자신이 행하는 말이나 행동을 면밀히 살피는 것이 중요하다.

성격창조는 서술과 묘사와 대화로써 이루어진다. 성격창조의 방법에는 분석적 방법(分析的 方法, analytical method)과 극적 방법(劇的 方法, dramatic method)이 있다.

② 대화(對話, dialogue)의 중요성

사건 전개와 성격 형성을 위한 방법으로 대화가 차지하는 비중은 크다. 송하춘은 『발견으로서의 소설기법』에서 다음과 같이 말했다.

사건 전개와 성격 형성을 위한 방법으로 대화(對話)가 차지하는 비중 또한 무시할 수 없다. 대화는 우선 인물의 실체를 입증해 주는 기능을 갖는다. 대화를 통해 우리는 인물의 등장을 실감한다. 대화가 없으면, 아무리 그 인물에 대해 설명을 해 주어도 아직 소설 속에 인물이 등장한 것 같지를 않다. 그래서 확실하게 인물을 보여주려거든 일단 대화를 구사해야 한다.

뿐만 아니라, 대화는 각 인물의 성격을 특징지어 준다. 만났으니까, 그냥 둘이서 괜히 지껄이는 말이 아니다. 어떤 의도가 있어서, 작가는 그들을 만나게 해주었고, 그 의도대로 말하도록 작가에 의해서 그렇게 조종된 것이 대화다. 그 의도가 다름 아닌 사건 전개와 성격 형성이다. 사건을 끌고 나가지 못하는 대화는 대화가 아니다. 성격을 특징지어 주지 못하는 대화는 대화가 아니다. 대화는 그래서 작중인물이 행동으로 보여주는 설명이기도 하다.

대화는 적극적이어야 한다.[3]

요컨대 서사문 쓰기에서 사건 전개와 성격창조에 있어서 대화는 매우 중요하다는 것이다. 이태준의 「밤길」은 주인물과 부인물이 나누는 대화의 묘사를 통해 성격창조에 성공하고 있어 주목된다.

다시 한 오 리 걸었을 때다. 황 서방은 살만 남은 지우산을 집어 내던지며 우뚝 섰다.
"왜?"
인젠 죽었느냐 말은 차마 나오지 않는다.
"인전 묻어 버려두 되나 볼세."
"그래?"
권 서방은 질질 끌던 삽을 들어 쩔겅 소리가 나게 자갈길을 한 번 내려쳐 삽을 짚고 좌우를 둘러본다. 한편에 소 등허리처럼 거무스름한 산이 나타난다. 권 서방은 그리로 향해 큰길을 내려선다. 도랑물이 털버덩한다. 삽도 짚지 못한 황 서방은 겨우 아이만 물에 잠그지 않았다. 오이밭인지 호박밭인지 서슬 센 덩굴이 종아리를 어인다.
"옘-병을 헐……."

---

3) 송하춘, 『발견으로서의 소설기법』, 고려대학교 출판부, 2002. p.65.

밭은 넓기도 했다. 밭두덩에 올라서자 돌각담이다. 미끄런 고무신 한 짝이 뱀장어처럼 뻐들컹하더니 벗어져 달아난다. 권 서방까지 다시 와 암만 찾아도 보이지 않는다.

"이거디 더 걷겠나?"

"여기 팝시다."

"여기 돌 아니여?"

"파문 흙 나오겠지."

황 서방은 돌각담에 아이 시체를 안고 앉았고, 권 서방은 삽으로 구덩이를 판다. 떡떡 돌이 두드러지고, 돌을 뽑으면 우물처럼 물이 철철 고인다.

"이런 빌어먹을 눔의 비……."

"물구뎅이지 별수 있어……."

황 서방은 권 서방이 벗어 놓은 가마니 쪽에 아이 시체를 누이고 자기도 구덩이로 왔다. 이내 서너 자 깊이로 들어갔다. 깊어지는 대로 물은 고인다. 다행히 비탈이라 낮은 데로 물꼬를 따놓았다. 물은 철철철 소리를 내며 이내 빠진다. 황서방은,

"으흐흐……."

하고 한자리 통곡을 한다. 애비 손으로 제 새끼를 이런 물구덩이에 넣을 것이 측은해, 권 서방이 아이 시체를 안으러 갔다.

"뭐?"

죽은 줄만 알고 안아 올렸던 권 서방은 머리칼이 곤두섰다. 분명히 아이의 입에서 무슨 소리가 난다. 꼴깍꼴깍 아이의 입은 무엇을 토하는 것이다. 비리치근한 냄새가 홱 끼친다.

"여보 어디……?"

황 서방도 분명히 꼴깍 소리를 들었다. 아이는 아직 목숨이 붙었다. 빗물이 입으로 흘러들어간 것을 게운 것이다.

"제에길, 파리새끼만두 못한 게 질기긴!"

아비가 받았던 아이를 구덩이 둔덕에 털썩 놓아 버린다.

비는 한결같다. 산골짜기에는 물소리뿐 아니라, 개구리, 맹꽁이 그리고도 무슨 날짐승 소리 같은 것도 난다.

아이는 세 번째 들여다볼 적에는 틀림없이 죽은 것 같았다. 다시 구덩이 바닥에 물을 쳐내었다. 가마니를 한끝을 깔고 아이를 놓고 남은 한끝으로 덮고 흙을 덮었다.

황 서방은 아이를 묻고, 고무신 한 짝을 잃어버리고 절름거리며 권 서방의 뒤를 따라 한길로 내려왔다.

아직 하늘은 트이려 하지 않는다.

"섰음 뭘 허나?"

황 서방은 아이 무덤 쪽을 쳐다보고 멍청히 섰다.

"돌아서세, 어서."

"예가 어디쯤이지."

"그까짓 건…… 고무신 한 짝이 아깝네만……."

"……"

"가세 어서."

황 서방은 아이 무덤 쪽에서 돌아서기는 했으나 권 서방과는 반대 방향으로 걸어가는 것이다. 권 서방이 쫓아와 붙든다.

"내 이년을 그예 찾아 한 구뎅에 처박구 말 테여."

"허! 이럼 뭘 허나?"

"으흐흐…… 이리구 삶 뭘 허는 게여? 목석만두 못헌 애비지 뭐여? 저것 원술 누가 갚어…… 이년을 내 젖퉁일 썩뚝 짤러다 묻어 줄 테다."

"황 서방 진정해요."

"노흐래두……."

"아, 딸년들은 또 어떻게 되라구?"

"……"

황 서방은 그만 길 가운데 철벅 주저앉아 버린다.

하늘은 그저 먹장이요, 빗소리 속에 개구리와 맹꽁이 소리뿐이다.

- 이태준, 「밤길」

「밤길」의 결말의 마지막 문장은 "하늘은 그저 먹장이요, 빗소리 속에 개구리와 맹꽁이 소리뿐이다."로 끝난다. 이것은 이태준이 「밤길」의 창작 의도를 잘 드러낸 구절이라고 할 수 있다. 이렇게 배경 묘사로 끝난 것은 「밤길」의 창작 의도가 '황 서방'의 슬픔이 어떻게 진전되는 것인가를 중요하게 생각한 것이 아니라, 주인물(main character) 황 서방과 부인물(minor character) 권 서방의 성격을 대조적으로 그려 보이는데 있었다는 것을 말해주고 있는 것이다. 주인물과 부인물의 성격을 대화를 통해 보여주기(telling) 기법으로 그려 성격창조에 성공한 작품이 「밤길」이다. "으흐흐……."하고 통곡을 하는 장면에서 황 서방은 다정한 면모를 보여주고 있고, "내 이년을 그예 찾아 한 구뎅에 처박구 말 테여……."라고 말하는 장면에서 드러났듯이 쉽게 화를 내는 다혈적인 성격이라는 것을 보여주고 있다. 그 반면에 "그까짓 건…… 고무신 한 짝이 아깝네만……."이라는 장면에 드러났듯이 권 서방은 현실적이고 냉정한 성격으로 형상화 되어 있다.

③ 이름 붙이기(appellation)

서사에서 작중인물의 성격창조를 할 때 애펠레이션의 문제도 중요하다. 애펠레이션이란 작중인물의 이름을 붙이는 것을 말한다. 르네 웰렉(René Wellek)과 오스틴 워렌(Austin Warren)은 『문학의 이론(Theory of Literature)』에서 "성격창조의 가장 간단한 방법은 이름 붙이기(appellation)이다. '이름 붙이기'라고 하는 것은 각각 저마다 일종의 생명을 부여하는 것(vivifying), 정령화하는 것(animizing), 개성을 부여하는 것(individuating)"[4]이라고 말했다.

홍명희는 별명식 이름 붙이기로 민중적 인물의 성격창조(characteri zation)에 성공하고 있다.

청석골 도회청은 관군의 불꾸러미가 한번 지나간 뒤에 고래등 같은 기와집이 정자 비슷한 초가로 변하고 벽노 없고 분힙도 없는 네모 번 듯한 마루 사간뿐이나 드높고 시원한 것만 하여도 광복산 움구석 같 은 방에는 댈 것이 아니고 좌우의 익랑(翼廊)터와 정면의 대문간 자리 를 모두 마당으로 닦아서 마당이 전보다 곱절이나 더 넓었다.

청석골을 비워놓고 도망할 때 여러 군데 감추어 두고 간 곡식과 세 간과 병장기는 모두 찾아내서 썩어 못쓸 것은 골라 버리고 쓸 것이라 도 세간과 병장기는 못질하고 푸레질하고 칠 벗은 것 칠 올리고 녹슨 것 녹 벗기고 이외에 아주 새로 만드는 물건도 있어서 졸개 이삼십 명이 오륙일 동안 분주히 일을 한 뒤에 도회청 마루 위에 교의도 놓 이고 도회청 축대 아래 기치도 꽂히게 되었다. 도회청 뒤에는 청포로 만든 휘장을 치고 도회청 안에는 해와 달을 그린 두 쪽 병풍 앞에 주 홍칠한 큰 교의 하나를 놓고 큰 교의 좌우로 각각 작은 교의 넷씩 휘 우듬하게 늘어놓고 도회청 앞에는 각색 기치 외에 창검과 부월(斧鉞) 을 벌려 세웠다. 휘장은 밤낮 쳐두는 것이요, 교의는 날마다 떨고 닦 는 것이요, 기치는 아침이면 내어꽂고 저녁이면 빼어들이는 것이요, 창검과 부월은 특별한 일이 있을 때에나 내세우는 것인데, 이날 점고 가 있는 까닭에 창검 부월이 아침 햇빛에 번쩍이었다. 두령들은 아직 겹옷을 벗지 아니 할 때지만 벌써 많이 홑것을 입은 졸개들이 바람기 가 쌀쌀한 햇살 퍼지기 전부터 도회청 넓은 마당으로 모여들어서 두 목들이 지휘하는 대로 칼잡이 · 창잡이 · 활잡이가 다 각각 떼를 지어

---

4) René Wellek & Austin Warren, *Theory of Literature*, Penguin Books Ltd, 1966, p.219.

섰다. 사산의 파수 보는 졸개들과 두령들 집의 심부름하는 졸개들과 그 외에 다른 소임 가진 졸개들도 하나 빠지지 않고 모두 왔다. 해가 서너 발 좋이 올라왔을 때 두령들이 하나씩 둘씩 오기 시작하고 시위 한 사람이 와서 있다가 여러 두령이 다 온 것을 보고 간 뒤 대장 꺽정이가 비로소 와서 일월병 앞에 놓인 큰 교의에 전좌하였다. 졸개들은 머리를 수건으로 질끈질끈 동이고 두목들은 머리에 벙거지를 썼을 뿐이고 여러 두령과 두 시위는 산수털벙거지를 쓰고 군복을 입었고 종사관 서림이는 탕건에 진사립을 눌러쓰고 창의를 입었고 꺽정이는 머리에 쓴 것은 금관이요 몸에 입은 것은 홍포(紅袍)이었다. 마루 위의 두령들과 축대 아래 두목들이 두 시위의 창을 따라 국궁진퇴하여 조사를 마친 뒤에 꺽정이 입에서

"점구를 시작해 보지."

말 한마디가 떨어지며 곧

"점구를 시작하랍신다!"

두 시위가 쌍으로 받아내리고

"네이."

여러 두목들이 일시에 긴 대답을 올렸다. 서림이가 꺽정이에게 품하고 마루 끝에 나와서 점고할 방법을 자세히 지휘하였다. 졸개들 섰는 편에는 청기(靑旗) 하나를 세우고 건너편에는 홍기(紅旗) 하나를 세우게 한 뒤 졸개들이 성명이 불리거든 청기 아래서 대답하고 홍기 밑으로 건너가되 건너갈 때 대상을 향하여 군례를 한 번씩 하라 하고 좌우 시위더러 축대에 나가 서서 전날 도록에 적힌 성명을 차례로 부르되 세 번 불러서 대답이 없거든 그 성명에는 표를 지르고 다음을 부르라 하고 점고를 시작할 때와 끝마친 때에 군호로 북을 치고, 처음 북소리 난 뒤부터 나중 북소리 나기까지 일체 헌화를 금지하라 하였다. 서림이가 자기 교의에 도로 와서 앉은 뒤에 꺽정이가 시림이

를 돌아보며

"헌화 금지하는 걸 두목들에게만 맡겨두지 말구 두령 몇이 나가서 보면 어떻겠소?"

하고 물어서 서림이가

"청,홍기 양쪽에 한 분씩 두 분만 나가서 섰으닌 좋겠습니다."

하고 대답하여 꺽정이는 곧 좌우편 끝 교의에 앉은 황천왕동이와 길막봉이를 마당으로 내려보냈다.

둥둥둥 북소리가 났다. 마당이나 마루나 다 같이 조용하였다. 무식한 신불출이는 도록책을 펼쳐들고 글자 아는 곽능통이는 성명을 불렀다.

"이오종이."

"네, 등대하였소."

"김몽돌이."

"네, 등대하였소."

"최오쟁이."

"네, 등대하였소."

"정갑돌이."

"네, 등대하였소."

"박씨종이."

"박씨종이."

"박씨종이."

"신복동이."

"네, 등대하였소."

"구봉득이."

"네, 등대하였소."

"장귀천이."

"장귀천이."

장귀천이는 귀가 먹어서 못 알아듣고 가만히 섰는 것을 옆에 사람들이 눈짓 입짓으로 가르쳐 주어서

"네, 네."

연거푸 대답하면서 뛰어나왔다.

"김억석이."

전에 뒷산 파수꾼 패두이던 김억석이가 아직까지 다시 오지 아니한 것은 다들 잘 아는 까닭에 곽능통이가 세 번까지 부르지 않고 다음에 적힌 성명을 불렀다.

졸개가 하나하나 연해 청기 밑에서 홍기 밑으로 건너가서 청기· 홍기의 사람 수효가 거의 반반쯤 되었을 때 꺽정이가 성을 빼고 이름만 얼른얼른 부르라고 분부를 내렸다.

"화선이."

"네."

"춘선이."

"네."

"산봉이, 산봉이, 산봉이."

"백만이, 백만이, 백만이."

"차돌이."

"네."

"쇠돌이."

"네."

"수동이."

강수동, 차수동이 수동이 둘이 쌍대답을 하였다.

"강수동이."

"네."

글쓰기의 원리와 방법

"차수동이."

"네."

"몽득이."

"네"

"서노미."

노미가 서노미·허노미·이노미 서넛이나 되어서 일껀 성까지 껴서 부르는데 허노미는 제가 불린 줄 알고 서노미보다도 앞질러 대답하였다가 다시 서노미 부르는 것을 듣고 뒤통수를 긁었다. 다른 졸개들은 이것을 보고 웃음을 참느라고 입들을 악물었다. 홍기 쪽에 있는 황두령은 가만히 한군데 섰을 뿐만 아니라 많이 딴 데를 보는 까닭에 졸개들이 소곤소곤 지껄이기도 하고 가만가만 웃기도 하지만, 청기 쪽에 있는 길두령은 어떤 놈이 혹시 웃나 지껄이나 하고 큰 눈을 두리번거리면서 어슬렁어슬렁 돌아다니는 까닭에 졸개들이 끽소리도 못하였다. 허노미와 이노미가 다 불린 뒤에 개똥쇠와 작은쇠가 불리고 그 다음에 덜렁쇠가 불리었다. 덜렁쇠는 이름과 같이 사람도 덜렁이라 네 대답하고 곧 쏜살로 홍기 쪽으로 건너갔다가 두목에게 볼치 맞고 다시 나와서 헌신하고 들어갔다. 연하여 불리는 이름 중에 존이, 출이, 녹이, 복이, 동이 같은 외자 이름도 꽤 많고 삽살개미치, 자릅개동이, 같은 다섯 자 이름도 혹 있고, 광노, 양필, 맹효 같은 점잖은 관명도 더러 있으나 강아지, 도야지, 부엌개, 맞당개, 쥐불이, 쇠미치, 말미치 같은 천한 아명이 제일 많았다. 청기 아래 두목과 졸개가 하나도 남지 아니한 뒤에도 도록에 적힌 성명은 두서넛 더 있었으나 곽능통이가 부르지 않고 표를 질렀다. 해가 늦은 아침때가 지난 뒤에 점고가 끝이 났다. 북소리가 둥둥둥 나며 홍기 아래는 와글와글하였다. 도회청지기 소임을 가진 아이들만 남아 있고 그 외는 다들 가라고 꺽정이가 영을 내려서 두목과 졸개들은 모두 뿔뿔이 흩어져 갔다. 도록에 성명이 적힌 두목과 졸개는 백 명이 넘으나 점고받은 수효는 육십여 명밖에 더 아니 되었다. 이때까지 다시 오지 아니한 것들은 종내 오지 아니할 것이고 설혹 오더라도 받아두지 않는다고 꺽정이가 사람 없는 빈 성명을 모두 꺽자 치게 하였다.

– 홍명희, 『임꺽정』

가공이 역사적 사실보다 많은 새로운 유형의 역사소설의 시초로 알려져 있는 『임꺽정』은 전 10권의 대하소설이다. 1권부터 3권까지가 의형제(義兄弟)편, 4~7권이 화적(火賊)편, 8권이 봉단(鳳丹)편, 9권이 피장(皮匠)편, 10권이 양반(兩班)편으로 되어 있으나 전편은 미완성이다. 예문은 7권 '화적편'의 한 대목이다. 여러 계층이 사용하는 다방면의 어휘를 구사한 홍명희답게 예문에서처럼 한자어도 자유자재로 구사했다. 고유어는 물론, 첩어도 활달하게 구사고 있다.

'산봉이', '백만이', '차돌이', '몽득이', '서노미' 등 홍명희가 창조한 인물들의 이름은 한결 같이 민중적이다.

④ 분석적 방법

직접적 표현법(direct presentation)으로 해설적 방법(expository) 혹은 말하기(telling) 방법이라고도 한다. 화자가 나서서 등장인물의 특색(traits)이나 특성(characteristics)을 세밀하게 분석하여 그 결과를 독자에게 전달한다. 독자는 화자(話者, narrator)의 중개를 통해 인물의 심리를 파악할 수 있다. 인물의 심리가 추상적으로 제시될 위험이 있고, 서사의 진행을 방해할 우려가 있다.

'삵'이라는 별명을 가지고 있는 '정익호'라는 인물을 본 것이 여기서이다.

익호라는 인물의 고향이 어디인지는 ××촌에서 아무도 몰랐다. 사투

글쓰기의 원리와 방법

리로 보아서 경기 사투리인 듯하지만 빠른 말로 재재거리는 때에는 영남 사투리가 보일 때도 있고, 싸움이라도 할 때는 서북 사투리가 보일 때도 있었다. 그런지라 사투리로서 그의 고향을 짐작할 수가 없었다 쉬운 일본말도 알고, 한문 글자도 좀 알고, 중국말은 물론 꽤하고, 쉬운 러시아말도 할 줄 아는 점 등등, 이곳저곳 슳히게 줏어먹은 것은 짐작이 가지만 그의 경력을 똑똑히 아는 사람은 없었다.

그는 여(余)가 ××촌에 가기 일 년 전쯤 빈손으로 이웃이라도 오듯 후덕덕 ××촌에 나타났다 한다. 생김생김으로 보아서 얼굴이 쥐와 같고 날카로운 이빨이 있으며 눈에는 교활함과 독한 기운이 늘 나타나 있으며, 발룩한 코에는 코털이 밖으로까지 보이도록 길게 났고, 몸집은 작으나 민첩하게 되었고, 나이는 스물다섯에서 사십까지 임의로 볼 수 있으며, 그 몸이나 얼굴 생김이 어디로 보든 남에게 미움을 사고 근접치 못할 놈이라는 느낌을 갖게 한다.

그의 장기(長技)는 투전이 일쑤며, 싸움 잘하고, 트집 잘 잡고, 칼부림 잘하고, 색시에게 덤벼들기 잘하는 것이라 한다.

생김생김이 벌써 남에게 미움을 사게 되었고, 거기다 하는 행동조차 변변치 못한 일만이라, ××촌에서도 아무도 그를 대척하는 사람이 없었다. 사람들은 모두 그를 피하였다. 집이 없는 그였으나 뉘 집에 잠이라도 자러 가면 그 집 주인은 두말없이 다른 방으로 피하고 이부자리를 준비하여주고 하였다. 그러면 그는 이튿날 해가 낮이 되도록 실컷 잔 뒤에 마치 제 집에서 일어나듯 느직이 일어나서 조반을 청하여 먹고는 한마디의 사례도 없이 나가버린다.

그리고 만약 누구든 그의 이 청구에 응치 않으면 그는 그것을 트집으로 싸움을 시작하고, 싸움을 하면 반드시 칼부림을 하였다.

동네의 처녀들이며 젊은 여인들은 익호가 이 동네에 들어온 뒤부터는 마음 놓고 나다니지를 못하였다. 철없이 나갔다가 봉변을 당한 사람도 몇이 있었다.　　　　　　　　　　　　　　　- 김동인, 「붉은 산」

김동인은 「붉은 산」에서 성격창조 방법으로 말하기(telling), 즉 해설적 방법(극적 방법)을 사용하고 있다. 「붉은 산」은 화자인 '나'가 주인공인 '익호'를 주관적 인상과 판단에 의해 해설하는 방법으로 독자 앞에 제시하고 있다. 대상의 지배적 인상을 독자에게 그려 보이려는 화자의 의도가 강하게 작용하고 있는 것이다.

⑤ 극적 방법

보여주기(showing) 방법이라고도 한다. 간접적 표현법(indirect presentation)이다. 화자의 개입 없이 작가가 인물의 대화(dialogue), 행동(action)을 독자에게 보여주기만 한다. 독자가 생동감 있는 인물을 직접 대할 수 있다. 독자가 등장인물의 심리를 파악하기 어렵다.

마침내 사흘째 되는 날 부인이 나를 불렀다.
"보수를 드닐 날이 지났는데……"
"네, 벌써 그렇게 됐던가요?"
나는 태연히 딴전을 부렸다.
부인이 난처한 듯 눈살을 모았다. 나는 가슴이 두방망이질하는 걸 느꼈다.
"우린 해가 진 후엔 절대로 돈 지불을 안 하기로 돼있어요."
"네?"
나는 부인의 말뜻을 알아들을 수가 없었다.
"해 떨어진 후 금전 지불을 하면 영락없이 손재수가 끼거든요. 그래서 우린 오래 전부터 이런 일은 사위를 해왔다우. 시체 사람들은 미신이라고 웃을지 모르지만 돈푼이나 지니고 살려면 누구나 그만 사위는 하는 거라우. 그러니까 수고스럽지만 낮에 들러 줘요."

　　　　　　　　　　　　　　　　　　 - 박완서, 「재수굿」

박완서의 「재수굿」은 극적 방법으로 인물을 형상화한 본보기가 되는 단편소설이다. 작가가 등장인물의 감정이나 판단을 말하거나 설명하지 않고, 등장인물의 말과 행동을 눈앞에 보이는 대로 그대로 묘사하여 독자 앞에 제시하고 있다. 전형적인 보여주기 방법인 것이다.

화자인 '나'(가정교사)와 '부인(부잣집 마나님)'의 대화를 통해 황금만 능주의와 가난한 사람을 멸시하는 부인의 속물적인 모습을 묘사하고 있다.

⑥ 분석적 방법과 극적 방법의 조화

소설의 성격창조의 방법으로 분석적 방법(말하기)과 극적 방법(보여주기)을 살펴보았다. 송하춘이 『발견으로서의 소설기법』에서, "소설은 처음부터 끝까지 '보여주기'로만 일관하기도 어렵거니와, '말하기'로만 일관하는 것도 좋지 않다. 그 두 가지 방법이 알맞게 조화를 이루어야 한다."5)고 한 말은 분석적 방법과 극적 방법의 조화를 강조한 것이다.

(2) 사건(incidents)

서사 속에서 발생하고 벌어지는 온갖 일들을 지칭하는 사건(事件)을 서술하는 것은 서사의 본령이라고 할 수 있다. 사건은 행동의 집합이며, 서사는 사건의 연쇄이다. 그리고 사건의 주체는 인물이다. 말하자면 서사는 등장 인물의 행위인 것이다. 서사문을 쓸 때 인물과 사건을 함께 생각해야 한다.

나는 아내의 밤 외출 틈을 타서 밖으로 나왔다. 나는 거리에서 잊어버리지 않고 가지고 나온 은화를 지폐로 바꾼다. 오 원이나 된다. 그것

---

5) 송하춘, 『발견으로서의 소설기법』, 고려대학교 출판부, 2002, p.56.

을 주머니에 넣고 나는 목적지를 잃어버리기 위하여 얼마든지 거리를 쏘다녔다. 오래간만에 보는 거리는 거의 경이에 가까울 만큼 내 신경을 흥분시키지 않고는 마지 않았다. 나는 금시에 피곤하여 버렸다. 그러나 나는 참았다. 그리고 밤이 이슥하도록 까닭을 잃어버린 채 이 거리 저 거리로 지향없이 헤매었다. 돈은 물론 한 푼도 쓰지 않았다. 돈을 쓸 아무 엄두도 나서지 않았다. 나는 벌써 돈을 쓰는 기능을 완전히 상실한 것 같았다.

 나는 과연 피로를 이 이상 견디기가 어려웠다. 나는 가까스로 내 집을 찾았다. 나는 내 방으로 가려면 아내 방을 통과하지 아니하면 안 될 것을 알고, 아내에게 내객이 있나 없나를 걱정하면서 미닫이 앞에서 좀 거북살스럽게 기침을 한 번 했더니, 이것은 참 또 너무 암상스럽게 미닫이가 열리면서 아내의 얼굴과 그 등 뒤에 낯선 남자의 얼굴이 이쪽을 내다보는 것이다. 나는 별안간 내어쏟아지는 불빛에 눈이 부셔서 좀 머뭇머뭇했다.

 나는 아내의 눈초리를 못 본 것은 아니다. 그러나 나는 모른 체하는 수밖에 없었다. 왜? 나는 어쨌든 아내의 방을 통과하지 아니하면 안 되니까…….

나는 이불을 뒤집어썼다. 무엇보다도 다리가 아파서 견딜 수가 없었다. 이불 속에서는 가슴이 울렁거리면서 암만해도 까무러칠 것만 같았다. 걸을 때는 몰랐더니 숨이 차다. 등에 식은땀이 쭉 내배인다. 나는 외출한 것을 후회하였다. 이런 피로를 잊고 어서 잠이 들었으면 좋았다. 한잠 잘 자고 싶었다.

 얼마 동안이나 비스듬히 엎드려 있었더니 차츰차츰 뚝딱거리는 가슴 동계가 가라앉는다. 그만해도 우선 살 것 같았다. 나는 몸을 들쳐 반듯이 천장을 향하여 눕고 쭈욱 다리를 뻗었다.

 그러나, 나는 또 다시 가슴의 동계를 피할 수 없게 되었다. 아랫방에서 아내와 그 남자의 내 귀에도 들리지 않을 만큼 낮은 목소리로 소곤거리는 기적이 장지 틈으로 전하여 왔던 것이다. 청각을 더 예민하게 하기 위하여 나는 눈을 떴다. 그리고 숨을 죽였다. 그러나, 그때는 벌써 아내와 남자는 앉았던 자리를 툭툭 털고 일어섰고 일어서면서 옷과 모자 쓰는 기적이 나는 듯하더니 이어 미닫이가 열리고 구두 뒤축 소리가 나고 그리고 뜰에 내려서는 소리가 쿵 하고 나면서 뒤를 따르는 아내의 고무신 소리가 두어 발짝 찍찍 나고 사뿐사뿐 나나 하는 사이에 두 사람의 발소리가 대문간 쪽으로 사라졌다.

나는 아내의 이런 태도를 본 일이 없다. 아내는 어떤 사람과도 결코 소곤거리는 법이 없다. 나는 윗방에서 이불을 쓰고 누웠는 동안에도 혹 술이 취해서 혀가 잘 돌아가지 않는 내객들의 담화는 더러 놓치는 수가 있어도 아내의 높지도 낮지도 않은 말소리는 일찍이 한 마디도 놓쳐 본 일이 없다. 더러 내 귀에 거슬리는 소리가 있어도 나는 그것이 태연한 목소리로 내 귀에 들렸다는 이유로 충분히 안심이 되었다.

그렇던 아내의 이런 태도는 필시 그 속에 여간하지 않은 사정이 있는 듯싶이 생각이 되고 내 마음은 좀 서운했으나 그러나 그보다도 나는 좀 너무 피곤해서 오늘만은 이불 속에서 아무것도 연구하지 않기로 굳게 결심하고 잠을 기다렸다. 잠은 좀처럼 오지 않았다. 대문간에 나간 아내도 좀처럼 들어오지 않았다. 그러는 동안에 흐지부지 나는 잠이 들어 버렸다. 꿈이 얼쑹덜쑹 종을 잡을 수 없는 거리의 풍경을 여전히 헤매었다.

나는 몹시 흔들렸다. 내객을 보내고 들어온 아내가 잠든 나를 잡아 흔드는 것이다. 나는 눈을 번쩍 뜨고 아내의 얼굴을 쳐다보았다. 아내의 얼굴에는 웃음이 없다. 나는 좀 눈을 비비고 아내의 얼굴을 자세히 보았다. 노기가 눈초리에 떠서 얇은 입술이 바르르 떨린다. 좀처럼 이 노기가 풀리기는 어려울 것 같았다. 나는 그대로 눈을 감아

버렸다. 벼락이 내리기를 기다린 것이다. 그러나, 쌔근 하는 숨소리
가 나면서 푸스스 아내의 치맛자락 소리가 나고 장지가 여닫히며 아
내는 아내 방으로 돌아갔다. 나는 다시 몸을 돌쳐 이불을 뒤집어쓰고
는 개구리처럼 엎드리고, 엎드려서 배가 고픈 가운데도 오늘 밤의 외
출을 또 한 번 후회하였다.

나는 이불 속에서 아내에게 사죄하였다. 그것은 네 오해라고……

나는 사실 밤이 퍽으나 이슥한 줄만 알았던 것이다. 그것이 네 말마
따나 자정 전인 줄은 정말이지 꿈에도 몰랐다. 나는 너무 피곤하였었
다. 오래간만에 나는 너무 많이 걸은 것이 잘못이다. 내 잘못이라면
잘못은 그것 밖에 없다. 외출은 왜 하였더냐고?

나는 그 머리맡에 저절로 모인 오 원 돈을 아무에게라도 좋으니 주
어 보고 싶었던 것이다. 그뿐이다. 그러나, 그것도 내 잘못이라면 나
는 그렇게 알겠다. 나는 후회하고 있지 않나?

내가 그 오 원 돈을 써 버릴 수가 있었던들 나는 자정 안에 집에
돌아올 수 없었을 것이다. 그러나 거리는 너무 복잡하였고 사람은 너
무도 들끓었다. 나는 어느 사람을 붙들고 그 오 원 돈을 내어 주어야
할지 갈피를 잡을 수가 없었다. 그러는 동안에 나는 여지없이 피곤해
버리고 말았던 것이다.

나는 무엇보다도 좀 쉬고 싶었다. 눕고 싶었다. 그래서 나는 하는
수 없이 집으로 돌아온 것이다. 내 짐작 같아서는 밤이 어지간히 늦
은 줄만 알았는데, 그것이 불행히도 자정 전이었다는 것은 참 안된
일이다. 미안한 일이다. 나는 얼마든지 사죄하여도 좋다. 그러나 종
시 아내의 오해를 풀지 못하였다 하면 내가 이렇게까지 사죄하는 보
람은 그럼 어디 있나? 한심하였다.

한 시간 동안을 나는 이렇게 초조하게 굴지 않으면 안 되었다. 나는
이불을 확 젖혀 버리고 일어나서 장지를 열고 아내 방으로 비칠비칠
달려갔던 것이다. 내게는 거의 의식이라는 것이 없었다. 나는 아내

이불 위에 엎드러지면서 바지 포켓 속에서 그 돈 오 원을 꺼내 아내 손에 쥐어 준 것을 간신히 기억할 뿐이다.

이튿날 잠이 깨었을 때 나는 내 아내 방 아내 이불 속에 있었다. 이 것이 이 33번지에서 살기 시작한 이래 내가 아내 방에서 잔 맨 처음 이었다.

해가 들창에 훨씬 높았는데 아내는 이미 외출하고 벌써 내 곁에 있지는 않다. 아니! 아내는 엊저녁 내가 의식을 잃은 동안에 외출한 것인지도 모른다. 그러나 나는 그런 것을 조사하고 싶지 않았다. 다만 전신이 찌뿌드드한 것이 손가락 하나 꼼짝할 힘조차 없었다. 책보보다 좀 작은 면적의 볕이 눈이 부시다. 그 속에서 수없이 먼지가 흡사 미생물처럼 난무한다. 코가 콱 막히는 것 같다. 나는 다시 눈을 감고 이불을 푹 뒤집어쓰고 낮잠을 자기에 착수하였다. 그러나, 코를 스치는 아내의 체취는 꽤 도발적이었다. 나는 몸을 여러 번 여러 번 비비 꼬면서 아내의 화장대에 늘어선 고 가지각색 화장품 병들의 마개를 뽑았을 때 풍기는 냄새를 더듬느라고 좀처럼 잠은 들지 않는 것을 나는 어찌하는 수도 없었다.

견디다 못하여 나는 그만 이불을 걷어차고 벌떡 일어나서 내 방으로 갔다. 내 방에는 다 식어 빠진 내 끼니가 가지런히 놓여 있는 것이다. 아내는 내 모이를 여기다 두고 나간 것이다. 나는 우선 배가 고팠다. 한 숟갈을 입에 떠 넣었을 때 그 촉감은 참 너무도 냉회와 같이 써늘하였다. 나는 숟갈을 놓고 내 이불 속으로 들어갔다. 하룻밤을 비었던 내 이부자리는 여전히 반갑게 나를 맞아 준다. 나는 내 이불을 뒤집어쓰고 이번에는 참 늘어지게 한잠 잤다. 잘…….

내가 잠을 깬 것은 전등이 켜진 뒤다. 그러나 아내는 아직도 돌아오지 않았나보다. 아니! 돌아왔다 또 나갔는지 알 수 없다. 그러나 그런 것을 상고하여 무엇 하나?

제Ⅲ장 묘사와 서사

정신이 한결 난다. 나는 지난 밤 일을 생각해 보았다. 그 돈 오 원을 아내 손에 쥐어 주고 넘어졌을 때에 느낄 수 있었던 쾌감을 나는 무엇이라고 설명할 수가 없었다. 그러나 내객들이 내 아내에게 돈 놓고 가는 심리며 내 아내가 내게 돈 놓고 가는 심리의 비밀을 나는 알아낸 것 같아서 여간 즐거운 것이 아니다. 나는 속으로 빙그레 웃어 보았다. 이런 것을 모르고 오늘까지 지내온 내 자신이 어떻게 우스꽝스럽게 보이는지 몰랐다. 나는 어깨춤이 났다.

따라서 나는 또 오늘밤에도 외출하고 싶었다. 그러나, 돈이 없다. 나는 엊저녁에 그 돈 오 원을 한꺼번에 아내에게 주어버린 것을 후회하였다. 또, 그 벙어리를 변소에 갖다 쳐넣어버린 것도 후회하였다. 나는 실없이 실망하면서 습관처럼 그 돈 오 원이 들어 있던 내 바지 포켓에 손을 넣어 한번 휘둘러보았다. 뜻밖에도 내 손에 쥐어지는 것이 있었다. 이 원 밖에 없다. 그러나 많아야 맛은 아니다. 얼마간이고 있으면 된다. 나는 그만한 것이 여간 고마운 것이 아니었다.

나는 기운을 얻었다. 나는 그 단벌 다 떨어진 골덴 양복을 걸치고 배고픈 것도 주제 사나운 것도 다 잊어버리고 활갯짓을 하면서 또 거리로 나섰다. 나서면서 나는 제발 시간이 화살 단 듯해서 자정이어서 핵 지나 버렸으면 하고 조바심을 태웠다. 아내에게 돈을 주고 아내 방에서 자 보는 것은 어디까지든지 좋았지만 만일 잘못해서 자정 전에 집에 들어갔다가 아내의 눈총을 맞는 것은 그것은 여간 무서운 일이 아니었다. 나는 저물도록 길가 시계를 들여다보고 들여다보고 하면서 또 지향없이 거리를 방황하였다. 그러나 이날은 좀처럼 피곤하지는 않았다. 다만 시간이 좀 너무 더디게 가는 것만 같아서 안타까웠다.

경성역(京城驛) 시계가 확실히 자정을 지난 것을 본 뒤에 나는 집을 향하였다. 그 날은 그 일각대문에서 아내와 아내의 남자가 이야기하고 섰는 것을 만났다. 나는 모른 체하고 두 사람 곁을 지나서 내 방으로 들어갔다. 뒤이어 아내도 들어왔다. 와서는 이 밤중에 평생 안 하던 쓰레질을 하는 것이었다. 조금 있다가 아내가 눕는 기척을 엿보자마자 나는 또 장지를 열고 아내 방으로 가서 그 돈 이 원을 아내 손에 덥석 쥐어 주고 그리고——하여간 그 이 원을 오늘 밤에도 쓰지 않고 도로 가져 온 것이 잠 이상하다는 듯이 아내는 내 얼굴을 몇 번이고 엿보고——아내는 드디어 아무 말도 없이 나를 자기 방에 재워 주었다. 나는 이 기쁨을 세상의 무엇과도 바꾸고 싶지는 않았다. 나는 편히 잘 잤다.

이튿날도 내가 잠이 깨었을 때는 아내는 보이지 않았다. 나는 또 내 방으로 가서 피곤한 몸이 낮잠을 잤다.

내가 아내에게 흔들려 깨었을 때는 역시 불이 들어온 뒤였다. 아내는 자기 방으로 나를 오라는 것이다. 이런 일은 또 처음이다. 아내는 끊임없이 얼굴에 미소를 띠고 내 팔을 이끄는 것이다. 나는 이런 아내의 태도 이면에 엔간치 않은 음모가 숨어 있지나 않은가 하고 적이 불안을 느끼지 않을 수 없었다.

나는 아내의 하자는 대로 아내의 방으로 끌려갔다. 아내 방에는 저녁 밥상이 조촐하게 차려져 있는 것이다. 생각하여 보면 나는 이틀을 굶었다. 나는 지금 배고픈 것까지도 긴가민가 잊어버리고 어름어름하던 차다.

나는 생각하였다. 이 최후의 만찬을 먹고 나자마자 벼락이 내려도 나는 차라리 후회하지 않을 것을. 사실 나는 인간 세상이 너무나 심심해서 못 견디겠던 차다. 모든 것이 성가시고 귀찮았으나 그러나 불의의 재난이라는 것은 즐겁다. 나는 마음을 턱 놓고 조용히 아내와 마주 이 해괴한 저녁밥을 먹었다. 우리 부부는 이야기하는 법이 없었다. 밥을 먹은 뒤에도 나는 말이 없이 부스스 일어나서 내 방으로 건너가 버렸다. 아내는 나를 붙잡지 않았다. 나는 벽에 기대어 앉아

제Ⅲ장 묘사와 서사

서 담배를 한 대 피워 물고 그리고 벼락이 떨어질 테거든 어서 떨어져라 하고 기다렸다.

오 분! 십 분!

그러나, 벼락은 내리지 않았다. 긴장이 차츰 풀어지기 시작한다. 나는 어느덧 오늘밤에도 외출할 것을 생각하고 있었다. 돈이 있었으면 하고 생각하고 있었다.

그러나, 돈은 확실히 없다. 오늘은 외출하여도 나중에 올 무슨 기쁨이 있나? 나는 앞이 그냥 아뜩하였다. 나는 화가 나서 이불을 뒤집어쓰고 이리 뒹굴 저리 뒹굴 굴렀다. 금시 먹은 밥이 목으로 자꾸 치밀어 올라온다. 메스꺼웠다.

하늘에서 얼마라도 좋으니 왜 지폐가 소낙비처럼 퍼붓지 않나? 그것이 그저 한없이 야속하고 슬펐다. 나는 이렇게 밖에 돈을 구하는 아무런 방법도 알지는 못했다. 나는 이불 속에서 좀 울었나 보다. 왜 없느냐면서……

그랬더니 아내가 또 내 방에를 왔다. 나는 깜짝 놀라 아마 이제서야 벼락이 내리려나보다 하고 숨을 죽이고 두꺼비 모양으로 엎드려 있었다. 그러나, 떨어진 입을 새어나오는 아내의 말소리는 참 부드러웠다. 정다웠다. 아내는 내가 왜 우는지를 안다는 것이다. 돈이 없어서 그러는 게 아니란다. 나는 실없이 깜짝 놀랐다. 어떻게 사람의 속을 환하게 들여다보는고 해서 나는 한편으로 슬그머니 겁도 안 나는 것은 아니었으나 저렇게 말하는 것을 보면 아마 내게 돈을 줄 생각이 있나보다. 만일 그렇다면 오죽이나 좋은 일일까. 나는 이불 속에 똘똘 말린 채 고개도 들지 않고 아내의 다음 거동을 기다리고 있으니까, "옜소"하고 내 머리맡에 내려뜨리는 것은 그 가뿐한 음향으로 보아 지폐에 틀림없었다. 그리고 내 귀에다 대고 오늘을랑 어제보다도 늦게 돌아와도 좋다고 속삭이는 것이다. 그것은 어렵지 않다. 우선 그 돈이 무엇보다도 고맙고 반가웠다. 어쨌든 나섰다. 나는 좀 야맹 증이다. 그래서 될 수 있는 대로 밝은 거리로 돌아다니기로 했다. 그리고는 경성역 일 이등 대합실 한 곁 티룸에를 들렀다. 그것은 내게는 큰 발견이었다.

거기는 우선 아무도 아는 사람이 안 온다. 설사 왔다가도 곧 돌아가니까 좋다. 나는 날마다 여기 와서 시간을 보내리라 속으로 생각하여 두었다.

제일 여기 시계가 어느 시계보다도 정확하리라는 것이 좋았다. 섣불리 서투른 시계를 보고 그것을 믿고 시간 전에 집에 돌아갔다가 큰 코를 다쳐서는 안 된다.

나는 한 복스에 아무것도 없는 것과 마주 앉아서 잘 끓은 커피를 마셨다. 총총한 가운데 여객들은 그래도 한 잔 커피가 즐거운가보다. 얼른 얼른 마시고 무얼 좀 생각하는 것같이 담벼락도 좀 쳐다보고 하다가 곧 나가 버린다. 서글프다. 그러나 내게는 이 서글픈 분위기가 거리의 티룸들의 그 거추장스러운 분위기보다는 절실하고 마음에 들었다. 이따금 들리는 날카로운 혹은 우렁찬 기적 소리가 모짜르트보다도 더 가깝다. 나는 메뉴에 적힌 몇 가지 안 되는 음식 이름을 치읽고 내리읽고 여러 번 읽었다. 그것들은 아물아물하는 것이 어딘가 내 어렸을 때 동무들 이름과 비슷한 데가 있었다.

거기서 얼마나 내가 오래 앉았는지 정신이 오락가락하는 중에 객이 슬며시 뜸해지면서 이 구석 저 구석 걷어치우기 시작하는 것을 보면 아마 닫는 시간이 된 모양이다. 열 한 시가 좀 지났구나, 여기도 결코 내 안주의 곳은 아니구나, 어디 가서 자정을 넘길까? 두루 걱정을 하면서 나는 밖으로 나섰다. 비가 온다. 빗발이 제법 굵은 것이 우비도 우산도 없는 나를 고생을 시킬 작정이다. 그렇다고 이런 괴이한 풍모를 차리고 이 홀에서 어물어물하는 수도 없고 에이 비를 맞으면 맞았지 하고 그냥 나서 버렸다.

대단히 선선해서 견딜 수가 없다. 골덴 옷이 젖기 시작하더니 나중에는 속속들이 스며들면서 치근거린다. 비를 맞아 가면서라도 견딜 수 있는 데까지 거리를 돌아다녀서 시간을 보내려 하였으나, 인제는 선선해서 이 이상은 더 견딜 수가 없다. 오한이 자꾸 일어나면서 이가 딱딱 맞부딪는다.

나는 걸음을 늦추면서 생각하였다. 오늘 같은 궂은 날도 아내에게 내객이 있을라구? 없겠지 하는 생각이 드는 것이다. 집으로 가야겠다. 아내에게 불행히 내객이 있거든 내 사정을 하리라. 사정을 하면 이렇게 비가 오는 것을 눈으로 보고 알아주겠지.

부리나케 와 보니까 그러나 아내에게는 내객이 있었다. 나는 너무 춥고 척척해서 얼떨김에 노크 하는 것을 잊었다. 그래서 나는 보면 아내가 덜 좋아할 것을 그만 보았다. 나는 감발자국 같은 발자국을 내면서 덤벙덤벙 아내 방을 디디고 내 방으로 가서 쭉 빠진 옷을 활활 벗어 버리고 이불을 뒤썼다. 덜덜덜덜 떨린다. 오한이 점점 더 심해 들어온다. 여전 땅이 꺼져들어가는 것만 같았다. 나는 그만 의식을 잃어버리고 말았다.

이튿날 내가 눈을 떴을 때 아내는 내 머리맡에 앉아서 제법 근심스러운 얼굴이다. 나는 감기가 들었다. 여전히 으스스 춥고, 또 골치가 아프고 입에 군침이 도는 것이 씁쓸하면서 다리팔이 척 늘어져서 노곤하다.

아내는 내 머리를 쓱 짚어 보더니 약을 먹어야지 한다. 아내 손이 이마에 선뜻한 것을 보면 신열이 어지간한 모양인데 약을 먹는다면 해열제를 먹어야지 하고 속생각을 하자니까 아내는 따뜻한 물에 하얀 정제약 네 개를 준다. 이것을 먹고 한잠 푹 자고 나면 괜찮다는 것이다. 나는 널름 받아먹었다. 쌉싸름한 것이 짐작 같아서는 아마 아스피린인가 싶다. 나는 다시 이불을 쓰고 단번에 그냥 죽은 것처럼 잠이 들어 버렸다.

나는 콧물을 훌쩍훌쩍 하면서 여러 날을 앓았다. 앓는 동안에 끊이지 않고 그 정제약을 먹었다. 그러는 동안에 감기도 나았다. 그러나 입맛은 여전히 소태처럼 썼다.

나는 차츰 또 외출하고 싶은 생각이 났다. 그러나 아내는 나더러 외출하지 말라고 이르는 것이다. 이 약을 날마다 먹고 그리고 가만히 누워 있으라는 것이다. 공연히 외출을 하다가 이렇게 감기가 들어서 저를 고생시키는 게 아니 난다. 그도 그렇다. 그럼 외출을 하지 않겠다고 맹세하고 그 약을 연복하여 몸을 좀 보해보리라고 나는 생각하였다.

나는 날마다 이불을 뒤집어쓰고 밤이나 낮이나 잤다. 유난스럽게 밤이나 낮이나 졸려서 견딜 수 가 없는 것이다. 나는 이렇게 잠이 자꾸만 오는 것은 내가 몸이 훨씬 튼튼해진 증거라고 굳게 믿었다.

나는 아마 한 달이나 이렇게 지냈나보다. 내 머리와 수염이 좀 너무 자라서 후틋해서 견딜 수가 없어서 내 거울을 좀 보리라고 아내가 외출한 틈을 타서 나는 아내 방으로 가서 아내의 화장대 앞 에 앉아 보았다. 상당하다. 수염과 머리가 참 산란하였다. 오늘은 이발을 좀 하리라고 생각하고 겸사겸사 고 화장품 병들 마개를 뽑고 이것저것 맡아 보았다. 한동안 잊어버렸던 향기 가운데서는 몸이 배배 꼬일 것 같은 체취가 전해 나왔다. 나는 아내의 이름을 속으로만 한 번 불러 보았다. "연심이-" 하고……

오래간만에 돋보기 장난도 하였다. 거울 장난도 하였다. 창에 든 볕이 여간 따뜻한 것이 아니었다. 생각하면 오월이 아니냐.

나는 커다랗게 기지개를 한 번 켜보고 아내 베개를 내려 베고 벌떡 자빠져서는 이렇게도 편안하고 즐거운 세월을 하느님께 흠씬 자랑하여 주고 싶었다. 나는 참 세상의 아무것과도 교섭을 가지지 않는다. 하느님도 아마 나를 칭찬할 수도 처벌할 수도 없는 것 같다.

그러나 다음 순간 실로 세상에도 이상스러운 것이 눈에 띄었다. 그것은 최면약 아달린갑이었다. 나는 그것을 아내의 화장대 밑에서 발견하고 그것이 흡사 아스피린처럼 생겼다고 느꼈다. 나는 그 것을 열어 보았다. 꼭 네 개가 비었다.

나는 오늘 아침에 네 개의 아스피린을 먹은 것을 기억하고 있었다. 나는 잤다. 어제도 그제도 그끄제도…… 나는 졸려서 견딜 수가 없었다. 나는 감기가 다 나았는데도 아내는 내게 아스피린을 주었다. 내가 잠이 든 동안에 이웃에 불이 난 일이 있다. 그때에도 나는 자느라고 몰랐다. 이렇게 나는 잤다. 나는 아스피린으로 알고 그럼 한 달 동안을 두고 아달린을 먹어 온 것이다. 이것은 좀 너무 심하다.

별안간 아뜩하더니 하마터면 나는 까무러칠 뻔하였다. 나는 그 아달린을 주머니에 넣고 집을 나섰다. 그리고 산을 찾아 올라갔다. 인간세상의 아무것도 보기가 싫었던 것이다. 걸으면서 나는 아무쪼록 아내에 관계되는 일은 일체 생각하지 않도록 노력하였다. 길에서 까무러치기 쉬우니까. 나는 어디라도 양지가 바른 자리를 하나 골라 자리를 잡아 가지고 서서히 아내에 관하여서 연구할 작정이었다. 나는 길가의 돌창, 핀 구경도 못한 진 개나리꽃, 종달새, 돌멩이도 새끼를 까는 이야기, 이런 것만 생각하였다. 다행히 길가에서 나는 졸도하지 않았다.

거기는 벤치가 있었다. 나는 거기 정좌하고 그리고 그 아스피린과 아달린에 관하여 연구하였다. 그러나 머리가 도무지 혼란하여 생각이 체계를 이루지 않는다. 단 오 분이 못가서 나는 그만 귀찮은 생각이 번쩍 들면서 심술이 났다. 나는 주머니에서 가지고 온 아달린을 꺼내 남은 여섯 개를 한꺼번에 질겅질겅 씹어먹어 버렸다. 맛이 익살맞다. 그리고 나서 나는 그 벤치 위에 가로 기다랗게 누웠다. 무슨 생각으로 내가 그 따위 짓을 했나? 알 수가 없다. 그저 그러고 싶었다. 나는 게서 그냥 깊이 잠이 들었다. 잠결에도 바위 틈으로 흐르는 물소리가 졸졸 하고 언제까지나 귀에 어렴풋이 들려 왔다.

글쓰기의 원리와 방법

내가 잠을 깨었을 때는 날이 환히 밝은 뒤다. 나는 거기서 일주야를 잔 것이다. 풍경이 그냥 노오랗게 보인다. 그 속에서도 나는 번개처럼 아스피린과 아달린이 생각났다.

아스피린, 아달린, 아스피린, 아달린, 맑스, 말사스, 마도로스, 아스피린, 아달린. 아내는 한 달 동안 아달린을 아스피린이라고 속이고 내게 먹였다. 그것은 아내 방에서 이 아달린 갑이 발견된 것으로 미루어 증거가 너무나 확실하다.

무슨 목적으로 아내는 나를 밤이나 낮이나 재웠어야 됐나?

나를 밤이나 낮이나 재워 놓고, 그리고 아내는 내가 자는 동안에 무슨 짓을 했나?

나를 조금씩 조금씩 죽이려던 것일까?

그러나 또 생각하여 보면 내가 한 달을 두고 먹어 온 것이 아스피린이었는지도 모른다. 아내는 무슨 근심되는 일이 있어서 밤이 되면 잠이 잘 오지 않아서 정작 아내가 아달린을 사용한 것이나 아닌지, 그렇다면 나는 참 미안하다. 나는 아내에게 이렇게 큰 의혹을 가졌다는 것이 참 안됐다.

나는 그래서 부리나케 거기서 내려왔다. 아랫도리가 화해 내어 저이면서 어찔어찔한 것을 나는 겨우 집을 향하여 걸었다. 여덟 시 가까이었다.

나는 내 잘못된 생각을 죄다 일러바치고 아내에게 사죄하려는 것이다. 나는 너무 급해서 그만 또 말을 잊어버렸다.

그랬더니 이건 참 큰일났다. 나는 내 눈으로 절대로 보아서 안 될 것을 그만 딱 보아 버리고 만 것이다. 나는 얼떨결에 그만 냉큼 미닫이를 닫고 그리고 현기증이 나는 것을 진정시키느라고 잠깐 고개를 숙이고 눈을 감고 기둥을 짚고 섰자니까, 일 초 여유도 없이 홱 미닫이가 다시 열리더니 매무새를 풀어헤친 아내가 불쑥 내밀면서 내 멱살을 잡는 것이다. 나는 그만 어지러워서 그냥 나둥그러졌다. 그랬더니 아내는 넘어진 내 위에 덮치면서 내 살을 함부로 물어뜯는 것이다. 아파 죽겠다. 나는 사실 반항할 의사도 힘도 없어서 그냥 넙적 엎드려 있으면서 어떻게 되나 보고 있자니까, 뒤이어 남자가 나오는 것 같더니 아내를 한아름에 덥석 안아 가지고 방으로 들어가는 것이다. 아내는 아무 말 없이 다소곳이 그렇게 안겨 들어가는 것이 내 눈에 여간 미운 것이 아니다. 밉다.

아내는 너 밤새워 가면서 도둑질하러 다니느냐, 계집질하러 다니느냐고 발악이다. 이것은 참 너무 억울하다. 나는 어안이 벙벙하여 도무지 입이 떨어지지를 않았다.

너는 그야말로 나를 살해하려던 것이 아니냐고 소리를 한 번 꽥 질러 보고도 싶었으나, 그런 긴가민가한 소리를 섣불리 입밖에 내었다가는 무슨 화를 볼는지 알 수 없다. 차라리 억울하지만 잠자코 있는 것이 우선 상책인 듯싶이 생각이 들길래, 나는 이것은 또 무슨 생각으로 그랬는지 모르지만 툭툭 떨고 일어나서 내 바지 포켓 속에 남은 돈 몇 원 몇 십 전을 가만히 꺼내서는 몰래 미닫이를 열고 살며시 문지방 밑에다 놓고 나서는, 나는 그냥 줄달음박질을 쳐서 나와 버렸다.

여러 번 자동차에 치일 뻔하면서 나는 그래도 경성역으로 찾아갔다. 빈 자리와 마주 앉아서 이 쓰디쓴 입맛을 거두기 위하여 무엇으로나 입가심을 하고 싶었다.

커피…… 좋다. 그러나 경성역 ……홀에 한 걸음 들여 놓았을 때 나는 내 주머니에는 돈이 한 푼도 없는 것을 그것을 깜박 잊었던 것을 깨달았다. 또 아뜩하였다. 나는 어디선가 그저 맥없이 머뭇머뭇 하면서 어쩔 줄을 모를 뿐이었다. 얼빠진 사람처럼 그저 이리 갔다 저리 갔다 하면서…….

나는 어디로 어디로 들입다 쏘다녔는지 하나도 모른다. 다만 몇 시간 후에 내가 미쓰꼬시 옥상에 있는 것을 깨달았을 때는 거의 대

글쓰기의 원리와 방법

낮이었다.

나는 거기 아무 데나 주저앉아서 내 자라 온 스물여섯 해를 회고하여 보았다. 몽롱한 기억 속에서는 이렇다는 아무 제목도 불거져 나오지 않았다.

나는 또 내 자신에게 물어 보았다. 너는 인생에 무슨 욕심이 있느냐고, 그러나 있다고도 없다고도, 그런 대답은 하기가 싫었다. 나는 거의 나 자신의 존재를 인식하기조차도 어려웠다.

허리를 굽혀서 나는 그저 금붕어를 들여다보고 있었다. 금붕어는 참 잘들도 생겼다. 작은 놈은 작은 놈대로 큰 놈은 큰 놈대로 다 싱싱하니 보기 좋았다. 내리비치는 오월 햇살에 금붕어들은 그릇 바탕에 그림자를 내려뜨렸다. 지느러미는 하늘하늘 손수건을 흔드는 흉내를 낸다. 나는 이 지느러미 수효를 헤어 보기도 하면서 굽힌 허리를 좀처럼 펴지 않았다. 등이 따뜻하다.

나는 또 회탁의 거리를 내려다보았다. 거기서는 피곤한 생활이 똑 금붕어 지느러미처럼 흐늑흐늑 허우적거렸다. 눈에 보이지 않는 끈적 끈적한 줄에 엉켜서 헤어나지들을 못한다. 나는 피로와 공복 때문에 무너져 들어가는 몸뚱이를 끌고 그 회탁의 거리 속으로 섞여 가지 않는 수도 없다 생각하였다.

나서서 나는 또 문득 생각하여 보았다. 이 발길이 지금 어디로 향하여 가는 것인가를……

그때 내 눈앞에는 아내의 모가지가 벼락처럼 내려 떨어졌다. 아스피린과 아달린.

우리들은 서로 오해하고 있느니라. 설마 아내가 아스피린 대신에 아달린의 정량을 나에게 먹여 왔을까? 나는 그것을 믿을 수는 없다. 아내가 대체 그럴 까닭이 없을 것이니, 그러면 나는 날밤을 새면서 도둑질을 계집질을 하였나? 정말이지 아니다.

우리 부부는 숙명적으로 발이 맞지 않는 절름발이인 것이다. 내나 아내나 제 거동에 로직을 붙일 필요는 없다. 변해할 필요도 없다. 사실은 사실대로 오해는 오해대로 그저 끝없이 발을 절뚝거리면서 세상을 걸어가면 되는 것이다. 그렇지 않을까?

그러나 나는 이 발길이 아내에게로 돌아가야 옳은가 이것만은 분간하기가 좀 어려웠다. 가야하나? 그럼 어디로 가나?

이때 뚜우 하고 정오 사이렌이 울었다. 사람들은 모두 네 활개를 펴고 닭처럼 푸드덕거리는 것 같고 온갖 유리와 강철과 대리석과 지폐와 잉크가 부글부글 끓고 수선을 떨고 하는 것 같은 찰나, 그야말로 현란을 극한 정오다.

나는 불현듯이 겨드랑이가 가렵다. 아하, 그것은 내 인공의 날개가 돋았던 자국이다. 오늘은 없는 이 날개. 머릿속에서는 희망과 야심이 말소된 페이지가 딕셔너리 넘어가듯 번뜩였다.

나는 걷던 걸음을 멈추고 그리고 어디 한 번 이렇게 외쳐 보고 싶었다.

날개야 다시 돋아라.

날자. 날자. 한번만 더 날자꾸나.

한번만 더 날아 보자꾸나.　　　　　　　　　　　　- 이상, 「날개」

하루 동안(18시간) 한 도시에서 일어나는 사건을 다루면서 본질적으로 무질서하고 난해한 인간의 의식을 해부한 제임스 조이스(James Augustine Aloysius Joyce)의 『율리시즈(Ulysses)』는 "작중인물들(characters)의 의식 생활이 주제인 '의식의 흐름'의 소설이기 때문에 주요 행동과 기본적인 서사(narrative)는 작중인물들의 의식 속에서 발생한다."[6]

현대인의 무의미한 삶과 자아 분열을 해부한 이상의 「날개」가 의식의 흐름(stream of consciousness) 기법을 사용했다는 것은 널리 알려진

---

6) Robert Humphrey, *Stream of Consciousness in the Modern Novel*, University of California Press, 1954, p.90.

사실이다. 「날개」(『조광』, 1936. 9)는 화자(narrator)인 '나'의 의식의 흐름에 따라 사건이 전개되므로 사건 자체가 뚜렷하지 않다. 따라서 「날개」는 자유화소의 비중이 크고, 의존화소의 비중이 최소화 되어 있다. 그렇다 해서 「날개」에서 의존화소를 이루는 사건 자체가 없는 것이 아니다. 「날개」의 플롯은 화자인 '나'의 외적 빙링(external odyssey), 즉 외출(사건)의 전개로 이루어진다.

첫 번째 외출 : '나'는 아내의 밤 외출 틈을 타서 밖으로 나왔다. 거리는 거의 경이에 가까울 만큼 내 신경을 흥분시켰다. '나'는 금시에 피곤해졌다. 돈은 물론 한 푼도 쓰지 않았다. '나'는 벌써 돈을 쓰는 기능을 완전히 상실한 것 같았다. '나'는 과연 피로를 이 이상 견디기가 어려웠다.

두 번째 외출 : 주머니에 2원이 있는 것을 확인한 '나'는 단벌 골덴 옷을 걸치고 활갯짓을 하면서 또 거리로 나섰다. 시계가 자정이 지난 것을 확인하고 돌아왔다.

세 번째 외출 : 밤에 외출하여 경성역 대합실 티룸에 들렀다. 11시가 좀 지나 '나'는 밖으로 나섰다. 비가 온다. 골덴 옷이 젖기 시작했다. 오한이 자꾸 일어났다. 집으로 부리나케 와 보니까 아내에게는 내객이 있었다.

네 번째 외출 : '나'는 아내가 준 약이 아달린이라는 것을 알고 충격을 받고 낮에 외출했다. 거리를 쏘다니다 미쓰코시 옥상에 올라가서 자신의 삶을 되돌아보았다. 양지 바른 곳을 골라 새벽부터 밤까지 만 하루를 잤다. 집으로 돌아왔을 때 아내의 불륜 장면을 목격했다.

다섯 번째 외출 : '나'는 남은 돈을 문지방 밑에다 놓고 나와 버렸다. '나'가 미쓰꼬시 옥상에 있는 것을 깨달았을 때는 거의 대낮이었다. 정오의 사이렌이 울리자 '나'의 의식이 깨어나는 듯했다. '나'는 한 번만 더 날아 보자고 외친다.

억압된 자아의식을 표상하는 방을 벗어나 다섯 번이나 외출을 하는 '나'는 억압되고 폐쇄된 현실에서 벗어나 돈에 대한 생각이 달라졌다. 뿐만 아니라 아내와의 관계도 달라졌다. '나'가 "한번만 더 날아 보자."고 외치는 소리는 '나'가 본래의 자아를 회복하려는 노력으로 간주할 수 있다.

(3) 화소

사건이란 말 대신에 화소(話素, motif)라는 개념을 사용한 러시아 형식주의자들(Russian Formalist)은 서사를 구성하는 화소를 의존화소(依存話素, bound motif)와 자유화소(自由話素, free motif)로 나눈다.

① 의존화소

의미있는 줄거리의 구성에 필수적인 화소이다. 의존화소는 사건들을 일정한 방향으로 진행시키는 특징이 있다. 최인훈의 『광장(廣場)』의 의존화소들은 세 부분으로 나누어진다.[7]

ⓐ-1 광복되던 해에 아버지가 북으로 가고, 그 몇 달 뒤에 어머니가 돌아갔기 때문에 철학과 3학년 학생 이명준은 아버지의 친구인 은행 지점장 변성제의 집에 기식한다. 이곳에서 변성제의 딸 영미의 소개로 윤애라는 여자를 알게 된다.

ⓐ-2 이명준은 1947년 5월에 그의 아버지 이형도가 민족통일전선이란 단체의 이름으로 대남 방송에 나왔기 때문에 그 혐의로 S경찰서에 세 차례 소환된다.

ⓐ-3. 그 해 7월에 이명준은 인천에 있는 윤애네 집에 찾아가 기거한다. 윤애와의 사랑에서도 삶의 확신을 얻지 못한 그는 술집 주인의 주선으로 월북한다.

ⓑ-1. 노동신문의 기자로 일하고 있는 이명준은 직장 동료들의 사소한 불화로 고민하다가 야외 극장 건설의 봉사대에 자원하여 1949

---

7) 김인환, 『비평의 원리』, 나남, 1999, pp.239~240.

년 봄에 부상을 당한다. 병원에서 그의 두 번째 애인인 은혜를 만난다.

ⓑ-2. 이명준은 1949년 9월 만주의 조선인 콜호즈에 관한 보도 기사로 인하여 자아 비판을 강요당한다. 이명준은 아버지의 주선으로 그해 겨울을 원산 해수욕장의 노동자 휴양소에서 보낸다.

ⓑ-3. 은혜가 공연차 모스크바로 떠나고 6·25가 일어나자 이명준은 전쟁에 자원하여 1950년 8월에 서울에서 정치 보위위원으로 근무한다.

ⓒ-1. 정치에도 사랑에도 실망한 이명준은 고문에 열중한다. 그러나 고문조차도 인간을 소유하거나 지배할 수 있는 방법이 아님을 깨닫고 남부 전선에 참전한다.

ⓒ-2. 이명준은 1951년 3월 중순에 전선에서 간호병으로 일하고 있는 은혜를 다시 만난다. 은혜는 거기서 전사하고 이명준은 포로가 된다. 죽을 때 은혜는 아이를 배고 있었다.

ⓒ-3. 포로를 교환할 때 이명준은 중립국을 선택한다. 같은 석방 포로 30명과 함께 인도 배 타고르호를 타고 중립국으로 가던 중, 캘커타에 도착하기 얼마 전에 이명준은 바다에 뛰어들어 익사한다.

의존화소가 인간의 몸에서 뼈대라면 자유화소는 살에 비유될 수 있다. 『광장』의 '뼈대'에 해당하는 의존화소들을 배치하는 데 주목해야 할 사실은 셋째 부분의 ⓒ-3을 나머지 부분들 사이에 분해하여 놓은 방법[8]을 썼다는 것이다.

『광장』의 의존화소의 배치에서 중요한 현상은 첫 부분(ⓐ-1, ⓐ-2, ⓐ-3)과 둘째 부분(ⓑ-1, ⓑ-2, ⓑ-3)이 긴밀하게 병렬되어 있고, 셋째 부분(ⓒ-1, ⓒ-2.)은 앞의 두 부분을 통합하고 있다는 사실이다.[9]

---

8) 김인환, 앞의 책, p.240.
9) 김인환, 앞의 책, p, 242.

② 자유화소

줄거리의 구성에 필수적이지 않는 화소를 말한다. 다시 말하면, 서사의 줄거리를 요약할 때 꼭 들어가야 하는 화소가 의존화소이고, 들어가지 않아도 되는 화소는 자유화소이다.

"어때요, 느낌이? 기대, 두려움?"
"아무것도, 아무 생각도 없어요."
명준은 고개를 젓는다. 선장은 연기로 동그라미를 만들어 훅 뿜어내면서 가볍게 웃는다.
"허긴, 나로선 알 수 없는 일이야, 자기 나라 어느 쪽으로도 가지 않고 생판 다른 나라로 가 살겠다는 그 일이 말이지. 부모나 가까운 핏줄이라든지, 아무도 없소?"
"있어요."
"누구? 어머니?"
"아니."
"아버지?"
명준은 끄덕이면서 왜 어머니부터 물어 보게 될까 그런 생각을 한다.
"애인은?"
명준은 얼굴이 그렇게 알리도록 금시 해쓱해진다. 선장은 당황한 듯이 오른손 인지를 세우고 고개를 끄덕해 보이면서,
"미안, 미안."
아픈 데를 건드린 실수를 비는 그런 품에 그들로서는 버릇인지 모르나 퍽 분별 있는 사람의 능란한 몸짓이 얼핏 스친다. 선장을 잠시나마 거북하게 해서 안됐다. 양쪽으로 트인 창으로 바람이 달려들어와서, 바늘로 꽂아 놓은 해도의 가장자리를 바르르 떨게 한다. 갈매기들은 바로 옆을 날면서 창으로 테두리진 넓이를 내려가고 치솟으며, 맞모금을 긋고 배 꼬리 쪽으로 휙 사라지곤 한다. 햇빛이 한결

환해지면서 멍한 느낌이 팔다리를 타고 흘러간다. 먼 옛날 그의 초라한 삶에서 그래도 무겁다고 해야 할 몇 가지 일들이 다가올 때도 그렇더니…… 애인은? 그 말이 아직 이토록 깊고 힘센 울림을 지니고 있다는 것은.

"애인이 있으면 이렇게 낯든 나라로 기겠다고 나설 리가 있습니까?"

명준은 미안했던 것을 메우기나 하듯, 짐짓 누그러지면서 선장을 건너다본다.

선장은 잠깐 실눈이 되었다가, 문득, 잘라 말한다.

"아니지, 그럴 수도 있지."

그 몹시 가라앉은 말투에 섬뜩해지면서, 빈 찻잔을 들어 만지작거린다. 저쪽은 다짐하듯,

"아니지, 그럴 수도 있지."

"글쎄요."

아까와는 딴판으로, 그 일에 내놓고 티를 보이는 폼이 곧아서 좋다.

"사람에게 가장 중요한 것을 남기고도 항구를 떠나야 할 때가 있으니까."

선장은 제 일을 새기고 있는 모양이다. 그 뒤를 따라서 이 마흔 줄 선장이 겪은 바닷바람처럼 저릿하고, 어쩌면 밤바다와 같이 어두운 사랑 이야기가 흘러나올 듯하다. 그때 뱃사람들이 들어와서 알렸다. 기관부에 무슨 탈이 있다는 말인 듯한데, 기계 이름을 섞어 가면서 빠르게 주워섬기는 이야기를 알아들을 수 없다. 선장은 일어서면서 명준의 어깨에 손을 얹는다.

"이따 밤에, 좀 늦어서 오게."

싱긋 웃어 보이고는 뱃사람을 앞세우고 사다리를 내려간다. 그들이 나가고 잠깐 앉았다가 뱃간으로 돌아온다. 한방에 있기로 된 박은, 아래위로 갈라진 잠자리 아래쪽을 차지하고 누워 있다가, 기척을 듣고 이편으로 돌아눕는다. 함흥에서 교원 노릇을 했다는 그는, 배를

타고부터 틈만 있으면 잠을 잔다. 모가 진 얼굴에 졸린 듯한 가는 눈을 가진 젊은이다. 명준은 그를 만났을 때 지친 사람이라는 느낌을 받았다. 지쳤다면 자기도 그렇지만, 박의 경우는 더 때묻고 고린내나는 삶의 고달픔일 것이라고 느낀다. 그런 느낌은 미상불 저쪽을 깔보는 것이었고, 명준은 그 독살스럽게 감겨 오던 공산당원들의 늘 하는 소리였던 소부르주아 근성일 거라고 혼자 쓴웃음을 짓는다. 그는 다시 저편으로 돌아누우면서,

"다음 들르는 데가 홍콩이라지?"

"응."

명준은 자기 자리인 윗다락으로 기어오르면서 박의 머리맡을 내려다보았을 때, 베개에 반쯤 파묻힌 위스키 병을 본다. 이제까지 혼자 누워서 한 모금씩 빨고 있었던 모양이다.

"오를 수 없을까?"

"안 될 거야. 일본에서두 안 됐으니까."

"우리가 무슨 억류잔가? 이건 바로 포로 다루듯이 아니야?"

술기가 있다. 그러니 어쩌란 말이냐. 명준은 속으로 뇌까리면서 울컥 화가 치민다. 여럿이 똑같이 느끼는 투정을 그 중 어느 한 사람이 혼자만 당하는 체하면 짜증스럽다. 대답을 않고 길게 발을 뻗는다. 팔다리가 오그르르 풀리는 자릿함이 제법 즐겁다. 몸을 돌리면서 한 팔을 아래로 뻗친 다음 주먹으로 기둥을 두어 번 툭툭 치고, 주먹을 편다. 이내 뭉툭한 유리병 모가지가 와 닿는다. 술병을 받아 올려 딱지를 본다. 일제 양주다. 병은 삼분지 일쯤 비고도 아직 듬직한 무게가 남았다. 병마개를 뽑고 한 모금 빤다. 향긋하고 찌르르한 흐름이 혓바닥 위로 흘러든다. 연거푸 두어 모금 마신 다음, 도로 팔을 뻗쳐 임자한테 돌려준다. 아래쪽에서 느닷없이 박이 흐흐흐 웃는 소리가 들린다. 왜 그런지 명준은 소름이 쪽 끼친다. 벌떡 일어나면서,

"왜 그러나?"

글쓰기의 원리와 방법

대답이 없다.

"응? 왜 그래?"

그제야 대답이 온다.

"흐흐흐, 여보게 자네 지금 다시 골라잡으려면 그래도 중립국으로 가겠나? 난 모르겠어."

명준은 일으켰던 몸을 소리 없이 눕힌다.

누워 있는 자리가, 그대로 슬며시 가라앉아서, 배 밑창을 뚫고 바다 속으로 내려앉을 것 같은, 어두운 멀미가 그를 잡아끈다. 불일 듯 하는 목구멍을 식히려고 침대에서 내려 큰 컵으로 물을 따라 마시고 다시 자리로 기어오른다. 굳이 돋우지 않아도, 얻어 마신 술기운이 벌써 스며 오는지 스르르 눈꺼풀이 감긴다. 다시 골라잡는다? 다시 골라잡으래도 또 지금 이 자리를 짚겠느냐고? 암 그렇지······ 암.

– 최인훈, 『광장』

중립국으로 가는 석방 포로를 싣고 동중국 바다의 파도를 헤치며 미끄러져 가는 인도 배 타고르호 안의 모습을 묘사하고 있다. 위의 예문에서 이명준이 선장과 대화를 나누는 장면은 『광장』의 플롯의 단층으로 볼 때 반드시 필수적인 장면은 아니다. 자유화소인 것이다.

(4) 시간

일차적인 의미로 서사는 '사건의 서술'이라고 할 수 있다. 그리고 시간(time)은 인물과 사건 서술을 두루 꿰뚫는 서사의 본질이라고 할 수 있다. 시간의 흐름은 서사의 근본에 개재된 원리이므로 명시적으로 드러나지 않더라도 모든 서사에 원천적으로 전제되어 있는 것이다. 서사에서 똑같은 시간의 흐름을 묘사하더라도 글쓴이의 의도에 따라 시간의 흐름이 달라질 수 있다. 한스 마이어호프(Hans Meyerhoff)는 "문학의 시간은 항상 체험으로서 포착되는 시간의 요소들을 표현한다"10)라고 말했다. 자연적 시간(time in nature)과 체험적 시간(time in experience)을 어떻게 처리할 것인가 하는 문제는 중요하다. 서사문을 쓸 때, 서사문의 시간과 현실의 시간은 다르다는 것을 기억해야 한다. 시간을 어떤 비율로 압축하느냐에 따라 서사문의 외양(外樣)이 크게 달라진다. 서사문에서 시간을 처리하는 방법에는 요약적 방법(要約的 方法)과 장면적 방법(場面的 方法)이 있다. 시간을 간결하게 서술하여 사건의 진행속도를 빠르게 하는 방법이 요약적 방법이고, 강한 인상을 드러내기 위해 느리게 서술하여 현장을 두드러지게 표출하는 방법이 장면적 방법이다.

르와젤 부인은 가난한 생활이 얼마나 괴로운가를 알게 되었다. 그러나 그녀는 곧 비장한 결심을 하였다. 우선 저 끔직한 빚부터 갚아야 하는 것이다. 그녀는 꼭 갚을 심산이었다. 식모를 내보냈다. 집도 바꾸어 지붕 밑 다락방으로 세를 얻어 들었다.

그녀는 집안 일이 얼마나 힘이 들고, 또 부엌 치다꺼리가 얼마나 귀찮은지 몸소 체험하여 잘 알게 되었다. 그녀는 기름기가 묻은 그릇과 냄비 속을 닦느라고 분홍빛 손톱이 다 닳았다. 더러운 옷이나 내복, 걸레 등속을 빨아서 줄에 널었다. 아침마다 쓰레기를 담아 들고 거리까지 나갔다. 층계참에서 숨을 돌리며 물을 길어올렸다. 하류계급의 아낙네들과 다름없는 차림을 하고, 바구니를 팔에 끼고 야채 가게와 식료품 상점과 고깃간을 드나들며 값을 깎다가 욕을 먹기도 하면서, 돈 한 푼을 아꼈다.

두 내외는 달마다 지불할 것은 또박또박 이행하고, 경우에 따라서는 차용증서를 고쳐 쓰고 연기하였다.

남편은 저녁마다 어느 상인의 장부를 정리하는 부업을 맡았다. 그리

10) Hans Meyerhoff, *Time in Literature*, University of California Press, Ltd, 1974, p.4.

고 때로는 한 페이지에 5수우의 보수를 받고 사본을 만들어주기도 하였다.

이러한 생활이 10년 동안이나 계속되었다.

10년이 지나서야 모든 빚을 정리할 수 있었다. —고리대금의 이자와 묵은 이자의 이자까지 다 갚게 되었다. 르와젤 부인은 무척 늙어 보였다. 그녀는 억세고 완강하고 거칠고 가난한 살림꾼 아낙네가 되어버렸던 것이다. 머리는 빗질을 하지 않아 텁수룩하고, 치마는 구겨지고, 빨개진 손으로 마룻바닥을 훔치고, 커다란 목소리로 떠들어대었다. 그러나 가끔 남편이 출근하고 나면, 창가에 걸터앉아서, 지난날의 야회, 그토록 아름다워 총애를 받던 야회를 회상해 보았다.

그 목걸이만 잃어버리지 않았던들, 어떻게 되었을까? 누가 알 수 있으랴. 알 수 없지! 인생이란 무척 기이하고 허망한 거야! 대수롭지 않은 일이 파멸을 가져 오기도 하고 구원을 해주기도 하고!

그러던 어느 일요일이었다. 그녀는 한 주일 동안의 피로를 풀려고 샹질리제 거리로 산책을 갔다가 우연히 어린아이를 데리고 산책을 하는 포리스띠에 부인을 만났다. 부인은 여전히 젊고 아름답고, 매력을 간직하고 있었다.

르와젤 부인은 가슴이 두근거렸다. 가서 그동안의 경위를 이야기할까? 그렇지! 이미 빚을 다 갚았겠다. 이야기 못할 게 뭐람?

그녀는 가까이 다가갔다.

"쟌느 아냐? 이게 얼마만이야!"

포레스띠에 부인은 그녀를 미처 알아보지 못하였다. 이런 비천한 여자가 자기를 그토록 정답게 부르는 것이 적이 놀라왔다.

"누구야? ……나는 잘 모르겠는데 ……사람을 잘못 보지 않았어요?"

"어머! 나 마틸드 르와젤이야."

친구는 크게 외쳤다.

"뭐! 마틸드 ……아이 가엾어라! 그런데 왜 이렇게 변했어!"

"그동안 고생 많이 했어. 우리가 마지막 헤어진 후로 고생살이가 이만저만이 아니었어. 그것도 다 너 때문이지 뭐야……"

"나 때문이라니 ……그게 무슨 소리야?"

"왜 생각나지 않아? 저 문부성 장관의 야회에 가려고 내가 빌어갔던 다이아몬드 목걸이 말이야."

"응, 그래서?"

"그걸 잃어버렸지 뭐야."

"뭐? 아니 내게 고스란히 돌려주지 않았어?"

"그렇지만 그건 품질은 같지만 다른 목걸이야. 그 목걸이 값을 갚느라고 10년이나 걸렸지 뭐야 ……인제 다 해결되었어. 얼마나 마음이 후련한지 몰라."

포레스띠에 부인은 발길을 멈추고 서 있었다.

"그래, 내 것 대신에 다른 다이아몬드 목걸이를 사왔단 말이야!"

"그럼, 여태껏 그걸 몰랐구나. 하긴 똑같은 것이니까."

그녀는 약간 으스대는 듯한 순박한 웃음을 지어 보였다.

포레스띠에 부인은 크게 감동되어 친구의 두 손을 꼭 쥐었다.

"아이 가엾어라, 마띨드! 내 것은 가짜였어. 기껏해야 5백 프랑밖에 되지 않는……"   - 기드 모파상, 방곤 옮김, 「목걸이」

서사문, 특히 소설에서 시간의 처리를 뛰어나게 잘한 본보기로 기드 모파상(Guy de Maupassant)의 단편소설 「목걸이(La parure)」가 알려져 있다. 「목걸이」에는 마띨드 르와젤의 소녀기에서부터 중년기까지의 시간이 취급되어 있다. 이 작품에는 마띨드 르와젤이 친구로부터 빌린 다이아몬드 목걸이를 문부성 장관의 야회에 갔다 오다 잃어버리고, 그것 대신에 다른 다이아몬드 목걸이를 사서 친구에게 돌려주느라, 많은 빚을 지고, 그 빚을 다 갚게 되기까지의 내력이 그 시간 속에 들어 있다. 그 10년 동안 일어난 일들을 촘촘히 서술하다가는 소설의 서사 구조가 무너지게 될 것이다. 작가는 적절하게 긴 시간을 압축하여 필요한 상황과 내력을 간결하게 서술했다. 작품 분량의 80퍼센트를 무도회에, 10퍼센트를 공원에서 포레스띠에 부인을 만나는데 서술했다. 나머지 10퍼센트를 마띨드 르와젤의 소녀기, 결혼, 무도회와 공원 사이의 시간의 흐름을 요약하여 서술하는 데 사용했다. 이 소설에서 주로 서술된 장면은 무도회와 공원에서 포레스띠에 부인을 만나는 모습이다. 이 장면들이 소설에서 차지한 분량은 상당한 데 비해 그 시간은 극히 미미하다. 작가가 조성(texture)과 선택(selection)을 통해 시간을 적절하게 처리한 것이다.

3) 플롯

(1) 플롯의 정의

비극(tragedy)의 플롯(plot)을 설명하면서 플롯을 사건들의 배열(arrangement of incidents)이라고 정의한 아리스토텔레스(Aristoteles)는 "플롯은 일정한 길이를 가져야하고, 그 길이는 쉽게 기억할 수 있는 정도의 것이어야 한다."[11]고 말했다. 또한 그는 "플롯을 훌륭하게 구성하려면 아무데서나 시작하거나 끝내서는 안 된다."라고 언급했다. 이렇게 아리스토텔레스가 플롯에 대해 최초로 언급한 이래 많은 학자들이 플롯에 대해 이야기해 왔다. 그 가운데 E. M. 포스터(Edward Morgan Foster), 로버트 스탠턴(Robert Stanton), 그리고 클린스 브룩스(Cleanth Brooks)와 로버트 펜 워렌(Robert Penn Warren)이 내린 플롯의 정의를 간단히 살펴본다.

---

11) Aristoteles, *Poetics(De poectia)*, *The Works of Aristoteles Ⅱ*, translated by Ingram Bywater, Encyclopedia Bratanica, Inc, 1987, p.685.

E. M. 포스터(E. M. Foster)는 『소설의 양상(Aspects of the Novel)』에서 플롯은 사건들 사이에 필연적(必然的)인 인과 관계(因果關係, causality)가 있기 때문에 스토리와 구분된다[12]고 하였다. "시간적 순서대로 배열된 사건의 서술이 스토리이고, 사건의 서술이지만 인과 관계에 역점을 둔 것은 플롯이다."라고 했다. "'왕이 죽고 왕비'가 죽었다는 스토리이지"만, "'왕이 죽자 왕비도 슬퍼서 죽었다.' 플롯이다."고 예를 들어 설명했다. 그는 또한 "왕비가 죽었다. 아무도 왕비가 죽은 원인을 몰랐었는데 왕이 죽음은 슬픔 때문이었음을 알게 되었다."한다면 "이것은 신비를 지닌 플롯이며, 고도의 발전이 가능한 형식이다."고 말했다.

그리고 로버트 스탠턴(Robert Stanton)은 "플롯은 이야기의 등뼈(backbone)이다."[13]고 말했다.

한편 클린스 브룩스(Cleanth Brooks)와 로버트 펜 워렌(Robert Penn Warren)은 『소설의 이해(Understanding Fiction)』에서 플롯을 "한 편의 소설에 나타난 행동의 구조이다."[14]고 말했다. 그들은 하나의 작품 속에서 표현되고 있는 행위(行爲)의 구조(構造)를 행위의 순서(sequence of action)와 플롯의 순서(sequence of plot)[15]로 나누어 설명했다.

행위의 순서: a b c d e f g h I j k l m n o p q r s t u v w x y z

플롯의 순서: F A B H I J E R S T V Y Z

---

12) E. M. Foster, *Aspects of the Novel*, Penguin Books Ltd, 1990, p.87.
13) Robert Stanton, *An Introduction to Fiction*, Holt, Rinehart and Winston, ing, 1965, p.15.
14) Cleanth Brooks · Robert Penn Warren, *Understanding Fiction*, Prentice -Hall, Inc, 979, p.35.
15) Ibid., p.35.

플롯의 순서는 행위의 모든 사실들을 전부 이용하지도 않고, 묘사의 순서가 인위적이다. 시간적인 순서를 작가가 의도적으로 뒤섞어 표현한다.

(2) 시시의 서두와 결말

① 서두

서사문의 플롯에서 행동(action)의 시작을 서두라고 한다. 플롯에서 가장 암시적이고 상징적인 시초가 되는 부분이다. 인물이 반드시 소개되어야 하고, 배경이 설정되어야 하며 기본적인 상황이 정해져야 한다. 다시 말해, 어느 정도 발단의 윤곽이 드러나야 한다는 것이다. 기본적인 상황을 정할 때 결말의 상황에 대한 복선(伏線, subplot)을 깔면 더욱 좋다.

한 친구가 있었다.

그냥 보면 그저 그렇고 그런 보통 사람에 불과한 친구였다. 그러나 여느 사람처럼 이 땅에 그런 사람이 있는지 마는지 하게 그럭저럭 살다가 제물에 흐지부지하고 몸을 마친 예사 허릅숭이는 아니었다.

그의 이름은 유재필(俞栽弼)이다. 1941년 홍성군 광천에서 태어나 보령군 대천에 와서 자라고 배웠다. 그리고 그 나머지는 서울에서 살았다. 그는 어려서부터 타고난 총기와 숫기로 또래에서 별쭝맞고 무리에서 두드러진 바가 있어, 비색한 가운과 불우한 환경 속에서도 여러 모로 일찍 터득하고 앞서 나아감에 따라 소년 시절은 장히 숙성하고, 청년 시절은 자못 노련하고, 장년에 들어서는 속절없이 노성하였으니, 무릇 이것이 그가 보통 사람 가운데서도 항상 깨어 있는 삶을 살게 된 바탕이었다.

그의 생애는 풀밭에서 뚜렷하고 쑥밭에서 우뚝하였다.

그는 애초에 심성이 밝고 깔끔하였다. 매사에 생각이 깊고 침착하였으며, 성품이 곧고 굳은 위에 몸소 겪음한 바와 힘써 널리 보고 애써 널리 들은 것을 더하여, 스스로 갖추어진 줏대와 나름껏 이루어진 주견으로 갈피 있는 태도를 흩트리지 아니하였다.

그러므로 주변머리 없이 기대거나 자발머리없이 나대어서 남을 폐롭히거나 누를 끼치는 자는 반드시 장마에 물걸레처럼 쳐다보기를 한결같이 하였고, 분수없이 남을 제끼거나 밟고 일어서서 섣불리 무엇인 척하고 으스대는 자는 『삼국지』에서 조조 망하기를 기다리듯 미워하여 매양 속으로 밑줄을 그어두기에 소홀함이 없었다. 또 모름지기 세상의 일에 알면 아는 대로 힘지게 말하고, 모르면 모르는 대로 숫지게 말하여 마땅한 자리임에도 불구하고 어딘지 떳떳치 못하게 주눅부터 들어서 좌우의 눈치에 딱부러지게 흑백을 하지 못하는 자가 있으면, 마치 말만한 딸을 서울 가게 하는 데에 힘입어 그 날로 이잣돈을 놓는 매몰스런 구두쇠를 보듯이 으레 가래침을 멀리 뱉기에 이력이 난 터이었다.

그의 됨됨이는 물론 그것이 전부는 아니었다. 체취는 그윽하고 체온은 따뜻하며 체질이 묵중한 사내였다. 또한 남의 아픔이 자신의 아픔임을 깨달아 아픔을 나누고 눈물을 나누되, 자기가 아는 바 사람 사는 도리에 이르기를 진정으로 바라던 위인이었으니, 짐짓 저 옛말을 빌어서 말한다면 그야말로 때아닌 특립독행(特立獨行)의 돌출이요, 이른바 "세상 사람들의 걱정거리를 그들보다 앞서서 걱정하고, 세상 사람들이 즐거워함을 본 연후에야 즐거움을 누린다.(先天下之優而優 後天下之樂而樂)"고 말한 선비적인 덕량의 본보기라 하지 않을 수 없는 친구였다.

"이간감? 나 유가여."

그가 내게 전화를 할 때마다 거르지 않던 첫마디였다.

그렇지만 유가는 이미 다른 사람을 이르는 말이었다. 그는 유자(兪子)였다.   - 이문구, 「유자소전(兪子小傳)」

서사문, 특히 소설에서는 모든 등장인물이 등장하여 사건의 실마리를 보여주는 것으로 서두가 시작되기도 하고, 배경 묘사로 서두가 시작되기도 한다. 위의 예문에서 우리가 주의하여 살펴볼 것은, 인물 서술이 사건 서술보다 지배적인 자리를 차지하고 있다는 점이다. 작가의 능숙한 입담을 통해 독자는 유자(兪子)가 매력적인 성격을 가졌다는 것과 바른 성품으로 의기 있는 삶을 산 사람이라는 것을 알아차릴 수 있다. 많은 소설들이 배경 묘사를 하는 것으로 시작하기도 하나, 「유자소전」은 등장인물의 성격을 제시하는 것으로 시작하고 있다.

② 결말

서사문에서 갈등의 결과가 드러나고 등장인물의 운명이 분명해지고, 어떤 특정한 행위나 문제들이 해결을 보는 단계를 결말이라고 한다. 결말에서 등장인물들은 실패하거나 성공하는 순간을 맞게 된다. 등장인물의 위치가 완전히 드러나는 순간이며, 갈등(葛藤)과 분규(紛糾)가 일단락(一段落)을 이루는 순간이다.

아내는 바가지에 점심을 이고서 집을 나섰다. 젖먹이는 등을 두드리며 좋다고 끽끽거린다.

이젠 흰 고무신이고 코다리고 생각조차 물렸다. 그리고 '금'하는 소리만 들어도 입에 신물이 날 만큼 되었다. 그건 고사하고 꿔다 먹은 양식에 졸리지나 말았으면 그만도 좋으련만.

가을은 논으로 밭으로 누렇게 내리었다. 농군들은 기꺼운 낯을 하고 서로 만나면 흥겨운 농담, 그러나 남편은 앰한 밭만 망치고 논조차 건살 못하였으니 이 가을에는 뭘 거둬들이고 뭘 즐겨할는지. 그는 동네 사람의 이목이 부끄러워 산길로 돌았다.

솔숲을 나서서 멀리 밖에를 바라보니 둘이 다 나와 있다. 오늘도 또 싸운 모양. 하나는 이 쪽 흙더미에 앉았고 하나는 저 쪽에 앉았고. 서로들 외면하여 담배만 뻑뻑 피운다.

"점심들 잡숫게유."

남편 앞에 바가지를 내려놓으며 가만히 맥을 보았다.

남편은 적삼이 찢어지고 얼굴에 생채기를 내었다. 그리고 두 팔을 걷고 먼 산을 향하여 묵묵히 앉았다.

수재는 흙에 박혔다 나왔는지 얼굴은커녕 귓속드리 흙투성이다. 코 밑에는 피딱지가 말라붙었고 아직도 조금씩 흘러내린다. 영식이 처를 보더니 열적은 모양 고개를 돌리어 모로 떨어지며 입맛만 쩍쩍 다신다.

금을 캐라니까 밤낮 피만 내다 말라는가. 빚에 졸리어 남은 속을 볶는데 무슨 호강에 이 지랄들인구. 아내는 못마땅하여 눈가에 살을 모았다.

"산제 지낸다구 꿔온 것은 은제나 갚는다지유?"

뚱하고 있는 남편을 향하여 말끝을 꼬부린다. 그러나 남편은 눈썹 하나 까딱하지 않는다. 이번에는 어조를 좀 돋우며,

"갚지도 못할 걸 왜 꿔오라 했지유?" 하고 얼추 호령이었다. 이 말은 남편의 채 가라앉지도 못한 분통을 다시 건드린다. 그는 벌떡 일어서며 황밤주먹을 쥐어 창망할 만큼 아내의 골통을 후렸다.

"계집년이 방정맞게."

다른 것은 모르나 주먹에는 아찔이었다. 멋없이 덤비다간 골통이 부서진다. 암상을 참고 바르르 하다가 이윽고 아내는 등에 업은 어린아이를 끌어 들었다. 남편에게로 그대로 밀어 던지니 아이는 까르르 하고 숨 모으는 소리를 친다.

그리고 아내는 돌아서서 혼잣말로,

"콩밭에서 금을 딴다는 숙맥도 있담."

하고 빗대 놓고 비양거린다.

"이년아 뭐!"

남편은 대뜸 달겨 들며 그 볼치에다 다시 울찬 황밤을 주었다. 적이
나하면 계집이니 위로도 하여 주련만 요건 분만 폭폭 질러 놓려나.
예이, 빌어먹을 거, 이판사판이다.

"너허구 안 산다. 오늘루 가거라."

아내를 와락 떠다밀어 밭둑에 젖혀놓고 그 허구리를 발길로 퍽 질
렀다. 아내는 입을 헉하고 벌린다.

"네가 허라구 옆구리를 쿡쿡 찌를 제는 은제냐. 요 집안 망할 년."

그리고 다시 퍽 질렀다. 연하여 또 퍽.

이 꼴을 보니 수재는 조바심이 일었다. 저러다가 그 분풀이가 다시
제게로 슬그머니 옮아올 것을 지르채었다. 인제 걸리면 죽는다. 그는
비슬비슬하다 어느 틈엔가 구덩이 속으로 시나브로 없어져 버린다.
볕은 다스로운 가을 향취를 풍긴다. 주인을 잃고 콩은 무거운 열매를
둥글둥글 흙에 굴린다. 맞은쪽 산 밑에서 벼들을 베며 기뻐하는 농군
의 노래.

"터졌네, 터져." 수재는 눈이 휘둥그렇게 굿문을 뛰어나오며 소리를
친다. 손에는 흙 한 줌이 잔뜩 쥐였다.

"뭐." 하다가,

"금줄 잡았어, 금줄."

"응!" 하고, 외마디를 뒤남기자 영식이는 수재 앞으로 살같이 달려
들었다. 허겁지겁 그 흙을 받아 들고 샅샅이 헤쳐보니 딴은 재래에
보지 못하던 불그죽죽한 황토이었다. 그는 눈에 눈물이 핑돌며,

"이게 원 줄인가."

"그럼 이것이 곱색줄이라네. 한 포에 댓 돈씩은 넉넉 잡히네."

영식이는 기쁨보다 먼저 기가 탁 막혔다. 웃어야 옳을지 울어야 옳

을지. 다만 입을 반쯤 벌린 채 수재의 얼굴만 멍하니 바라본다.

"이리 와 봐 이게 금이래."

이윽고 남편은 아내를 부른다. 그리고 내 뭐랬어. 그렇게 해 보라고 그랬지, 하고 설면설면 덤벼 오는 아내가 한결 예뻤다. 그는 엄지손가락으로 아내의 눈물을 지워 주고 그리고 나서 껑충거리며 구덩이로 들어간다.

"그 흙 속에 금이 있지요?"

영식이 처가 너무 기뻐서 코다리에 고래등 같은 집까지 연상할 제, 수재는 시원스러이,

"네, 한 포대에 오십 원씩 나와유." 하고 대답하고 오늘밤에는 정녕코 꼭 달아나리라 생각하였다.

거짓말이란 오래 못 간다. 봉이 나서 뼈다귀도 못추리기 전에 훨훨 벗어나는 게 상책이겠다.   - 김유정, 「금 따는 콩밭」

「금 따는 콩밭」의 결말의 마지막 문장은 "봉이 나서 뼈다귀도 못추리기 전에 훨훨 벗어나는 게 상책이겠다."는 수재의 혼잣말로 끝난다. 이것은 작가가 「금 따는 콩밭」의 창작 의도를 잘 드러낸 구절이라고 할 수 있다. 「금 따는 콩밭」의 결말은 주인공(main chracter) 영식의 실패로 끝난다. 여기서 우리가 주목해야 할 점은 그러한 실패를 주인공 자신은 모른다는 것이다. 「금 따는 콩밭」의 창작 의도가 영식의 실패가 어떻게 진전되는 것인가를 중요하게 생각한 것이 아니라, 영식과 아내, 수재 등 세 사람의 등장인물의 성격을 명확하게 드러내 보이는 데 있었다는 것을 말해주고 있는 것이다. 수재가 도망가고 나서의 상황을 묘사해 결말 부분을 성격과 사건의 해결이라는 전형적인 구성법을 보여주지 않았다. 오히려 작가는 수재가 도망가고 나서의 장면을 독자에게 맡기고 있다.

4) 서사의 시점

(1) 시점의 정의

 시점(視點, point of view)에 대해 헨리 제임스(Henry James), 퍼시 러
벅(Percy Lubbock), 웨인 C. 부스(Wayne C. Booth), 수잔 스나이더 랜
서(Susan Sniader Lanser), 클린스 브룩스와 로버트 펜 워렌(C. Brooks
& R. P. Warren), 로버트 스탠턴(Robert Stanton) 등 여러 학자들이
자신들의 견해를 피력했다.
 『담화 행위: 산문 픽션의 시점(The Narrative Act: Point of View in
Prose Fiction)』에서 "인과 관계의 복합성(複合性)이 무엇이든지 간에,
시점(point of view)은 소설사를 통해 중심적이고 고도로 가변화된 구조
화 장치로 남아 있다."16)라고 말한 수잔 스나이더 랜서(Susan Sniader
Lanser)의 말을 상기할 필요가 있다.
 브룩스와 워렌(Cleanth Brooks and Robert Penn Warren)은 『현대
수사학(Modern Rhetric)』에서 시점은 두 가지 질문, 즉 "ⓐ 화자는 누구
인가? ⓑ 행위와 화자의 관계는 어떠한가? 에 관계가 있다."17)고 했다.
 허먼 멜빌(Herman Melville)의 『모비 딕(Moby Dick)』에서 우리는 이스
마엘(Ishmael)의 눈을 통하여 사건(events)을 지켜볼 수 있고, 그의 반응
(reaction)을 우리 자신의 것으로 받아들인다. 헤밍웨이(Earnest Heming
way)의 「살인자들(The Killers)」에서 우리는 등장인물들의 생각(thought)
과 감정을 오직 그들의 행동(action)을 통해서만 알 수 있다.18)

---

16) Susan Sniader Lanser, *The Narrative Act:Point of View in Pros
 e Fiction*, Princeton University Press, 1981, p.110.
17) Cleanth Brooks & Robert Penn Warren, *Modern Rhetric*, Harcourt
 Brace Jovanovich, Inc, 1979, p.209
18) Robert Stanton, *An Introduction to Fiction*, Holt, Rinehart and Wi
 nston Inc, 1965. p.26.

나는 에이허브의 음산한 풍채와 거기에 흐르는 납빛 상처에 너무나 무섭게 감동되었으므로 당분간 이 압도적으로 닥쳐오는 음산한 기분은 그가 반신(半身)을 지탱하고 있는 저 거친 하얀 다리에 기인되고 있다는 것마저 거의 알아차리지 못하던 것이다. 그러나, 이 한쪽 상아 다리는 항해 중에 말향고래의 턱뼈를 갈아서 만든 것임을 이전에 나는 알고 있었다. "암, 그분은 일본 해상(海上)에서 다리를 부러뜨렸지." 하고 게이 해드의 인디안이 한때 말한 적이 있었다. "그러나 돛대 꺾어진 그의 배와 같이 항구로 돌아가지 않고 다른 돛대를 단 셈이야. 그는 그런 다리를 화살통 가득히 갖고 있었지."

그가 몸을 가누고 있는 기괴한 자세에도 나는 놀랐다. 피쿼드호의 뒤 갑판 양쪽, 뒷돛 밧줄 가까이에 약 반 인치 가량 송곳 구멍에 꽂아지는 것이다. 한 팔을 쳐들어 밧줄을 붙들고 에이허브 선장은 똑바로 서서 부단히 곤두박질치는 어물 너머로 직시(直視)하는 것이었다. 뱃머리 쪽으로 못박힌 듯 고정된 그 무서움을 모르는 단호한 눈초리에는 한없이 공고(鞏固)한 견인불발(堅忍不拔)의 정신과 굴복할 줄 모르는 억센 고집이 깃들어 있었다. 그는 한마디도 말하지 않으며, 또 사관들도 그에게 말하지 않는다. 다만 그들의 거동과 표정으로 보아 성가신 선장의 감시 하에서 고통을 받고 있다고까지는 말할 수 없으나, 불안한 감을 의식하고 있는 것은 명백했다. 그뿐만 아니라, 침울한 표정의 에이허브는 십자가에 달린 사람들처럼 고뇌를 얼굴에 띄우며 그들 앞에 서 있다. 그것은 무어라 말할 수 없는, 임금과 같은 압도적인 위엄을 지닌 어떤 절대적인 슬픔의 표정이다.

- 허먼 멜빌, 양병탁 옮김, 『모비 딕』

위의 예문에서 '나'(이스마엘)가 사건 속에 등장하지만 중요 행동의 주체는 아니며 사건의 주인공도 아니다. '나'는 단지 중요 행동과 사건에 개입하는 '에이허브 선장' 같은 인물들을 관찰하는 사람에 지나지 않는다.

브룩스와 워렌이 『소설의 이해(Understanding Fiction)』에서 제시한 시점의 방법[19]을 중심으로 시점을 설명하고자 한다. 그들은 시점을 서술의 초점(焦點, focus of narration)으로 규정했다. 서사문을 쓸 때, 특히 소설을 쓸 때, 작가가 어떤 각도에서 서술하느냐 하는 문제가 바로 서술의 초점인 것이다. 브룩스와 워런은 화자(話者, narrator)가 소설의 등장인물인 경우와 화자가 소설의 등장인물이 아닌 경우로 나누어, 시점을 크게 1인칭(first-person)과 3인칭(third-person)으로 나누었다. 그리고 1인칭은 1인칭 서술(first-person narration)과 1인칭 관찰자 서술(first-person observer narration)로 나누었고, 3인칭은 작가 관찰자 서술(author-observer narration)과 전지적 작가 서술(omniscient author narration)로 나누었다. 작가가 만들어 낸 허구적 대리인인 화자는 서사의 내용과 독자 사이에 개입하는 허구적 화자를 말한다.

	사건의 내적 분석	사건의 외적 관찰
화자가 소설의 등장 인물임	주인물이 자신의 이야기를 말한다 (1인칭 서술)	부인물이 등장 인물의 이야기를 한다 (1인칭 관찰자 서술)
화자가 소설의 등장 인물이 아님	분석적이며 전지적 작가가 이야기한다 (전지적 작가 서술)	작가가 관찰자로서 이야기를 한다 (작가 관찰자 서술)

(2) 1인칭 서술(first-person narration)

1인칭 주관적 시점이라고도 한다. 서술자가 1인칭인 '나'(주인물)로 등장하여 적극적으로 사건의 당사자로서 개입하여, "주인물이 자기 자신의 이

---

19) Cleanth Brooks & Robert Penn Warren, Understanding Fiction, Prentice-Hall, Inc, 1979, pp.171~176 참조.

제Ⅲ장 묘사와 서사

야기를 하는 서술"이다. 성격의 초점(focus of character)과 서술의 초점 (focus of narration)이 일치되는 서술이다. 최서해의 「탈출기」, 이상의 「날개」, 김유정의 「봄봄」, 오탁번의 「아버지와 치악산」, 최일남의 「흔들리는 성」, 김승옥의 「무진기행」, 이문열의 『젊은 날의 초상』, 조경란의 「불란서 안경원」, 알퐁스 도테의 「별」 같은 작품이 1인칭 서술 시점으로 쓴 좋은 예인데 등장인물의 내면세계를 묘사하는 데 적합한 방법이다. 이 시점은 서술에서 독자에게 친밀감을 준다는 점에서는 장점을 갖고 있다고 할 수 있으나 객관성(客觀性)의 결여(缺如)라는 단점을 지니고 있다는 점에 유의해야 할 것이다.

밭에 두엄을 두어 짐 져내고 나서 쉴 참에 그 닭을 안고 밖으로 나왔다. 마침 밖에는 아무도 없고 점순이만 저희 울안에서 헌옷을 뜯는지 혹은 솜을 터는지 웅크리고 앉아서 일을 할 뿐이다. 나는 점순네 수탉이 노는 밭으로 가서 닭을 내려놓고 가만히 맥을 보았다. 두 닭은 여전히 얼리어 쌈을 하는데 처음에는 아무 보람이 없었다. 멋지게 쪼는 바람에 우리 닭은 또 피를 흘리고 그러면서도 날갯죽지만 푸드득푸드득 하고 올라 뛰고 뛰고 할 뿐으로, 제법 한번 쪼아 보지도 못한다. 그러나 한번은 어쩐 일인지 용을 쓰고 펄쩍 뛰더니 발톱으로 눈을 하비고 내려오며 면두를 쪼았다. 큰 닭도 여기에는 놀랐는지 뒤로 멈씰하며 물러난다. 이 기회를 타서 작은 우리 수탉이 또 날쌔게 덤벼들어 다시 면두를 쪼니, 그제서는 감때사나운 그 대강이에서도 피가 흐르지 않을 수 없었다.

옳다, 알았다. 고추장만 먹이면 되는구나, 하고 나는 속으로 아주 쟁그러워 죽겠다. 그 때에는 뜻밖에 내가 닭쌈을 붙여 놓는 데 놀라서 울 밖으로 내다보고 섰던 점순이도 입맛이 쓴지 눈살을 찌푸렸다. 나는 두 손으로 볼기짝을 두드리며 연방,

"잘한다! 잘한다!"

하고, 신이 머리끝까지 뻗치었다.

그러나 얼마 되지 않아서 나는 넋이 풀리어 기둥같이 묵묵히 서 있게 되었다. 왜냐하면, 큰 닭이 한번 쪼인 앙갚음으로 호들갑스레 연거푸 쪼는 서슬에 우리 수탉은 찔끔 못 하고 막 곯는다. 이걸 보고서 이번에는 점순이가 깔깔거리고 되도록 이쪽에서 많이 들으라고 웃는 것이다. 나는 보다 못하여 덤벼들어서 우리 수탉을 붙들어 가지고 도로 집으로 들어왔다. 고추장을 좀 더 먹였더라면 좋았을 걸, 너무 급하게 쌈을 붙인 것이 퍽 후회가 난다. 장독께로 돌아와서 다시 턱 밑에 고추장을 들이댔다. 흥분으로 말미암아 그런지 당최 먹질 않는다. 나는 하릴없이 닭을 반듯이 뉘고, 그 입에다 궐련 물부리를 물리었다. 그리고 고추장 물을 타서 그 구멍으로 조금씩 들이부었다. 닭은 좀 괴로운지 '킥킥' 하고 재채기를 하는 모양이나 그러나 당장의 괴로움은 매일 같이 피를 흘리는 데 댈 게 아니라 생각하였다.

그러나 한 두어 종지 가량 고추장 물을 먹이고 나서는 나는 고만 풀이 죽었다. 싱싱하던 닭이 왜 그런지 고개를 살며시 뒤틀고는 손아귀에서 뻐드러지는 것이 아닌가. 아버지가 볼까 봐서 얼른 홰에다 감추어 두었더니, 오늘 아침에서야 겨우 정신이 든 모양 같다.

그랬던 걸 이렇게 오다 보니까 또 쌈을 붙여 놓으니 이 망할 계집애가 필연 우리 집에 아무도 없는 틈을 타서 제가 들어와 홰에서 꺼내 가지고 나간 것이 분명하다. 나는 다시 닭을 잡아다 가두고 염려는 스러우나 그렇다고 산으로 나무를 하러 가지 않을 수도 없는 형편이었다. 소나무 삭정이를 따며 가만히 생각해 보니, 암만 해도 고년의 목쟁이를 돌려놓고 싶다. 이번에 내려가면 망할 년 등줄기를 한번 되게 후려치겠다. 하고 싱둥겅둥 나무를 지고는 부리나케 내려왔다.

거지반 집에 다 내려와서 나는 호드기 소리를 듣고 발이 딱 멈추었다. 산기슭에 널려 있는 굵은 바윗돌 틈에 노란 동백꽃이 소보록하니 깔리었다.

319

제Ⅲ장 묘사와 서사

그 틈에 끼어 앉아서 점순이가 청승맞게스리 호드기를 불고 있는 것이다. 그보다도 더 놀란 것은 그 앞에서 또 푸드득, 푸드득 하고 들리는 닭의 횃소리다. 필연코 요년이 나의 약을 올리느라고 또 닭을 집어 내다가 내가 내려올 길목에다 쌈을 시켜 놓고, 저는 그 앞에 앉아서 천연스레 호드기를 불고 있음에 틀림없으리라.

나는 약이 오를 대로 다 올라서, 두 눈에서 불과 함께 눈물이 퍽 쏟아졌다. 나뭇지게도 놀 새 없이 그대로 내동댕이치고는 지게막대기를 뻗치고 허둥지둥 달려들었다.

가까이 와 보니 과연 나의 짐작대로 우리 수탉이 피를 흘리고 거의 빈사지경에 이르렀다. 닭도 닭이려니와 그러함에도 불구하고 눈 하나 깜짝 없이 고대로 앉아서 호드기만 부는 그 꼴에 더욱 치가 떨린다. 동리에서도 소문이 났거니와 나도 한때는 걱실걱실히 일 잘 하고 얼굴 예쁜 계집앤 줄 알았더니 시방 보니까 그 눈깔이 꼭 여우새끼 같다.

나는 대뜸 달려들어서 나도 모르는 사이에 큰 수탉을 단매로 때려 엎었다. 닭은 푹 엎어진 채 다리 하나 꼼짝 못 하고 그대로 죽어 버렸다. 그리고 나는 멍하니 섰다가 점순이가 매섭게 눈을 흡뜨고 닥치는 바람에 뒤로 벌렁 나자빠졌다.

"이놈아! 너 왜 남의 닭을 때려죽이니?"

"그럼 어때?" 하고, 일어나다가,

"뭐 이 자식아! 누 집 닭인데?"

하고, 복장을 떠미는 바람에 다시 벌렁 자빠졌다. 그리고 나서 가만히 생각을 하니 분하기도 하고 무안도 스럽고, 또 한편 일을 저질렀으니, 인젠 땅이 떨어지고 집도 내쫓기고 해야 될는지 모른다. 나는 비슬비슬 일어나며 소맷자락으로 눈을 가리고는 얼김에 엉, 하고 울음을 놓았다. 그러나 점순이가 앞으로 다가와서,

"그럼. 너 이담부턴 안 그럴 테냐?"

하고 물을 때에야 비로소 살 길을 찾은 듯싶었다. 나는 눈물을 우선
씻고 뭘 안 그러는지 명색도 모르건만,

"그래!"

하고 무턱대고 대답하였다.

"요담부터 또 그래 봐라, 내 자꾸 못 살게 굴 테니."

"그래 그래, 인젠 안 그럴 테야."

"닭 죽은 건 염려마라. 내 안 이를 테니."

그리고 뭣에 떠다 밀렸는지 나의 어깨를 짚은 채 그대로 퍽 쓰러진
다. 그 바람에 나의 몸뚱이도 겹쳐서 쓰러지며, 한창 피어 퍼드러진
노란 동백꽃 속으로 폭 파묻혀 버렸다.

알싸한, 그리고 향긋한 그 냄새에 나는 땅이 꺼지는 듯이 온 정신이
고만 아찔하였다.

"너, 말 마라!"

"그래!"

- 김유정, 「동백꽃」

위의 예문은 전적으로 '나'가 '나' 자신의 일을 서술하고 있다. '나'는 모
든 중요 행동의 주체이며 모든 사건의 주인공이다. 주인공 '나' 자신의 말
로써 일상을 살아가는 '나'의 이야기를 하고 있다.

(3) 1인칭 관찰자 서술(first-person observer narration)

작품 속의 '나'가 관찰자의 입장에서 주인공에 대해 본 것을 전하고자
하는 경우이다. 이야기는 '나'의 눈에 비친 대로 전개된다. 다시 말하면
"부인물(副人物)이 등장인물의 이야기를 말하는" 서술 형식이다. 이 시점
은 주인공이 내면을 숨김으로써 긴장감과 경이감을 자아낸다는 것이 특징
이다. 이 시점의 본보기가 되는 작품으로 주요섭의 「사랑손님과 어머니」,
김동인의 「붉은 산」, 이청준의 「병신과 머저리」, 양귀자의 「원미동 시인」,

은희경의 「아내의 상자」, 허먼 멜빌(Herman Melville)의 『모비 딕(Moby Dick)』, 윌리엄 포크너(William Cuthbert Faulkner)의 「에밀리의 장미(A rose for Emily)」 같은 작품을 그 예로 들 수 있다.

　외삼촌의 죽음이 알려지고 나서 며칠 동안은 집안 꼴이 엉망이었다. 누구나 다 그랬지만 그 중에서도 어머니가 제일 심했다. 어머니는 학교 운동회 때 우리가 그랬듯이 흰 형겊을 머리에 질끈 동이고서 방바닥을 쳐가며 한 차례씩 서럽게 울고 나서는 자리에 누워버렸다. 그러다 끼니때만 되면 슬그머니 일어나 이모가 들어다 주는 꽁보리밥 한 그릇을 다급하게 비우고는 숟갈을 놓자마자 밥상머리에서 또 한 차례 서럽게 운 다음, 다시 자리에 눕는 것이었다. 누워서 한다는 소리가 늘 누구를 양자로 데려다가 끊어진 대를 이어야 되지 않겠냐는 것이었다. 거기에 비해 이모는 무척 대조적이었다. 처음부터 그랬지만 이모는 끝내 눈물 한 방울 비치지 않았다. 누구하고 말 한 마디 나누는 법도 없고, 아무것도 입에 대지 않았다. 그러면서 전에 어머니가 하던 일을 도맡아 혼자 밥도 짓고 설거지도 하고 빨래도 했다. 사흘째 되는 날, 울안 샘에서 물동이를 들다가 벌렁 나자빠지는 걸 볼 때까지 나는 이모가 뒤란 대밭 속이나 침침한 부엌 안에서 우리 몰래 뭔가를 먹는 줄로만 알았다. 독하고 엉큼스런 구석이 있는 이모가 설마 사흘을 내리 굶지야 않겠지, 생각하고 안심했었다.
　어머니와 이모는 그래도 괜찮은 편이었다. 무엇보다 우려되는 건 할머니와 외할머니 간의 불화였다. 외삼촌과 이모를 공부시키기 위해 살림을 정리해서 서울로 떠났던 외가가 어느 날 보퉁이를 꾸려들고 느닷없이 우리들 눈앞에 나타났을 때, 사랑채를 비우고 같이 지내기를 먼저 권한 사람은 할머니였다. 난리가 끝나는 날까지 늙은이들끼리 서로 의지하며 살자는 말을 여러 번 들을 수 있었고, 얼마 전까지만 해도 두 사돈댁은 사실 말다툼 한번 없이 의좋게 지내왔었다. 수

글쓰기의 원리와 방법

복이 되어 완장을 두르고 설치던 삼촌이 인민군을 따라 어디론지 쫓겨가 버리고 그 때까지 대밭 속에 굴을 파고 숨어 의용군을 피하던 외삼촌이 국군에 입대하게 되어 양쪽에 다 각기 입장을 달리하는 근신거리가 생긴 뒤로도 겉에 두드러진 변화는 없었다. 그러던 두 분 사이에 얼추 금이 가기 시작한 것은 저 사건——내가 낯모르는 사람의 꼬임에 빠져 과자를 얻어먹은 일로 할머니의 분노를 사면서부터였다. 할머니의 말을 옮기자면, 나는 짐승만도 못한, 과자 한 조각에 제 삼촌을 팔아먹은, 천하에 무지막지한 사람백정이었다. 외할머니가 유일한 내 편이 되어 궁지에 몰린 외손자를 감싸고 역성드는 바람에 할머니는 그때 단단히 비위가 상했던 것이다. 다음으로 두 분을 아주 갈라서게 만든 결정적인 계기는 전사통지서를 받은 그 이튿날에 왔다. 먼저 복장을 지른 쪽은 외할머니였다. 그날 오후도 장대 같은 벼락불이 건지산 날망으로 푹푹 꽂히는 험한 날씨였는데, 마루 끝에 서서 그 광경을 지켜보던 외할머니가 별안간 무서운 저주의 말을 퍼붓기 시작한 것이다.

"더 쏟아져라! 어서 한 번 더 쏟아져서 바웃새에 숨은 뿔갱이마자 다 씰어 가그라! 한 번 더, 한 번 더, 옳지! 하늘님 고오맙습니다!"

소리를 듣고 식구들이 마루로 몰려들었으나 모두들 어리둥절해서 외할머니를 말리는 사람이 없었다. 벼락에 맞아 죽어 넘어지는 하나하나의 모습이 눈에 선히 보인다는 듯이 외할머니는 더욱 기가 나서 빨치산이 득실거린다는 건지산에 대고 자꾸 저주를 쏟았다.

"저 늙다리 예펜네가 뒤질라고 환장혔다?"

그러자 안방 문이 우당탕 열리면서 악의를 그득 담은 할머니의 얼굴이 불쑥 나타났다. 외할머니를 능히 필적할 만한 인물이 그제까지 집안 한쪽에 도사리고 있었음을 나는 뒤늦게 깨닫고 긴장했다.

"여그가 시방 누집인 종 알고 저 지랄이랴, 지랄이?"

옆에서 흔들어 깨우는 바람에 갑자기 잠꼬대를 그친 사람처럼 외할머니는 멍멍한 눈길로 주위를 잠깐 둘러보았다.

"보자보자 허니께 참말로 눈꼴시어서 볼 수가 없네. 은혜를 웬수로 갚는다드니 그 말이 거그를 두고 허는 말이고만. 올디 갈디 없는 신세 하도 불쌍혀서 들어앉혀 놓게로 인자는 아도 으런도 몰라보고 갖인 야냥개를 다 부리네그랴. 미쳐도 곱게 미쳐야지, 그렇게 숭악시런 맘을 먹으면은 뱁대로 거그한티 날베락이 내리는 뱁여."

당장 메어꽂을 듯한 기세로 상대방의 서슬을 다잡고 나더니 할머니는 사뭇 훈계조가 되었다.

"아니, 거그가 그런다고 죽은 자석이 살아나고 산 사람이 그렇게 쉽게 죽을 성부른가? 어림 반푼도 없는 소리 빚감도 말어. 인명은 재천이랬다고, 다아 저 타고난 명대로 살다가 가는 게여. 그러고 자석이 부모보담 먼처 가는 것은 부모 죄여. 부모덜이 전생에 죄가 많었기 땜시 자석놈을 앞시워 놓고는 뒤에 남어서 그 고통을 다아 감당허게 맹근 게여. 애시당초 자기 팔자소관이 그런 걸 가지고 누구를 탓허고 마잘 것이 없어. 낫살이 저만치 예순줄에 앉어 있음시나 조께 부끄런 종도 알어야지."

"그려. 나는 전생에 죄가 많어서 아덜놈 먼첨 보냈다 치자. 그럼 누구는 복을 휘여지게 짊어지고 나와서 아덜 농사를 그 따우로 지었다냐?"

하고 외할머니도 앙칼지게 쏘아붙였다.

"저놈으 예펜네 말하는 것 점 보소이. 참말로 죽을라고 환장혔능개비. 내 아덜이 왜 어디가 어쩌간디 그려?"

"생각혀 보면 알 것이구만."

"저 죽은 댐이 지사 지내 줄 놈 하나 없응게 남덜도 모다 그런 종 아는가분다……."

"고만덜 혀둬요!"

"우리 순철이는 끈덕도 없다, 끈덕도 없어. 무신 일이 생겨야만 쇡이

시연헐 티지만 순철이 갸는 쏘내기 새도 요리조리 뚫고 댕길 아여."

"어따 구만덜 허라니께요!"

하고 아버지가 한 번 더 짜증을 부렸다.

아까부터 어머니는 외할머니의 허벅지를 자꾸만 집어뜯고 있었다.

"느그 시엄씨 허는 소리 들었냐? 명색이 그리도 사분인디, 나보고 시상에 지사 지내 줄 놈 하나 없는 년이란다. 자석 한나 있는 것 나라에다 바친 것만도 분하고 원통헌디, 명색이 자기 사분한티 헌다는 소리가 그 모냥이구나. 자석 잃고 쏙이 뒤집힌 에미가 무신 소린들 못 허겄냐. 그런디 말 한 마디 어덕 잡어 가지고 불쌍한 늙은이 앞에서 똑 아덜자식 여럿 둔 위세를 혀야만 쓰겄냐? 너도 입이 있으면 어디 말 좀 혀 봐라, 야야."

외할머니는 어머니를 돌아보며 통사정을 하고, 어머니는 울상이 되어 한쪽 눈을 연방 쫑긋거려 가며 외할머니의 다리를 꼬집었다. 할머니는 할머니대로 아버지를 붙들고 늘어졌다.

"야, 애비야. 니 동상 어서 죽으라고 고사 지내는 예펜네를 내가 조께 혼내줬기로 너까지 한통속이 되어 목 매달 게 뭐냐. 너한티는 장몬지 뭣인지 모르지만 나는 죽었으면 죽었지 그런 꼴 못 본다. 당장 어떻게 하지 않으면 내가 이 집을 나갈랑게 알어서 혀."

"나갈란다! 그러잖아도 드럽고 챙피시러서 나갈란다! 차라리 길가티서 굶어죽는 게 낫지 이런 집서는 더 있으라도 안 있을란다! 이런 뿔갱이집……."

외할머니의 격한 음성이 갑자기 뚝 멎었다. 외할머니는 천천히 고개를 들어 맞은편의 아버지를 멀거니 건너다보았다. "뿔갱이집서는……." 하고 하다 만 말의 뒤끝을, 그러나 매우 자신 없는 어조로 간신히 흘리면서 이번에는 어머니 쪽을 바라보았다. 마지막으로 나를 한참 동안 눈여겨보고 나서 머리를 설레설레 흔들었다. 그러더니 갑자기 시선을 떨구는 것이었다. 쏟아져 내리는 그 시선이 대바구니 속

325

에 무겁게 담겼다. 그 대바구니를 잠자코 무릎마디로 끌어당겨 그림 자처럼 조용한 몸놀림으로 한 개의 완두 줄거리를 집어올렸다. 외할 머니의 얼굴은 어제나 그제 죽은 사람 모양으로 완전한 잿빛이었다

- 윤흥길, 「장마」

위의 예문은 '나'가 사건 속에 등장하기는 하지만 중요 행동의 주체는 아니며 사건의 주인공도 아니다. '나'는 단지 중요 행동과 사건에 개입하는 '할머니'와 '외할머니' 같은 인물들을 관찰하는 사람에 지나지 않는다. 초등학교 3학년 학생인 '나'(동만)를 화자로 하여 1인칭 관찰자 시점으로 이야기가 전개되는 「장마」는 6·25전쟁 중에 빚어진 한 가정의 비극과 그 극복 과정을 토속적·샤머니즘적 세계관(世界觀)을 바탕으로 한 '장마'와 '구렁이'라는 상징적인 장치를 통해 형상화하고 있는 중편소설이다. 빨치산인 아들에 대한 강한 모성애(母性愛)를 보이는 '할머니'와 자기 아들을 죽인 공산주의자들을 증오하는 '외할머니' 사이의 갈등은 공산주의자들에 대해 저주를 퍼붓는 '외할머니'의 저주(咀呪)를 계기로 정점을 향해 치닫고 있다.

(4) 작가 관찰자 서술(author-observer narration)

3인칭 관찰자 시점이라고도 한다. 서술자가 외부 관찰자의 위치에서 이야기하는 시점으로, "작가가 관찰자로서 이야기를 하는" 서술 형식인 것이다. 사건의 중심에도, 외곽에도 존재하지 않는 작가가 등장하여 사건의 전말을 기술할 때, 작가가 단지 구경꾼 정도의 시점에서 인물들의 내면과 사건의 내부를 바라본다면 이는 제한적(制限的) 시점으로, '작가 관찰자 서술'인 것이다. 작품 속의 특정한 이름이나 '그', '그녀'는 화자로서 이야기를 전하지만 자신은 단지 관찰자의 입장에서만 이야기를 서술한다. 현진건의 「B사감과 러브레터」, 황순원의 「소나기」, 안수길의 「제3인간형」,

염상섭의 「두 파산」, 이청준의 「이어도」, 서정인의 「후송」, 그리고 어니스트 헤밍웨이의 「살인자들(The Killers)」 등이 작가 관찰자 서술의 좋은 본보기다.

> 역파(驛派)는 보이지 않았다.
> 역사(驛舍)의 왼편, 나오는 문 안쪽으로 '청량리 경찰서 근무소' 간판이 걸려 있기는 하지만, 거기는 문이 닫혀 있었다. 로터리 건너편에도 파출소가 하나 있기는 하다. 그러나 구역이 다르니까 거기서도 이곳 청량리역을 직접 관할하지는 않을 것이다.
> 대합실 안이고 밖이고 할 것 없이, 그러나 경찰들은 어디고 쫙 깔려 있었다. 하긴, 역파가 따로 필요 없는 것인지도 모른다. 어디선가 무더기로 대기하고 있다가 시간이 되면 와서 교대 근무를 하는 것일 테니까. 파출소보다는 아마 더 큰 경찰서가 어딘가에 있을 것이다.
> 대합실 안에서는 적어도 네 명쯤의 제복 차림이 서성거리고 있었다. 현관 입구 쪽에 둘, 화장실로 통하는 후미진 구석 쪽에 하나, 그들은 모두 의무경찰인 것 같다. 그리고 아, 오늘은 잎사귀 세 개짜리가 떴구나. 의경 셋에 경장이 하나, 경장은 아마 이번 근무조의 조장일 것이다. 조장답게, 그는 의경들과 섞이지 않고, 사람들이 서 있거나 쭈그려 앉아 있는 바닥의 긴 나무 걸상들 틈새를 혼자서 오락가락하고 있었다.
>   - 송하춘, 「청량리역」

위의 예문에서 작가는 관찰자의 입장에서만 이야기를 서술하기 때문에 상황의 전모를 꿰뚫고 있지 못하고, 눈길만이 있어서 단지 의경 셋과 경장의 겉모습과 정경 같은 외부적 사실만을 묘사하고 있다. 위의 예문을 보면 겉으로 드러난 행동 이외에 의경 셋과 경장 하나가 무슨 생각을 하고 있는지는 나타나 있지 않다. 작가가 확실하게 말할 수 있는 것은 그곳에 있는 사람이면 누구나 알 수 있는 사실을 크게 넘어서지는 않는다. 관찰의 주체인 '나'는 한 걸음 물러난 채 "그들이 그 때 거기서 이런 것을 하고 있었다."라고 의경 셋과 경장의 움직임을 제시할 뿐 논평(論評)을 가하고 있지 않다.

(5) 전지적 작가 서술(omniscient author narration)

작가가 인물들의 내면과 사건의 내부를 소상히 바라보는 초월적 시각을 가지고 "그 때 거기서 일어난 일의 안팎은 이렇다." 라는 식으로 묘사한다. 등장인물의 성격과 심리를 묘사하기도 하고, 사건을 내면적으로 분석하기도 하면서 서술 시점이다. 다시 말하면, "분석적이며 전지적 작가가 이야기하는" 서술 형식인 것이다. 이광수의 『흙』, 염상섭의 『삼대(三代)』, 채만식의 『태평천하(太平天下)』, 김동인의 「발가락이 닮았다」, 이효석의 「메밀꽃 필 무렵」, 김동리의 「밀다원시대(蜜茶苑 時代)」, 정한숙의 「금당벽화(金堂壁畵)」, 황석영의 「삼포 가는 길」 등이 전지적 작가 서술의 본보기가 되는 작품들이다.

바다는, 크레파스보다 진한, 푸르고 육중한 비늘을 무겁게 뒤채면서, 숨을 쉰다.

중립국으로 가는 석방 포로를 실은 인도 배 타고르호는, 흰 페인트로 말쑥하게 칠한 3,000톤의 몸을 떨면서, 물건처럼 빼곡이 들어찬 동중국 바다의 훈김을 헤치며 미끄러져 간다.

석방 포로 이명준(李明俊)은, 오른편의 곧장 갑판으로 통한 사닥다리를 타고 내려가, 배 뒤쪽 난간에 가서, 거기에 기대어 선다. 담배를 꺼내 물고 라이터를 켜댔으나 바람에 이내 꺼지고 하여, 몇 번이나 그르친 끝에, 그 자리에 쭈그리고 앉아서 오른팔로 얼굴을 가리고 간신히 댕긴다. 그때다. 또 그 눈이다. 배가 떠나고부터 가끔 나타나는 허깨비다. 누군가 엿보고 있다가는, 명준이 획 돌아보면, 쑥, 숨어

버린다. 헛것인 줄 알게 되고서도 줄곧 멈추지 않는 허깨비다. 이번에는 그 눈은, 뱃간으로 들어가는 문 안쪽에서 이쪽을 지켜보다가, 명준이 고개를 들자 쑥 숨어 버린다. 얼굴이 없는 눈이다. 그때마다 그래 온 것처럼, 이번에도 잊어서는 안 될 무언가를 잊어버리고 있다가, 문득 무언가를 잊었다는 것을 깨달은 느낌이 든다. 무엇인가는 언제나처럼 생각나지 않는다. 실은 아무것도 잊은 것은 없다. 그런 줄을 알면서도 이 느낌은 틀림없이 일어난다. 아주 언짧다. 굵은 밧줄을 한 팔에 걸치고 뱃사람이 지나가면서, 입에 물었던 파이프를 뽑아 명준의 가슴께를 두어 번 치는 시늉을 한 다음, 그 파이프로 선장실을 가리킨다. 명준은 끄덕여 보이면서 바다에 대고 담배를 휙 던지고, 선장실로 가는 사닥다리 쪽으로 걸어간다.

선장은 비스듬히 앉아서 차를 마시다가, 들어오는 명준에게 다른 한 잔의 차를 턱으로 가리킨다. 구레나룻이 탐스런 그 얼굴은, 아리안 핏줄에서 좋은 데만 갖춘 듯, 거무스름하게 칠한 깎아 놓은 토막을 떠올리게 한다. 앉으면서, 커피잔을 입으로 가져간다. 수용소에서 마시던 것보다 씁쓸한 맛이 나는 인도 차를, 별미라고 이렇게 가끔 불러서 내놓는다. 선장을 멍하니 쳐다보고 있던 눈길을 옮겨, 왼쪽 창으로 내다본다. 마스트 꼭대기 말고는 여기가, 으뜸 잘 보이는 자리다. 바다는 그쪽에서 활짝 펴진, 눈부신, 빛의 부채다.

오른편 창으로 내다본다. 거기 또 다른 부채 하나가 있고, 아침부터, 이 배를 지키는 전투기처럼 멀어지고 가까워지고 때로는 마스트에 와 앉기도 하면서, 줄곧 따라오고 있는 갈매기 두 마리가, 그 위에 그려 놓은 그림처럼 왼쪽으로 비껴 날고 있다.

포로들을 데려가는 일을 맡아서 타고 오는 무라지라는 인도 관리는, 낮에는 하루 내 술이고, 밤이면 기관실 위에 붙은 키친에서 쿡을 우두머리로 벌어지는 카드 노름으로 세월을 보냈고, 배 안에서 석방자들의 살림과 선장과의 오고 가기 따위는, 거의 명준이 도맡아서 보고 있다. 그의 영어는 그럭저럭 쓸 만했다. 처음 만나서 명준의 학력을 물을 때 ○○○ University라고 배운 데를 댔더니, 선장은 대뜸, r 자를 몹시 굴린 명준의 소리를 고치면서,

"아하, 유니버시티라고요?"

r 소리를 죽여 버린 밋밋한 소리를 해 보였다. 영국에서 상선학교를 나왔다고 하면서, 이쪽이 알 턱이 없는, 영국 해군의 우두머리들을 누구누구 이름을 대가면서 같이 배웠노라고 했다. 그러나 그런 말에는 뭇사람들의 구린내 나는 제 자랑하는 투는 없고 어린애 같이 맑은 데가 있다. 다른 나라 사람들을 사귀면서 느껴 오는 일인데, 그들은 줄잡아 우리 사람보다 어린애다운 데가 있다. 그러면서 그럴 만한 데서는 또 어린애들 모양 고집통으로 떼를 쓰면서, 가볍게 몸짓을 바꾸지 못하는 것을 볼 때마다, 그들의 몸 속 성깔의 뼈대를 문득 짐작하게 된다. 홀로 선장뿐 아니라 뱃사람들도 쳐서, 이 배의 그들 석방자들에 대한 눈치에는, 어느 나름의 은근히 알아준다는 대목이 있다. 그 대목인즉 그들 석방자들이 제 나라 어느 한쪽도 마다하고, 낯선 땅을 살 곳으로 골랐다는 데서 제 나라에서 쫓긴 수난자 같은 모습을 저희들대로 그려 낸 탓인 모양이다. 이런저런 일로 그런 눈치를 채게 될 때마다 턱없는 몫을, 눈을 지레 감으며 받아들이고 있는 듯한 부끄러움을 맛본다. 부끄러워하는 자기가 혀를 차고 나무라고 싶게 못마땅하다. 그 마음을 다 파헤치면 뜻밖에 섬뜩한 무엇이 튀어나올 것 같아 두루뭉술한 손길로 얼버무려 온다.   - 최인훈, 『광장』

위의 예문은 1960년 『새벽』 10월호에 발표된 최인훈의 장편소설 『광장』의 일부이다. 화자가 작품 안팎을 넘나들면서 등장 인물들의 심중과 인간됨을 속속들이 파악하여 독자들에게 자유롭게 전달해주고 있어 독자들은 이명준이라는 관념적이고 철학적인 성격을 띠고 있는 인물의 내면세계(內面世界)를 들여다 볼 수 있다. 전지적 작가 서술시점(omniscient author narration)으로 그려진 『광장』은 주인공이 회상하는 형식으로 내용이 전개되고 있는 분단 소설이다. 인도로 가는 타고르 호(號) 선상(船上)에서 과거를 회상하는 역순행적 구성으로 짜인 『광장』은 발표 당시에는 금기시되어 왔던 남한과 북한의 대립과 이데올로기의 문제를 파헤쳐 문학계의 주목을 끌었다. 남한의 현실에 환멸을 느끼고 월북한 이명준은 사회주의 제도의 굳어진 공식인 명령과 복종만이 있는 북한 사회에서도 진정한 삶의 광장을 찾을 수 없었다. 6·25전쟁에 참전한 그는 6·25전쟁에서도 새로운 삶을 발견하지 못하고 포로가 된다. 그는 포로 송환 과정에서 한국도 북한도 아닌 제3국을 선택한다. 제3국을 선택한 포로들을 싣고 가는 타고르호가 캘커타에 도착하기 얼마 전에 이명준은 바다에 몸에 던져, 자살하고 만다.

제IV장 설명과 논증

1. 설명

1) 설명의 정의와 분류

설명(說明, exposition)이란 주제를 잘 드러내기 위하여 일정한 사물이나 과제를 알기 쉽게 풀어서 해명하는 서술 방법이다. 정보(情報)를 제공(提供)하는 것을 주목적(主目的)으로 하는 설명의 특징은 독자를 이해시키려는 서술 방식에 있다. 설명은 가장 보편적인 서술 방식인 것이다. 사전, 뉴스 잡지 기사, 교재, 실험 보고서 따위가 설명의 방법으로 쓰인 글들[1]이다. 설명은 서술 방식에 따라 지정, 예시, 비교와 대조, 분류, 정의 등으로 나눌 수 있다.

2) 지정

지정(指定, identification)은 설명의 기술 방법 중 가장 단순한 것이다. "이것은 무엇이냐?", "그가 누구냐" 하는 식의 질문에 대답하는 형식의 간단한 방법이다.

지정의 방식이 높은 수준의 문장에 이르게 되면, 분석 · 비교 · 대조 등의 기술 방식까지 흡수하게 된다.

---

1) Jean Wyrick, *Steps to Writing Well*, Tomson Wadsworth, 2005. p.179.

한국의 봉산탈춤은 춤이 위주가 되는 가면극이다. 정확한 기록은 없지만 18세기 중엽에 현재와 같은 형식의 가면극으로 정립된 것으로 보인다. 춤 가운데는 무당역과 승려역과 사자역이 추는 춤이 들어 있는데, 이러한 사실은 한국에 불교가 수용된 4세기 후반부터 5세기 전반기에 기층종교였던 샤머니즘과 신흥종교인 불교를 기반으로 하여 만들어진 가면극의 일종인 기악(伎樂)이 봉산탈춤의 선행 예능이었음을 입증한다. 한국의 기악은 612년에 일본에 전파되어 일본 예능사, 특히 일본 가면극의 기원을 이루었음이 분명하게 기록되어 있다. 기악은 불교문화의 왕성한 환경을 바탕으로 16세기 초까지 성행하다가 새로운 왕조인 조선이 한편으로 불교를 탄압하면서 중국의 유교문화를 수용하기 시작하자 형식과 내용과 수용층에 변화를 일으키게 되었다. 이처럼 종전의 기악이 새로운 유교문화의 세력에 굴절되어 불교적 요소와 유교적 요소가 절충되고, 농경축제적인 원형성과 당대 서민의 현실적 삶의 의식이 복합되어 만들어진 것이 조선 시대 후기의 봉산탈춤이다.   - 서연호, 『한국전승연희의 원리와 방법』

위의 예문은 봉산탈춤은 어떠한 성격을 지닌 극예술 형태인가를 지정하고 있다.

3) 예시

예시(例示, illustration)는 설명법의 기술 방법 가운데 가장 간단한 것으로 실례를 들어 구체적으로 보여주는 것이다.

연암 박지원은 너무도 유명한 영 · 정 시대 북학파(北學派)의 대표적 인물 중의 한 사람이다. 그가 지은 『열하일기(熱河日記)』나 『방경

각외전(放璃閣外傳)』에 실려 있는 소설이, 몰락하는 양반 사회에 대한 신랄한 풍자를 가지고 있을 뿐 아니라, 문장이 또한 기발하여, 당대의 허다한 문사들 중에서도 최고봉을 이루고 있는 것으로 추앙되고 있다. 그러나, 그의 문학은 패관 기서(稗官奇書)를 따르고 고문(古文)을 본받지 않았나 하여, 하마터면 『열하일기』가 촛불의 재로 화할 뻔한 아슬아슬한 장면이 있었다. 말하자면, 연암은 고문파(古文派)에 대한 반항을 통하여 그의 문학을 건설한 것이다. 그러나, 오늘날 우리는 민족 문화의 전통을 연암에게서 찾으려고는 할지언정 고문파에서 찾으려고 하지는 않는다. 이 사실은, 우리에게 민족 문화의 전통에 관한 해명의 열쇠를 제시하여 주는 것은 아닐까?

전통은 물론 과거로부터 이어 온 것을 말한다. 이 전통은 대체로 그 사회 및 그 사회의 구성원인 개인의 몸에 배어 있는 것이다. 그러므로, 스스로 깨닫지 못하는 사이에 전통은 우리의 현실에 작용하는 경우가 있다. 그러나, 과거에서 이어 온 것을 무턱대고 모두 전통이라고 한다면, 인습(因襲)이라는 것과의 구별이 서지를 않을 것이다. 우리는 인습을 버려야 할 것이라고는 생각하지만, 계승해야 할 것이라고는 생각하지 않는다. 여기서 우리는, 과거에서 이어 온 것을 객관화하고 이를 비판하는 입장에 서야 할 필요를 느끼게 된다. 그 비판을 통해서 현재의 문화 창조에 이바지할 수 있다고 생각되는 것만을 우리는 전통이라고 불러야 할 것이다. 이같이, 전통은 인습과 구별될 뿐더러, 또 단순한 유물(遺物)과도 구별되어야 한다. 현재에 있어서의 문화 창조와 관계가 없는 것을 우리는 문화적 전통이라고 부를 수가 없기 때문이다.　　　　　　　　 - 이기백, 「민족문화의 전통과 계승」

위의 예문은 전체 문장이 2개의 단락으로 이루어진 2단식 문장이다. 이런 형태의 문장은 서론 · 본론 · 결론 중 어느 하나가 축약된 형태이다. 수필이나 평론 같은 글을 쓸 때 2개의 단락으로 문장을 구성하기도 한다.

예시의 방법을 이용한 설명은 '주제문 - 예시 - (주제문)'의 형식을 취하는 경우가 일반적이다. 그러나 위의 예문은 '예시 - 주제문' 형식을 취하고 있는 2단식 문장이다. 따라서 주제문은 2단락의 "여기서 우리는, 과거에서 이어 온 것을 객관화하고 이를 비판하는 입장에 서야 할 필요를 느끼게 된다. 그 비판을 통해서 현재의 문화 창조에 이바지할 수 있다고 생각되는 것만을 우리는 전통이라고 불러야 할 것이다."에서 찾아야 할 것이다. 말하자면 2단락이 요지 단락인 셈이다. 1단락에서 글쓴이는 '전통의 의의'라는 추상적인 주제를 형상화하기 위해 연암 박지원의 경우를 예시로 들었다. 1단락이 예시 단락인 것이다.

위의 예문은 귀납적 구성의 미괄식 논설문이다.

4) 비교와 대조

둘 이상의 대상 사이의 유사점과 차이점을 찾아 설명하는 것을 비교(比較, comparison)라고 한다. 그리고 특히 유사점보다는 차이점을 강조하여 설명하는 것을 대조(對照, contrast)라고 한다. 일반적으로 비교와 대조의 기술 방법은 다음과 같은 세 가지 사항이 잘 고려되었을 때 효과적인 것이 된다.

어떤 사항을 설명하고자 할 때 그것을 이미 독자들에게 알려진 사항과 관련시킨다. 그리고 두 사항을 설명하고자 할 때, 그것들을 먼저 그들 자체에도 적용시킬 수가 있고 동시에 사회적으로 널리 알려진 일반 원리(一般原理)에 관련시킨다. 또한 일반적인 원리나 관념(觀念)을 설명하기 위해서 이미 알려진 사항들을 비교. 대조한다.

　　법은 필요악이다. 법은 우리의 자유를 막고 때로는 신체적 구속을
　　하는 식으로 강제력을 행사하는 일이 많다. 이런 점에서 법은 달가운

존재가 아니며 기피와 증오의 대상이 되기도 한다. 그러나 법이 없으면 안전한 생활을 할 수 없게 되는 것이 우리의 사회 현실이고 보면 법은 없어서는 안 될 존재이다. 이와 같은 법의 양면성은 울타리와 비교될 수 있다. 울타리는 우리의 시야를 가리고 때로는 바깥출입의 자유를 방해하는 점에서 답답한 존재다. 그러나 부질없는 낯선 사람의 눈총을 막아 주고 악의에 찬 침입자를 막아서 가정의 안전하고 포근한 삶을 보장하는 점에서 울타리는 고마운 존재이다. 법은 이런 울타리처럼 달갑지 않은 면이 있으면서도 우리 사회에 없어서는 안 되는 필요성을 지닌 것이다.   – 서경환, 「법은 필요한가」

위의 예문은 '법'의 구실을 잘 모르는 사람에게 인상 깊게 이해시키기 위해 법을 울타리와 비교하여 설명하고 있다.

기술과 과학은 추구하는 바가 다르기 때문에 독립적으로 발전해 왔다. 기술적 진보는 대부분 사회 경제적 필요의 소산이며 장인들에 의해 이루어져 왔다. 과학은 도시 생활의 시작과 함께 배태되었고, 그리스 시대에 현재의 과학이 탄생되었으며 과학자들에 의해 이루어져 왔다.

과학과 기술은 각각 사회에서 지니는 위치도 차이가 난다. 과학이 사원이나 지배계급에 필요한 천문학 등으로 인해 대학, 지식층, 부유층 등 사회의 상층에 속한 분야인 데 반해, 기술은 실제 생산 활동에 종사하는 낮은 계층의 분야였던 것이다. 고대 이래 산업 혁명기에 이르기까지의 크고 작은 기술적 업적은 모두 교육받지 않은 장인들의 업적이었다.

과학과 기술은 추구하는 바가 다르기 때문에 그에 따라 과학자와 기술자의 태도도 달라진다. 과학자들은 복잡한 현상들이 보편적이고 잘 정리된 체계에 담겨질 수 있다는 믿음을 지니며, 그 같은 믿음에 바탕해 현상을 분석하고, 그에 대한 합리적인 설명을 하려고 노력한다. 그들은 연구 결과를 발표하고, 다른 과학자들에게 정보를 제공하며, 그들의 평가도 구한다. 그리고 그들에게는 실제적인 효용이나 일반 대중의 인정이 아니라, 동료 과학자들의 인정이 더 중요하다. 이에 반해 기술자들은 부과된 문제를 풀고, 연구의 응용 가능성을 중시한다. 또한 기술자들은 새로운 기술의 지식을 오히려 감추며, 특허와 같은 제도를 통해서 다른 사람이 사용하는 것을 막으려 한다.

- 권욱현, 「현대 과학 기술과 공학의 학문 조직」

기술과 과학의 차이점을 대조하여 설명하고 있는 글이다. 과학의 출발은 도시생활의 시작과 함께 배태되었고, 기술의 출발은 사회 경제적 필요의 소산임을 대조하여 설명하고 있다. 그리고 과학의 담당 계층은 과학자였고, 기술의 담당 계층은 기술자였으며, 사회에서의 위치는 과학자는 사회의 상층에 속한 계층이었고, 기술자는 실제 생산에 종사하는 낮은 계층이었음을 각각 대조하고 있다. 또한 과학의 태도는 보편적 체제에 대한 믿음이었고, 기술에 대한 태도는 연구의 응용 가능성을 중시하는 데 있었다는 것을 대조하여 설명하고 있다. 끝으로 평가에 있어서 과학은 동료 과학자들의 평가를 중시하고, 기술은 특허 등으로 타인의 사용을 제한한다는 것을 대조하여 설명하고 있다.

5) 분류와 구분

분류(分類, classification)와 구분(區分, division)은 복잡하거나 잡다한 대상을 명료하게 이해시키기 위해, 그것을 보다 작은 갈래(종개념, 하위개념)로 나누거나, 보다 큰 갈래(유개념, 상위개념)로 묶어 보이는 방식이다. 분류와 구분의 방법은 사물의 구성 요소를 분석하거나 규정하는데 널리 쓰인다. 어떤 하나의 개념을 설명하기 위해 그 하위 개념들의 연관성을 제시하는 데에도 편리하게 이용한다.

분류는 여러 사물의 부류(部類)를 계층화하여 나누거나 모으는 조직의 방식이다. 분류에는 세 가지 원칙이 있다. 첫째, 각 계층별의 분류의 기준은 하나이어야 하며, 둘째, 하위(下位)의 종속석인 계층은 상위의 계층(階層)에 남김없이 포섭되는 것이어야 하고, 셋째, 모든 계층에 적용되는 원칙은 일관된 것이어야 한다는 것이다.

좋은 분류나 구분이 되기 위해, 구분의 기준이 명료해야 하고, 일관된 분류 기준이 끝까지 유지되어야 한다. 그리고 또한 한 묶음에 최소한 두 개 이상의 요소가 들어가야 하고 총괄적이어야 한다.

구분은 공통된 자질을 가져야 하며, 배타적(排他的)이어야 한다. 구분지(區分肢)가 상호 중첩(相互重疊)되어서는 안 된다. 구분지는 구분하여 생긴 각 부분을 말한다. 곧 유개념에 대한 종개념, 종개념에 대한 개별 개념을 이른다. 이를테면 만물을 생물(生物)과 무생물(無生物), 방향을 동서남북으로 구분한 것 따위이다.

요약하면, 작은항목(종개념)에서 큰항목(유개념)으로 묶어 보이면 분류이고, 큰항목(유개념)에서 작은 항목(종개념)으로 나눠 보이면 구분이다.

학문이란 무엇인가를 설명하는 데에는 여러 가지 방법이 있을 수 있다. 분류를 이용한 설명도 흔히 쓰이는 방식이다. 옛날 중국에서는 학문을 육예(六藝), 제자(諸子), 시부(詩賦), 병(兵), 술수(術數), 방지(方枝) 등 여섯 종류로 분류하기도 했고(『한서』「예문지」), 또 경(經), 사(史), 자(子), 집(集) 등 네 종류로 분류하기도 하였다.(『수서』「경적지」) 그리고 서양에서는 아리스토텔레스가 이론학, 실천학, 제작학 등 세 종류로 분류한 뒤, 이것이 이후 서양 학문 체계의 기초가 되었다.

그(아리스토텔레스)는 대상의 성격과 연구 목적에 따라 학문을 이론학, 실천학, 제작학으로 구분한다. 이론학(자연학, 수학, 형이상학)은 '지식 자체를 위한 지식'을 탐구하는 학문, 즉 이성의 자기 만족을 위한 학문이고, 실천학(정치학, 윤리학, 경제학)은 인간의 행위에 관한 학문으로서 행복한 삶을 위한 지혜이다. 제작학은 제작을 위한 일정한 규칙, 즉 기술에 관한 학문이다. 실천학과 제작학이 가변성(행위, 재료의 변형)을 전제하기 때문에 그 인식이 개연적이고 특정의 목적에 수단으로서 봉사하는 데 반해, 이론학은 '불변의 것'에 대한 필연적 인식이다.

- 소광희, 「학문의 이념과 분류」

위의 예문은 학문을 분류하는 방법을 기술한 글이다. 「경적지(經籍志)」의 분류 방법이나 아리스토텔레스의 분류 방법이 오랫동안 널리 이용되어 왔다는 사실은 그 분류 방법이 적절하였다는 것을 의미한다. 좋은 분류가 되기 위해서는 'ⓐ 일관된 분류 기준이 끝까지 유지되어야 한다. ⓒ 누락되거나 중복되는 요소가 없어야 한다. ⓒ 한 묶음에 최소한 두 개 이상의 요소가 들어가야 하고, 그 요소들은 공통된 자질을 지녀야만 한다.' 등과 같은 점이 고려되어야 한다.

평등은 아주 애매한 개념이다. 그것은 사람들의 특질이 평등하다는 뜻으로 쓰이기도 하고 사람들은 평등한 대우를 받아야 한다는 뜻으로 쓰이기도 한다. 논의에서 그 둘을 구별하여 쓰는 것은 보기보다는 쉽지 않다.

그 둘을 구별한 뒤에도 애매함이 많이 줄어드는 것은 아니다. 평등주의의 기준들로 지금까지 나온 것들만 하더라도 ⓐ불편성 ⓑ모든 사람들에게 평등한 배분 ⓒ평등한 사람들에게 평등한 배분 ⓓ비례적 평등 ⓔ관련이 있는 차이에 상응하는 불평등한 배분 ⓕ각자의 자격에 따른 배분 따위가 있으며 그것들은 나름대로 근거들과 약점들을 지녔다. 위의 기준들 가운데 ⓒ와 ⓓ에 따르면 모든 규칙들이 평등하며, ⓔ와 ⓕ에 따르면 어떤 규칙도 정당하다고 판정될 수 있고 따라서 평등주의적이다.

실제적 논의에서는 '기회의 평등'과 '결과 또는 조건의 평등'으로 나누어 다루는 것이 편리하다. 기회의 평등은 비교적 작은 문제점들을 안고 있으며 그것이 평등의 기본적 부분이라는 점에 대해서는 대부분의 사람들이 동의한다. 결과의 평등은 상당히 다르다.

역사적으로 살펴보면, 평등의 이상을 추구하는 과정에서 나온 프로그램들은 네 차원으로 나뉠 수 있다.

첫째, 가장 기본적이고 자연히 맨 먼저 추구된 것은 법적 평등이다. "모든 사람들은 법 앞에 평등하다."는 얘기에 이것의 성격이 잘 요약되어 있다.

둘째, 정치적 평등이다. 이것은 이론적으로는 모든 형태의 정치적 권력을 평등하게 배분하는 것을 뜻하지만, 사회가 위계질서의 구조를 갖는 한 그런 이상이 이루어지기 어렵다. 그래서 그것은 실제로는 선거권과 피선거권을 주요 내용으로 하는 정치적 기회의 평등을 뜻한다.

셋째, 경제적 기회의 평등이다. 이것은 경제 활동이라는 경기에 참여하는 모든 경기자들이 지켜야 할 공정한 규칙을 마련하는 일과 그런 규칙들이 지켜지도록 하는 일을 포함한다.

넷째, 마지막은 경제적 결과의 평등에 관해서는 지금 어느 사회에서도 시민들의 합의가 제대로 이루어지지 않고 있다. 그리고 이루어질 가망도 거의 없다. 결과의 평등을 완전히 이루는 것은 이론적으로 정당화되기 어려울 뿐만 아니라 그것에 상당히 가까이 가는 것도 치르는 값이 너무 크다   - 복거일, 「사회적 선택과 개인들의 몫」

위의 예문은 평등(平等)에 대한 개념(槪念)을 몇 가지 하위 개념으로 나누어 구분하고 있다. 구분에 의한 설명 방식인 것이다.

6) 정의

(1) 정의의 개념

어떤 용어나 개념의 의미를 명확하게 규정하여 설명하는 것을 정의(定義, definition)라고 한다. 정의는 외연적 정의(外延的 定義)와 내포적 정의(內包的 定義)로 크게 나누어 볼 수 있다. 외연적 정의는 "척추동물이란 양서류, 포유류, 어류, 조류, 파충류를 의미한다."와 같이 개념의 외연(外延)을 열거하는 정의이고, 내포적 정의는 "정삼각형이란 세 변의 길이가 같은 삼각형이다."와 같이 개념의 내포를 기술하여 내리는 정의이다.

(2) 정의와 지정의 차이점

'무엇이냐'는 물음에 대한 대답의 형식을 띄는 것은 지정과 같으나, 지정과는 네 가지의 차이점이 있다. 즉 '㉠지정(指定)은 사실을 확인하는 것이다. 대상을 일반이 대개 아는 사실을 지적하며 설명하는 것이다. 그러나 정의는 단순한 사실의 지적이 아니다. ㉡정의는 전문성에 따른 설명이다. 일반적으로 지적할 수 있더라도 전문적으로 해명(解明)이 요청된다는 점에서 지정과 다르다. ㉢지정이 전문성(專門性)을 요하는 경우에는 현상적인 것이고, 정의는 논리적으로 본질적인 속성과 종차(種差)와 개념을 해명한다. ㉣정의는 본질적이고 지정은 파생적 부분이다.'라는 것이 바로 그것들이다.

(3) 정의의 구성

정의는 정의되는 항인 피정의항(被定義項, definiendum)과 정의하는 항(項)인 정의항(定義項, definiens)으로 이루어진다. 그리고 정의항은 다른

종개념(種槪念, specific concept)과 변별되는 요소인 종차(種差, differe
ntia)와 피정의항이 속한 범주인 유개념(類槪念, generic concept)으로
구성된다. 정의는 '정의(定義) = 피정의항(被定義項) + 정의항(定義項)'이
고, '피정의항(被定義項) = 종차(種差) + 유개념(類槪念)'이라는 관계 위에
서 있다. 정의는 우선 정의되는 항을 한 분류[類] 속에 정립시키고, 다음
으로 종차(種差)를 지적함으로써 그 부류의 다른 구성분재[種와 구별 짓
는 과정을 밟아 이루어진다.

광부는 광산에서 광물을 캐는 일을 직업으로 하는 사람이다.

여기서 '광부'는 정의 받는 부분, 즉 피정의항이고, 그 뒤의 서술은 정의
하는 부분, 즉 정의항이다.

[정의되는 항]	=	[정의하는 항]		
피정의항	=	정의항		
광부	=	광산에서 광물을 캐는 일을 직업으로 하는	+	사람.
		<변별 요소>		<범주>
(종개념)				
		(종차)		(유개념)
(작은 항목)				(큰항목)

정의는 "첫째, 피정의항[정의되는 항]은 정의항[정의하는 항]과 대등하여
야 한다. 둘째, 피정의항[정의되는 항]은 정의항[정의하는 항]의 부분이어
서는 안 된다. 셋째, 피정의항[정의되는 항]이 부정적이 아닌 한, 정의항도
부정적이어서는 안 된다."는 세 가지 지켜야 할 원칙에 의거하여야 한다.

감상주의(sentimentalism)는 무슨 원칙을 주장한다는 뜻의 '주의'가
아니고 어떤 것을 지나치게 강조한다는 뜻의 '주의'이다. 아마 '감정

과장'이라고 번역하는 것이 더 옳을는지도 모르겠다.

 감상주의는 애상감, 비감 등의 정서를 인간성의 사실적 표현으로서가 아니라 그런 정서에 빠져 있는 상태를 즐기기 위하여 인위적으로 조장할 때 생긴다. 애상감, 비감 등은 인간의 정서인 이상 물론 문학에서 표현될 수 있지만 그러기 위해서는 적절한 정황이 마련되어야 하고, 적절한 말씨가 선택되어야 한다. 문학이 어떤 정서를 일으킬 때 독자는 일종의 쾌감을 느끼지만, 그 쾌감을 일으키는 것만을 목적으로 하여 작품의 사실적 상황과는 관계없이 그 정서를 조장하고 연장시키려고 하면 우리는 얼마 안 가서 그 허위성을 감지한다. 우리나라의 신파조 연극은 약간의 핑계만 있어도 실컷 눈물을 쏟고 싶어 하던 한국인의 감상주의적 성향에 영합한 대중오락물(멜로드라마)이었다. 「백의인의 눈물」, 「북간도의 눈물」, 「효녀의 눈물」 등 신파조의 신소설들과도 같은 구실을 했다.

 감상주의는 한편 비감, 애상 등 눈물과만 관계가 있지 않고 소박한 낙관주의와도 관계가 있다. 인간과 사회의 현실을 도외시하고 값싼 이상주의나 낙관주의에 탐닉하는 것 역시 감상주의이다. 어린이, 농민, 동물에 대한 무비판한 예찬, 영웅에 대한 숭배, 자연물에게 인간성을 부여하는 태도(돌, 나무, 꽃을 불필요하게 의인화하는 것 ── '감상적 허위') 등도 역시 감상주의가 될 수 있다. 원시주의, 전원주의, 영웅주의, 범신론 등이 감상주의적인 사실주의에 의하여 심각히 도전받는 이유가 그 때문이다.

 현대의 신문, 잡지 등의 특종 기사는 '슬픔으로 몸을 가누지 못했다.', '눈물을 머금고', '푸른 하늘도 앞날을 축복하는 듯하였다' 등등의 우리의 사실적 감정과는 동떨어진 감상적인 말투를 곧잘 사용한다. 이것은 감상주의가 대중성과 관계있음을 입증한다.

- 이상섭, 「감상주의」

위의 예문은 이상섭이 지은 『문학비평용어사전』(민음사, 1978)의 '감상주의' 항목에 실린 내용이다. '감상주의'에 대해서 정확하게 그 내용을 확대 정의하고 있다.

7) 분석

분석(分析, analysis)은 구성 성분을 분해해 내는 기술양식을 말한다. 우리는 구체적인 대상인 주택 · 동물 · 회화를, 민족주의 · 종교 · 충성심 등과 같은 관념을, 교사 · 법인 · 대학교 · 사법부 같은 조직을 분석할 수 있다.

분석을 그 대상에 따라 물리적 분석(physical analysis)과 개념적 분석(conceptual analysis)으로 나누어 볼 수 있다.

(1) 물리적 분석(物理的 分析)

시계 수리공이 시계의 부품들을 하나하나 따로 떼어 공간적으로 분해해 놓은 것을 설명해 보이는 것을 물리적 분석에 비유할 수 있다.

> 서민 주택의 일반적 경향과 마찬가지로 길가로 난 대문을 들어서면 바로 마당이 되고, 집 전체는 한 동으로 연결되어 있다. 대문 옆에 있는 두 개의 온돌방은 사랑방이 되고 그 옆에 조그마한 광과 측간이 자리잡고 있다. 이 측간은 중류나 상류 주택에서 남녀 구별을 두고 설치된 것과는 달리 남녀 공동으로 사용하게 되어 있다. 대문의 우측으로는 안채에 해당하는 것으로 부엌, 대청, 건넌방이 ㄱ자형으로 배치된다. 부엌은 안방에서 부엌 쪽으로 붙은 벽장 밑에 솥을 거는 부뚜막이 있고 한 쪽에는 장작을 놓아 둘 좁은 부엌 바닥과 조그

만 찬장을 놓을 공간밖에는 없다. 이 주택의 안방에는 기둥이 방 가운데로 노출된 것으로 보아서 아마 나중에 측면으로 확장한 것이 아니면, 5량 구조가 불가능하기 때문이 아니었나 하는 추측이 가능하다. 대청 역시 한 칸 정도의 크기로 후면은 길이기 때문에 높은 창을 낸 벽으로 처리하였고 마당 쪽은 아무런 창호도 없다.

— 홍형옥, 『한국주거사』

위의 예문은 물리적 분석 방법으로 조선 시대 서울 지방의 서민 주택을 분석적으로 기술한 예이다.

(2) 개념적 분석(概念的 分析)

개념적 분석이란 심리적인 분석을 뜻한다. 정의, 선(善), 행복, 민족주의 같은 한 단어의 개념을 이루는 의미단위(意味單位)를 분해하듯 개념적으로 설명해 보이는 분석이다. 예컨대 민족주의의 이념이 인간의 동기, 자세, 이해관계에 의해서만 분석될 수 있는 것과 같다.[2]

> 희곡은 문자로 기록된다는 점에서 근본적으로는 문학 장르에 해당하지만, 이것이 대체로 연극으로 공연될 것을 전제로 한다는 속성을 지니고 있기 때문에 다른 문학 장르와는 구별되는 점이 있다는 것은 주지의 사실이다. 말하자면 희곡은 그 자체로서 문학성과 연극성을 함께 내포하고 있음으로써 읽힐 때는 순전히 문학의 형식이라는 본질에 해당되면서도 그 표면 양태에는 연극을 지향하는 속성이 내재되어 있는 것이다.
>
> 먼저 문학 작품 자체로서의 희곡이라는 점을 무엇보다 기록을 통해

---

2) 서울대학교 교양교재 편찬위원회, 『대학작문』, 서울대학교 출판부, 1974, p.90.

서 문학적 표현 형식으로 존재한다는 데 근거한다. 희곡이 일단 문자로 기록되어 존재하는 한 그것은 다른 문학 장르들처럼 언제나 시간과 공간적인 제한으로부터 일탈되어 있다. 이것은 연극이 순간적인 속성을 지니기 때문에 반드시 시간과 공간의 제약으로부터 완전히 자유로울 수가 없다는 점과는 명백하게 대조적이다.

이처럼 희곡이 문학적 양식으로 시대를 초월하여 존재하기 때문에 자연 연극의 연구라고 하더라도 대개 희곡을 대상으로 하게 되는 결과를 낳게 하는 것이다. 가령, 그리스 극을 연구한다고 할 때, 우리는 실제 그 그리스 시대에 공연된 그리스 극의 양상에 대한 것이 아니라 그리스 시대에 쓰인 희곡 텍스트를 대상으로 하는 경우가 바로 그것이다.

한편, 연극의 대본으로서의 희곡이라는 것은 연극이 문학의 한 형식인 희곡을 통해서 무대에 상연된다는 점이다. 일단 무대에 상연된 연극은 기본적으로는 희곡의 내용과 결부되어 있지만 드러나는 형태는 아주 다르다. 왜냐하면, 희곡은 정적인 언어의 형태로서 오로지 독서 행위에 의해서 전달되지만 연극은 동적이며 즉시적으로 시청각적인 관람 행위에 의해 전달되기 때문이다.

이상에서 본 것처럼 희곡과 연극은 불가분의 관계에 있으면서 또 한편으로는 일정한 거리를 지니기도 한다. 희곡은 문자로 기록되어 닫혀 있는 반면에 연극은 공연이라는 형식을 통해서 끊임없이 재생산될 수 있는 가능성이 열려 있는 것이다. 이러한 특징을 구체적으로 반영하는 것이 바로 희곡과 연극이 서로 다른 예술 장르로 구분된다는 점이다.   - 김상호, 『희곡원론』

위의 예문은 희곡의 장르적 속성(屬性)을 문학성(文學性)과 연극성(演劇性)으로 나누어 개념적으로 설명한 분석이다. 글쓴이는 "문학 작품 자체로서의 희곡이라는 점을 무엇보다 기록을 통해서 문학적 표현 형식으로 존재한다는 데 근거한다."라고 진술하면서 희곡의 '문학성'이라는 개념을 분석한 뒤, "연극의 대본으로서의 희곡이라는 것은 연극이 문학의 한 형식인 희곡을 통해서 무대에 상연된다는 점이다."라고 말하면서 희곡의 '연극성'이라는 개념을 분석하고 있다.

8) 원인과 결과

원인(原因, cause)과 결과(結果, effect)를 중심으로 한 글쓰기는 어떤 일 혹은 현상이 왜 일어났으며 그 영향은 어떠한가를 설명하는 글쓰기다.

과학이 오늘날과 같은 인류문명을 몰고 온 가장 큰 원인은 서구인의 자연관에 있었다. 원자탄, 공해 등, 이대로 과학을 발전시킬 수 없음은 누구의 눈에도 분명하다. 그 자연관의 기본에는 처음부터 인간이 자연을 정복할 것으로 되어 있다. 최근 우리는 "산을 정복하다." 또는 "우주를 개발한다." 등의 말을 가끔 듣는다. 이 내용이 얼마나 끔찍스러운 것인지 의식하지 않고 있는 것이다.

서구문명의 밑바닥에는 기독교가 있고 그것을 지탱하는 것은 거친 사막에서 형성된 유대사상이다. 인간을 창조한 신은 인간을 축복했다. "그들에게 이르시되 생육하고 번식하며 땅에 충만하라 땅을 정복하라."(『창세기』 1~28) 거친 사막에서 인간이 살아남기 위해서는 사막의 환경조건보다 강해야 한다. 그들은 사막의 풍토에 응석을 부릴 수는 없다. 이 사상에서는 인간은 동식물보다 강해야 한다. 그들은 사막의 풍토에 응석을 부릴 수는 없다. 이 사상에서는 인간은 동식물보다 우위에 있고 인간이 그들을 충분히 지배해야만 살아갈 수 있음을 시사한다. "여호와 하나님이 그 사람에게 명하여 가라사대 동산 각종 나무의 실과는 네가 임의로 먹되 선악을 알게 하는 나무의 실과는 먹지 말라."(『창세기』 2~16)는 주의는 있어도 신처럼 만들어졌다는 말을 듣고는 가만히 있을 수 없었다. 그리하여 지혜의 열매를 먹은 인간은 있는 힘을 다하여 계속 자연을 개척하고 스스로의 생활을 윤택하게 해왔다. 자연을 잘 다스려라, 정복하라는 의지에서 오늘의 과학문명이 다져진 것이다. 인간의 빈영을 위해서는 이 땅 위에 있는 것 모두를 희생시킬 수 있다는 생각이 과학을 발전시키고, "자연을 정복한다."고 믿고 있노라면 자연의 파괴와 그에 따른 복수 같은 것을 생각할 여지가 없어진다. 더욱 효율 좋은 과학수단을 생각하고 또 그 일만이 인간의 번영이며 진보라는 신념을 갖게 된다. '인간은 신을 본떠서 만들어진 것'으로 믿어버린 인간은 '정복, 정복'의 노래를 부른 것이다.

씨 없는 수박이나 포도를 만들고 닭을 좁은 상자 속에 집어넣고 모이만을 먹여 알만 낳게 한다. 그 일이 품질개량이자 진보라고 생각하고 그 일을 위해서는 다른 종은 없어도 좋다고 생각한다. 돌이켜 생각해보면 히틀러의 유대인 학살도 우수한 아리안 족을 보존하기 위해 영악한 수레야 인을 없애는 것은 당연하다는 생각에서 나왔다.

인간은 처음부터 인간으로서 신이 만들어낸 것이며 원숭이에서 진화했다는 것은 『성서』의 내용을 모독하는 것으로 생각한다. 찰스 다윈은 이점을 피하기 위해 적자생존(適者生存)이라는 도피 구멍을 생각해냈다. 낡은 것을 멸종시키고 새로운 좋은 것이 나왔다고 주장함으로써 지금의 인류 호모사피엔스(지적 인간)는 못난 원숭이와 사람 중간쯤의 위치에 있는 족속을 없애고 이 세상을 지배했다 하여 간신히 기독교인을 납득시켰다.

그러나 진화론에서는 인간이 가장 훌륭한 것이고 그 밑에 차례로 동물이 줄을 잇고 있다. 생물에 계급적으로 순위를 매기고 나가서는 인간도 계급이 있는 것으로 여긴다. 서구인이 노예제를 만들고 인디언 절멸(絶滅)을 시도한 것도 그 때문이다. 아이러니컬하게도 유대인의 신이 그들에게 너는 최고의 존재라 하던 것이 오히려 유대인을 못난 존재이기에 죽여도 좋다는 생각에 이르게 하고 유대인에게 큰 시련을 준 것이다.　　　　　- 김용운,「한국인의 자연관과 과학사상」

　위의 예문은 "과학이 오늘날과 같은 인류문명을 몰고 온 가장 큰 원인은 서구인의 자연관에 있었다."고 말하면서 그 주된 원인이 무엇인가에 대해 세부사항을 하나하나 논리적으로 기술하고 있다.

　한국전쟁과 관련해서 가장 큰 논란을 빚었던 부분은 바로 '기원과 배경'문제라고 할 수 있다. 이는 해외 학계에서 전통주의(traditionalism)와 수정주의(revisionism)의 대립으로 표출되었다. 전통주의적 시각은 한국전쟁의 기원을 팽창주의적이며 공세적인 소련의 대외정책에서 찾는 관점이다. 반면 수정주의적 견해는 미국의 제국주의 정책과 대외정책의 실패 차원에서 문제를 조망하고 있는 점이 특징이다. 이 가운데 한국학계의 수정주의에 대한 이해는 주로 좌파적 수정주의를 지칭하는 것으로 볼 수 있다. 초기의 스톤, 굽타, 콜코 부처, 시몬스 등과 후기의 부르스 커밍스, 신수정주의자라고도 불리는 메릴 등이 주요 연구를 쌓아왔다.
　전통주의 학파의 견해는 스탈린에 의한 전쟁 주도설과 소련 중국의 합작설이 시초를 이루었다. 이와 관련하여 한국 정부의 공식 견해는 중국과 소련에 의한 공모설이며 한국전쟁 직전에 스탈린, 소련, 김일성 간에 전쟁의 개시를 공식 합의했다는 것이다.
　수정주의적 견해는 바로 이러한 전통주의적 견해를 '수정'한 것인데, 미국과 남한이 공모하여 북한의 남침을 유도했다는 설로부터, 내전설 나아가 제국주의 침략설에 이르기까지 다양한 양태를 보여 주고 있다.
　전쟁의 기원에 대한 논쟁은 그 성격에 대한 해명뿐만 아니라 개전 책임론을 수반하는 폭넓은 양상을 띠었다고 볼 수 있다. 이는 누가

글쓰기의 원리와 방법

전쟁을 주도했는가하는 문제와도 관련된다. 방어적 차원의 전면전이냐, 38선 무력충돌이 격화되는 과정에서 대규모 전면적으로 나간 것이냐 등의 문제 제기와도 연계되고 있다. 이 과정에서 전쟁의 제2전선을 형성한 남한 내 빨치산 활동에도 주의가 기울여지기도 했다.

현재 한국전쟁의 개선 주체 문제는 비교적 해명된 것으로 이해된다. 북한의 '남조선 해방을 위한 내전의 개시'라는 의사는 여러 문헌이나 당시 내외적인 정세를 검토할 때 움직일 수 없는 사실로 받아들여진다. 물론 미국과 중국이 대대적으로 가세하면서 초기 내전적 성격이 국제전으로 비화되면서 한국전쟁 전체의 성격이 바뀐 것은 사실이지만 개전 주체의 문제는 일단락된 것으로 볼 수 있다. 다만 이런 개전 주체를 밝히려는 지금까지의 노력이 한국전쟁의 책임 소재를 가리려는 논쟁으로 나아간다면 대단히 소모적이고 비역사적인 발상일 수밖에 없다는 점을 지적할 필요가 있다. 이와 관련하여 바로 개전 책임 논쟁을 해결(solve)할 것이 아니라 해소(disolve)해야 한다는 지적을 음미할 필요가 있다.

한국전쟁이 남긴 상흔은 실로 엄청난 것이다. 정치, 군사, 경제, 문화 등 모든 면에서 남북 간의 대립과 반목을 정당화하는 역사적 계기가 성립된 셈이다. 무엇보다 우리의 의식세계가 이데올로기적인 파행성을 면치 못하는 상태로 변모된 점이 중요하다. 균형 감각을 상실했을 뿐만 아니라 모든 면에서 합리적이고 이성적인 지식인들조차 반공·반북 이데올로기 앞에서는 무력한 사고의 불구를 가져왔다.

전쟁 결과 병사와 민간인을 합쳐 400만 가량의 인명 피해가 발생했고, 월남자와 월북자가 150만여 명 정도를 헤아리고 있다. 최근의 충북 영동 노근리 사건을 매개로 쟁점화되고 있는 양민학살 문제도 심각하다. 국민보도연맹 사건과 거창양민학살 사건 등 세계 전쟁사에서 유래를 찾기 힘들 정도의 야만적 학살이 자행되었다. 피는 피를 불렀고, 보복적 성격을 띠었으며 무차별적인 연쇄반응을 낳았다.

물적 피해도 심각하기는 마찬가지였다. 남한 제조업은 1949년 대비 42%가 파괴되고, 북한의 경우에는 1949년 대비 공업의 60%, 광업의 20%, 농업의 78%가 파괴되었다. 정치면에서는 북한의 경우 김일성 단일지도체제가 더욱 확립되었고, 전쟁 과정에 발생한 박헌영, 이승엽 사건으로 반종파 투쟁이 몰아쳤으며, 남한의 경우에는 이승만 반공독재체제가 강화되면서 보수정치체제의 패권적 질서를 가져왔다.

군사적으로는 전쟁 전 10만 명에 불과하던 군대가 전쟁 후 63만의 정규군으로 확대 강화되었으며 이 과정에서 미국의 극동 군사정책에 호응하는 체제유지군, 대소전진군으로서의 성격이 부과되었다. 이는 필연적으로 군의 정치사회적 위상의 상승을 불러왔으며 정치개입과 군부집권의 내적 발판으로 기능했다.

북한은 전후복구를 거쳐 빠르게 사회주의 경제체제로 돌입하여 특유의 이른바 '주체형 자립경제 노선'을 걸어갔으며, 남한은 하나의 경제발전 전략의 일환으로서 '종속적 자본주의 성장전략'을 추구하게 되었다. 이는 국제적으로 양극체제의 심화와 동서간의 냉전적 이데올로기 대립이 한반도에 구현된 결과로 이해된다.

- 김지형, 「한국전쟁사 연구의 현황과 쟁점」

위의 예문은 '한국전쟁' 발발의 기원은 무엇이며, '한국전쟁'이 가져온 결과는 무엇인가에 대해 기존의 여러 학설들을 정리하여 소개하고 있다.

2. 논증

논증(論證, argument)은 아직 명백하지 않은 사실이나 원칙에 대하여 그 진실여부를 자기의 의견에 동조하도록 글을 통하여 증명하는 방법을 말한다.

논증은 증명(證明)과 관련이 있다. 아직 명백하지 않은 사실이나 원칙에 대하여 그 진실 여부를 증명하는 것을 논증이라고 한다. 다시 말해 어떤 문제에 대해 자신의 의견을 체계적으로 조리 있게 표현하는 것을 말한다. 논증은 명제(命題, proposition), 논거(論據, evidence), 추론(推論, deduction)의 3가지 요소(要素)를 갖고 있다.

1) 명제

"S는 P다." 또는 "S는 P가 아니다."와 같이 의견이나 사상을 단적으로 내세운 논리적 판단의 진술을 명제(命題, proposition)라고 한다. 쉽게 풀어 설명하면 명제는 어떤 문제에 대해 자신의 가치나 판단을 간명하게 하나의 문장으로 표현하는 것을 말한다. 완결된 평서문으로 표현한다.

(1) 명제의 요건

명제의 요건으로 명제는 하나의 문제를 다룬다는 단일성(單一性), 명제는 모호하거나 비유적인 어휘가 아닌, 명료한 어휘를 사용해야 한다는 명료성(明瞭性), 명제는 편견이나 선입견에 치우치지 않은, 공정한 판단을 해야 한다는 공정성(公正性) 등 3가지를 들 수 있다.

(2) 내용에 따른 분류

명제를 내용에 따라 분류하면, ㉠ "~이다" 형태를 하고 있으며, 사실 판단을 제시하는 명제로, 진실성에 근거를 두고 있는 사실 명제(proposition of fact), ㉡ '~한다' 형태로 끝나는 경우가 많으며, 의견을 내세운 명제로, 타당성에 근거를 두고 있는 정책 명제(proposition of policy), ㉢ '~하다' 형태를 하고 있으며, 가치 판단을 내린 명제로 공정성에 근거를 두고 있다는 가치 명제(proposition of values) 등 3가지로 나눌 수 있다.

> 국어 순화는 우리말을 순수하게 가꾸자는 것이다. '순화'란 잡것을 걸러서 순수하게 한다는 뜻이며, 우리말을 잡스럽게 어지럽히는 온갖 독소들을 제거하여 깨끗하게 하고 아름답게 다듬고 가꾸자는 것이 국어 순화의 본뜻이다. 우리말의 발달을 해치는 외국말, 저속하고 틀린 말, 까다롭고 어려운 한자말들을 쏟아 내거나 줄이고, 바르고 쉽고 아름다운 말로 바꾸어가는 것이 국어 순화인 것이다.
>
> — 김석득, 「국어 순화에 대한 반성과 문제점」

위의 예문에서 "국어 순화는 우리말을 순수하게 가꾸자는 것이다."가 명제이다. "~이다" 형태를 하고 있으며, 사실 판단을 제시하는 명제로, 진실성에 근거를 두고 있는 사실 명제(proposition of fact)인 것이다. 첫 문장으로 제시된 명제를 글쓴이는 "우리말의 발달을 해치는 외국말, 저속하고 틀린 말, 까다롭고 어려운 한자말들을 쏟아 내거나 줄이고, 바르고 쉽고 아름다운 말로 바꾸어가는 것이 국어 순화"라는 것을 예로 들어 논증하고 있다. 다시 말해 명제인 "국어 순화는 우리말을 순수하게 가꾸자는 것이다."가 소주제에 해당하고, '순화'의 개념에 대한 기술과 우리말을 순수하게 만드는 것이 어떻게 하는 것에 대한 기술은 뒷받침문장에 해당한다고 할 수 있다.

2) 논거

명제를 뒷받침해 주는 논리적인 근거로, 추론의 자료가 된다. 자신의 의견이 진실이라는 것을 증명하기 위해서는 타당한 '이유'와 '근거'를 제시해야하는데, 이것을 논거((論據, evidence)라고 한다. 논거는 객관성과 타당성, 대표성과 전형성, 분명한 출처, 구체성과 명료성을 그 요건으로 한다. 논거에는 사실 논거와 소견 논거 두 가지가 있다.

(1) 사실 논거

구체적인 사실(자료)로써 증명될 수 있는 논거로, 객관적 지식. 정보, 역사적 사실, 통계적 수치(數値) 따위가 그것에 해당한다.

　　이런 점에서는, 조상으로부터 물려받은 모든 유산이 다 고유하다고 할 수 있다. 그러나 또 한편, 한 민족이 창조하고 계승한 문화나 관습이나 물건이 완전히 고유하여, 다른 민족의 문화 내지 전통과 유사점을 전연 찾을 수 없고, 상호의 영향이 전혀 없는 그런 독특한 것은, 극히 원시 시대의 몇몇 관습 외에는 없다고 할 것이다.
　　불교, 유교, 도교, 기독교, 이슬람교 등의 세계 종교는, 각기 그것을 창시한 민족들의 고유한 전통을 형성하는 밑바탕이 되었지만, 이들 각 종교도 그 기원으로 거슬러 올라가 보거나, 당대 및 후대에서의 상호 연관을 고찰해 본다면, 오랜 요소 및 유사성을 많이 내포하고 있음을 볼 수 있다.

전통은 현재와 직결되어 있어야 한다. 전통이란, 결국 '현재에 있어서의' 전통인 것이다. 현대에 직접 선행하는 시대로부터의 유산이 전통을 이루는 일차적인 요소들임은 말할 것도 없다. 아득히 먼 옛날에, 조상들이 오랜 기간에 걸쳐 어떤 전통을 형성해 놓았다고 할지라도, 그것이 그 뒤에 사라지고 단절된 지가 천 년이고, 5백 년이 되어서, 현대인에게 있어서는 단지 일부 지식층의 지식과 기억 속에 남아 있을 따름이라면, 오늘날의 전통이 될 수는 없다.

신라의 화백(和白)[3]이 중요 정책의 결정에 있어서 귀족과 중신(重臣)들의 회의체로서, 한 사람의 반대도 없는 만장일치에 의한 의사 결정을 했다는 것만으로 한국에 민주주의와 여론 존중의 전통이 내려오고 있다고 볼 수는 없다. 당시의 다른 정치 조직이나 의식 구조 속에서 민주주의적인 것과 연관이 되어야 할 것이고, 또 후대 고려의 도병마사(都兵馬使), 도평의사사(都評議使司) 등 합좌 회의 기관(合坐會議機關)이 있기는 하나, 신라의 화백에 연결된다는 의식이 있었는지 심히 의심스럽기 때문이다.   — 고병익, 「전통과 창조」

위의 예문은 사실 논거(事實論據)를 들어 글을 쓴 사례가 된다. '첫 번째 단락'에서 필자가 말하고자 하는 논지는 '전통의 고유성은 상대적 개념'이다. 필자는 이 논지를 뒷받침하기 위해 불교, 유교, 도교, 기독교, 이슬람교 등의 세계 종교를 논거로 들고 있다. '세 번째 단락'에서 필자가 말

---

3) 화백(和白)은 신라에서 국가의 중요한 정책을 결정하던 귀족 회의이다. 중국 『신당서(新唐書)』「북적열전(北狄列傳)」 신라조(新羅條)에 "국가의 중요한 일은 반드시 여러 사람과 의논해 결정한다. 이것을 화백이라 하고, 한 사람이라도 이의(異議)가 있으면 그만두었다.(事必與衆議. 號 '和白'. 一人異則罷)"라는 기록이 있다.

글쓰기의 원리와 방법

하고자 하는 논지는 '전통의 현재성'이다. 필자는 이 논지를 뒷받침하기 위해 상세화를 거쳐 예시로 논거를 들면서 단락을 펼쳐가고 있다.

(2) 소견 논거

권위자의 소견(所見, opinion)이나 일반적인 여론 등을 인용하여 사용하는 논거로, 인용과 견해의 피력을 중요시한다.

ⓐ 학문(學問)은 해서 무엇 하나? 우리는 초등학교, 중·고등학교, 그리고 대학까지 어려서부터 소년, 청년 시대를 거의 학문을 하는 데 보내고 있다. 학자는 물론이려니와, 보통 사람도 학교를 마쳤다고 학문을 그만 두는 것은 아니다. 일생을 두고, 전문(專門)과 주력(注力)의 정도 차이는 있을망정, 학문과 떠난 생활을 하는 것은 아니다. 죽는 날까지 배우는 것이 인생인 것도 같다. 학문이 없는 곳에는 인생의 고귀함도 없을지 모를 일이다.

ⓑ 노자(老子)는 『도덕경(道德經)』에서 "성(聖)을 절(絶)하고 지(智)를 버리면 민리(民利)가 백 배(百倍)하리라."고 하여, 지식이니 학문이니 하는 것의 불필요함을 말하였다. 그러나 딱한 것은 지식이 불필요하다고 아는 것도 하나의 '앎'이요, 후세 사람들이 도덕경이라는 책을 읽음으로써 이 노자의 사상을 알 수 있게 마련이니, 노자의 말은 오히려 지(知) 자체를 반성한 지의 지라고 하겠다. 소크라테스는 자기의 무지(無知)를 아는 사람은 그 무지조차 알지 못하는 다른 사람과 다름직도 하다고 하였거니와, 노자는 지의 불필요를 아는 지를 가지고 있었던 것이다. 진리는 말로 표현할 수 없다는 것을 말로 표현하였듯이, 지가 불필요함을 지로써 전하는 것이라 하겠다. 결국 지(知) 이상의 것도 지를 통함으로써만 알 수 있는 것이다.

ⓒ 공자는 15세 때에 학문할 뜻을 세웠고, 그 후 계속적인 정진(精進)을 한 나머지 "하루 종일 식사도 하지 않고, 밤이 새도록 잠도 안 자고 생각하여 보기도 하였으나, 무익한지라 배움만 같지 못하더라."고 하였다. 그러나 그처럼 배워서 무엇을 하려고 한 것인가? 유교에서는 '수신제가(修身齊家) 치국 평천하(治國 平天下)'[4]를 학문의 궁극적 목표로 한다지만, 공자 자신의 수양 과정을 보면 "50에 천명을 알고, 60에 귀가 순(順)하여지고, 70에 마음이 하고자 하는 대로 하여도 법도(法度)를 넘기지 않았다."고 하였다. 결국은 천리(天理) 그대로 힘들이지 않고도 저절로 도리에 맞는 생활 태도에 이른 것이니, 천리와 인욕(人欲)이 혼융 일체(渾融一體)가 된 경지(境地)라고 하겠다. 이것이 다름 아닌 성인(聖人)인 것으로, 유학(儒學)에 있어서 학문의 궁극적인 목적은 성인이 되는 데 있다고 해도 틀림없다.

ⓓ 청년 율곡(栗谷)도 그의 「자경문(自警文)」 첫째 조목에, "먼저, 그 뜻을 크게 하여 성인으로서 모범을 삼되, 일호(一毫)라도 성인에 미치지 못한다면 나의 일은 끝마치지 못한 것이다."라고 썼던 것이다. 동양의 학문이, 왕양명(王陽明)의 지행 합일설(知行合一說) 같은 것은 말할 것도 없거니와, 이(理)다 기(氣)다 아무리 까다로운 이치를 따지는 것같이 보이는 경우에도, 결국은 성인이 되어야 한다는 점에 있어서는 모두 일치한다고 하겠다.

ⓔ 노장(老莊) 사상은 인위적인 것을 배격하고 천(天)에 합일(合一)할 것을 주장하였으며, 이러한 천인(天人) 합일의 경지가 곧 유교의 성(聖)의 경지가 아닐 수 없다. 그리하여 동양에서는 학문의 목적을 주로 윤리적인 수양(修養)에 두었던 것이라고 하겠다. 그리스의 소크라테스가 지덕 일치(知德一致)를 주장하며, 완전히 알

---

4) 『대학(大學)』의 첫 머리에 나오는 말로 "몸을 닦고 집을 안정시킨 후 나라를 다스리며 천하를 평정한다."는 뜻이다.

면서도 행하지 않을 수는 없는 법이라고 생각하였음은 널리 알려져 있는 일이거니와, 그에게 있어서도 학문은 윤리적인 실천과 뗄 수 없는 연관성을 가지는 것이었다.

ⓕ 그러나 학문의 목적이 이러한 윤리적인 데에 그치는 것인가? 더구나 현대 과학의 목적을 윤리석인 면에시민 찾기는 곤란할 것이다. 우리는 과학이라고 하면 현대의 기계 문명을 연상하리만큼, 우리의 일상생활을 보다 편리하고 효과적이게 하는 힘을 가진 것으로 생각한다. 과학의 응용으로 여러 가지 기술이 급속도로 발달한 덕택이라 하겠다. "아는 것이 힘"이라고 한 프랜시스 베이컨의 말은, 오늘의 과학이 스스로 증명하고도 남음이 있다.

ⓖ 현대에 있어서 세계의 패권(覇權)을 장악하고 있는 나라는 무엇보다도 과학이 발달한 나라다. 현대전은 과학전이라는 말도 있거니와, 전시 아닌 평시에도 과학에 있어서의 경쟁이 얼마나 날로 심해져 가고 있는가를 우리는 목도(目睹)하고 있다. 과학의 목적은 그의 실용성에 있다고 하게 되었다. 우선 당장 나라의 체면을 위해서도 과학의 필요성을 절실히 느끼게 되었고, 따라서 어느 국가를 막론하고 이에 충당할 경비의 예산을 해마다 놀랄 만큼 증액(增額)시키게 되었다. 평화 산업은 물론이요, 국방에 있어서 과학이 얼마나 중요한 몫을 담당하고 있는가는 다시 말할 것도 없다. 군인도 과학을 알아야 전쟁도 할 수 있게 마련이다. 더구나 지도층의 책임자일수록 과학적 지식 없는 용맹만 가지고는 그의 직책을 완수하기가 곤란하게 된 것이다.

ⓗ 이렇게 생각하면, 학문의 목적은 분명히 그의 실용성에 있는 것도 같다. 현대인이 마치 우주인인 것처럼 우쭐거리며 달세계로 가느니, 화성으로 가느니 말하며, 장차 전개될 어마어마한 전환(轉換)을 꿈꾸게 된 것이 모두 이 새로운 학문의 힘인 것을 생각한다면, 학문이 인간의 실제 생활에 미치는 힘이 무섭게 큰 것임을 짐

작할 수 있다. 미국의 프래그머티즘을 기다리지 않더라도, 학문의 목적이 우리의 실생활을 향상, 발전시키는 데 있다고 함은 당연함 직도 하다. 고래(古來)로 인류 문화에 공헌한 바 있었던 국가나 민족으로서 학문이 융성하지 않았던 예는 없었다.

ⓘ 개인으로서도 입신출세하여 부귀공명을 누리기 위해서 학문을 한다고 하여 잘못이라고 할 수 없을 것이다. 많은 학비를 내가며 공부를 하는 것이 모두 지금보다 더 좋은 생활을 하리라는 희망 을 가지고 있기에 가능한 것이라고도 하겠다. 훌륭한 정치가, 실 업가가 인류 사회에 기여할 것을 꿈꾸면서 학문에 정진하는 것도 좋다. 시골 계신 부형의 기대가 또한 그런 것이 아닐까? 가까이는 우선 고등 고시를 위하여, 또는 손쉬운 취직을 위하여 학문을 한 다고 하여 학문의 목적에 배치(背馳)될 것도 없다. 법과나 상과 또는 이공(理工) 계통학과의 입학 경쟁률이 날로 높아지고 있는 것도 무리가 아니다. 국가로서도 과학 기술의 진흥(振興)을 위한 정책을 꾀하고 있지 않은가?

ⓙ 그러나 학문이 그러한 결과를 가져온다고 하여, 학문하는 사람 자신이 언제나 그러한 실용성만을 목적으로 하는 것인가는 잠깐 생각할 필요가 있다. 아리스토텔레스가 말한 것처럼, 그저 알고 싶어서, 아는 것 자체에 흥미를 느껴서 학문을 하는 경우도 있겠 기 때문이다. 장차 어떤 결과가 예상되기 때문에라기보다 학문하 는 것 자체가 재미있어서, 또는 즐거워서 하는 경우도 없지 않을 것이다. 어린이가 칭찬을 받기 위하여, 점수를 많이 얻기 위하여 열심히 공부한다면, 그것도 대견한 일이지만, 그저 공부하는 것이 그것대로 재미가 나서 하지 않고는 견딜 수 없다는 어린이가 있 다면, 그것이야말로 기특한 일이 아닐 수 없다. 학문은 오히려 이 런 경지에 이르렀을 때 순수해진다고 할까? 모든 편견으로부터 초탈(超脫)하여 자유로운 비평(批評) 정신으로 진리(眞理)를 추궁

(追窮)하게 될는지도 모른다.

ⓚ 그러나 이것은 이상적인 경우를 상정하여 본 것이요, 학문하는 사람이 그저 재미가 나서, 즐거워서만 한다는 것은 매우 드문 일 일 것이다. 때로는 역경에서 악전고투(惡戰苦鬪), 참기 거북한 난관을 오로지 굳센 의시 하나로씨 극복해 나가야 될 때가 오히려 많지나 않을까? 재미가 나고 즐거워서라기보다도, 어떤 사명감을 느끼며 괴로움도 참고 나아가야 하는 경우가 더 많음직도 하다. 이러한 거북한 처지를 극복하는 데 성공하였을 때, 비로소 재미도 즐거움도 따르는 것이나 아닐까? 그러면 학문의 궁극적 목적은 무엇인가?

ⓛ 학문이 실생활에 유용한 것도, 그 자체의 추궁(追窮)이 즐거움을 가져오는 것도, 모두가 학문이 다름 아닌 진리를 탐구(探究)하는 것이기 때문이다. 실용적이니까, 또는 재미가 나는 것이니까 진리요 학문인 것이 아니라, 그것이 진리이기 때문에 인간 생활에 유용한 것이요, 재미도 나는 것이다. 유용하다든지 재미가 난다는 것은, 학문에 있어서 부차적으로 따라올 성질의 것이요, 그것이 곧 궁극적인 목적이라고까지 말하기는 어려울 것이다.

ⓜ 학문의 목적은 진리를 탐구하는 데 있다. 이렇게 말하면 또 진리 탐구는 해서 무엇 하나 할지 모르나, 학문의 목적은 그로써 족한 것이다. 진리 탐구로서의 학문의 목적이 현실 생활과 너무 동떨어져 우원(迂遠)5)함을 탓할 직도 하다. 그러나 오히려 학문은 현실 생활로부터 유리(遊離)된 것처럼 보일 때, 가끔 그의 가장 풍부한 축복을 현실 생활 위에 내리는 수가 많다.

ⓝ 세상에서는 흔히 학문밖에 모르는 상아탑(象牙塔) 속의 연구 생활이 현실을 도피한 짓이라고 비난하기 일쑤지만, 상아탑의 덕택

---

5) 우원(迂遠)하다 : 길이 구불구불 돌아서 멀다.

이 큰 것임을 알아야 한다. 모든 점에서 편리해진 생활을 향락하고 있는 소위 현대인이 있기 전에, 그런 것이 가능하기 위해서도 오히려 그런 향락과는 담을 쌓고, 상아탑 속에서 진리 탐구에 몰두한 학자들의 노고가 있었던 것이다. 그렇다고 남의 향락을 위하여 스스로는 고난의 길을 일부러 걷는 것이 학자도 아니다. 학자는 그저 진리를 탐구하기 위하여 학문을 하는 것뿐이다. 상아탑이 나쁜 것이 아니라, 진리를 탐구해야 할 상아탑이 제 구실을 옳게 다하지 못하는 것이 탈이다.

◎ 학문에 진리 탐구 이외의 다른 목적이 섣불리 앞장을 설 때, 그 학문은 자유를 잃고 왜곡(歪曲)될 염려조차 있다. 학문을 악용하기 때문에 오히려 좋지 못한 일을 하는 경우가 얼마나 많은가? 진리 이외의 것을 목적으로 할 때, 그 학문은 한때의 신기루와도 같아, 우선은 찬연함을 자랑할 수 있을지 모르나, 과연 학문이라고 할 수 있을까부터가 문제다.

ⓟ 진리의 탐구가 학문의 유일한 목적일 때, 그리고 그 길로 매진(邁進)할 때, 그 무엇에도 속박(束縛)됨이 없는 숭고한 학적인 정신이 만난(萬難)을 극복하는 기백(氣魄)을 길러 줄 것이요, 또 그것대로 우리의 인격 완성의 길로 통하게도 되는 것이다.

ⓠ 학문의 본질은 합리성과 실증성에 있고, 학문의 목적은 진리 탐구에 있다. 위무(威武)로써 굽힐 수도 없고, 영달(榮達)로써 달랠 수도 없는 학문의 학문으로서의 권위도 이러한 본질, 이러한 목적 밖에서 찾을 수 있는 것이 아니다.   - 박종홍, 「학문의 목적」

「학문의 목적」은 17개의 형식단락으로 구성되어 있다. 형식단락 ⓐ에서는 "학문은 해서 무엇 하나?"라는 논제를 제시하면서 의문의 형식을 통해 독자의 관심을 유도했다. 이어서 사람의 일상적인 삶을 근거로 하여 학문의 필요성 밑 중요성을 제시했다. 형식단락 ⓑ에서는 소견 논거(所見

論據)로 노자(老子)의 『도덕경(道德經)』에 나오는 "성(聖)을 절(絕)하고 지(智)를 버리면 민리(民利)가 백 배(百倍)하리라."라는 구절을 소견논거로 제시하면서 노자의 말을 비판적으로 검토하고 재해석한다. 형식단락 ⓒ에서는 "하루 종일 식사도 하지 않고, 밤이 새도록 잠도 안 자고 생각하여 보기도 하였으나, 무익한지라 배움만 같지 못하더라."라는 공자의 말씀을 소견 논거로 제시하여 글의 논지를 한층 강화하고 있다. 또한 형식단락 ⓓ에서는 "먼저, 그 뜻을 크게 하여 성인으로서 모범을 삼되, 일호(一毫)라도 성인에 미치지 못한다면 나의 일은 끝마치지 못한 것이다."라는 소견 논거를 제시했다. 이같이 권위자(權威者)의 말을 인용하거나, 견해를 피력하여 특정 권위자의 주관적 견해를 적절하게 논거의 근거로 삼는 것은 좋은 논거가 된다.

3) 추론

추리(推理, inference)가 말이나 글로 표현된 형식을 추론(推論, deduction)이라고 하는데, 논거를 바탕으로 결론을 이끌어 내는 과정을 말한다. 적어도 두 개 이상의 명제들로 이루어져 있는 추론은 이미 알고 있는 정보를 바탕으로 새로운 판단이나 주장을 이끌어내는 것이다.

(1) 연역추론(연역법)

연역추론(演繹推論, deductive reasoning)은 일반적인 원리(general principle)에 근거하여 특수한 사실을 알아내는 방법으로 3단 논법(論法, syllogism)이 대표적인 예이다. 귀납적(歸納的) 추리(推理)의 일반화와 유추(類推)가 개연성을 가지는 것에 반해, 연역 추론은 확실한 타당성을 갖는다.

모든 사람은 죽는다. ················· [대전제] 제1단계
소크라테스는 사람이다. ············· [소전제] 제2단계 ― 3단 논법
그러므로 소크라테스는 죽는다. ······ [결 론] 제3단계

　이십 세기 한국의 지성인의 지적 행위는 그들이 비록 한국인이라는 동양의 인종의 피를 받고 있음에도 불구하고 대체적으로 서양이 동양을 해석하는 그러한 틀 속에서 이루어졌다. 그러나 그 역방향 즉 동양이 서양을 해석하는 행위는 실제적으로 부재해 왔다. 이러한 부재 현상의 근본 원인은 매우 단순한 사실에 기초한다. 동양이 서양을 해석한다고 할 때에 그 해석학적 행위의 주체는 동양이어야 한다. "동양은 동양이다."라는 토털러지(tautology)[6])나 "동양은 동양이어야 한다."라는 당위 명제가 성립하기 위해서는 동양인인 나는 동양을 알아야 한다. 우리는 동양을 너무도 몰랐다. 동양이 왜 동양인지, 왜 동양이 되어야만 하는지 아무도 대답할 수가 없었다. 동양은 버려야 할 그 무엇으로서만 존재 의미를 지녔다. 즉, 서양의 해석이 부재한 것이 아니라 서양을 해석할 동양이 부재했다

― 김용옥, 『동양학, 어떻게 할 것인가』

　위의 예문은 연역추론을 잘 나타내 보이는 글이다. 위의 예문에서 대전제(major premise)는 "동양이 서양을 해석한다고 할 때에 그 해석학적 행위의 주체는 동양이어야 한다."이고, 소전제(minor premise)는 "'동양은 동양이다'라는 토털러지(tautology)나 '동양은 동양이어야 한다'라는 당위 명제가 성립하기 위해서는 동양인인 나는 동양을 알아야 한다."와 "우리는 동양을 너무도 몰랐다. 동양이 왜 동양인지, 왜 동양이 되어야만

---

6) 토털러지(tautology) : 어떤 명제가 모든 논리적 가능성에 대해 참일 때, 그 명제를 항진명제(tautology)라고 한다. 함의(implication), 동치 (equivalnec)라고도 한다.

하는지 아무도 대답할 수가 없었다. 동양은 버려야 할 그 무엇으로서만 존재 의미를 지녔다. 즉, 서양의 해석이 부재한 것이 아니라 서양을 해석할 동양이 부재했다."이다. 그리고 결론(conciusion)은 "동양이 서양을 해석하는 행위는 실제적으로 부재해 왔다. 이러한 부재 현상의 근본 원인은 매우 난순한 사실에 기초힌다."이다.

    우리들의 정의에 의하면 문학은 가치 있는 체험의 기록이다. 그러한 문학이 교육적 가치를 가질 것은 당연한 일이다. 원래에 교육이란 인류체험을 요약하고 기술화해서 후대에 전하는 일이기 때문이다. 다만 그러한 효용가치는 문학의 효과를 교육적으로 이용할 수도 있다는 것을 의미할 따름이다. 그러한 효용가치를 문학의 고유한 목적처럼 취급하는 데서 혼란이 생겨난다. 목적과 효용의 두 개념을 엄밀히 구별해서 상기(上記)와 같은 혼란만 제거한다면, 문학의 교육적 가치는 아무리 강조해도 좋고, 또 실지로 유능한 교육자들은 문학을 활용하여 현저한 효과를 나타내고 있는 것이 사실이다. 그것을 도리어 문학자 자신이 부인한다면, 그것은 지극히 어리석은 일이다.

    그러나, 문학의 교육은 종교와 도덕의 교의(敎義)를 설교하는 일을 의미하지는 않는다. 그렇게 해서는 과거의 교훈주의문학의 과오를 되풀이할 뿐이다. 문학은 그 본래의 기능 ── 예술적 쾌락 ── 을 완전히 발휘함으로써만 교육적 효과를 나타낼 수 있다. 괴테가 "위대한 작품들은 우리를 가르치지 않고 우리를 변화시킬 뿐이다."고 말했을 제 그는 문학의 교육적 기능을 바로 통찰했던 것이다. 문학이 우리의 인격전체에 작용하여 우리의 도덕적 성격을 근본적으로 변질시키는 힘은 주로 상상력에 의거하는 것이다. 낭만적 도덕론은 그 지나친 관념론 때문에 허다한 결함과 자기기만을 내포하고 있지만, 도덕적 공감심(moral sympathy)으로서의 상상력을 강조했다는 점에서 불멸의 공적을 갖는다. 셸리는 그러한 의미에서 낭만주의 시대를 대표하는 모럴리스트였다.

셸리는 호머의 작품이 독자에게 주는 교육적 효과를 분석하여 다음과 같이 말했다. "호머는 자기 시대의 이상적 완성을 인간성격 속에 구현했었다. 그를 읽은 사람들 속에 아킬레스나 헥터나 율리시스와 같은 영웅이 되고 싶은 야심이 각성했을 것을 의심할 수가 없다. 우정과 애국심과 한 대상을 꾸준히 추구하는 헌신 —— 이러한 덕들의 진리와 미는 이들 불멸의 창조된 인물들 속에서 그 본체를 여실히 드러내고 있다. 그의 시를 들은 사람들은 이렇게 위대하고 사랑스러운 전형적 인물들에 대한 공감으로 말미암아 감정이 세련되고 확대되어, 마침내 감탄하는 마음에서 모방했고, 모방함으로써 찬미의 대상과 동화되었을 것이 분명하다." ― 최재서, 「문학의 교육적 가치」

위의 예문은 최재서의 『문학원론』에 기술되어 있는 「문학의 교육적 가치」의 일부이다. 연역추론을 잘 나타내 보이는 글이다. 모두 3개의 단락으로 구성되어 있다. 소주제문 "우리들의 정의에 의하면 문학은 가치 있는 체험의 기록이다."를 품고 있는 1단락이 주제문 단락이 되고 나머지 2개 단락들은 주제문 단락을 뒷받침하는 내용으로 구성된 연역추론의 예이다.

위 예문을 요약하면 '주제문 단락 + 뒷받침문 단락 + 뒷받침문 단락'이 된다.

(2) 귀납추론(귀납법)

귀납추론(歸納推論, inductive reasoning)은 특수한 사실을 전제로 하여 일반적인 결론을 이끌어내는 방법이다. 귀납적 일반화는 한 집단 속에서 충분한 수의 개별적인 사례에서 얻은 결과를 전제로 삼아, 같은 종류의 모든 사례도 동일할 것이라는 결론에 도달하는 추론 방식이다.

나폴레옹은 죽었다.

베토벤도 죽었다.

에디슨도 죽었다.

그러므로 모든 사람은 언젠가는 죽을 수밖에 없을 것이다.

위의 귀납추론은 특수한 사실들로부터 일반적인 결론을 이끌어내고 있다. 이러한 논리적 추론은 한정된 경험을 바탕으로 보편적이면서도 일반적인 지식이나 진리를 밝혀 보고자 하는 시도이다. 선거 때 출구 조사를 하여 나온 표본 결과를 바탕으로 선거 전체 결과를 예측하는 논리적 추론이 이에 속한다.

귀납적 일반화가 타당성을 갖기 위해서는 표본의 수가 충분하면서도 그 표본들이 전체를 골고루 대표할 수 있어야 한다. 개별적인 사실을 토대로 공통된 일반 원리를 이끌어내는 방법이다. 새로운 원리의 정립에 유용하나 오류의 가능성이 있으므로 개별적인 사실이 많을수록 좋다. 엄밀하게 따져 귀납추리는 하나의 가설에 불과하므로 귀납추리에 의해 논증할 때는 그것이 과시적인 것이 되어서는 안 된다. 일반화 과정에는 귀납적 비약(the inductive leap)이라는 오류가 가끔 발생한다. 이 오류의 위험을 피하려면 '㉠충분한 수효의 사례가 검토되어야 한다', '㉡검토된 사례는 그 부류 가운데 가장 전형적인 것이어야 한다', '㉢부정적인 사례는 모두 다 해명되어야 한다' 등 세 가지 점에 주의하여야 한다.[7]

1962년 이래의 제1차, 제2차 경제 개발 5개년 계획의 결과가 주효하게 나타나면서 1962~73년의 기간 동안 경제 성장률은 연평균 9.07%를 유지했다. 이러한 놀라운 경제 성장의 주요인은 대외 무역의 증가에 있었음이 분명하다. 한국 경제의 수출 의존도는 1961년의 경

---

7) 김봉군, 『문장기술론』, 삼영사, 1982, p.141 참조.

우 1.9%, 수입 의존도는 15%에 불과하였으나, 1962~65년의 기간 동안에는 각각 6.9%, 15.45%로 증가하였고, 1966~73년의 기간에는 각각 17.3%, 26.23%로 급성장하는 추세를 보였다. 이리하여 1962~ 73년의 기간 동안 한국 경제의 수출 활동은 연평균 38.73%씩 증가하고, 수입 활동은 연평균 23.68%씩 증가하는 기록을 세웠던 것이다. 이것은 곧 한국 경제의 비약적 성장이 주로 해외 부문의 확대에 크게 의존했던 것으로 해석할 수 있는 근거가 될 것이다.

- 한상진, 「한국 사회와 관료적 권위주의」

위의 예문에서 필자는 1960년대 한국의 경제 성장이 주로 대외 무역의 증가에 의한 것이라고 주장하고 있다. 뒷받침문장에서 "1962~73년의 기간 동안 한국 경제의 수출 활동은 연평균 38.73%씩 증가하고, 수입 활동은 연평균 23.68%씩 증가한" 것이라는 통계 수치를 나열하여 주장의 논리적 근거를 얻고 있다. 이 통계 수치를 논거로 하여 소주제문인 "한국 경제의 비약적 성장이 주로 해외 부문의 확대에 크게 의존했던 것으로 해석할 수 있는 근거"로 삼고 있다. 위 예문은 '뒷받침문장 + 뒷받침문장 + 뒷받침문장 + 소주제문' 형식으로 구성된 귀납추론의 예이다.

지조(志操)는 선비의 것이요, 교양인의 것이다. 장사꾼에게 지조를 바라거나 창녀에게 정조를 바란다는 것은 옛날에는 없었던 일이지만, 선비와 교양인과 지도자에게 지조가 없다면, 그를 인격적으로 장사꾼과 창녀와 가릴 바가 무엇이 있겠는가? 식견(識見)은 기술자와 장사꾼에게 있을 수 있지 않은가 말이다. 물론 지사(志士)와 정치가가 완전히 같은 것은 아니다. 독립운동을 할 때의 혁명가(革命家)와 정치인은 모두 다 지사였고 또 지사라야 했지만, 정당운동의 단계에 들어간 오늘의 정치가들에게 선비의 삼엄(森嚴)한 지조를 요구하는 것은 지나친 일인 줄로 안다. 그러나 오늘의 정치 —— 정당운동을 통한 정치도 국리민복(國利民福)을 위한 정책을 통해서의 정치인 이상, 백성을 버리고 백성이 지지하는 공동전선(共同戰線)을 무너뜨리고 개인의 구복(口腹)과 명리(名利)를 위한 부동(浮動)은 무지조(無志操)로 규탄되어 마땅하다. 더구나, 오늘 우리가 당면한 현실과 이 난국(難局)을 수습할 지도자의 자격으로 대망(待望)하는 정치가는 권모술수(權謨術數)에 능한 직업정치인보다 지사적(志士的) 품격의 정치지도자를 더 대망하는 것이 국민전체의 충정인 것은 속일 수 없는 사실이기에 더욱 그렇다. 염결공정(廉潔公正)8), 결백, 강의(剛毅)9)한 지사 정치만이 이 국운(國運)을 만회할 수 있다고 믿는 이상 모든 정치지도자들에 대하여 지조의 깊이를 요청하는 것은 백성의 눈물겨운 호소이기도 하다.   - 조지훈, 「지조론(志操論)」

위의 예문은 조지훈의 수필 「지조론」의 일부이다. '뒷받침문장 + 뒷받침문장 + 뒷받침문장 + 소주제문' 형식으로 구성된 글이다. 글의 끝머리에서 '정치지도자의 지조'를 역설하고 있다. 귀납추론(귀납법)을 잘 나타내 보이는 글이다.

(3) 유추법

귀납추론에서 특수한 형식인 유추법(類推法, analogy)에 있어서도 오류를 피하기 위해서는 '㉠ 비교된 두 사례는 중요한 점에 있어서 서로 비슷해야 한다', '㉡ 두 사례 사이의 차이점이 중요하지 않다는 것이 설명되어야 한다' 같은 사항에 주의하여야 한다.

---

8) 염결공정(廉潔公正) : 청렴 · 결백하고 공정함.
9) 강의(剛毅) : 굳고 의연함.

공자는 죽었다. 석가도 죽었다. 소크라테스도 죽었다.	············	개별적인 사실 [제1전제]
공자, 석가, 소크라테스는 사람이다.	···········	[제2전제]
그러므로 모든 사람은 죽는다.	···········	[결 론]

유추법은 특수한 사실을 바탕으로 그와 유사한 다른 특수한 사실을 이끌어내는 추론이다.

하늘이 날짐승과 길짐승에게 발톱을 주고 뿔을 주고 단단한 발굽과 예리한 이빨을 주고 여러 가지 독(毒)도 주어서 각각 저 하고 싶어 하는 것을 얻게 하고, 사람으로 인한 염려되는 것을 막을 수 있게 하였는데, 사람에게는 벌거숭이로 유약(柔弱)하여 제 생명도 구하지 못할 듯이 하였으니, 어찌하여 하늘은 천한 금수(禽獸)한테는 후하게 하고 귀하게 해야 할 인간에게는 박하게 하였는가. 그것은 인간에게는 지혜로운 생각과 교묘한 궁리가 있으므로 기예(技藝)를 익혀서 제 힘으로 살아가도록 한 것이다.

그런데 지혜로운 생각으로 미루어서 아는 것도 한정이 있고, 교묘한 궁리로 깊이 파는 것도 차례가 있다. 그런 까닭에 비록 성인(聖人)이라도 천 사람과 만 사람들이 함께 논의한 것에는 능히 당해내지 못하며, 비록 성인이라도 하루아침에 능히 모두 아름답게 하지 못한다. 그러므로 사람이 많이 모이면 그 기예는 더욱 정묘(精妙)하고, 세대(世代)를 더욱 내려오면 그 기예는 더욱 교묘해지는 바, 이것은 형세가 그렇게 되지 않을 수 없는 것이다.

까닭에 시골 마을이 읍에 있는 공장의 솜씨와 같지 못하고, 읍 사람이 유명한 성터나 큰 도시에 있는 기교와 같지 못하며, 유명한 성터나 큰 도시의 사람도 서울에 있는 새 방식(方式)과 묘한 기계 제작과

글쓰기의 원리와 방법

는 같지 못하다. 저 궁벽한 시골 마을에 살고 있는 자가 이전에 서울에 왔다가, 처음으로 만들어서 완전하지 못한 방법을 우연히 얻어 듣고, 기쁘게 돌아가서 시험해 보고는 아는 체하며 스스로 만족하여 말하기를 "천하에 이 방법보다 나은 것이 없다."고 하고, 그 자손에게 경계하기를 "서울에서 소위 기예라는 것은 내가 모두 배웠으니, 이로부터는 서울에서도 다시 더 배울 것이 없다." 한다. 이와 같은 자로써 하는 것이 거칠고 나쁘지 않은 자가 없다.

우리나라에 있는 온갖 공장(工匠)의 기예는 옛날에 배워온 중국의 방식인데, 수백 년 이래 칼로 벤 것처럼 다시는 중국에 가서 배울 계획을 세우지 않았다. 중국에는 새로운 방식과 교묘한 제도가 나날이 증가되고 다달이 불어나서, 다시 수백 년 이전의 중국이 아니다. 그런데도 우리는 막연하게 서로 묻지도 않고 오직 옛날 그 방식만으로 편케 여기고 있으니 어찌 그리 게으르기만 한가.

- 정약용, 이익성 옮김, 「기예론」

위의 예문은 유추적 관계에 있는 두 사례를 공통적 속성을 지니고 있는 것끼리 짝이 되도록 대비시키고 있다. 기예를 사용하는 주체에 따라서 '시골 마을에 살고 있는 자 — 우리나라에 있는 온갖 공장(工匠)'으로 묶을 수 있다. 그리고 기예를 배워 온 곳에 따라 '서울 — 중국'으로 묶을 수 있고, 배워 온 기예라는 점에서 '완전하지 못한 방법' — '옛날에 배워 온 중국의 방식'으로 묶을 수 있다. 또한 '거칠고 나쁘다' — '게으르기만 하다'로 묶어볼 수 있다.

민주주의는 인류가 유사 이래 시험해 본 정치 제도 가운데 가장 이상적인 것으로 알려져 있다. 모든 사람은 법 앞에 평등하고 자유로이 살 수 있도록 하는 것을 지상 목표로 하고 그것을 실현하기 위한 제도적 장치가 마련되어 있는 것이 민주주의다. 그것은 또 우리 인간의 본성에 가장 적합한 이상적인 정치 제도임을 누구도 의심하지 않는다. 그런데 가끔 어떤 이들은 미개의 나라 사람들이나 우리나라와 같이 발전 도상에 있는 나라의 사람에게는 그것이 알맞지 않다고 말한다. 그러나 그것은 매우 위험한 사고방식이며 어딘가 불순한 저의가 도사리고 있는 생각이라고 할 수가 있다. 왜냐하면 민주주의를 실현하고 있는 여러 나라들도 처음에는 다 비슷한 견해들이 많았으며 얼핏 보기에는 현실에 알맞지 않는 이상적인 제도로 여겨지기도 했다. 그러나 그들의 현명한 지도자들은 무수한 희생을 무릅쓰고 민주주의 제도를 실현해내고야 말았다. 이로 미루어 보아 다 같은 인간의 본성을 가진 우리에게 그것이 알맞지 않을 까닭이 없다. 그것이 좋은 제도임이 실증되고 있는 만큼 우리에게도 알맞은 제도가 될 수밖에 없는 것이다. 따라서 우리나라에 민주주의가 잘 실현되지 않는다면 그 이유는 딴 데서 찾아야 한다. 곧 우리 국민의 성격이나 여건이 딴 나라 국민과 다르기 때문에 국민 전체의 의사가 무시되고 비민주적으로 뒷걸음치고 있기 때문이라고 할 수 있다. 민주주주의 제도를 실현하려고 다 같이 힘써 보지도 않고 우리는 안 된다고 지레 짐작하고 딴 길로 이끌어 가는 일부 독재 성향의 사람들에게 그 근본 원이 있는 것이다.   - 장세인, 「우리의 민주주의」

위의 예문은 장세인의 「우리의 민주주의」의 일부분이다. 인류가 유사 이래 시험해 본 정치 제도 가운데 가장 이상적인 것으로 알려져 있는 민주주의는 우리 인간의 본성에 가장 적합한 이상적인 정치 제도이며 다 같은 인간의 본성을 가진 우리 국민성에도 민주주의가 알맞은 정치 제도라는 것을 유추를 통해 결론을 내리고 있다.

(4) 변증법

변증법(辨證法, dialectic)의 사전적 풀이는 다음과 같다.

> 동일률(同一律)을 근본원리로 하는 형식논리에 대하여, 모순 또는
> 대립을 근본원리로 하여 사물의 운동을 설명하려고 하는 논리이다.
> ─『동아 원색 세계 대백과 사전』, 동아출판사, 1987

동일률이란 'A는 A다.'의 형식으로 표시되어, 모든 대상은 그 자체와 같다는 논리학상의 근본 요구를 나타내는 원리다. A는 개념, 판단을 의미한다. 동일률을 위반하는 논리의 오류에는 ㉠ 개념을 혼동하는 오류, ㉡ 논제(論題)를 교체시키는 오류가 있다.

헤겔(Georg Wilhelm Friedrich Hegel)의 변증법에서, 논리 전개의 3단계, 즉 정립 · 반정립 · 종합을 정반합(thesis, antithesis, synthesis)이라고 한다. 이것은 철학 용어로 논리적인 전개 방식의 일종이다. 우선 한편의 강한 주장으로부터 시작하는 변증법적 사고의 기본적인 구도는 테제(thesis, 정)가 그것과 상반되는 주장을 제시하는 안티테제(antithesis, 반)와의 갈등을 통해 정과 반의 상반된 주장의 장단점을 분석한 뒤에 정과 반의 주장을 균형 있게 종합하여 제3의 견해로 결론을 도출한다. 이것을 진태제(synthesis, 합)라고 한다.

> ⓐ 우리가 "인간은 존엄하다."고 말할 때, 그 '인간'은 '인간다운 인간'이라는 가정(假定)을 전제(前提)하고 있다. 다시 말하면, 인간의 존엄성을 긍정하는 명제는, "인간이 인간다움을 잃지 않는 한, 인간은 존엄하다."는 뜻으로 해석되어야 한다는 것이다.
> ⓑ 그러나, "인간다움을 잃지 않는다."는 말을 "높은 도덕성을 발휘한다."는 뜻으로 해석한다면, "인간다움을 잃지 않았다."고 말할

수 있는 사람의 수효는 비교적 적을 것이며, 따라서 '존엄하다'는 평가를 받을 수 있는 사람의 수도 크게 제한될 것이다.

ⓒ 실은 우리가 "인간은 존엄하다."고 말할 때, 그것은 "도적적으로 높은 경지에 달한 소수의 인격자들을 존엄한 존재이다."라는 뜻이 아니라 적어도 대부분의 사람들은 존엄한 존재라는 뜻이다. 그러므로, 우리는 "인간다움을 잃지 않는다."는 말의 뜻을 "도덕적인 인간으로서 성장할 수 있는 가능성을 지녔다."는 의미로 이해해야 할 것이다. 즉, 인간은 인간다운 인간으로서 성장할 가능성을 가지고 있기 때문에 존엄한 존재로서 인정을 받는 것이다.

ⓓ 만약, 도덕적으로 높은 경지에 사람들만이 존엄하다면, 그들은 인간인 까닭에 존엄한 것이 아니라, 훌륭한 인간인 까닭에 존엄한 것이 되며, 사실상 '존엄하다'는 평가를 받을 수 있는 사람은 극소수의 인물들에게만 국한될 것이다. 그리고, 우리가 "인간은 존엄하다."고 말할 때, 특수한 소수의 사람들만이 존엄하다는 뜻으로 말한 것이 아님은 명백하다. 그러나, "사람의 탈만 썼으면 그가 아무리 교활하고 파렴치하며 잔인하다 하더라도 존엄하다."는 뜻이라면, 그것은 극히 위선적(僞善的)이거나 자기도취적인 발언이 되고 말 것이다. 그러므로, 우리는 인간의 존엄성의 근거를 인간이 간직한 어떤 가능성에서 찾을 수밖에 없으며, 그러한 가능성을 간직하고 있는 한, 사람은 누구나 존엄하다고 보지 않을 수 없는 것이다. 따라서, 만약 이 세상의 모든 사람에게 그런 가능성을 인정할 수 있다면, 사람은 누구나 예외 없이 존엄하다는 결론에 도달하게 될 것이다.　　　　　- 김태길, 「인간의 존엄성과 성실」

위의 예문은 기(起)-서(敍)-결(結)의 3단 구성으로 이루어졌다.

ⓐ단락(도입단락) : "인간은 존엄하다."라는 명제를 내세워 인간다운 인간이라는 가정을 전제로 하고, 이를 증명하는 방향으로 논설문을 시

작하고 있다. (thesis, 정)

ⓑ단락(전개단락) : '인간다움을 잃지 않는 인간'을 높은 도덕성을 발휘하는 인간이라고 해석한다면, "인간다움을 잃지 않았다."고 말할 수 있는 인간의 수는 매우 적다. (antithesis, 반)

ⓒ단락(결론단락) : 인간은 인간다운 인간으로서 성장할 가능성을 가지고 있기 때문에 존엄한 존재로서 인정을 받는 것이다. (synthesis, 합)

ⓓ단락(보조단락) : 모든 사람에게 그런 가능성을 인정할 수 있다면 사람은 예외없이 존엄하다. (보조)

ⓓ단락은 ⓒ단락에 대한 보조 단락으로 앞에서 이야기한 것을 다시 되풀이하여 이야기하고 있기 때문에 사족(蛇足)과 같은 단락이다. 따라서 ⓒ단락과 ⓓ단락은 같은 단락이라고 볼 수 있다. 변증법으로 논리를 전개하고 있는 「인간의 존엄성과 성실」은 형식단락으로 기준하면 4개 단락으로 이루어졌고, 내용단락을 기준으로 하면 3개 단락으로 이루어졌다.

3. 논문 작성법

　논문(論文)이란 어떤 문제에 대한 학술적인 연구를 체계적으로 적은 글을 말한다. 연구 논문은 어떤 특수한 문제를 위하여 자료를 수집 정리하고, 자신이 연구해서 알아낸 전문지식(專門知識)을 체계화 하여 종합 서술하여야 한다. 그리고 그 서술(敍述)의 권위(權威)를 입증(立證)하기 위하여 인증(引證)을 수반(隨伴)하여야 한다. 보통 논문의 요건으로 독창성(獨創性) · 실증성(實證性) · 논리성(論理性)의 세 가지를 드는 경우가 많은데, 자료 · 방법론 · 결론의 세 부분에서 최소한 한 가지 이상은 새로워야 하며(독창성), 명확한 증거 위에서 참이라고 입증되어야 하며(실증성), 수많은 증거(證據)를 연관 지어 분석 · 해석하면서 일정한 결론을 향해 나가는 추론 과정을 포함하고 있어야(논리성) 한다.

1) 논문의 유형

　일반적으로 논문(論文)은 연구논문(research paper), 보고문(report), 평론(review)의 세 가지로 나눌 수 있다.

(1) 연구논문

　연구논문(研究論文)이란 전문 연구자가 자연과학, 사회과학, 인문과학 같은 해당 학문 분야에서 특정한 주제를 가지고 연구하여 자료나 연구방법 또는 해석 등에서 창의성 있고, 독창적인 결론을 이끌어 낸 것을 논술한 것이다. 연구논문을 논술할 때는 다른 그 무엇보다도 독창성이 중요시 된다. 이 독창성은 자료(資料), 연구방법(研究方法), 결론(結論) 이 세 가지 요소 중에서 어느 하나, 또는 그 이상에서 입증되어야 한다. 연구논문 쓰기가 학문직 글쓰기(academic writing)의 하나라는 것을 잊어서는 안 된다.

(2) 보고문

흔히 '리포트(report)'라고 지칭하는 것으로 글의 내용과 성격에 따라 소논문(小論文, review)과 보고문(報告文)으로 나눠볼 수 있다. 보고문은 조사보고, 답사보고, 관측보고, 채집보고, 실험보고 등이 있다. 이 보고문은 연구과정의 첫 단계로 수집된 자료를 정리하여 서술한 것으로 정확성을 그 생명으로 하고 있다. 소논문은 논문의 일반형식을 갖추어야 하고, 주제에 대해 창의적(創意的)이고 논리적(論理的)인 해석(解釋)을 담아야 한다.

(3) 평론

개관(槪觀)이나 총설(總說)처럼 어떤 분야의 연구 성과를 넓은 범위에 걸쳐 정리 · 소개하거나 어떤 책이나 논문을 비판적으로 소개한 글이다. 평론(評論, criticism)은 공평무사(公平無私)하고 객관적이어야 한다. 본격적인 학술 논문처럼 완전한 격식(格式)을 갖추고, 인증(認證)을 치밀하게 제시할 필요는 없다. 서평(書評)도 평론의 일종이다. 사물의 가치 · 선악 등을 비평해서 논하는 글인 평론에서 무엇보다 중요한 것은 비평 정신이다. 비평 정신은 기존 가치에 대한 비판 내지는 저항 정신이 담겨있어야 한다.

오늘날 사람의 운명은 정치적으로 결정된다. 이것은 이차 대전에 삶의 모습을 새로운 국면을 지적하여 한 말이다. 우리의 경우 우리의 삶은 20세기에 와서 전적으로 정치적이었다. 그리고 그것은 지금도 그러하다. 우리의 개인적인 관심이 무엇이든지 간에, 오늘날 우리 사회가 커다란 집단적 과제를 안고 있으며 그 과제가 개인적인 관심 또는 삶에 선행할 수밖에 없다는 것은 누구나 동의하는 일일 것으로 생각된다. 이 과제가 무엇인가도, 사람에 따라 조금씩은 차이가 있겠지만, 대체로 동의할 수 있는 것이라 할 수 있다. 가령, 그 내용은 여러 가지로 정의되고 또 역사의 추이와 투쟁의 경과에 따라 달라질 수 있겠지만, 한편으로 민주화를 계속하고 그것을 제도적으로 정착하게 하며 물질적으로, 문화적으로 또 사회 제도의 측면에서 근대 사회의 토대를 수립해 나가며, 다른 한편으로 분열되어 있는 국토와 민족을 통일하는 일 —— 이러한 것들이 우리 앞에 가로놓인 역사적 과제의 가장 중요한 것들이라는 데에 이론을 제기할 사람은 별로 없을 것이다. 이러한 동의와 의견의 일치는 곧 우리의 삶이 정치적으로 규정된다는 말이고 또 그렇게 규정되는 것을 우리가 허용한다는 것이다.

우리의 삶에 있어서 정치의 우위는 역사적으로 주어진 상황의 결과이기 때문에 우리의 선택을 넘어가고 가치 판단의 대상이 될 수 없는 것이다. 그러한 과제란 오로지 받아들이는 일 외에 다른 방편이 있을 수가 없다. 그런 의미에서 그것은 우리의 삶을 내리누르는 무거운 짐이다. 그러나 다른 한편으로 거기에 보상이 없는 것은 아니다. 의무의 수락 —— 특히 어려운 의무의 수락에는 그 나름의 장렬한 영광이 있다. 우리의 삶을 규정하는 과제는 우리의 삶에 독특한 위엄과 깊이를 준다. 이것은 보다 편한 사회 —— 영국의 어느 정치학자는 국가 경영의 문제를 종착의 항구가 없는 배를 운항하는 것이라고 말한 바가 있는데 이러한 말로 설명될 수 있는, 보다 편한 사회의 느슨한 삶에 우리 사회를 비교하여 보면 금방 알 수 있는 것이다.

글쓰기의 원리와 방법

그러나 정치가 절대적 우위에 있는 사회가 지불하여야 하는 대가가 결코 작은 것이 아니다. 무거운 짐을 지고 가야 하는 삶 —— 스스로 떠맡은 것도 아닌, 역사가 지워 주는 짐을 메고 가야 하는 삶이 괴로운 것임을 말할 것도 없다. 그것으로 하여 희생되어야 하는 것은 개인의 행복이다. 행복이 진혀 없다는 것은 아니다. 사람은 짐을 벗는 데에서도 행복을 찾지만 짐을 지는 데에서도 행복을 찾는다. 이러나저러나 개인의 행복의 모양은 천태만상이게 마련이다.

- 김우창, 「내면적 인간과 정치」

김우창의 평론 「내면적 인간과 정치」의 일부이다. 기존 가치나 새로이 제기되는 내용체계에 대하여 비판적인 자세를 지니고 있다. 평론은 냉정한 객관적인 논거를 바탕으로 하는 글이지만, 평론에도 글쓴이의 주관적인 개입의 의미가 글 속에 스며 있음을 보여주는 사례라고 할 수 있다.

2) 논문 쓰기의 절차

한 편의 논문을 쓰는 데는 대체로 주제의 선정, 자료의 조사, 자료의 채록(採錄), 논문의 구성과 체제 같은 절차를 거친다.

(1) 주제의 선정

논문을 쓰는 데 주제(主題)의 선정은 대단히 중요하다. 논문의 주제로 다루려는 문제는 되도록이면 평소에 흥미를 느끼고 관심을 가져 왔던 것을 택하는 것이 좋다. 무엇보다도 주제의 선정에서 중요한 것은 '문제의 발견'이다. 항상 새로운 문제를 찾아내기 위해 관찰과 날카로운 문제의식(問題意識)을 가지도록 힘써야 한다.

(2) 1차 자료와 2차 자료

자료의 조사는 그 주제의 전체적인 개념을 파악할 수 있는 것에서부터 시작하여 좀 더 구체적이고 자세한 내용과 관련된 자료를 조사해나가야 한다.

인터뷰, 설문지, 사진이나 그림, 일기나 유언장 따위의 개인 기록 유품 (遺品) 등은 모두 1차 자료(primary source material)이다. 그리고 각종 통계표도 1차 자료가 될 수 있다. 2차 자료(secondary source materia l)는 가공(加工)된 자료로 학술 단행본이나 학술 논문 그리고 자료집 같은 것을 말한다. 이러한 2차 자료는 논문을 쓰는 사람이 자신의 주제와 논지 (論旨)를 전개해나가면서 검토하여 비판하거나 인용해야 한다.

3) 논문의 구성과 체제

논문은 서론, 본론, 결론의 3부분으로 이루어진다.

(1) 논문의 구성

① 서론(머리말)
　　서론 부분에서는 반드시 다음 사항들이 제시되어야 한다.
　　㉠ 문제점에 대하여 조사나 연구를 하는 목적을 명백하게 제시되어야 한다.
　　㉡ 문제점의 사회적·정치적·문화적 배경을 밝히고 그 중요성에 대하여 확실하고도 특이한 이유를 주장해야 한다.
　　㉢ 그 논문에서 완전히 해결되지 못한 사실을 미리 밝혀 둔다.

ⓔ 문제점이나 그것에 관련된 기존 업적에 대하여 간단한 비판을 수
반하는 연구사의 개략을 소개해야 한다. 학술논문에서는 문제의 약
사(略史)가 연구사이다. 이 연구사의 소개는 문제점을 명백히 이해
하는데에 도움이 된다.

ⓜ 자료나 논거의 출처, 연구 과정의 방법, 사실의 처리 등에 대한
기술을 정확하게 해야 한다.

위에서 열거한 다섯 가지 요건은 논문의 서론에는 반드시 언급되어야
한다.

실학(實學)에 관한 연구가 단순히 조선 후기라는 특정 시대의 '시무
학(時務學)' 차원에서만 머물 수는 없다. 여러 실학자들의 갖가지 현
실 대응책들을 소상히 밝혀내는 작업은 물론 기본적으로 필요하다.
그러나 궁극적으로는 그 대응책들의 이념적 근거들을 구명해 내고,
그것들의 사상사적 문맥에서 이해와 심화가 뒤따라야 할 것이다. 이
러한 작업이 수반되지 않을 때 실학의 가치나 의의는 단순히 조선
후기라는 특정 시대에 국한되는 당대성(當代性)에 머물고 말 뿐, 우
리에게서 자생한 주체적 사상으로서 그 역사상의 이월가치나 의의를
획득하지 못할 것이기 때문이다.

이러한 지적은 연암(燕巖) 박지원(朴趾源)에게도 그대로 해당된다.
연암에 관해서는 그동안 여러 연구자들에 따라 수많은 논고가 발표
되었고,1) 그 가운데는 연암의 어떤 핵심부에 개절(凱切)하게 도달된
성과들도 여럿 있다. 그러나 연암에 대한 사상적인 이해가 총체적으로

원주 1) 연암에 관한 연구로는 필자가 현재까지 파악하고 있는 바로는,
국내외에 대략 30인에 가까운 연구자 또는 부분적으로 관심 있는 사
람에 의하여 한 권의 방대한 저서(이가원 교수의 『연암소설연구』)와 4
0편에 가까운 논문 또는 논설들이 발표되었다.(이 논문이 쓰인 1975
년 당시)

어느 정도에 도달했는가에 대한 물음에는 아직도 만족할 만한 대답을 할 수 있는 단계는 결코 아니다. 사상이라는 개념이 아무리 포괄성을 띤 것이라 하더라도 연암이 취한 현실대응의 그 잡다한 디테일들을 가리켜 곧바로 그의 사상이라 부르는 것은 곤란하다. 결국 그 디테일들의 소종래(所從來)[10]인 이념적인 근거, 사상적인 범주를 천착하고 설정할 필요가 있으며, 이렇게 함으로써 그의 사상으로 하여금 가치이월성을 획득하게 해야 할 것이다. 이 논문은 바로 이러한 문제의식에서 기필(起筆)된 것이다.

　　　　　　　　　－ 이동환, 「연암사상의 이념적 범주와 반주자주의성」

　이동환의 논문 「연암사상(燕巖思想)의 이념적 범주와 반주자주의성(反朱子主義性)」의 서론 부분이다. "실학(實學)에 관한 연구가 단순히 조선 후기라는 특정 시대의 '시무학(時務學)' 차원에서만 머물 수는 없다."고 말하면서 논문을 시작하고 있다. "연암이 취한 현실대응의 그 잡다한 디테일들을 가리켜 곧바로 그의 사상이라 부르는 것은 곤란하다."고 말하면서 "이념적인 근거, 사상적인 범주를 천착하고 설정할 필요가 있으며" 그렇게 함으로써 박지원 사상으로 하여금 "가치이월성을 획득하게 해야 할" 것이라는 문제의식에서 출발했다는 것을 밝히고 있다.

　② 연구 보고(本論)

　　서론에서 밝힌 자료와 방법에 입각하여 차근차근 자신의 주장을 설득력 있게 펴나간다. 연구 보고에서 주의할 점은 다음과 같다.

　　㉠ 논제나 문제점에 대한 충분하고 명백한 설명이 이루어져야 한다.

　　㉡ 연구 과정이나 조사 과정에서 채택된 자료나 방법에 대한 명백한 기술이 있어야 한다.

　　한편 연구 보고는 대체로 다음과 같은 기본 도식(基本圖式)에 의해 운영된다.

―――――――――

10) 소종래(所從來) : 지내 온 내력.

논거의 제시 → 논거의 검토 → 논지의 전개

필요한 자료를 자신이 의도하는 순서대로 제시하고 다음에 그 자료를 충분히 분석·검토하여 자신의 견해(見解)를 피력한다. 이 과정에서 자기의 창의적(創意的)인 견해나 독창적(獨創的)인 방법(方法)을 뚜렷이 제시하여야 한다.

③ 결론(結論)

이미 연구 보고에서 밝혀진 중요한 사실이나 결론을 논지의 전개에 따라서 순서대로 재정리(再整理)하고 간명(簡明)하게 요약하고 결론의 마지막 부분에서는 자신의 논문을 통해 끝까지 해결하지 못한 문제를 언급해주는 것이 좋다.

이상에서 우리는 백석의 시적 성취와 그 한계를 살펴보았다. 이 짤막한 논고를 통하여 91편에 달하는 적지 않은 분량의 그의 시편들을 세밀하게 검토하기란 어려운 일이었지만, 우리들은 대체로 그의 전 작품에 확산되어 있는 민속호벽과 식생활에의 유별한 관심, 그리고 시적 스타일이 지향하는 바 그 대강의 성격을 규명한 셈이 된다. 이제 앞에서 검토한 결과를 요약해 보면 다음과 같다.

백석의 활동 시기는 1935년 이래 5, 6년 사이에 집중되어 있었다. 첫시편 「사슴」(「조선일보」, 1935.8.31.)에서부터 마지막 작품 「남신의주유동박시봉방」(『학풍』, 창간호, 1948.10)에 이르기까지 무려 13년 간에 걸쳐서 그의 작품들이 산견되지만, 1942년 이후의 시편은 불과 두 작품에 지나지 않았다. 그것도 해방 후, 그가 재북해 있던 1947년, 1948년에 각각 한 편씩 발표되고 있어, 추측컨대 이들 두 편도 해방 이전의 작품들이 아닌가 생각된다.

서두에서 전제한 바와 같이 백석 시의 고향 회귀는 경험적 현실을 소거하기 위하여 선택되는 회고의 아취가 아니라, 오히려 삶의 어두

움과 그 세계 속에서 좌절되는 경험이나 고립된 내면을 반영하는 것으로 살펴졌다. 그것은 극도로 폐쇄된 사회에서 한 공동체적인 삶의 근원과 유대를 환기시킴으로써 역설적으로 민족적 상실감에 닿아 있었다. 그리고 순진무구한 유년의 눈으로 그 세계가 관찰되고 있다는 점에서, 티없는 아름다움으로 상생하는 시적 탄력성이 두드러졌다.

백석의 시작품 속에 상당한 분량의 기행시가 끼어 있다는 사실 또한 시대적 표랑의식과 관련하여 주목되었다. 그리고 150여 종에 달하는 식생활어들은 실향이 주는 상실감을 더욱 뼈저리게 하는 동시에 그 시의 질감에 객관적인 사실성과 체험의 명징성을 부여하고 있었다. 시대의 혼란과 궁핍 속에서 그가 자주 생각한 것은 인간의 숙명적인 유전이었으며, 그것을 깨닫고 받아들일 때에는 앙금처럼 남는 슬픔의 확인이었다. 백석 시의 이러한 인식과 정향은 현실의 가능성이 부정된 상황에서의 시대적 자아를 자각하려는 성찰의 한 자세라고 할 수 있지만, 그러나 그 결과가 자족적인 세계로 움츠려들 때에는 시대와 현실 자체의 의미를 약화시킬 우려도 살펴졌다.

특별히 그의 시는 감각적 방언과 부연으로 가슴으로부터 솟구쳐 오르는 고향에 대한 뜨거운 애정과 그리움을 실감 있게 표현해 낸다. 있는 그대로의 자연어를 토속세계에 중첩시킴으로써, 그는 독자의 공감 속으로 깊이 있게 공명하는 잃어버린 고향을 일깨워 주는 것이다. 그리하여 이 부연과 토착어의 반복적인 활용은 자칫 이완되기 쉬운 회귀의 정태적인 정서에 독특한 긴장감을 부여하고, 율격적인 개성을 두드러지게 한다. 이러한 의미에서 백석은 1930년대의 드문 스타일리스트라고 할 만하다.

백석이 활약한 시대는 우리 근대사의 가장 어두운 시기였고, 그가 노래한 것은 민족 고유의 서정이었다. 자신의 삶과 시대를 파악하려는 태도가 비록 갈등을 승화시킨 치열한 모습은 아닐지라도, 그는 개인의 체험을 넘어서서 우리들 공통의 가치를 시로써 문제 삼고자 한 것임이 분명하다. 여기에 제기된 문제들은 백석 시의 대강을 읽고서 추려놓은 시론적 화제에 불과하다. 이제 그의 시는 1930년대의 우리 근대시사의 정체성과 관련하여 보다 엄정하고 폭넓게 이해되어야 할 것이다.   - 김명인, 「궁핍한 시대의 건강한 식욕 : 백석 시고」

위의 예문은 김명인의 논문 「궁핍한 시대의 건강한 식욕 : 백석 시고」의 결론 부분이다.

김명인은 백석의 시적 성취와 그 한계를 살펴본 「궁핍한 시대의 건강한 식욕 : 백석 시고」에서 "민속호벽과 식생활에의 유별한 관심, 그리고 시적 스타일이 지향하는 바 그 대강의 성격"을 규명했다는 것으로 결론을 내리고 있다.

④ 참고 자료

참고 문헌(參考文獻)과 도표(圖表), 삽도(揷圖) 등을 논문의 말미(末尾)에 붙이는 것을 원칙으로 한다.

(2) 논문의 체제

① 인용법(引用法)

제대로 된 체제를 갖춘 논문을 쓰려면 인용법과 주석(note)에 대한 충분한 이해를 갖추고 있어야 한다.

논문에서 인용(引用)이라 함은 자료 혹은 다른 사람의 글에서 그 일부를 자신의 글 속에 옮겨 오는 것을 말한다. 논문에서 인용법을 사용하는 예와 그 이유는 다음과 같다.

㉠ 자신의 논지(論旨)와 같거나 관계있는 다른 자료나 논문의 어느 부분을 제시한다.

㉡ 참조해야 할 문헌 및 자료의 중요 부분을 제시한다.

㉢ 자료를 직접 조사, 분석하였음을 보여준다.

② 직접 인용(直接引用)과 간접 인용(間接引用)

인용을 하는 방법에는 직접 인용과 간접 인용, 두 가지가 있다.

㉠ 직접 인용

인용할 부분을 원문 그대로 옮겨 적는다. 인용문이 3 행(行) 미만인 경우에는 " ", 「 」와 같은 인용 부호를 본문 가운데 삽입하여 인용하였음을 밝힌다. 원문(原文)의 어구(語句)를 생략하였을 경우에는 보통 …(점 3개)로 표시한다.

ⓐ 인용문이 3행 미만인 경우

조지훈의 시론은 자연의 생명현상과 시의 현상을 동일한 것으로 대응시킨다. '시의 우주'와 '시 정신', '시의 창작과정'이 모두 '우주적 생명'의 운동과 같은 것으로 설명된다. '우주의 생명'이 분화되어 개개의 사물과 인간에게 품부(稟賦)된 것이 '개개의 생명'이다. 그런 인간의 하나인 '시인'은 '우주의 생명' 즉 '창조적 자연'을 자신 안에 간직함으로써, "한갓 '자연의 모방'에만 멈추지 않고 자연의 연장으로서 자연의 뜻을 현현하는 '대자연'일 수 있는 것이다."16) 그러므로 시는 '자연'을 소재로 만든 '제2의 자연'이 된다. '자연'과 '시인'과 '시'는 동일한 것이며 연속적인 것이다. 이것은 부분과 전체의 관계로서도 해명될 수 있다. 우주의 생명의 분화된 것이 부분의 생명이고 부분의 생명의 총체는 곧 전 우주의 생명이 되기 때문이다. 즉 '우주적 생명'을 표상한다는 것이다.
- 이찬, 『20세기 후반 한국현대시론의 계보』

위의 예문에서 "한갓 '자연의 모방'에만 멈추지 않고 자연의 연장으로서 자연의 뜻을 현현하는 '대자연'일 수 있는 것이다."는 이찬이 『20세기 후반

원주 16) 조지훈, 『시의 원리』, 나남, 1996, p.21.

글쓰기의 원리와 방법

한국현대시론의 계보』를 쓸 때 조지훈의 『시의 원리』에서 인용했는데, 그 인용문이 3행 미만이기 때문에 "……"(인용 부호)를 본문 가운데 삽입하여 인용하였음을 밝힌 것이다.

　ⓑ 인용문이 3행 이상인 경우

　　마르크스주의자의 유토피아와 만하임의 유토피아 개념 구분에 관한 다음의 인용문은, 두 이론 사이의 상이점을 잘 드러내 주고 있다.

　　　마르크스에 있어서 유토피아는 이데올로기와 엄격하게 구별되는 것이 아니었다. 현실추상과 계급관계의 초월이라는 면에서, 그리고 계급투쟁의 제동이라는 면에서 유토피아는 이미 이데올로기적 속성과 기능을 갖고 있었다. 그러나 만하임은 유토피아를 이데올로기로부터 엄격하게 분리시키고자 했다. 혁명적·전복적 효력과 실현을 기준으로 이데올로기와 유토피아를 구별하며, 또 양자의 의식형태를 지배계급과 피억압계급에게로 각각 귀속시키고 있다. 그리하여 마르크스에 있어서 유토피아는 혁명적 성격과 반동적 성격의 양면성을 갖는 데 비해, 만하임에 있어서는 혁명원리로 확립된다.[19)]

　　특정한 목표에 예속된 이데올로기의 존재와 대비해서 '현실성에 변화를 가져올 능력'을 가진 유토피아의 존립을 애써 변호하고 있긴 하지만, 만하임의 이론은 사회현상이나 사회운동과 직접적인 연계를 가지고 있지는 않다. 그것이 오늘날 서구사회의 의식변화

원주 19) 전태국, 「칼 마하임의 유토피아 개념」, 전예원, 외국문학 1987년 가을 호, p.272.

를 지식사회학의 관점에서 해석하고 있는 만하임의 유토피아 이론이 갖는 의의이자 한계이기도 하다. 그러나 전통적 유토피아 이론의 허구성을 탈피하여 현실적 차원에서 그 개념규정에 도달하고자 한 만하임의 시도가 여전히 추상적 관념의 조직화에 머물고 만 것은, 유토피아 의식을 보편적 사고체계에 가두어 둘 소멸한 그물망이 쉽게 찾아지지 않으리라는 사실과 더불어, 이데올로기라는 너무 확연하게 정형화 될 수 있는 유토피아의 상대역을 선택했기 때문이라는 사실을 환기시켜 준다.

- 김종회, 『한국소설의 낙원의식 연구』

위의 예문은 김종회가 『한국소설의 낙원의식 연구』를 집필하면서 전태국의 「칼 마하임의 유토피아 개념」을 인용할 때 인용문이 3행 이상이기 때문에 본문에서 분리하여 따로 앉혔다. 인용 부분은 본문과 앞뒤로 각각 한 줄씩 띄우고, 인용문 전체를 들여쓰기를 하여 왼쪽 선에서 오른쪽으로 한두 자 들여앉힌다. 이때 " " 표는 붙이지 않는다.

ⓒ 간접 인용(間接引用)

간접 인용을 하는 방법에는 원문을 압축해서 적는 방법과 의역해서 적는 방법 등 두 가지가 있다. 요약하는 경우는 원문보다 길이가 짧아지고 의역하는 경우에는 길어진다. 간접 인용을 할 때는 본래의 의미가 왜곡되지 않도록 주의해야 한다. 이때에도 반드시 주를 달아서 그 출처를 명확하게 표시해야 한다.

지금까지 한국과 미국의 생태시를 비교한 연구는 장영희와 박성창의 것이 있다. 장영희는 게리 스나이더와 김지하의 시를 자연과 인간의 관계와 문명에 대한 태도라는 두 가지 측면에서 비교한다. 두 시인 모두 생명의 순환고리인 자연에 참여하는 인간의 모습을 통해 상생의 가능성을 타진하며, 현대문명의 비인간성과 생명 파괴 현상을 통렬하게 비판하고 있다고 본다.6) 기실 이러한 고찰은 생태시 일반에 적용할 만한 것으로서 두 시인의 생태시가 갖는 특별한 의미를 부각시킨 것이라고 하기는 어렵다. 박성창은 '마음의 생태학'이 문학적 차원에서 수행된 예로서 게리 스나이더와 정현종의 시를 거론한다. 두 시인은 모든 것이 연결되어 있다는 의식과 인간중심주의에 대한 비판을 통해 생태의식을 드러내며 생태의식의 미학과 윤리를 거쳐 존재론에 이른다는 공통점을 보여준다고 한다.7) '마음의 생태학'이라는 매우 포괄적인 개념을 적용하고 있어 두 시인의 생태시 비교가 범박하게 이루어지고 있다.　　　　　　　 - 이혜원, 『현대시의 윤리와 생명의식』

위의 예문은 이혜원이 『현대시의 윤리와 생명의식』을 집필하면서 장영희의 「한미 현대 생태시에 나타난 생태의식 비교 ― 김지하와 게리 스나이더의 시를 중심으로」와 박성창의 「마음의 생태학 (Ecology of Mind)을 위한 시론 ― 게리 스나이더와 정현종을 중심으로」를 각각 간접 인용하였음을 각주 처리하여 밝힌 것이다.

(3) 주석(註釋)

학문적인 양심의 기준은 모든 자료의 출처를 밝히기를 요구한다. 그리고 정해진 규칙에 따라 주석란을 정확하게 작성해나가는 일은 논문의 외형적 형태를 갖추는 작업에 있어서 가장 중요한 일이 아닐 수 없다.

원주 6) 장영희, 「한미 현대 생태시에 나타난 생태의식 비교 ― 김지하와 게리 스나이더의 시를 중심으로」, 『비평문학』 15, 한국비평문학회, 2001. 7, 312~332쪽.
원주 7) 박성창의 「마음의 생태학(Ecology of Mind)을 위한 시론 ― 게리 스나이더와 정현종을 중심으로」, 『한국현대문학연구』 16, 한국현대문학회, 2004. 12, 37~67쪽.

① 주석 번호

본문에 붙이는 주석 번호는 주석란에서 설명하려는 문장의 오른쪽에 기입하는 것을 원칙으로 한다. 대개 1), 2), 3) 같은 형식을 많이 사용한다.

② 주석란의 위치

주석란의 위치는 미주의 방식과 각주의 방식이 있다. 논문 전체의 말미나 장의 끝에 몰아서 기록하는 방식이 미주의 방식이고, 각 페이지 아래 부분에 몰아서 기입하는 방식이 각주의 방식이다.

③ 완전 주석

어떤 자료나 문헌을 최초로 인용할 때 붙이는 주석이다. 완전 주석(完全註釋)은 최초 주석이라고도 부르는데 단행본의 경우와 논문의 경우로 나누어 볼 수 있다.

㉠ 단행본의 경우

ⓐ 저자명(著者名) : 저자명은 동양인과 서양인을 구별하여 동양인은 성(姓), 명(名)의 순서로 쓰고 서양인은 명(名), 성(姓)의 순서로 쓴다. 저자명이 끝나면 반드시 콤마(,)를 친다.

1) 김윤식,
2) Philip Wheelwright,

자기의 저서(著書)를 인용했을 때에는 '졸저(拙著)'라고 하며 (영문일 경우에는 성명을 쓴다), 공저(共著)인 경우 저자가 세 사람 이하이면 세 사람 이름을 다 쓰고, 그 이상일 때에는 최초의 저자명만 쓰고 나머지는 '~외(外) 몇 명'이라고 쓴다. 외국인의 경우도 마찬가지이며 and others (et al.) 라 붙인다.

3) 졸저(拙著), ……
4) 이익섭, 이상억, 채완 ……

5) 이부영 외 6 명, ……

6) John Q. Smith, et al, ……

그리고 편집(編輯)은 편(영문은 ed), 번역자(飜譯者)는 역(영문은 trans.)이라고 성명 다음에 적는다.

7) 김유정 학회 편, ……

8) 석영중 역, ……

9) 최민호. 이용환 . 이한기 공역, ……

10) Sigmund Freud, *An Outline of Psychoanalysis*, trans. James Strachey

ⓑ 서명 : 저자명 다음에 콤마(,)를 찍고 계속하여 서명(書名)을 적는다. 서명은 국내서(國內書)일 경우 『　』로 묶고 외국서(서양)일 경우 밑줄을 쳐 둔다. 밑줄을 쳐두는 의미는 인쇄시 이탤릭체로 하라는 뜻이다. 이때 서명의 중요한 단어는 모두 대문자(大文字)를 사용함을 유의해야 한다. 서명을 쓴 뒤 콤마(　,　)를 친다.

11) 김명인, 『시어의 풍경 : 한국현대시사론』, ……

12) Rene Wellek, *Theory of Literature*, ……

ⓒ 총서명(叢書名)과 일련 번호(一連番號) : 여러 권으로 된 총서(叢書)의 경우에는 서명 다음에 총서명을 적고 그 다음에 총서의 일련번호를 기재한다.

13) 김연옥, 『한국의 기후와 문화』, 한국문화연구원 한국문화총서 제9집, 이화여자대학교 출판부, 1985.

ⓓ 출판 사항 : 판수(版數), 출판지(出版地), 출판사명(出版社名), 출판연도(出版年度), 이 4가지를 출판 사항(出版事項)이라고 하며 ( )로 묶어서 기입한다. 발행 판수와는 성격이 다소 다르지만 영인본(影印本), 복사판(複寫版), 페이퍼백 등도 기입해두어야 한다. 초판(初版)이 아닌 경우 '개정판(改訂版), 증보판(增補版), 제4판, 3rd. ed, rev. ed., reprint ed.' 등을 기재한다. 판수 다음에는 세미콜론(;)을 찍고 출판지 다음에는 콜론(:)을 찍으며 출판사명 다음에는 콤마(,)를 찍는다. 그리고 출판연도는 아라비아 숫자로 기입한다.

14) 김영재, 『기독교 교회사』, (개정 3판 ; 수원 : 합동신학대학원출판부, 2008), ……
15) William G. Moulton, *A Linguistic Guide to Language Learning*, 2d. ed.

ⓔ 페이지 : 한 페이지만 인용했을 때 'p.'라 쓰고 한 페이지 이상일 때는 'pp.' 라 쓰고, 페이지 번호는 아라비아 숫자로 표시한 다음, 마침표(.)를 찍어 둔다. 그리고 'pp. 24ff' 라고 하면 24페이지 이하를, ' pp. 30~40 passim' 이라고 하면 30 페이지에서부터 40 페이지 사이의 여기저기에서 인용했을 뜻한다. 페이지 숫자 다음에 마침표를 찍어서 완전 주석을 끝맺는다.

16) 송민호, 『한국개화기소설의 사적 연구』, (서울 : 일지사, 1982), p.137.

ⓛ 논문일 경우
논문의 경우에는 필자명(筆者名), 논문 제목, 게재지명(揭載誌名), 또는 논문집명(論文集名), 권수(卷數) 및 호수(號數), 발행 연월일,

인용(引用). 참고한 페이지 숫자를 순서대로 빠짐없이 기입해야
한다.
　인용 논문의 필자(筆者)가 자신(自身)인 경우 '졸고(拙稿)'라고
한다.

　　　17) 졸고, 「이근영 농민소설의 변모 양상」, ……

　논문의 제목은 "　　"로 묶는다. 논문 제목이 끝날 때 콤마를 찍
되 따옴표 안에 들어가게 찍어야만 한다.

　　　18) Hoffman, Frederic, "*The Voices of Sherwood Anderson*,"

　인용된 논문이 실려 있는 잡지명(雜誌名) 또는 논문집명(論文集
名), 권수, 호수, 발행연월일, 페이지를 완전하게 기입한다.

　　　19) 노태돈, 「한국민족 형성과정에 대한 이론적 고찰」, 『한국고대사
　　　　논총』, 1, 1991, pp.9~39.

④ 약식 주석(略式註釋)
　약식 주석이란 앞에 한 차례 인용한 문헌을 두 번 이상 인용하거나
참조할 때마다 되풀이하여 소개하지 않고 좀 더 간편하게 주석을 붙이
는 방법을 말한다.
　㉠ Ibid.
　　라틴어 'ibidem(= in the same place)'의 약어(略語)로 '같은 자
　　리에'의 뜻이다. 바로 앞의 주석에서 완전 주석이 된 것을 다시
　　다음에서 인용하고 있는 경우 사용한다. 흔히 '상게서(上揭書)',
　　'상게논문(上揭論文)'이라고 쓰기도 한다. 우리말로 '위의 책, 위
　　의 글' 등으로 쓰기도 한다.

20) 최유찬, 『채만식의 항일문학』, (서울 : 서정시학, 2013), p.463.

21) 같은 책 , p. 490.(약식 주석, 페이지가 다를 경우)

ⓛ op. cit.

라틴어 'Opere citato(= from the quoted material/work)'의 약어(略語)로서 '인용된 작품에서'라는 뜻이다. 중간에 다른 주석(註釋)이 끼어들어서 Ibid.를 사용하기 곤란한 경우에 쓴다. 그러나 같은 저자의 글은 이미 두 가지 이상 앞에서 인용될 경우 사용할 수가 없다. 흔히 '앞의 책(前揭書)', '앞의 논문(前揭論文)'이라고 쓰기도 한다. 반드시 저자 이름을 함께 써야 하고 페이지도 함께 표시한다.

22) 한영우, 『미래를 여는 우리 근현대사』, (서울 : 경세원, 2016), p.121.

23) 한영우, 앞의 책, p.157.

ⓒ Loc. cit 혹은 loc. cit.

라틴어 'Loco citato(=in the place cited)'의 약어(略語)로 '인용된 자리에서' 라는 뜻이다. op. cit 와 동일하게 인용하고 있지만 인용 페이지는 동일한 경우에 loc. cit 를 사용하여 저자명(著者名)과 함께 쓰일 수도 있다. 어떤 경우에든 페이지가 붙지 않는다는 점을 주의해야 한다.

24) 이강수, 같은 글.

25) 이동환, 『실학시대의 사상과 문학』, (서울 : 지식산업사, 2006), p.194.

26) Loc. cit. .

⑤ 참고문헌 정리

참고문헌란(參考文獻欄)의 기능은 주석란(註釋欄)에서 기록된 사실이나 자료가 실려 있는 문헌 그 자체에 대한 상세한 정보를 알리는 데 있다. 참고문헌을 기재하는 방식은 A형과 B형이 있다.

ⓐ 단행본의 경우

A형 : 이관규, 『국어 교육을 위한 국어문법론』, 서울 : 집문당, 2005.

B형 : 이관규(2005), 『국어 교육을 위한 국어문법론』, 서울 : 집 문당.

ⓑ 논문의 경우

A형 : 김현구, 「4세기 가야와 백제 · 야마토왜의 관계」, 『한국 고대사논총』 6, 1994.

B형 : 김현구(1994), 「4세기 가야와 백제 · 야마토왜의 관계」, 『한국고대사논총』 6.

참고문헌의 배열순서(配列順序)는 다음과 같다.
ⓐ 국내 단행본(저자명의 가나다순)
ⓑ 외국 단행본(저자명의 ABC 순)
ⓒ 국내 논문
ⓓ 국외 논문
ⓔ 정부 문서
ⓕ 미출판물(학위 논문, 원고, 면접 사항)
ⓖ 기타

○ 저자명

저자명(著者名) 다음에는 주석과는 달리 콤마(,)가 아니라 마침표(.)를 찍는다. 서양 사람의 경우, 주석과는 달리 성(姓)을 먼저 적고 쉼표(,)를 찍은 다음 이름을 적는다.

> 27) 김영민. 『문학제도 및 민족어의 형성과 한국근대문학(1980
> ~1945)』. ······
> 28) W. Dantine. "*Creation and Redemption*" ······

○ 서명(논문명)

서명(논문명) 다음에도 주석과는 달리 쉼표(,) 대신에 마침표(.)를 찍는다.

> 29) 송하춘. 『발견으로서의 소설독법』. ······

○ 출판 사항

주석의 경우와 다른 점은 출판 사항을 괄호로 묶지 않는 다는 것과 출판 사항을 다 적은 다음에는 마침표(.)를 찍는다는 것이다.

> 30)김정현. 『수질오염개론』. 서울 : 고문사 : 1981.

○ 페이지

주석의 경우와는 달리 페이지를 기록하지 않는다.

4. 논술문 작성법

1) 논술문

(1) 논술의 사전적 의미

① 어떤 사물에 관하여 의견이나 사실을 논하여 서술함.
- 신기용·신용철 편, 『새 우리말 큰 사전』, 삼성출판사, 1987.
② 어떤 사물을 논하여 말하거나 적음.
- 한글학회 편, 『우리말 큰 사전』, 어문각, 1995.
③ 의견을 논하여 진술하는 것, 또는 그 서술.
- 운평어문연구소편, 『국어 대사전』, 금성출판사, 1995.

(2) 논술문의 정의

"논리적으로 서술한다.", "논증하여 결론을 내린다.", "논단한다." 등의 뜻을 가진 논술은 어떤 문제에 대해 자신의 의견이나 사실을 논하여 서술하는 글쓰기다. 논술문의 생명은 자신의 견해를 밝힌 의견과 그 의견을 뒷받침하는 논거의 논리적 구성에 달려 있다. 논거는 근거의 확실성과 방법의 타당성을 뒷받침하는 것이다. 논술문의 생명은 글쓴이 자신의 독자적인 의견을 쓰면서 그것에 대한 근거를 밝혀 독자들을 설득시키는 데 있다. 어떤 사항에 대해 이해할 수 있도록 논리적으로 설명하여 호소하는 글인 설명문이 객관적인 글쓰기라고 한다면 논술문은 좀 더 주관적인 글쓰기라고 할 수 있다. 논술문의 일종이라고 볼 수 있는 글에는 신문 사설, 칼럼, 시론, 시평 등이 있고, 학술적인 글인 논문도 논술문에 속한다. 논술문을 쓸 때 주의 할 점은 논술은 논쟁을 일삼는 글이 아니라는 것을 염두에 두고 글을 써야 한다는 것이다. 논술문을 쓸 때 웅변조나 투쟁조로 쓰면 안 된다. 논술문은 자신의 의견을 쓰는 것임에 틀림없으나 자신의 의견을 강하게 내세우기보다 자신의 의견을 이치에 맞게 풀어 밝히는 데 주안점을 두는 것이 중요하다.

반도체 가격이 하락하면서 5년간 이어졌던 반도체 초호황이 끝나갈 조짐이 뚜렷해지고 있다. 삼성전자 · SK하이닉스가 세계 시장의 70%를 장악한 D램 가격과 50% 점유율을 가진 낸드플래시 가격이 올 들어 18% 하락했다. 세계 반도체 시장의 성장세가 올 3분기 중 정점을 찍고 하락세로 돌아설 것이라는 전망이 나온다.

우리 주력 산업 중 반도체는 압도적 세계 1위를 유지하는 유일한 품목이다. 세계 시장을 석권했던 조선업이 몰락하고 자동차 · 철강 · 스마트폰 · IT 등이 한계에 부닥친 상황에서도 반도체는 1등을 고수하고 있다. 한국 경제가 그나마 2~3%대 성장을 할 수 있는 것도 반도체 덕분이다. 작년 한국 경제의 성장률 3.1% 중 0.4% 포인트 이상을 반도체 한 품목이 이뤄냈다. 반도체는 수출의 20%, 전체 기업 영업이익의 약 4분의 1, 설비 투자의 20%를 차지한다. 반도체 없는 한국 경제는 상상하기 어렵다.

그런데도 이 정부에는 반도체 산업을 지킬 전략도, 정책적 의지도 보이지 않는다. 중국은 정부 예산 수백조원을 투입하고 온갖 정책 지원을 퍼부어가며 '반도체 굴기(崛起)'에 혈안인데 우리 정부는 지원은 커녕 발목 잡는 일만 하고 있다. 고용부는 반도체 공장 정보를 공개하겠다며 덤벼들었고, 공정위·금융위는 삼성전자의 지배 구조를 흔들고 있다.

반도체 호황은 저물어 가는데 누구도 반도체 이후를 대비하지 않고 있다. '혁신 성장' '규제 혁신'은 말뿐이고 정부는 반(反)기업·반시장 정책을 쏟아내고 있다. 미래의 먹거리를 키우는 산업 전략과 경쟁력 강화 대책은 정부 어느 부처에서도 고민하는 곳이 없다. 여당 원내대표라는 사람은 삼성전사의 성공이 "협력업체를 쥐어짠 덕분"이라고 적폐로 몰아붙였다. 이런 나라에서 세계 1등을 유지한다는 것 자체가 기적 같은 일이다.

위의 예문은 「조선일보」 사설 「반도체 호황은 끝나가는데 '반도체 이후'를 준비하지 않는 나라」(2018. 7. 25.)이다. "반도체 호황은 저물어 가는데 누구도 반도체 이후를 대비하지 않고 있다."로 시작되는 네 번째 단락에 주장이 강하게 표출되어 있다.

2) 사고의 일반화와 객관화

(1) 사고의 일반화

사고는 언어로 이루어진 고도의 작용이라고 할 수 있다. 단편적인 지식을 많이 알고 있거나 경험을 많이 한 것과 사고는 다르다. '사고(思考)'의 사전적 의미는 '㉠ 무엇을 헤아리고 판단하고 궁리함. ㉡ 개념, 구성, 판단 등을 행하는 인간의 이성 작용. ㉢ 심상이나 지식을 사용하는 마음의 작용.'이다. 요컨대 사고는 사물의 차이와 연관, 대상을 분석 종합하여 헤아리고 판단하고 궁리할 수 있는 능력을 말하는 것이다. 그리고 '사고의 일반화'란 '개념, 구성, 판단 등 인간의 이성 작용을 일반적으로 되게 하는' 것이라고 볼 수 있다. 사고의 일반화 과정에 많이 쓰이는 방법에는 연역법, 귀납법, 변증법 등이 있다. 사고의 일반화 과정 보이기의 기본 문형은 다음과 같다.

일반적 진술→ 구체적 진술(논거→예시)

잘 쓴 논술문이란 사고의 일반화 과정을 객관적·논리적으로 쓴 글인 것이다.

(2) 사고의 객관화

'객관화(客觀化)'의 사전적 의미는 '㉠주관적인 것을 객관적인 것이 되도록 하는 일. ㉡경험을 조직하고 통일하여 보편타당성을 가진 지식을 만드는 일.'이다.

많은 정보를 가지고 글을 쓴다 하더라도 그 정보들을 잘 종합하고 객관화하여 글을 쓰지 않는다면, 그 정보를 빼버리는 것이 오히려 나은 것이 되고 만다. 논술문을 작성할 때 글쓴이의 주장이나 사고를 객관적으로 입증하는 것이 중요하다.

우리는 한 번 쳐다보고서 탁자 위에 놓여 있는 세 개의 유리컵을 지각한다. 그러나 푸네스는 포도나무에 달려 있는 모든 잎사귀들과 가지들과 포도알들의 수를 지각한다. 그는 1882년 4월 30일 새벽 남쪽 하늘에 떠 있던 구름들의 형태를 기억하고 있었다. 그는 기억 속에서 그 구름들과, 단 한 차례 본 스페인식 장정의 어떤 책에 있던 줄무늬들, 그리고 께브라초 무장 항쟁11)이 일어나기 전날 밤 네그로 강12)에서 노가 일으킨 물결들의 모양을 비교할 수 있었다. 그러한

---

11) 1886년 3월 26일부터 31일 사이에 우루과이에서 일어났던 무장투쟁. 군사정부의 재선출을 막기 위해 일어났으나 궤멸되었다.

글쓰기의 원리와 방법

기억들은 간단한 게 아니었다. 하나하나의 시각적 이미지는 근육, 체온 등에 얽힌 이미지들과 연계되어 있다. 그는 꿈과 비몽사몽간의 일들을 모두 복원시킬 수가 있었다. 그는 두어 차례 하루 전체를 되돌이켜 보곤 했었다. 그는 전혀 머뭇거리지 않았지만 그러한 복원작업만으로도 하루 전체가 소요되었다. 그는 내게 말했다.

"나 혼자서 가지고 있는 기억이 세계가 생긴 이래 모든 사람들이 가졌을 법한 기억보다 많을 거예요."

그리고 또한 말했다.

"나의 꿈은 마치 당신들이 깨어 있는 상태와 같아요."

그리고 새벽이 가까워질 무렵 또한 말했다.

"나의 기억력은 마치 쓰레기 하차장과도 같지요."

칠판에 그려놓은 원, 직각삼각형, 마름모와 같은 것들이 우리가 완벽하게, 그리고 즉각적으로 인지할 수 있는 그런 형상들이다. 이레네오에게는 말의 곤두선 갈기들, 언덕 위의 가축 떼들, 다른 모양으로 바뀌는 불길, 그리고 그것의 셀 수 없이 많은 재들, 긴 임종의 밤 동안 수없이 바뀌는 망자의 얼굴들을 가지고 그러한 일이 일어났다. 나는 그가 하늘에서 한꺼번에 얼마나 많은 수의 별들을 보았는지 상상하기조차 힘들다.

이러한 것들을 그가 말했다.

그때뿐만 아니라 그 이후에도 나는 그것들에 대해 전혀 의구심을 품지 않았다. 그 당시에는 영사기나 축음기가 없었다. 그럼에도 불구하고 아무도 푸네스를 실험해 보려고 하지 않았다는 게 이상하고, 심지어 믿어지지 않기까지 한다. 확실한 것은, 우리는 미룰 수 있는 것은 모두 미루면서 살고 있다는 사실이다. 우리 모두는 은밀하게 우리가 영생불멸하고, 곧 모든 인간이 모든 일을 하게 되고, 모든 것을

---

12) 남아메리카 주 우루과이에 있는 강 이름.

알게 될 거라는 것을 깨닫고 있는지도 모른다.

어둠 속에서 푸네스의 목소리는 계속 말을 하고 있었다.

그는 1886년에 이르러 자신이 독창적인 숫자 체계를 고안해냈고, 며칠 되지 않아 셈의 부호들은 2만 4천 개를 넘어서게 되었다고 말했다. 그는 일단 한 번 생각을 하면 절대 잊지 않기 때문에 그것을 적어놓지 않았다. 그로 하여금 제일 먼저 그러한 숫자 체계에 대해 생각하도록 자극한 것은 33인의 우루과이 독립투사들[13]을 지칭할 때 단 하나의 단어와 단 하나의 숫자 체계 대신, 두 개의 숫자 체계와 세 개의 단어가 요구된다는 불만에서 비롯되었다. 그런 다음 그는 그 황당무계한 원리를 다른 숫자들에도 적용했다. 그는 7, 013 대신 (예를 들어) 막시모 뻬레스라고 했다. 7, 014 대신에는 '철도'라고 했다. 다른 숫자들의 이름을 들어보자면 '루이스 멜리안', '리마르', '유황', '고삐들', '고래', '가스', '주전자', '나폴레옹', '아구스띤데 베디아'가 있다. 그는 500 대신 9라고 말했다. 각 단어는 하나의 특별한 기호를 가지고 있다. 일종의 부호 같은 것, 마지막 것들은 보다 복잡했다…… 나는 이 뒤죽박죽인 용어들의 광시곡이 정확하게 수 체계와 상반된다는 점을 말하려고 했다. 나는 그에게 365란 숫자는 숫자로서의 '네그로 디모떼오', 또는 '육포' 등에서는 발견되지 않는 분석적 성격이 들어 있다고 말했다. 푸네스는 내 말을 이해하지 못했거나 이해하기를 거부하는 것 같았다.

17세기에 로크는 각 사물, 각 돌, 각 새, 각 나뭇가지가 고유한 이름을 가질 수 있는 하나의 불가능한 언어를 가정했다(거부했다). 푸네스는 한때 그와 비슷한 유의 언어를 계획했다. 그러나 그는 그 작업이 지나치게 막연하고, 지나치게 애매모호했기 때문에 그것을 포기했다. 사실, 푸네스는 모든 숲의 모든 나무들의 모든 나뭇잎들뿐만

---

13) 우루과이의 독립 영웅들을 가리키는 말이다. 1825년 브라질에 예속되어 있던 일단의 우루과이 부대가 리바예하의 지도 아래 독립을 쟁취하기로 결의하고, 브라질 군대를 격퇴시켜 독립을 쟁취했다.

아니라 그가 그것들을 지각했거나 그것들을 다시 생각했던 모든 순간들까지도 기억하고 있었다. 그는 과거 날들의 하나하나를 7천 개의 기억들로 축약시키기로 마음을 먹었다. 그런 다음 그는 기호들을 가지고 그 기억들을 정의해 보려고 했다. 두 가지 이유가 그로 하여금 그것을 포기하도록 설복했다. 그 작업은 끝이 없을 거라는 생각, 그리고 해보았자 쓸모가 없을 거라는 생각. 그는 죽을 때까지 한다 해도 심지어 이런 시절의 모든 기억들을 분류하는 일조차 끝을 낼 수 없으리라는 생각이 들었던 것이다.

내가 언급했던 두 가지 계획(자연수들에 대한 끝없는 용어 창출, 모든 기억의 영상들을 분류해 놓은 쓸모없는 정신적 목록)은 황당무계한 것이기는 하지만 일면 아리송한 위대성을 드러내 보이기도 한다. 그것들은 우리에게 푸네스의 현란한 세계를 조명하거나 추측해 볼 수 있도록 만들어준다. 우리들은 푸네스가 일반적인, 그러니까 플라톤적인 생각들을 할 수 없었다는 사실을 잊지 말아야 한다. 그는 '개'라는 종목별 기호가 다양한 크기와 형상들을 가진 상이한 수많은 하나하나의 개들을 포괄한다는 사실을 이해하기가 힘들었다. 또한 그는 (측면에서 보았을 때) 14의 3에 있는 개와 (정면에서 보았을 때) 4의 3에 있는 개가 왜 똑같은 이름을 가져야 하는지 골머리를 앓았다. 그는 거울에 비쳐볼 때마다 다르게 보이는 자신의 얼굴과 손들 때문에 화들짝 놀라곤 했다. 스위프트에 따르면 릴리풋의 황제는 미세한 손의 움직임을 분간할 수 있다고 한다. 푸네스는 쉴 새 없이 상처의 화농과 이빨이 썩는 것 그리고 피로의 고요한 진행 과정을 분별했다. 그는 죽음이 진척되거나, 습기가 차오르는 하나하나의 과정을 보았다. 그는 다형적이고 순간적이고 그리고 거의 견딜 수 없을 정도로 정밀한 세계에 대한 고독하고 명증한 관찰자였다. 바빌로니아, 런던, 그리고 뉴욕은 자신들이 가진 잔혹한 현란함을 가지고 인류의 상상력을 압도해 왔다. 사람들이 득실거리는 그곳들의 건물이나, 사람들이 바삐 지나가는 큰길에서는 아무도 남아메리카의 황량한 한 변두리에서 밤낮을 가리지 않고 불행한 이레네오 위로 수렴되는 것과 같은 전혀 지칠 줄 모르는 어떤 현실의 열기나 압박감을 느끼지 않았다. 그는 잠을 자기가 힘들었다. 잠을 잔다는 것은 세상으로부터 마음을 거두어들여 버리는 것과 같다. 간이침대에 등을 누인 채 어둠 속에서 푸네스는 자신을 둘러싸고 있는 정밀하기 그지없는 집들의 틈새와 골격 하나하나를 새겨보고 있었다. (반복해서 말하거니와 그의 기억들 중 가장 사소한 것조차 육체적 즐거움이나 육체적인 고통에 대한 우리들의 지각보다 훨씬 정밀하고, 훨씬 생생하다는 것이다.) 마을의 동쪽, 아직 구획 정리가 되어 있지 않는 지역에 푸네스가 보지 못한 몇 채의 새로운 집들이 있었다. 푸네스는 그것들을 똑같이 어둠으로 만들어진 검고, 아담한 집들로 상상했다. 왜냐하면 그는 그쪽으로 얼굴을 돌려놓고 잠을 자곤 했기 때문이었다. 또한 그는 자신이 늘 물살에 흔들리고 휩쓸려가는 강바닥에 있는 상상을 하곤 했다.

그는 전혀 힘들이지 않고 영어, 프랑스어, 포르투갈어, 라틴어를 습득했다. 그렇지만 나는 그가 사고를 할 수 있을 것인가 하는 의심이 들곤 했다. 사고를 한다는 것은 차이점을 잊는 것이며, 또한 일반화를 시키고 개념화를 시키는 것이다. 푸네스의 풍요로운 세계에는 단지 거의 즉각적으로 인지되는 세부적인 것들밖에 없었다.

새벽의 주도면밀한 빛이 지상의 정원에 찾아들었다.

그때서야 나는 밤새 내게 말을 했던 목소리의 얼굴을 볼 수 있었다. 이레네오는 열아홉 살이었다. 그는 1868년에 태어났다. 그는 마치 청동상처럼 기념비적이고, 이집트보다 더 오래되고, 예언과 피라미드들보다 앞서 있는 것처럼 보였다. 나는 내가 했던 한 마디 한 마디가 (내가 했던 몸짓 하나하나가) 그의 완고한 기억 속에 영원히 남아 있으리라는 생각을 했다. 나는 괜스레 쓸데없는 몸짓들을 증식시키고 있는 것은 아닌가 하는 두려움에 까마득한 현기증을 느꼈다.

이레네오 푸네스는 1889년 폐울혈로 죽었다.

　　　　　　　- 보르헤스, 황병하 옮김, 「기억의 천재 푸네스」

위의 예문은 아르헨티나의 작가 호르헤 루이스 보르헤스(Jorge Luis Bo rges·1899~1986)의 난편소실 「기억의 천재 푸네스」의 일부이다. 이 소설의 주인공 푸네스는 뛰어난 기억력으로 모든 것을 기억하여 주변의 사물들을 모두 기호화 한다. 그러나 그가 기호화 한 것은 다른 사람과의 소통을 도와주거나 세상에 대한 통합적 이해를 이끌어 내주지 못한다. 그의 기억 방식은 컴퓨터의 기억 방식과 유사하다고 볼 수 있다. 단지 감각적으로 인지한 것을 뇌 속에 저장하고 있는 것에 불과하기 때문이다. 이것은 사고라고 할 수 없는 것이다.

이 소설의 결말 부분에서 작가는 푸네스를 이렇게 묘사했다.

그는 '개'라는 종목별 기호가 다양한 크기와 형상들을 가진 상이한 수많은 하나하나의 개들을 포괄한다는 사실을 이해하기가 힘들었다. 또한 그는 (측면에서 보았을 때) 14의 3에 있는 개와 (정면에서 보았을 때) 4의 3에 있는 개가 왜 똑같은 이름을 가져야 하는지 골머리를 앓았다. 그는 거울에 비쳐볼 때마다 다르게 보이는 자신의 얼굴과 손들 때문에 화들짝 놀라곤 했다.

푸네스는 많은 것을 기억하고 기호화 했지만 사고하는 능력을 가지고 있지는 못하다는 것을 적나라하게 보여주는 장면이다. 원뿔을 어떠한 각도에서 바라보느냐에 따라 원뿔의 모습이 달리한다는 것을 떠오르게 한다. ㉠지점에서 바라보면 원뿔은 이등변삼각형으로 지각되며, ㉡지점에서 바라보면 원뿔은 원으로 지각되고, ㉢지점에서 바라보면 원뿔은 점이 있는 원으로 지각된다. 보는 사람의 시각에 따라 원뿔의 모양이 달라진다는 사실에서 주관적 시각의 위험성을 살펴볼 수 있는 것이다. 원뿔의 모습을 제대로 인식하기 위해서는 ㉠지점, ㉡지점, ㉢지점 모두에서 바라본 후, 이를 통합해 객관화하여야 한다.

오늘날의 지식정보화 사회에서는 쏟아지는 정보를 푸네스처럼 뇌 속에 모아둘 것만이 것이 아니라 그것을 통합해 객관화 하는 사고 능력을 길러야 한다.

3) 논술문의 각 부분 쓰기

논술문을 설명하는 데 반드시 나오는 '논리', '논증', '논단'이라는 말은 "사리의 옳고 그름을 근거를 밝혀 논의 · 단정한다."는 의미를 갖고 있다. 논술문은 논제가 있는 글이다. 먼저 제시문을 분석하고 논제에서 요구하는 것이 무엇인지 파악하고 글쓰기를 시도해야 한다.

(1) 개요 짜기

개요 짜기란 논술문의 뼈대를 세우는 일이다. 건축에서 설계도와 같은 것이라고 보면 된다.

개요를 짜지 않고 논술문을 쓰는 것은 골조 공사를 하지 않고 집을 건축하는 것과 마찬가지다. 개요를 짤 때에는 글 전체의 구조와 핵심 내용을 한 눈에 알아볼 수 있도록 해야 한다.

① 서론(처음 부분)
　　시작하는 말(논제와 관련한 문제 제기, 주의환기) + 뒷받침하는 내용

② 본론(가운데 부분)

　본론 1(가운데 부분1)

　주장을 뒷받침하는 근거 1 + 구체적으로 뒷받침하는 내용.

　본론 2(가운데 부분 2)

　주장을 뒷받침하는 근거 2 + 구체적으로 뒷받침하는 내용

③ 결론(끝 부분)

　주장하는 말

　마무리하는 내용

(2) 개요 짜기의 방법

① 개요 짜기는 논술문을 쓰는데 실질적인 도움이 되도록 짜야 한다.

② 개요는 어휘의 나열이 아닌, 완전한 단문 형식으로 간결하게 짠다. 그리고 나서 단문에다 살을 붙여 나간다.

③ 개요는 충분한 생각을 한 뒤 짜고 논술문을 쓰는 중간에 바꾸는 일이 없도록 한다.

　부득이 개요를 수정해야 할 경우에는 글 전체의 흐름을 다시 잡도록 한다.

④ 논제와 무관하게 서론 ― 본론 ― 결론의 형식을 갖추느라 시간을 허비해서는 안 된다. 개요 짜기를 할 때 형식에 얽매일 필요는 없다.

(3) 서론 쓰기

① 서론 쓰기의 방법

　논술문은 읽는이의 관심을 이끌어내도록 써야 한다. 첫글자, 첫행, 첫 문장이 논설문의 성공과 실패를 좌우한다. 논술의 서론은 글의 처음

부분으로서, 앞으로 전개될 내용을 암시해 주고, 읽는이의 관심을 끌며, 그 글에 대한 흥미를 갖도록 해야 한다. 서론에서는 문제를 제기하고 서론 부분에서 다루어야 할 내용은 주의환기와 과제제시로 나눌 수 있다.

서론의 길이는 글 전체의 5분의1 내외가 적당하며 본론의 단락으로 넘어갈 때, "…… 살펴보자." 같은 상투적인 표현은 쓰지 않도록 주의해야 한다.

독자의 관심을 끄는 서론을 쓰는 방법으로는 다음과 같은 것들이 있다.

ㄱ 글쓴이가 살아오면서 겪은 일 가운데 인상적인 일화를 소개하면서 시작하기

ㄴ 통계나 수치를 제시하면서 관심을 이끌어내는 방법

ㄷ 자기주장을 내세우면서 시작하는 방법

ㄹ 전체에 대한 일반적인 진술을 통해 내용에 대한 관심을 이끌어내는 방법

ㅁ 주제의 성격 분석으로 시작하기

ㅂ 용어를 정의하거나 풀이하면서 시작하기

ㅅ 시사적인 사건이나 현상을 언급하면서 글의 주제에 대한 관심을 이끌어내는 방법

ㅇ 질문을 던져서 관심을 이끌어내는 방법

ㅈ 대상의 부분을 통해 전체를 소개하는 방법

ㅊ 명언이나 명구, 격언, 속담을 인용하며 시작하는 방법

② 서론 쓰기에서 자주 나타나는 실수

ㄱ 제시문의 내용을 요약하거나 그대로 반복하는 경우

창의적인 내용을 제시문에서 발견하도록 해야 하며, 제시문의 내용을 그대로 반복하면 주어진 논제에 해당하는 내용을 쓸 공간이 부족하게 된다는 사실을 유념해야 한다.

ⓛ 불필요한 서두를 습관적으로 쓰는 경우

"본인은 이러이러한 주제에 대해 논해보겠다."식의 불필요한 서두를 쓰지 않도록 한다.
ⓒ 주제와 반대쪽으로 논술문을 유도하는 경우

시두에서 주어진 주제와 반대 방향으로 글을 시작하는 경우가 있는데, 이것은 논술을 포기하는 것과 같다.

내년도 최저임금이 올해보다 10.9% 오른 시급 8350원으로 14일 결정됐다. 외관상으론 두 해 연속 두 자릿수 인상이 됐지만, 노동계는 노동계대로 소상공인 등 사용자는 사용자대로 반발이 크다. 16.4%가 올랐던 지난해보다 갈등은 더 첨예화됐다. 정부와 국회는 영세상공인에 대한 직접 지원책뿐 아니라 이런 갈등을 증폭시키는 구조 해결에 사활을 걸어야 한다.

위의 예문은 「한겨레신문」의 사설 「'최저임금 8350원' 갈등 해결, 정부 · 국회 사활 걸어라」(2018. 7. 15.)의 서론 부분이다. "내년도 최저임금이 올해보다 10.9% 오른 시급 8350원으로 14일 결정됐다."라고 첫줄에 썼다. 시사적인 사건이나 현상을 언급하면서 글의 주제에 대한 관심을 이끌어내는 방법을 사용하고 있다.

(4) 본론 쓰기

① 논단(論斷)의 단정을 문장화 하여 자신의 견해를 명쾌하게 제시한다.
② 설명과 논증을 전개할 때 사고와 깊이의 폭을 충분히 드러낸다. 연역법과 귀납법을 사용하여 명제를 합리화 한다.
③ 적절한 진술 방식을 택하여 자신의 주장을 뒷받침한다. "······이니까(이므로) ······하다."는 인과법을 사용하거나, "A가 B인 것처럼 갑은

을이다."라는 식의 비유법을 사용하거나, 물적 증거에 의한 인과를 표시하는 기호법을 사용하여 증거를 논리적으로 서술한다.

④ 본론에서는 주장이나 자신의 견해를 본격적으로 펼치면서 자신의 견해가 정당하다는 것을 입증할 논거를 제시하되, 논점에서 벗어나지 않도록 한다.

　내년 시급 8350원을 월로 환산하면 주휴수당을 포함해 174만 5150원(월 209시간 기준)이다. 공익위원 안은 '중위임금'이 아니라 '평균임금'을 기준 삼는 등 진전된 노력이 엿보이지만, 최저임금 산입범위 개편 파장과 고용 충격 논란 사이에서 '줄타기'를 한 것이라는 평가를 면하기 어렵다. 우선 10.9% 인상효과가 온전히 해당 노동자들에게 돌아가는 것은 아니다. 국회의 산입범위 개편에 따라 월 상여금과 복리후생비가 단계적으로 내년부터 최저임금에 포함되기 때문이다. 민주노총은 이날 결정이 '2020년 최저임금 1만원' 공약에서 멀어진 것은 물론, 산입범위 확대로 실질 인상률은 한 자릿수에 그치는 '최악의 인상률'이라고 반발했다. 반면 상여금이나 복리후생비와 별 관계없는 소상공인들은 10.9% 인상의 충격파를 온몸으로 받을 수밖에 없다. 2000년과 2001년에 잇달아 최저임금이 16.6%와 12.6%씩 인상된 적 있지만, 최저임금 절대금액이나 시장에 미치는 영향이 훨씬 적었던 당시와 지금을 비교하는 건 무리다. 소상공인연합회 등은 편의점의 월 1회 공동휴업이나 최저임금 불복종을 계획하지만, 업주들은 '휴업할 여지도 없다'고 호소하는 게 진짜 현실이다.

　기획재정부가 이번 주 내놓을 최저임금 후속대책으로는 지난해 도입한 일자리안정자금과 함께 노동자뿐 아니라 자영업자 저소득 가구에도 혜택을 줄 수 있는 근로장려세제(EITC)를 확대하는 방안이 유력시된다. 하지만 이것만으로 근본적 대책이 될 수 없음은 정부 또한 잘 알 것이다.

위의 예문은 「'최저임금 8350원' 갈등 해결, 정부 · 국회 사활 걸어라」의 본론 부분이다. 기(起) - 승(承) - 전(轉) - 결(結)의 4단 구성으로 짜인 사설에서 '승(承) - 전(轉)'에 해당한다. "최저임금 산입범위 개편 파장과 고용 충격 논란 사이에서 '줄타기'를 한 것이라는 평가를 면하기 어렵다."고 비판하면서 기획재정부가 내놓을 근로장려세제(EITC)를 확대하는 방안도 근본적 대책이 될 수 없다고 비판하고 있다.

(5) 결론 쓰기

① 결론은 간결하고 명확할수록 좋다. 본론에서 전개한 논지(論旨)를 요약 · 정리해서 언급하고 미흡한 사항을 보충하고, 앞으로 남은 문제를 제시하거나 약속하면서 끝낸다.
② 결론에서는 서론, 본론에서 전개한 내용을 중심으로 주제만을 압축하여 제시한다.
③ 주의할 점은 분량이 부족하다 해서 결론 부분에서 새로운 이야기를 쓰지 않는다.

　　정부는 좀 더 명확한 메시지를 내야 한다. 저임금 노동자 500만 명의 생계에 직접 영향을 주는 최저임금 제도가 소득 양극화 개선에 가장 효과적인 정책수단이라고 본다면, 지금처럼 공익위원들에게 떠맡기는 게 아니라 큰 폭 인상을 감당할 수 있는 제도적 · 구조적 대책을 함께 내놔야 한다. 금융위원회는 카드수수료 개선 티에프를 구성중인데, 자영업자들이 체감할 방안이 시급히 나와야 한다. 그럼에도 2020년 1만 원 공약 달성에 시간이 걸린다고 판단된다면, 로드맵을 제시하며 솔직하게 노동계의 이해를 구하는 방안이 차라리 낫다. 국회는 '서민을 위한 정치'를 매번 말로만 할 것이 아니라, 상가건물임대차보호법 개정 등 계류 중인 민생법안 처리에 최우선순위를 둬야 한다. '을'들의 싸움 속에 이익을 얻는 건 '갑'뿐이다. 이 구조를 바꿀 책임이 정부와 국회에 있다.

위의 예문은 「'최저임금 8350원' 갈등 해결, 정부·국회 사활 걸어라」의 결론 부분이다. 기(起) – 승(承) – 전(轉) – 결(結)의 4단 구성으로 짜인 사설에서 「한겨레신문」은 "저임금 노동자 500만 명의 생계에 직접 영향을 주는 최저임금 제도가 소득 양극화 개선에 가장 효과적인 정책수단이다."라고 보고 있다. 4단락인 '결(結)'에서 「한겨레신문」은 "'을'들의 싸움 속에 이익을 얻는 건 '갑'뿐이다"라고 말하면서, "이 구조를 바꿀 책임이 정부와 국회에 있다."고 주장한다.

(6) 3단 구성으로 논술문 쓰기

논술문 구성의 가장 기본적인 형식으로 논문이나 논술문에 적합한 방식이다. 이 3단 구성은 주제를 명료하게 전달하기 위한 가장 좋은 방법이며, 문장 전체를 긴밀하게 통제할 수 있다. 그러나 논술이 단조로워질 가능성이 있다는 사실을 항상 염두에 두고 글을 써야 한다.

서론[도입부(導入部)] – 본론[전개부(展開部)] – 결론[정리부(整理部)]

엘리엇은 "전통은 그저 상속되는 것이 아니다. 전통을 갖기 원하거든 굉장한 노력을 기울여야 한다."고 덧붙였다.
전통을 살아 있는 힘으로 삼기 위하여서는 그냥 묵수하든가 답습해서는 안 되고 현재의 내가 열심히 연구하고 추구해야 한다는 것이다. 한국의 시조는 현대인이 단지 3장, 45자의 형식적 요건을 만족시키기만 하면 만들 수 있는 것이 아니다. 그래서 현대 시조 작가들이 좋은 의미의 전통적 시조를 만들고자 굉장한 노력을 하고 있다. 그런데

"이밤사 귀또리도 울어새는 삼경인데"와 같은 전통적 시조 가락이 오히려 조지훈의 시조 아닌 현대시에 극히 인상적으로 나타나는 것을 보면 시조의 전통은 현대시의 아주 중요한 요소로 무의식중에 확산되어 있지 않은가 하는 느낌이 든다. 이처럼 문학의 전통은 과거의 유산을 깊이 받아들인 현대 작가에서 뜻하지 않은 형태를 취하여 나타날 경우가 많고, 오히려 그런 경우가 전통을 창조적으로 수용한 것이라고 보는 것이 옳을지 모른다. 현대 시인 중에 엘리엇은 전통을 가장 강조한 사람이었지만, 그의 전통 의식이 「황무지」 같은 기발한 작품으로 나타날 줄은 아무도 예기치 못했던 것이다. 그의 문학은 아마도 서양 전통의 큰 나무에 새로 돋아난 중뿔난 가지인 듯하다.

 과거가 물려준 문학적 · 문화적 유산에 대한 철저한 이해와 존경이 반드시 과거의 그것을 그대로 닮은 작품을 낳게 하지는 않는다. 오히려 예기치 못한 결과를 까닭으로 해서 그 전통은 더욱 다양하게 번성한다.   – 이상섭, 「전통」

 첫 번째 단락은 도입부, 두 번째 단락은 전개부, 세 번째 단락은 정리부에 해당한다. 도입부에서 전통은 그저 상속되는 것이 아니라, 전통을 갖기 원하거든 굉장한 노력을 기울여야 한다는 것이 논지의 골자 즉, 소주제문이다. 전개부에서 소주제를 구체적으로 논의하고 있다. 그리고 정리부에서 소주제문에 대해 다시 언급하면서 전개부를 간결하게 요약하고 있다.

(7) 4단 구성으로 논술문 쓰기

 4단 구성은 3단 구성의 본론(전개 부분)이 '본론 1'과 '본론 2'로 2분화된다. 논술문에서 '그러나', '그렇다고 하지만', '한편으로'는 등의 말로 시작되는 부분이 '본론 2', 즉 '전(轉)', 또는 '발전(發展)' 부분이라고 말할 수 있다. 변화와 더불어 의미가 고조되는 부분이다.

서론 ― 본론 1 ― 본론 2 ― 결론

기(起) ― 승(承) ― 전(轉) ― 결(結)

도입(導入) ― 전개(展開) ― 발전(發展) ― 정리(整理)

ⓐ 진보라는 개념은 초자연주의적(超自然主義的) · 금욕주의적(禁慾主義的) 인생관보다는 오히려 자연주의적 생활 방법을 의미하는 것이 근대적 해석이다. 천국이나 극락으로 들어가기 위하여 현세(現世)에서 도피하려는 소원보다도, 현세를 선(善)한 것으로 용인하는 것을 의미하는 개념은 자연에 대한 인간의 지배력을 통하여 대규모의 영속적(永續的) 개선이 가능하다는 신념이다. 이러한 신념은 도덕적으로도 옳고 선함을 긍정하는 것이 된다. 이와 같이 인간은 무한히 개선할 수 있는 능력을 가지고 있다는 전제는 그 전제가 잠재적으로 지니고 있는 강한 정신력에 의하여 생활의 질적 향상을 도모할 수 있게 한다.

ⓑ 이 진보의 신념은 각종 유신론(有神論)과도 모순되지 않는다. 세계는 신이 창조한 것이며 신이 지배하는 것이라는 신념과도 모순되지 않는다. 이런 사고(思考)는 동양적 세계관과도 거리가 멀지 않다. 진보의 신념과 정반대의 길을 가는 것은 다름 아닌 인간의 독자적인 힘으로 생활을 개선하는 것을 금하고, 인간의 가치와 능력을 철저하게 축소하고, 신의 은혜 없이는 아무것도 할 수 없다고 하는 초세속적(超世俗的) · 절대주의적 · 현실도피적 종교뿐이다. 진보에 대한 신념은 자연주의적 제(諸) 경향(傾向)과 더불어 성장해 온 것이며, 그것은 신의 원조보다도 자아 발견과 자아 계발(啓發)에 의한 능동적인 인본주의(人本主義)에 입각한 적극적인 가치 표준에서 확고하여진다.

ⓒ 그러나, 이러한 능동적인 가설이 '진보라는 환상'을 내거는 비관론(悲觀論)과 마주치게 되는 것도 20세기의 피치 못할 현상이기도 하다. 진보관념을 허위라고 하는 이러한 경향은 막연한 독단(獨斷)에서

출발한다. 어떤 문화의 절정까지는 진보는 확실히 과거의 사실이었으나, 미래에 있어서는 반드시 그렇지도 않을는지 모른다. 과학 분야에 있어서는 진보가 있을지 모르지만 예술에는 없을지도 모른다. 여기에 예술과 문명의 진보에 있어서의 거리가 생기게 된다. 오늘날 문명을 과학의 선물이라고 한다면 이러한 현대과학의 발달이 어느 정도 문화적 진보를 가져올 수 있는가 하는 의문이 안 생길 수 없다. 왜 그러냐 하면 오늘의 과학은 가공할 정도로 가속적으로 진보하고 있기 때문이다. 인류가 멸망할지도 모른다는 불길한 예측을 하게 만드는 과학의 발달은 도덕적으로 회의를 초래하게 되는 것이며 문화를 형성하는 예술 각 분야의 중요한 문제가 되지 않을 수 없다.

ⓓ 인간의 생활을 편의하고 안락하게 만드는 현대 문명 속에서 인간이 과연 진보했다고 생각한다면, 이는 어디까지나 물질적인 면에 있어서의 진보를 말함이다. 물질세계의 진보가 클수록 말살되어 가는 인간성의 세계를 옹호하고 보다 미화하기 위하여 노력하는 예술은 그것이 비록 현대 문명을 가혹하게 비판하는 순간에 있어서도 부단히 진보하고 있다는 것을 우리는 잊어서는 안 된다. 진보란 과학에 있어서의 발달만을 말하는 것이 아니라, 예술에 있어서는 인간 최대의 인류 최상의 것, 즉 인간정신의 고양을 위하여 꾸준히 노력함을 말한다. 그런 의미에서 문명과 예술은 그 진보하는 원칙에 있어서는 같다고 하겠다.   - 오화섭, 「예술과 문명」

오화섭의 「예술과 문명」은 기 - 승 - 전 - 결(起承轉結)의 4단 구성으로 짜인 논설문이다. 제1 단락은 도입단락(기)으로 진보의 개념에 대해, 제2단락은 전개단락(승)으로 진보 개념의 발전에 대해, 제3 단락은 전환단락(전)으로 과학 문명의 진보에 대한 문화적 회의에 대해, 제4 단락은 결론단락(결)으로 예술 문명의 진보에 대해 각각 진술하고 있다.

제V장 글쓰기와 한글 맞춤법

1. 한글 맞춤법의 원리

1) 국어 정서법과 한글 맞춤법 통일안

'국어 정서법'이란 일정한 문자로, 국어를 규범에 맞추어 쓰는 법을 말하는 것이다. 「한글 맞춤법 통일안」은 1933년에 조선어학회가 제정하여 공포했다. 1940년과 1946년에 내용의 일부를 수정하여 시행해 오다가, 1988년 당시 문교부(현 교육과학부) 주관으로 수정을 하여 오늘에 이르게 되었다. 「한글 맞춤법 통일안」이 제정 · 공포된 지 50여 년이 지나는 동안에 일어난 변화와 그것을 사용하면서 제기되었던 문제점들을 수용하여 약간의 수정을 하여 교육부에서 심의. 제정하여 1989년 3월1일부터 쓰고 있다.

2) 한글 맞춤법 총칙

「한글 맞춤법」은 제1 장 총칙, 제2 장 자모, 제3 장 소리에 관한 것, 제4 장 형태에 관한 것, 제5 장 띄어쓰기, 제6 장 그 밖의 것 등 6개 장과 부록으로 이루어져 있다. 먼저 한글 맞춤법 통일안 전체의 강령이라 볼 수 있는 '총칙'을 요약하면 다음과 같다.

① 한글 맞춤법은 표준말을 그 소리대로 적되, 어법에 맞도록 함으로써 원칙을 삼는다.

② 교양 있는 사람들이 두루 쓰는 현대 서울말로 정함을 원칙으로 한다.

③ 문장의 각 단어는 띄어 쓰되, 토는 그 윗말에 붙이어 쓴다.

2. 한글 맞춤법 각론

 총칙 다음에 이어지는 각론은 총칙의 원칙에 입각하여 세부적인 조항을 제시하고 있다.

1) 소리에 관한 것

(1) 된소리 적기

 한 단어 안에서 뚜렷한 까닭 없이 나는 된소리는 다음 음절의 첫소리를 된소리로 적는다.
 ① 두 모음 사이에서 나는 된소리

   소쩍새, 꾀꼬리, 어깨, 오빠, 으뜸, 아끼다, 기쁘다, 깨끗하다, 어떠하 다, 해쓱하다, 가끔, 거꾸로, 부썩, 어찌, 이따금

 ② 'ㄴ, ㄹ, ㅁ, ㅇ' 받침 뒤에서 나는 된소리

   산뜻하다, 잔뜩, 살짝, 훨씬, 담뿍, 움찔, 몽땅, 엉뚱하다

   다만, 'ㄱ, ㅂ' 받침 뒤에서 나는 된소리는, 같은 음절이나 비슷한 음

절이 겹쳐 나는 경우가 아니면 된소리로 적지 아니한다.

국수, 깍두기, 딱지, 색시, 싹둑(~싹둑), 법석, 갑자기, 몹시

(2) 된소리 표기의 반영에 대한 규정

된소리는 되게 발음되는 자음(子音, consonent)을 말하는데, 곧 'ㄲ', 'ㄸ', 'ㅃ', 'ㅆ', 'ㅄ' 따위의 소리다. 제5 항은 된소리를 표기에 반영하는 경우, 표기에 반영하는 경우와 반영하지 않는 경우를 구분하여 규정하고 있다.

① 한 단어 안이라고 하였으니, 이 경우의 단어는 적어도 두 개 또는 그 이상의 음절을 가져야 한다. '고기[肉]'를 '곡이', '사내[男]'을 '산애'라고 적지 않는다.

② 한 개의 단어 속에 포함된 두 개 혹은 그 이상의 음절이, 각각 또는 두 덩어리 이상의 독립된 의미를 가지고 있을 경우에는, 즉 복합어의 경우에는 그 중간에 끼여 있는 자음을 아래 음절의 첫소리로 적을 수 없다. '속옷[內衣]'을 '소곳', '손아귀[拳內]'를 '소나귀', '물오리[水鴨]'를 '무로리', '집안[家內]'를 '지반'으로 적을 수 없다.

그리고 단어 안에서 된소리가 나는 경우에는 똑같이 원형을 밝혀 적어야 한다. '목구멍[咽喉]'을 '모꾸멍', '입버릇[口癖]'을, '이뻐릇', '옷상자[衣櫃]'를 '오쌍자'로 적을 수 없다. 또한 '먹게'는 '머께', '먹고'는 '머꼬', '믿다'는 '미따', '믿더니'는 '믿더니'로 적지 않는다.

음절(音節, syllable)은 모음(母音, vowel)과 자음이 결합되어 이루어진 한 개의 소리를 음절(syllable)이라 한다. '노력하는'이라는 말은 '노' '력' '하' '는'이라는 4개의 음절로 이루어져 있다.

2) 형태에 관한 것

(1) 체언과 조사의 구별

체언과 조사는 구별하여 적는다.

떡이	떡을	떡에	떡도	떡만
손이	손을	손에	손도	손만
팔이	팔을	팔에	팔도	팔만

체언과 조사를 함께 쓸 때에 체언과 조사 사이의 경계를 분명하게 구별하여 적도록 한 것이다. 예를 들면, '떡'과 '이, 을, 은, 에' 등의 조사가 연결될 때에 소리 나는 대로 '떠기, 또글, 떠근, 떠게' 등으로 적지 말고 '떡이, 떡을, 떡은, 떡에' 등으로 적도록 한 것이다.

어간과 어미가 연결 될 때에 소리 나는 대로 이어 적지 않고 그 경계를 분명히 구별하여 적을 뿐만 아니라 어간과 어미 각각을 일정한 형태로 고정시켜 적도록 한다는 것을 규정하고 있다.

(2) 어간과 어미의 구별

용언의 어간과 어미는 구별하여 적는다.

먹다	먹고	먹어	먹으나
신다	신고	신어	신으니
믿다	믿고	믿어	믿으니

(3) 조사 '-요'에 대한 규정

어미 뒤에 덧붙는 조사 '-요'는 '-요'로 적는다.

읽어　　읽어요
참으리　참으리요
좋지　　좋지요

어간에 종결어미(終結語尾)가 연결 된 다음에 다시 상대에 대한 존대의 의미를 보태는 조사 '-요'에 대한 규정이다. 굴절, 즉 어미 변화(語尾變化)에는 체언에 격조사가 붙어 어형(語形)이 바뀌는 일인 곡용(曲用)과 용언의 어미나 서술격 조사가 경우에 따라 여러 가지로 문법적인 관계를 나타내는 일인 활용(活用)이 있다.

(4) 변칙 용언에 대한 규정

다음과 같은 용언들은 어미가 바뀔 경우, 그 어간이나 어미가 원칙에 벗어나면 벗어나는 대로 적는다.
① 어간의 끝 'ㄹ'이 줄어질 적

갈다 :	가니	간	갑니다	가시다	가오
놀다 :	노니	논	놉니다	노시다	노오
불다 :	부니	분	붑니다	부시다	부오

② 어간의 끝 'ㅅ'이 줄어질 적

긋다 :	그어	그으니	그었다
낫다 :	나아	나으니	나았다
잇다 :	이어	이으니	이었다

③ 어간의 끝 'ㅎ'이 줄어질 적

그렇다 :   그러니   럴   그러면   그럽니다   그러오
까맣다 :   까마니   까말   까마면   까맙니다   까마오
동그랗다 : 동그라니 동그랄   동그라면   동그람니다   동그라오

④ 어간의 끝 '우, ㅡ'가 줄어질 적

푸다 :   퍼   펐다
끄다 :   꺼   껐다
담그다 :   담가   담갔다

⑤ 어간의 끝 'ㄷ'이 'ㄹ'로 바뀔 적

걷다[步] :   걸어   걸으니   걸었다
듣다[聽] :   들어   들으니   들었다
묻다[問] :   물어   물으니   물었다

⑥ 어간의 끝 'ㅂ'이 'ㅜ'로 바뀔 적

깁다 :   기워   기우니   기웠다
굽다[炙] :   구워   구우니   구웠다
깝다 :   가까워 가까우니   가까웠다

 다만, '돕-, 곱-'과 같은 단음절 어간에 어미 '-아'가 결합되어 '와'
로 소리 나는 것은 '-와'로 적는다.

돕다[動] : 도와   도와서   도와도   도왔다
곱다[麗] : 고와   고와서   고와도   고왔다

⑦ '하다'의 활용에서 어미 '-아'가 '-여'로 바뀔 적

하다 : 하여   하여서   하여도   하여라   하였다

⑧ 어간의 끝음절 '르 '뒤에 오는 어미 '一' 가 줄고, 그 뒤에 오는 어
미 '-아/-어'가 '一라/-러'로 바뀔 적

이르다[죄] :   이르러   이르렀다
노르다   :   노르러   노르렀다
누르다   :   누르러   누르렀다
푸르다   :   푸르러   푸르렀다

⑨ 어간의 끝음절 '르'의 '一' 가 줄고, 그 뒤에 오는 어미 '-아/어'가
'-라/-러'로 바뀔 적

가르다 :   갈라   갈랐다
거르다 :   걸러   걸렀다
구르다 :   굴러   굴렀다
벼르다 :   별러   별렀다
부르다 :   불러   불렀다
오르다 :   올라   올랐다
이르다 :   일러   일렀다
지르다 :   질러   질렀다

'ㄹ 변칙 용언'에 대해 규정하고 있다. '원칙에 벗어나는 것'을 벗어난 대로 허용한다는 것이 그 골자이다. 'ㄹ' 받침으로 끝나는 어간에 어미가 연결될 때에 'ㄹ' 받침이 줄어서서 발음되지 않는 경우에 대해 설명하고 있다. 'ㄹ' 받침이 줄어지는 어미들은 'ㄴ, ㄹ, ㅂ, 시, 오'의 다섯 가지이다.

(5) 접미사가 붙어 된 말에 대한 규정

어간에 '-이'나 '-음' 등의 규칙적인 접미사(接尾辭, suffix)가 붙어서 명사로 된 것과 '-이'나 '-히'가 붙어서 부사로 된 것은 그 어간의 원형을 밝히어 적는다. 접미사는 스스로 독립된 단어로 사용되지 못하고, 어떠한 말이나 어간 뒤에 붙어서, 그 말이나 어간의 뜻을 제한하거나 문법적 성질을 다르게 바꾸는 말이다.

① '-이'가 붙어서 명사로 된 것

길이 깊이 높이 다듬이 땀받이 달맞이
먹이 미닫이 벌이 벼훑이 살림살이 쇠붙이

② '-음/-ㅁ'이 붙어서 명사로 된 것

걸음 묶음 믿음 얼음 엮음 울음
웃음 졸음 죽음 앎 만듦

③ '-이'가 붙어서 부사로 된 것

같이 굳이 길이 높이 많이 실없이 좋이 짓궂이

④ '-히' 가 붙어서 부사로 된 것

밝히 익히 작히

다만, 어간에 '-이'나 '-음'이 붙어서 명사로 바뀐 것이라도 그 어간의 뜻과 멀어진 것은 원형(原形)을 밝히어 적지 아니한다.

굽도리　　　다리　　　　목거리(목병)　　무녀리
코끼리　　　서름(비료)　　고름[膿]　　　　노름[도박]

3) 개별 형태의 구별과 표기상의 통일

맞춤법 체계와 관련된 사항이 아닌 것에 대하여 한글맞춤법 통일안에서 '그 밖의 것'이라는 항목으로 다루고 있다. 개별 형태의 구별이나 특수한 발음과 그에 따른 표기상의 통일 등이 골자로 되어 있다.

(1) 부사의 끝음절 적기

부사의 끝음절이 분명히 '이'로만 나는 것은 '~이'로 적고, '히'로 나거나 '이'나 '히'로 나는 것은 '~히'로 적어야 한다. 대체로 '~이'가 붙는 경우는 명사나 부사 뒤, 'ㅅ'받침이나 'ㅂ'불규칙 용언의 어간 뒤, '~하다'가 붙지 않는 어간(語幹) 뒤 등이다. 그리고 '~히'가 붙는 경우는 '~하다'가 붙는 어간 뒤나, 어원적(語源的)으로 '~하다'가 붙지 않으나 본뜻에서 멀어져서 '히'로 발음이 굳어진 경우 등이다.
　① '이'로만 나는 것

가붓이	깨끗이	나붓이	느긋이	둥긋이
따뜻이	반듯이	버젓이	산뜻이	의젓이
가까이	고이	날카로이	대수로이	번거로이
많이	적이	헛되이	겹겹이	번번이
일일이	집집이	틈틈이		

② '히'로만 나는 것

극히	급히	딱히	속히	작히
족히	특히	엄격히	정확히	

③ '이, 히' 로 나는 것

솔직히	가만히	간편히	나른히	무단히
각별히	소홀히	쓸쓸히	정결히	과감히
꼼꼼히	심히	열심히	급급히	답답히
섭섭히	공평히	능히	당당히	분명히
상당히	조용히	간소히	고요히	도저히

(2) 한자음 적기

한자어(漢字語)에서 한 음이 본디부터 가지고 있는 소리인 본음(本音)으로도 나고 한자음을 읽을 때, 본음과는 달리 일반 사회에서 쓰는 음인 속음(俗音)으로도 나는 것은 각각 그 소리에 따라 적는다.

(본음으로 나는 것)	(속음으로 나는 것)
승락(承諾)	수락(受諾), 쾌락(快諾), 허락(許諾)
만난(萬難)	곤란(困難), 논란(論難)
안녕(安寧)	의령(宜寧), 회령(會寧)
분노(忿怒)	대로(大怒), 희로애락(喜怒哀樂)
토론(討論)	의논(議論)
오륙십(五六十)	오뉴월, 유월(六月)

목재(木材)	모과(木瓜)
십일(十日)	시방정토(十方淨土), 시왕(十王), 시월(十月)
팔일(八日)	초팔일(初八日)

(3) 예사소리로 적기

다음과 같은 어미는 예사소리로 적는다. (ㄱ을 취하고, ㄴ을 버림)

< ㄱ >	< ㄴ >	< ㄱ >	< ㄴ >
-(으)ㄹ거나	-(으)ㄹ꺼나	-(으)ㄹ지니라	-(으)ㄹ찌니라
-(으)ㄹ걸	-(으)ㄹ껄	-(으)ㄹ지라도	-(으)ㄹ찌라도
-(으)ㄹ게	-(으)ㄹ께	-(으)ㄹ지언정	-(으)ㄹ찌언정
-(으)ㄹ세라	-(으)ㄹ쎄라	-(으)ㄹ진대	-(으)ㄹ찐대
-(으)ㄹ수록	-(으)ㄹ쑤록	-(으)ㄹ진저	-(으)ㄹ찐저
-(으)ㄹ시	-(으)ㄹ씨	-올시다	-올씨다
-(으)ㄹ지	-(으)ㄹ찌		

다만, 의문을 나타내는 다음 어미들은 된소리로 적는다.

-(으)ㄹ까?   -(으)ㄹ꼬 ?   -(스)ㅂ니까?   -(으)리까?   -(으)ㄹ쏘냐?

(4) 된소리로 적기

다음과 같은 접미사는 된소리로 적는다. (ㄱ을 취하고, ㄴ을 버림)

< ㄱ >	< ㄴ >	< ㄱ >	< ㄴ >
심부름꾼	심부름군	귀때기	귓대기

익살꾼	익살군	볼때기	볼대기
일꾼	일군	판자때기	판잣대기
장꾼	장군	뒤꿈치	뒷굼치
지게꾼	지겟군	이마빼기	이맛배기
때깔	땟갈	코빼기	콧배기
빛깔	빛갈	객쩍다	객적다
성깔	성갈	겸연쩍다	겸연적다

(5) 한 가지로 적기

두 가지로 구별하여 적던 다음 말들은 한 가지로 적는다. (ㄱ을 취하고, ㄴ을 버림)

< ㄱ >	< ㄴ >
맞추다(입을 맞춘다. 양복을 맞춘다)	마추다
뻗치다(다리를 뻗친다. 멀리 뻗친다)	뻐치다

(6) '-더라, -던' 과 '-든지' 적기

'-더라, -던' 과 '-든지'는 다음과 같이 적는다.
① 지난 일을 나타내는 어미는 '-더라, -던'으로 적는다. (ㄱ을 취하고, ㄴ을 버림)

< ㄱ >	< ㄴ >
지난 겨울은 몹시 춥더라.	지난 겨울은 몹시 춥드라

깊던 물이 얕아졌다.   깊든 물이 얕아졌다.

그렇게 좋던가?   그렇게 좋든가?

그 사람 말 잘하던데!   그 사람 말 잘하든데!

얼마나 놀랐던지 몰라.   얼마나 놀랐든지 몰라.

② 물건이나 일의 내용을 가리지 아니하는 뜻을 나타내는 조사와 어미는 '(-)든지'로 적는다. (ㄱ을 취하고, ㄴ을 버림)

< ㄱ >   < ㄴ >

배든지 사과든지 마음대로 먹어라.   배던지 사과던지 마음대로 먹어라

가든지 오든지 마음대로 해라.   가던지 오던지 마음대로 해라.

(7) 구별하여 적기

다음 말들은 각각 구별하여 적는다.

가름	둘로 가름
갈음	새 책상으로 갈음하였다.

'가름'은 명사로 '가르다'의 어간에 명사형 어미 '-ㅁ'이 연결된 형태로, '따로따로 나누는 일' 또는 '사물이나 상황을 구별하거나 분별하는 일'을 뜻한다.

'갈음'은 명사로 '갈다'의 어간에 명사형 어미 '-음'이 연결된 형태로 '다른 것으로 바꾸어 대신함'을 뜻한다.

거름	풀을 썩힌 거름
걸음	빠른 걸음

'걸다'의 어간에 명사를 만드는 접미사 '-음'이 연결된 형태인 '거름'은 명사로 비료라는 뜻이다.

'걷다'의 어간에 '-음'이 연결된 형태인 '걸음'은 두 발을 번갈아 옮겨 놓는 동작을 뜻한다.

거치다	영월을 거쳐 왔다.
걷히다	외상값이 잘 걷힌다.

'거치다'는 자동사로 쓰일 때의 뜻은 '무엇에 걸려서 스치다.'이고, 타동사로 쓰일 때는 '지나는 길에 잠깐 들르다.'와 '경유하다'이다.

'걷히다'는 '걷다'의 피동사로서, '돈 · 세금 · 곡식 따위가 거두어지다.'라는 뜻이다.

걷잡다	걷잡을 수 없는 상태
겉잡다	겉잡아서 이틀 걸릴 일

'걷잡다'는 타동사로 흔히 '없다' · '못하다'와 함께 쓰여 '한 방향으로 치우쳐 흘러가는 형세 따위를 바로잡거나 진정시키다.'는 뜻이다.

'겉잡다'는 타동사로 '겉으로만 보고 대강 헤아려 어림잡다.'는 뜻이다.

그러므로(그러니까)	그는 부지런하다. 그러므로 잘 산다.
그럼으로(써)	그는 열심히 공부한다. 그럼으로(써) 은혜에
(그렇게 하는 것으로)	보답한다.

'ㅎ' 불규칙 형용사 '그렇다'의 어간에 이유를 나타내는 '-므로'라는 어미가 연결되어 이루어진 형태인 '그러므로'는 '그러한 까닭으로'·'그런고로'의 뜻의 접속 부사이다.

'ㅎ' 불규칙 형용사 '그렇다'의 어간에 명사형 어미 '-ㅁ'이 연결된 뒤에 조사 '으로'가 붙은 말인 '그럼으로'는 '그렇게 하는 것으로써'라는 방법의 의미가 있다. 부연하면 앞의 내용을 실행함으로써 뒷말의 결과가 온다는 의미를 가지는 것이다.

노름	노름판이 벌어졌다.
놀음(놀이)	즐거운 놀음

'놀다'의 어간에 접미사 '-음'이 붙어서 이루어졌으나, 어간의 본뜻과는 의미가 멀어진 명사인 '노름'은 '돈이나 재물 따위를 걸고 화투·투전·트럼프 따위로 서로 내기를 하는 일'. 즉 '도박'을 뜻하는 명사이다.
'놀다'의 어간에 접미사 '-음'이 붙어서 이루어진 말인 '놀음'은 '놀음놀이'의 준말이다.

느리다	진도가 너무 느리다.
늘이다	수출량을 더 늘린다.

'느리다'는 '빠르지 못하다.'는 뜻을 가진 형용사이다.
'늘다'라는 동사에 접미사 '-이-'가 붙어서 파생된 말인 '늘이다'는 '본디보다 길게 하다.'라는 뜻의 타동사이다.

다리다	옷을 다린다.
달이다	약을 달인다.

'다리다'는 '다리미로 옷이나 천 따위의 구김이나 주름을 문질러 펴다.'는 뜻의 타동사이다.
'(불이) 달다'의 어간에 접미사 '-이-'가 붙어서 파생된 말인 '달이다'는 "약제에 물을 부어 끓이다."는 뜻의 타동사이다.

다치다	부주의로 손을 다쳤다.
닫히다	문이 저절로 닫혔다.
닫치다	문을 힘껏 닫쳤다.

'다치다'는 '부딪치거나 맞거나 하여 몸에 상처를 입다.'는 뜻의 타동사이다.

'(문을) 닫다'의 어간에 피동의 접미사 '-히-'가 붙어서 된 파생어인 '닫히다'는 '열렸던 것이 닫아지다.'는 뜻의 자동사이다.

'(문을) 닫다'의 어간에 강세의 접미사 '-치-'가 붙어서 된 파생어인 '닫치다'는 '문 · 창·뚜껑 등을 세차게 닫다.'는 뜻의 타동사이다.

마치다	벌써 일을 마쳤다.
맞히다	여러 문제를 더 맞혔다.

'마치다'는 "어떤 일이나 과정, 절차 따위가 끝나다. 또는 그렇게 하다."는 뜻의 동사이다.

'맞다'에 사동의 접미사 "-히'가 붙어서 된 파생어인 '맞히다'는 '맞게 하다."라는 뜻의 타동사이다.

목거리	목거리가 덧났다.
목걸이	금 목걸이, 은 목걸이

'목거리'는 '목이 붓고 아픈 병'의 뜻을 가진 명사이다.

'목걸이'는 '주로 보석이나 귀금속 따위로 된 목에 거는 장식품'이라는 뜻의 명사이다.

바치다	나라를 위해 목숨을 바쳤다.
받치다	우산을 받치고 간다.
받히다	쇠뿔에 받혔다.
밭치다	술을 체에 밭친다.

'바치다'는 '신이나 웃어른에게 드리다.'의 뜻을 가진 타동사이다.

'(우산을) 받다'의 어간에 강세를 나타내는 접미사 '-치-'가 붙어서 파생된 말인 '받치다'는 "우산이나 양산을 펴 들다."는 뜻의 타동사이다.

'받히다'는 "떠받음을 당하다."는 뜻의 자동사이다.

'(체로) 밭다'의 어간에 강세를 나타내는 접미사 '-치-'가 붙어서 파생된 말인 '밭치다'는 "술을 체에 밭친다." 와 같은 용례가 있다.

반드시	약속은 반드시 지켜라.
반듯이	고개를 반듯이 들어라.

'반드시'는 '꼭. 틀림없이. 기필코.'의 뜻을 가진 부사이다.

'반듯하다'의 어근에 접미사 '-이'가 붙어 파생된 '반듯이'는 '반듯하게'라는 뜻의 부사이다.

부딪치다	차와 차가 마주 부딪쳤다.
부딪히다	마차가 화물차에 부딪혔다.

동사 '부딪다'의 어간에 강세를 나타내는 접미사 '-치-'가 붙어서 파생된 말인 '부딪치다'는 동사 '부딪다'를 강조해 일컫는 말이다.

'부딪다'의 어간에 피동을 나타내는 접미사 '-히-'가 붙어서 파생된 피동사인 '부딪히다'는 '부딪음을 당하다.'의 뜻을 가진 자동사이다.

부치다	힘이 부치는 일이다.
	편지를 부친다.
	논밭을 부친다.
	빈대떡을 부친다.
	식목일에 부치는 글.
	회의에 부치는 안건.
	인쇄에 부치는 원고.
	삼촌 집에 숙식을 부친다.
붙이다	우표를 붙인다.
	책상을 벽에 붙였다.
	흥정을 붙인다.
	감시원을 붙인다.
	조건을 붙인다.
	별명을 붙인다.

'부치다'는 자동사로 '힘이 모자라거나 미치지 못하다.'는 뜻을 나타낸다. 그리고 타동사로 '우편이나 사람을 통해 편지·물건을 보내다, 다른 곳 또는 다른 기회에 넘기어 맡기다, 일을 어떤 상태로 돌리다, 심정을 의탁하다, 몸·식사를 어떤 곳에 의탁하다, 논밭을 다루어 농사를 짓다, 번철에 빈대떡·저냐 등을 익혀 만들다, 부채 등을 흔들어 바람을 일으키다.'는 뜻을 나타낸다.

'붙다'의 어간에 사동의 접미사 '-이-'를 붙여서 파생된 말인 '붙이다'는 '맞닿아 떨어지지 않게 하다, 맞닿게 하다, 가깝게 지내게 하다, 암수를 교미시키다, 불을 딴 곳으로 붙게 하다, 딸리게 하다, 노름·싸움·흥정 등을 어울리게 하다, 다른 의견을 보태다, 마음에 당기게 하다, 이름을 지어 달다'의 뜻을 나타내는 사동사이다. 또한 '붙이다'는 '내기에 돈을 태워 놓다, 남의 뺨을 손바닥으로 때리다, 말을 걸다, 큰 소리

로 구령을 외치다. 윷놀이에서, 말을 밭에 달다.'의 뜻을 나타내는 타동
사 노릇도 한다.

| 시키다 | 일을 시킨다. |
| 식히다 | 끓인 물을 식힌다. |

'시키다'는 "어떤 일이나 행동 등을 하게 하다. 음식 따위를 만들어 오
거나 가지고 오도록 주문하다."는 뜻의 타동사이다.
'식히다'는 '식다'에 사동을 나타내는 접미사 '-히-'를 붙여서 만든 사동
사이다.

아름	세 아름 되는 둘레
알음	전부터 알음이 있는 사이
앎	앎이 힘이다.

'안다'의 어간에 접미사 '-음'이 붙어서 된 파생어인 '아름'은 '두 팔로
껴안은 길이를 세는 단위.'를 나타내는 의존명사이다.
'알다'의 어간에 '-접'이 붙어서 된 파생어인 '알음'은 "사람끼리 서로
아는 일"이란 뜻의 명사이다.
'알다'의 어간에 어미 '-ㅁ'이 붙어서 된 명사형인 '앎'은 "아는 일. 지
식."을 뜻하는 명사이다.

| 안치다 | 밥을 안치다. |
| 앉히다 | 윗자리에 앉힌다. |

'안치다'는 자동사로 쓰일 때는 "어려운 일이 앞에 와 밀리다"는 뜻이고, 타
동사로 쓰일 때는 "찌거나 끓일 재료를 솥이나 냄비 따위에 넣다."는 뜻이다.

'앉다'에 사동을 나타내는 접미사 '-히-'가 붙어서 파생된 말인 '앉히다'는 '앉게 하다. 올려놓다. 걸쳐 놓다.' 등의 뜻이 있다.

어름	두 물건의 어름에서 일어난 현상
얼음	얼음이 얼었다.

'어름'은 '끝이 맞닿은 자리. 물건과 물건의 한가운데. 구역과 구역의 경계점. 시기·장소나 사건 따위의 부근.'을 뜻하는 말이다.

'얼다'의 어간에 접미사 '-음'이 붙어서 파생된 말인 '얼음'은 '물이 얼어서 굳어진 것.'이란 뜻의 명사이다.

이따가	이따가 오너라.
있다가	돈은 있다가도 없다.

'이따가'는 부사로 '조금 지난 뒤에'라는 뜻이다.

'있다'의 어간에 계속되던 상태나 동작이 그치고 다른 상태나 동작으로 옮겨감을 나타내는 연결 어미인 '-다가'가 붙어서 된 형태이다.

저리다	다친 다리가 저리다.
절이다	김장 배추를 절인다.

'저리다'는 "살이나 뼈마디가 오래 눌려서 피가 잘 통하지 않아 감각이 둔하게 되다."의 뜻을 가진 형용사이다.

'절다'에 접미사 '-이-'가 붙어서 파생된 동사인 '절이다'는 "소금이나 식초 따위를 먹여서 절게 하다."를 뜻하는 말이다.

조리다	생선을 조린다. 통조림, 병조림
졸이다	마음을 졸인다.

'조리다'는 "어육이나 채소 따위를 양념하여 국물이 졸아들게 바짝 끓이다."라는 뜻의 타동사이다.

'졸다'의 사동으로 '졸아들게 하다'는 뜻이 있는 '졸이다'는 '줄다'의 작은 말인 '졸다'에 접미사 '-이-'를 붙여서 파생된 말이다.

주리다   여러 날을 주렸다
줄이다   비용을 줄이다

'주리다'는 타동사로 쓰일 때는 "먹을 것을 제대로 먹지 못해 배를 곯다."라는 뜻이고, 자동사로 쓰 일 때는 "욕망이 채워지지 않아 아쉬워하다."라는 뜻이다.

'줄다'의 어간에 접미사 '-이-'가 붙어서 파생된 '줄이다'는 '줄게 하다.'는 뜻의 사동사이다.

하노라고   하노라고 한 것이 이 모양이다.
하느라고   공부하느라고 밤을 세웠다.

'하느라고'는 '하-'에 '-느라고'가 결합된 말이다. '-느라고'는 앞 절의 사태가 뒤 절의 사태에 목적이나 원인이 됨을 나타내는 연결 어미이다.

'하노라고'는 '하-'에 '-노라고'가 결합된 말인데, '-노라고'는 말하는 사람 즉 화자(話者)가 자신의 행동에 대한 의도나 목적을 나타내는 연결 어미로서 주로 예스러운 표현을 하려고 할 때 쓰인다고 볼 수 있다.

-느니보다(어미)   나를 찾아오느니보다 집에 있거라.
-는 이보다(의존 명사)   오는 이가 가는 이보다 많다.

'-느니보다'는 어미로 '-느니 차라리'를 뜻한다.

'-는 이보다'는 의존 명사로 '-는 사람보다'의 뜻이다.

    -(으)리만큼(어미)   나를 미워하리만큼 그에게 잘못한 일이 없다.

  -(으) ㄹ 이만큼(의존 명사) 찬성할 이도 반대할 이만큼이나 많을 것이다.

  '-(으)리만큼'은 어미이다.

'-(으) ㄹ 이만큼'은 의존 명사이다. 여기서 '이'는 사람을 가리키는 의존 명사이다.

    -(으)러(목적)   공부하러 간다.
    -(으)로서(자격)   사람으로서 그럴 수는 없다.
    -(으)로써(재료, 수단, 방법)   의협과 용기로써 대처하라.

'-(으)러'는 동작의 직접 목적을 표시하는 어미이다. 주로 이동을 뜻하는 동사와 함께 쓰여, 오거나 가는 이동의 목적을 나타내는 말이다.

'-(으)로서'는 받침이 없거나 'ㄹ' 받침으로 끝나는 체언에 붙는 부사격 조사로 어떠한 '자격·지위·신분을 가지고'의 뜻을 나타낸다.

'-(으)로써'는 받침이 없거나 'ㄹ' 받침이 붙는 체언에 붙어, '……(수단, 재료, 방법, 재료)를 가지고서'의 뜻을 나타내는 부사격 조사이다.

  -(으)므로(어미)   그가 나를 믿으므로 나도 그를 믿는다.
  -(-ㅁ, -음)으로(써)(조사)   그는 믿음으로(서) 산 보람을 느꼈다.

'-(으)므로'는 까닭을 표시하는 어미이다.

글쓰기의 원리와 방법

'-음으로(써)'는 명사형을 만드는 명사형 어미 '-음'에 재료나 수단, 방법 등을 뜻하는 조사 '으로(써)'가 결합된 형태이다.

3. 문장부호

1) 마침표[終止符]

(1) 온점(.), 고리점(˚)

가로쓰기에는 온점, 세로쓰기에는 고리점을 쓴다.
① 서술, 명령, 청유 등을 나타내는 문장의 끝에 쓴다.

　　젊은이는 나라의 기둥이다.
　　황금 보기를 돌같이 하라.
　　집으로 돌아가자.

　　다만, 표제어나 표어에는 쓰지 않는다.

　　압록강은 흐른다 (표제어)
　　꺼진 불도 다시 보자 (표어)

② 아라비아 숫자만으로 연월일을 표시할 적에 쓴다.

　　1919. 3. 1. (1919년 3월 1일)

③ 표시 문자 다음에 쓴다.

　　1.마침표　　ㄱ. 물음표　　가. 인명

④ 준말을 나타내는 데 쓴다.

　　서. 1987. 3. 5. (서기)

(2) 물음표(?)

의심이나 물음을 나타낸다.
① 직접 질문할 때에 쓴다.

　　이제 가면 언제 돌아오니?
　　이름이 뭐지?

② 반어(反語)나 수사 의문(修辭疑問)을 나타낼 때 쓴다.

　　제가 감히 거역할 리가 있습니까?
　　이게 은혜에 대한 보답이냐?
　　남북통일이 되면 얼마나 좋을까?

③ 특정한 어구 또는 그 내용에 대하여 의심이나 빈정거림, 비웃음 등을
　표시할 때, 또는 적절한 말을 쓰기 어려운 경우에 소괄호 안에 쓴다.

　　그것 참 훌륭한(?) 태도야.
　　우리 집 고양이가 가출(?)을 했어요.

④ 한 문장에서 몇 개의 선택적인 물음이 겹쳤을 때에는 맨 끝의 물음
　에만 쓰지만, 각각 독립된 물음인 경우에는 물음마다 쓴다.

너는 한국인이냐, 중국인이냐?

너는 언제 왔니? 어디서 왔니? 무엇하러?

⑤ 의문형 어미로 끝나는 문장이라도 의문의 정도가 약할 때에는 물음
표 대신 온점(또는 꼬리 점)을 쓸 수도 있다.

이 일을 도대체 어쩐단 말이냐

아무도 그 일에 찬성하지 않을 거야. 혹 미친 사람이면 모를까.

(3) 느낌표(!)

감탄이나, 놀람, 부르짖음, 명령 등 강한 느낌을 나타낸다.

① 느낌을 힘차게 나타내기 위해 감탄사나 감탄형 종결어미 다음에 쓴다.

앗!

아, 달이 밝구나!

② 강한 명령문 또는 청유문에 쓴다.

지금 즉시 대답해!

부디 몸조심하도록!

③ 감정을 넣어 다른 사람을 부르거나 대답할 적에 쓴다.

춘향아!

예, 도련님!

④ 물음의 말로써 놀람이나 항의의 뜻을 나타내는 경우에 쓴다.

　이게 누구야!
　내가 왜 나빠!

⑤ 감탄형 어미로 끝나는 문장이라도 감탄의 정도가 약할 때에는 느낌
　표 대신 온점(또는 고리점)을 쓸 수도 있다.

　개구리가 나온 것을 보니, 봄이 오긴 왔구나.

2) 쉼표[休止符]

(1) 반점(,), 모점(')

가로쓰기에는 반점, 세로쓰기에는 모점을 쓴다.
문장 안에서 짧은 휴지를 나타낸다.
① 같은 자격의 어구가 열거될 때에 쓴다.

　근면, 검소, 협동은 우리 겨레의 미덕이다.
　충청도의 계룡산, 전라도의 내장산, 강원도의 설악산은 모두 국립공
　원이다.

　다만, 조사로 연결될 적에는 쓰지 않는다.

　매화와 난초와 국화와 대나무를 사군자라고 한다.

② 짝을 지어 구별할 필요가 있을 때에 쓴다.

닭과 지네, 개와 고양이는 상극이다.

③ 바로 다음의 말을 꾸미지 않을 때에 쓴다.

슬픈 사연을 간직한, 경주 불국사의 무영탑
성질 급한, 철수의 누이동생이 화를 내었다.

④ 대등하거나 종속적인 절이 이어질 때에 절 사이에 쓴다.

콩 심으면 콩 나고, 팥 심으면 팥 난다.
흰 눈 내리니, 경치가 더욱 아름답다.

⑤ 부르는 말이나 대답하는 말 뒤에 쓴다.

얘야, 이리 오너라.
예, 지금 가겠습니다.

⑥ 제시어 다음에 쓴다.

빵, 빵이 인생의 전부이더냐 ?
용기, 이것이야말로 무엇과도 바꿀 수 없는 젊은이의 자산이다.

⑦ 도치된 문장에 쓴다.

이리 오세요, 어머님.
다시 보자, 한강수야.

⑧ 가벼운 감탄을 나타내는 말 뒤에 쓴다.

　아, 깜빡 잊었구나.

⑨ 문장의 첫머리에 접속이나 연결을 나타내는 말 다음에 쓴다.

　첫째, 몸이 튼튼해야 된다.
　아무튼, 나는 집에 돌아가겠다.

　다만, 일반적으로 쓰이는 접속어(그러나, 그러므로, 그리고, 그런데 등) 뒤에는 쓰지 않음을 원칙으로 한다.

　그러나 너는 실망할 필요가 없다.

⑩ 문장 중간에 끼어든 구절 앞뒤에 쓴다.

　나는, 솔직히 말하면, 그 말이 별로 탐탁하지 않소.
　정미는 미소를 띠고, 속으로는 화가 치밀었지만, 그들을 맞았다.

⑪ 되풀이를 피하기 위하여 한 부분을 줄일 때에 쓴다.

　여름에는 바다에서, 겨울에는 산에서 휴가를 즐겼다.

⑫ 문맥상 끊어 읽어야 할 곳에 쓴다.

　갑돌이가 울면서, 떠나는 갑순이를 배웅했다.
　갑돌이가, 울면서 떠나는 갑순이를 배웅했다.

철수가, 내가 제일 좋아하는 친구이다.

남을 괴롭히는 사람들은, 만약 그들이 다른 사람에게 괴롭힘을 당해 본다면, 남을 괴롭히는 일이 얼마나 나쁜 일인지 깨달을 것이다.

⑬ 숫자를 나열할 때에 쓴다.

1, 2, 3, 4

⑭ 수의 폭이나 개략의 수를 나타낼 때에 쓴다.

5, 6 세기 6, 7개

⑮ 수의 자릿점을 나타낼 때에 쓴다.

14, 314

(2) 가운뎃점(·)

열거된 여러 단위가 대등하거나 밀접한 관계임을 나타낸다.

① 쉼표로 열거된 어구가 다시 여러 단위로 나누어질 때에 쓴다.

철수 · 영이, 영수 · 순이가 서로 짝이 나누어질 때에 쓴다.

공주 · 논산 · 천안 · 아산 등 각 지역구에서 2명씩 국회의원을 뽑는다.

시장에 가서 사과 · 배 · 복숭아 · 고추 · 마늘 · 파 · 조기 · 명태 · 고등어를 샀다.

② 특정한 의미를 가지는 날을 나타내는 숫자에 쓴다.

3 · 1운동　8 · 15 광복

③ 같은 계열의 단어 사이에 쓴다.

경북 방언의 조사 · 연구
충북 · 충남 두 도를 합하여 충청도라고 한다.
동사 · 형용사를 합하여 용언이라고 한다.

(3) 쌍점(:)

① 내포되는 종류를 들 적에 쓴다.

문장부호: 마침표, 쉼표, 따옴표, 묶음표 등
문방사우: 붓, 먹, 벼루, 종이

② 소표제 뒤에 간단한 설명이 붙을 때에 쓴다.

일시: 1984년 10월 15일 10시
마침표: 문장이 끝남을 나타낸다.

③ 저자명 다음에 저서명을 적을 때에 쓴다.

정약용: 목민심서, 경세유표
주시경: 국어 문법, 서울 박문서관, 1910.

④ 시(時)와 분(分), 장(章)과 절(節) 따위를 구별할 때나, 둘 이상을 대비할 때에 쓴다.

    오전 10:20 (오전 10시 20분)
    요한 3:16 (요한복음 3장 16절)
    대비 65:60 (65 대 60)

(4) 빗금(/)

① 대응, 대립되거나 대등한 것을 함께 보이는 단어와, 구, 절 사이에 쓴다.

    남궁만/남궁 만   백이십오 원/125원
    착한 사람/악한 사람   맞닥뜨리다/맞닥트리다

② 분수를 나타낼 때에 쓰기도 한다.

    3/4분기   3/20

3) 따옴표[引用符]

(1) 큰따옴표(" "), 겹낫표(『 』)

가로쓰기에는 큰따옴표, 세로쓰기에는 겹낫표를 쓴다.
대화, 인용, 특별 어구 따위를 나타낸다.

① 글 가운데서 직접 대화를 표시할 때에 쓴다.

　"전기가 없었을 때는 어떻게 책을 보았을까 ?"
　"그야 등잔불을 켜 보았겠지."

② 남의 말을 인용할 경우에 쓴다.

　예로부터 "민심은 천심이다."라고 하였다.
　"사람은 사회적 동물이다."라고 말한 학자가 있다.

(2) 작은따옴표(' '), 낫표 (「 」)

　가로쓰기에는 작은따옴표, 세로쓰기에는 낫표를 쓴다.
① 따온 말 가운데 다시 따온 말이 들어 있을 때에 쓴다.

　"여러분! 침착해야 합니다. '하늘이 무너져도 솟아날 구멍이 있다.'
　고 합니다."

② 마음속으로 한 말을 덕을 때에 쓴다.

　'만약 내가 이런 모습으로 돌아간다면 모두들 깜짝 놀라겠지.'

③ 문장에서 중요한 부분을 두드러지게 하기 위해 드러냄표 대신에 쓰
　기도 한다.

　지금 필요한 것은 '지식'이 아니라 '실천'입니다.
　'배부른 돼지'보다는 '배고픈 소크라테스'가 되겠다.

4) 묶음표[括弧符]

(1) 소괄호(( ))

① 원어, 연대, 주석, 설명 등을 넣을 적에 쓴다.

　커피(coffee)는 기호식품이다.
　3 . 1운동(1919) 당시 나는 중학생이었다.
　'무정(無情)'은 춘원(6 . 25 때 납북)의 작품이다.
　니체(독일의 철학자)는 이렇게 말했다.

② 특히 기호 또는 기호적인 구실을 하는 문자, 단어, 구에 쓴다.

　　(1) 주어　　㉠ 명사　　㉣ 소리에 관한 것.

③ 빈자리임을 나타낼 적에 쓴다.

　우리나라의 수도는 (　　　)이다.

(2) 중괄호({ })

　여러 단위를 동등하게 묶어서 보일 때에 쓴다.

　　　주격 조사 { 이 }　　국가의 3요소 { 국토 }
　　　　　　　　가　　　　　　　　　　국민
　　　　　　　　　　　　　　　　　　　주권

(3) 대괄호 (〔 〕)

① 묶음표 안의 말이 바깥 말과 음이 다를 때에 쓴다.

나이〔年歲〕   낱말〔單語〕   手足〔손발〕

② 묶음표 안에 또 묶음표가 있을 때에 쓴다.

명령에 있어서의 불확실〔단호(斷乎)하지 못함〕은 복종에 있어서의
불확실〔모호(模糊)함〕을 낳는다.

5) 이음표〔連結符〕

(1) 줄표 (─)

이미 말한 내용을 다른 말로 부연하거나 보충함을 나타낸다.
① 문장 중간에 앞의 내용에 대해 부연하는 말이 끼어들 때 쓴다.

그 신동은 네 살에─보통 아이 같으면 천자문도 모를 나이에─벌써
시를 지었다.

② 앞의 말을 정정 또는 변명하는 말이 이어질 때 쓴다.

어머님께 말했다가─아니, 말씀드렸다가─꾸중만 들었다.
이건 내 것이니까─아니, 내가 처음 발견한 것이니까─절대로 양보
할 수가 없다.

(2) 붙임표(-)

 사전, 논문 등에서 합성어를 나타낼 적에, 또는 접사나 어미임을 나타낼
적에 쓴다.

    겨울-나그네   불-구경   손-발
    휘-날리다   슬기-롭다   -(의)ㄹ걸

(3) 물결표(~)

 ① '내지'라는 뜻이다.

    9월 15일 ~ 9월 25일

 ② 어떤 말의 앞이나 뒤에 들어갈 말 대신 쓴다.

    새마을 : ~운동   ~노래
    -가(家) : 음악~   미술~

6) 드러냄표〔顯在符〕와 안드러냄표〔潛在符〕

(1) 드러냄표(。. .)

 . 이나 。을 가로쓰기에는 글자 위에, 세로쓰기에는 글자 오른쪽에 쓴다.
문장 내용 중에서 주의가 미쳐야 할 곳이나 중요한 부분을 특별히 드러
내 보일 때 쓴다.

한글의 본 이름은 훈민정음이다.

중요한 것은 왜 사느냐가 아니라 어떻게 사느냐 하는 문제이다.

② 가로쓰기에는 밑줄(___) 을 치기도 한다.

다음 보기에서 명사가 <u>아닌</u> 것은?

(2) 안드러냄표〔潛在符〕

① 숨김표(××, ○○)
알면서도 고의로 드러내지 않음을 나타낸다.

ⓐ 금기어나 공공연히 쓰기 어려운 비속어의 경우, 그 글자의 수효
만큼 쓴다.

배운 사람 입에서 어찌 ○○○란 말이 나올 수 있느냐?
그 말을 듣는 순간 × × ×란 말이 목구멍까지 치밀었다.

ⓑ 비밀을 유지할 사항일 경우, 그 글자의 수효만큼 쓴다.

육군 ○○부대 ○○○명이 작전에 참가하였다.
그 모임의 참석자는 김 ×× 씨, 정×× 씨 등 5명이었다.

② 빠짐표(□)
글자의 자리를 비워 둠을 나타낸다.

ⓐ 옛 비문이나 서적 등에서 글자가 분명하지 않을 때에 그 글자의
수효만큼이나 쓴다.

大師爲法主 □ □ 賴之大 □ 薦 (옛 비문)

ⓑ 글자가 들어가야 할 자리를 나타낼 때 쓴다.

훈민정음의 초성 중에서 아음(牙音)은 □ □ □의 석 자다.

(3) 줄임표(……)

① 할 말을 줄였을 때에 쓴다.

"어디 나하고 한 번…."
하고 철수가 나섰다.

② 말이 없음을 나타낼 때에 쓴다.

"빨리 말해!"
"……."

참고문헌

1. 사서류

1. 김광해, 『유의어·반의어 사전』, 한샘, 1987.
2. 김민수 외, 『국어 대사전』, 금성출판사, 1997.
3. 김윤식 · 최동호, 『한국현대소설어사전』, 고려대학교 출판부, 1998.
4. 동아국어사전연구회, 『동아 새국어 사전』, 동아출판사, 1992.
5. 동아출판사 백과사전부, 『동아 원색 세계 대백과 사전』, 동아출판사, 1987,
6. 민충환, 『'임꺽정' 우리말 용례 사전』, 집문당, 1995.
7. 서울대학교 동아문화연구소 편, 『국어국문학사전』, 신구문화사, 1973.
8. 송하춘, 『한국 현대장편소설 사전』, 고려대학교 출판부, 2013.
9. -----, 『한국 근대소설 사전』, 고려대학교 출판부, 2015.
10. 신기철 · 신용철, 『새우리말 큰사전』, 삼성출판사, 1985.
11. 이희승, 『국어대사전』, 민중서림, 1982.
12. 한글학회, 『큰 사전』, 을유문화사, 1962.
13. ------, 『새한글사전』, 홍자출판사, 1973.
14. ------, 『우리말 큰사전』, 어문각, 1997.
15. ------, 『쉬운말 사전』, 한글학회, 2009.

2. 국내 단행본

1. 고려대학교 대학국어 편찬실, 『언어와 표현』, 고려대학교 출판부, 1995.
2. 고려대학교 사고와 표현 편찬위원회, 『글쓰기의 기초』, 고려대학교 출판부, 2005.
3. 고려대학교 사고와 표현 편찬위원회, 『대학 글쓰기의 이해』, 고려대학교 출판부, 2014.

4. 고려대학교 사고와 표현 편찬위원회, 『학문의 통섭과 대학 글쓰기』, 고려대학교 출판부, 2014.

5. 고려대학교 출판부, 『새로운 논문작성법』, 고려대학교 출판부, 2002.

6. 고영근 · 구본관, 『우리말 문법론』, 집문당, 2008.

7. 권영민, 『우리 문장 강의』, 신구문화사, 1997.

8. 김광수, 『논리와 비판적 사고』, 철학과 현실사, 2007.

9. 김광해, 『어휘연구의 실제와 응용』, 집문당, 1995.

10. -----, 『국어 어휘론 개설』, 집문당, 1995.

11. 김명인, 『시어의 풍경』, 고려대학교 출판부, 2000.

12. 김민수, 『신국어학』, 일조각, 1985.

13. -----, 『국어문법론』, 일조각, 1985.

14. 김봉군, 『문장 기술론』, 삼영사, 1982.

15. 김인환, 『언어학과 문학』, 고려대학교 출판부, 2001.

16. -----, 『비평의 원리』, 나남출판, 1999.

17. 김종성, 『한국환경생태소설연구』, 서정시학, 2012.

18. -----, 『한국어 어휘와 표현 1』, 서정시학, 2014.

19. -----, 『한국어 어휘와 표현 3』, 서정시학, 2015.

20. -----, 『글쓰기와 서사의 방법』, 서정시학, 2015.

21. 김종회 외, 『글쓰기의 이론과 실제』, 경희대학교 출판국, 2005.

22. 문덕수, 『개고 신문장강화』, 성문각, 1977.

23. 박갑수, 『우리말 바로 써야 한다 1 · 2 · 3』, 집문당, 1995.

24. 박동규, 『글쓰기를 두려워 말라』, 문학사상사, 2004.

25. 박영순, 『한국어 의미론』, 고려대학교 출판부, 2010.

26. 서강대학교 교양교재편찬위원회, 『움직이는 글쓰기』, 서강대학교 출판부, 2011.

27. 서울대학교 교양교재 편찬위원회, 『대학 작문』, 서울대학교 출판부, 1974.

28. 서울대학교 대학국어작문 편찬위원회, 『대학 국어작문』, 서울대학교 출판부, 1994.

29. 서정수, 『문장력 향상의 길잡이』, 한강문화사, 1993.

30. 송하춘, 『발견으로서의 소설기법』, 고려대학교 출판부, 2002.

31. ------, 『1920년대 한국소설연구』, 고려대학교 민족문화연구소, 1985.

32. 심재기, 『국어 어휘론』. 집문당, 2000.

33. 연세대학교 국어교육 위원회, 『글쓰기와 삶』, 연세대학교 출판부, 2000.

34. 오규원, 『현대시작법』, 문학과지성사, 1990.

35. 오탁번 · 이남호, 『서사문학의 이해』, 고려대학교 출판부, 1999.

36. 오형업, 『한국근대시와 시론의 구조적 연구』, 태학사, 1999.

37. 윤용식 외, 『글쓰기의 기초』, 한국방송통신대학교 출판부, 2002.

38. 이관규, 『학교문법론』. 도서출판 월인. 2006.

39. 이광호 · 한재영 · 장소원, 『국어정서법』, 한국방송통신대학교 출판부, 2005.

40. 이대규, 『수사학: 독서와 작문의 이론』. 신구문화사. 1996.

41. 이승구 · 이인제 · 최용기, 『띄어쓰기편람』, 대한교과서주식회사. 2002.

42. 이숭녕, 『음운론연구』, 민중서관, 1955.

43. 이용남 외, 『문장의 원리와 작문의 실제』, 동성사, 1983.

44. 이을환 · 이용주, 『국어의미론』, 수도출판사, 1964.

45. 이익섭 · 임홍빈, 『국어문법론』, 학연사, 1984.

46. 이익섭 · 이상억 · 채완, 『한국의 언어』, 신구문화사, 2012.

47. 이태준, 『문장강화』, 창작과비평사, 1988.

48. 이화여자대학교 교양국어 편찬위원회, 『우리 말 · 글과 생각』, 이화여자대학교 출판부, 2000.

49. 이희승, 『국어학개설』, 민중서관, 1977.

50. 이희승 · 안병희, 『한글맞춤법강의』, 신구문화사, 1989.

51. 이홍빈 외, 『바른 국어생활과 문법』, 한국방송통신대학교 출판부, 2003.

52. 이희승 · 안병희, 『한글맞춤법 강의』, 신구문화사, 1989.

53. 정한숙, 『소설문장론』, 고려대학교 출판부, 1973.

54. ------, 『소설기술론』, 고려대학교 출판부, 1973.

55. 정희모 외, 『대학 글쓰기』, 삼인, 2009.

56. 조남현, 『소설신론』, 서울대학교 출판부, 2004.

57. 최현배, 『우리말본』, 정음사, 1941.

58. 허웅, 『언어학개론』, 정음사, 1968.

59. ----, 『국어 음운학』, 정음사, 1973.

3. 번역서

1. A. A. Mendilow, 최상규 역, 『시간과 소설』, 대방출판사, 1983.
2. Georges Victnaux. 임기대 역, 『논증』. 동문선. 2001.
3. Gerhard Nickel, 이성준 옮김, 『언어학 개론』. 국학자료원. 1994.
4. Joseph M. Williams · Gregory G. Colomb. 윤성삼 역. 『논증의 탄생』. 홍문관. 2008.
5. Kathleen E.Sullivan, 최현섭 외 역, 『작문, 문단 쓰기로 익히기』, 삼영사, 2000.
6. Linda Flower, 원진숙 외 역, 『글쓰기의 문제해결 전략』, 동문선, 1998.
7. Olivier Reboul, 박인철 역, 『수사학』. 한길사. 2003.
8. Philip Ellis Wheelwright, 김태옥 옮김, 『은유와 실재』, 문학과지성사, 1982.
9. 오에 겐자부로(大江健三郎), 노영희·명진숙 공역,『소설의 방법(小說の 方法)』, 소화, 1995.

4. 외국 단행본

1. Alastair Flower, *How to Write*, Oxford University Press, 2006.
2. Aristoteles, *Poetics(De poectia)*, *The Works of Aristoteles II*, translated by Ingram Bywater, Encyclopedia Bratanica, Inc, 1987.
3. Barbara Fine Clouse, *The Student Writer : editer and critic*, McGraw-Hill, Inc, 2004.
4. Cleanth Brooks and Robert Penn Warren, *Understanding Fiction*, Prentice-Hall, Inc, 1979.
5. Cleanth Brooks and Robert Penn Warren, *Modern Rhetric*, Harcourt Brace Jovanovich, Inc, 1979.

글쓰기의 원리와 방법

6. Derek Colville and J. D. Kerner, *The Craft of Writing*, Harper & Brothers, 1961.

7. E. M. Forster, *Aspects of the Novel*, Hazell Watson & Viney Ltd, 1974.

8. Eugene Ehrlich and Daniel Murphy, *Writing and Researching Term Papers and Reports : A New Guide for Students*, Bantam Books, 1966.

9. George A. Peck, *Writing From Observation*, Harcourt, Brace and Company, 1951.

10. Hans Meyerhoff, *Time in Literature*, University of California Press, Ltd, 1974.

11. I.J. Kapstein, *Expository Prose : An Analytic Approach*, Harcourt, Brace & Company, 1955.

12. James L. Kinneavy, *Elements Of Writing*, Holt Rinehart & Winston, 1998.

13. James R Kreuzer, *Studies in Prose Writing*, Holt, Rinehart and Winston, 1961.

14. Jean Wyrick, *Steps to Writing Well*, Thomson Wadsworth, 2005.

15. Jean Rose, *The Mature Student's Guide to Writing*, Palgrave Macmillan, 2001.

16. Joy M. Reid, *The Process of Paragraph Writing*, Prentice Hall Regents, 1994,

17. Marjorie Boulton, *The Anatomy Of Prose*, Routledge & Kegan Paul Books, 1980.

18. Randall E.Decker, *Patterns of Exposition*, Little, Brown & Company, 1966.

19. René Wellek and Austin Warren, *Theory of Literature*, Penguin Books Ltd, 1966.

20. Robert Humphrey, *Stream of Consciousness in the Modern Novel*, University of California Press, 1954.

21. Robert Stanton, *An Introduction to Fiction*, Holt Rinehart and Winston, Inc, 1965.

22. Rudolf Flesch, *The Art of Readable Writing*, Harper and Row, Publishers, 1974.

23. Susan Sniader Lanser, *The Narrative Act : Point of View in Prose Fiction*, Princeton University Press, 1981.

24. Viktor Borisovich Shklovski, trans. Leet T. Lemon and Marion J.Reis, *Russion Formalist Criticism Four Essays*, University of Nebraska Press, 1965.

25. Wallace Martin, *Recent Theories of Narrative*, Cornell University Press, 1986.

26. William Kenney, *How to Analyze Fiction*, Monarch Press, 1966.

27. William Zinsser, *On Writing Well*, Harper Collins Publisher, 2006.